Europäische Volkswirtschaften unter deutscher Hegemonie
1938–1945

Schriften des Historischen Kollegs

Herausgegeben von Lothar Gall

Kolloquien
77

R. Oldenbourg Verlag München 2012

Europäische Volkswirtschaften unter deutscher Hegemonie 1938–1945

Herausgegeben von
Christoph Buchheim † und
Marcel Boldorf

R. Oldenbourg Verlag München 2012

Das Historische Kolleg fördert im Bereich der historisch orientierten Wissenschaften Gelehrte, die sich durch herausragende Leistungen in Forschung und Lehre ausgewiesen haben. Es vergibt zu diesem Zweck jährlich bis zu drei Forschungsstipendien und zwei Förderstipendien sowie alle drei Jahre den „Preis des Historischen Kollegs".

Die Forschungsstipendien, deren Verleihung zugleich eine Auszeichnung für die bisherigen Leistungen darstellt, sollen den berufenen Wissenschaftlern während eines Kollegjahres die Möglichkeit bieten, frei von anderen Verpflichtungen eine größere Arbeit abzuschließen. Professor Dr. Christoph Buchheim † (Mannheim) war – zusammen mit Prof. Dr. Rüdiger vom Bruch (Berlin), Professor Dr. Aloys Winterling (Berlin), Prof. Dr. Jan-Otmar Hesse (Göttingen, jetzt Bielefeld), und Dr. Christoph Meyer (Frankfurt a.M.) – Stipendiat des Historischen Kollegs im Kollegjahr 2006/2007. Den Obliegenheiten der Stipendiaten gemäß hat Christoph Buchheim aus seinem Arbeitsbereich ein Kolloquium zum Thema „Europäische Volkswirtschaften unter deutscher Hegemonie 1938-1945" vom 24. bis 26. Mai 2007 im Historischen Kolleg gehalten. Die Ergebnisse des Kolloquiums werden in diesem Band veröffentlicht.

Das Historische Kolleg wird seit dem Kollegjahr 2000/2001 – im Sinne einer „public private partnership" – in seiner Grundausstattung vom Freistaat Bayern finanziert, die Mittel für die Stipendien stellen gegenwärtig die Fritz Thyssen Stiftung, der Stiftungsfonds Deutsche Bank, die Gerda Henkel Stiftung und der Stifterverband für die Deutsche Wissenschaft zur Verfügung. Träger des Historischen Kollegs, das vom Stiftungsfonds Deutsche Bank und vom Stifterverband errichtet und zunächst allein finanziert wurde, ist die „Stiftung zur Förderung der Historischen Kommission bei der Bayerischen Akademie der Wissenschaften und des Historischen Kollegs".

historischeskolleg.de
Kaulbachstraße 15, D-80539 München
Tel.:+49 (0) 89 2866 3860 · Fax:+49 (0) 89 2866 3863
Email: elisabeth.mueller-luckner@historischeskolleg.de

Bibliografische Information der Deutschen Nationalbibliothek
Die Deutsche Nationalbibliothek verzeichnet diese Publikation in der Deutschen Nationalbibliografie; detaillierte bibliografische Daten sind im Internet über http://dnb.d-nb.de abrufbar.

Rosenheimer Straße 145, D-81671 München
Internet: oldenbourg.de

Umschlagbild: Deutsche bespannte Artillerie vor der Feldparade auf den Champs Élysées am Arc de Triomphe, Fotographie von Arthur Grimm, 14.06.1940, Paris, © Arthur Grimm / bpk, Bildagentur für Kunst, Kultur und Geschichte, Berlin. Bildnummer: 30028118

Dieses Papier ist alterungsbeständig nach DIN/ISO 9706
Satz: Typodata GmbH, München
Druck und Bindung: Memminger MedienCentrum, Memmingen

ISBN 978-3-486-70950-6

Inhalt

Vorwort

Der vorliegende Sammelband geht auf das Kolloquium „Europäische Volkswirtschaften unter deutscher Hegemonie 1938–1945" zurück, das vom 24. bis 26. Mai 2007 am Historischen Kolleg in München stattfand. Das Konzept entwarf Christoph Buchheim, der am 28. Dezember 2009 im Alter von 55 Jahren viel zu früh verstarb, ohne die Veröffentlichung der wissenschaftlichen Erträge abschließen zu können. Als nachbenanntem Herausgeber kommt mir die ehrenvolle Aufgabe zu, das begonnene Werk im Sinne seines geistigen Urhebers zu vollenden. Diesem Vorhaben möchte ich einige Worte der Erinnerung voranschicken.

Christoph Buchheims zentrales Interesse an der Wirtschaftsgeschichte richtete sich auf langfristige wirtschaftliche Entwicklungsprozesse und die Bedingungen für die Generierung von Wachstum: „Der Wirtschaftshistoriker ist gehalten, den institutionellen Rahmen des Wirtschaftens zu verschiedenen Zeiten in verschiedenen Gesellschaften zu untersuchen, die jeweiligen Anreizbedingungen für die Erbringung wirtschaftlicher Leistungen in den Blick zu nehmen, die wirtschaftlichen Akteure und ihre Handlungsfelder zu beschreiben [...] und schließlich die wirtschaftlichen Ergebnisse zu vergleichen."[1] In diesem Sinne sind nicht nur seine „Einführung in die Wirtschaftsgeschichte", sondern auch seine Darstellungen zu den „Industriellen Revolutionen" zu lesen[2].

Dem genannten Leitgedanken folgte auch bereits seine Habilitationsschrift, die sich der Herausbildung der liberalen westdeutschen Wirtschaftsordnung nach 1945 widmete und den Blick auf den besonderen Einfluss des Außenhandels lenkte[3]. Zwei wichtige Aufsätze gehen auf die institutionellen Ausgangsbedingungen ein: zum einen die befreiende Wirkung der Wirtschafts- und Währungsreform des Jahres 1948[4], zum anderen die amerikanischen Grundlagen der sozialen Marktwirtschaft, d.h. den Beitrag der westlichen Besatzungsmacht zur Schaffung unabhängiger Institutionen wie der Bundesbank – gegen deutsche Beharrungskräfte[5]. Auch Buchheims Studien zur DDR passten sich in das skizzierte Schema ein. Im ostdeutschen Teilstaat identifizierte er die illiberale Wirtschaftsordnung als we-

[1] *Christoph Buchheim*, Einführung in die Wirtschaftsgeschichte (München 1997) 7.

[2] *Ders.*, Industrielle Revolutionen. Langfristige Wirtschaftsentwicklung in Großbritannien, Europa und in Übersee (München 1994).

[3] *Ders.*, Die Wiedereingliederung Westdeutschlands in die Weltwirtschaft 1945–1958 (Quellen und Darstellungen zur Zeitgeschichte, Bd. 31, München 1990).

[4] *Ders.*, Die Währungsreform 1948 in Westdeutschland, in: Vierteljahrshefte für Zeitgeschichte 36 (1988) 189–231.

[5] *Ders.*, Die Unabhängigkeit der Bundesbank. Folge eines amerikanischen Oktrois?, in: Vierteljahrshefte für Zeitgeschichte 49 (2001) 1–30.

sentliche Barriere für eine Wohlstandsentwicklung, die der breiten Masse der Bevölkerung hätte zugute kommen können. Provokant stufte er sogar die Reparationen der Nachkriegszeit als wachstumsfördernde Maßnahme ein, während er den systemimmanenten Ineffizienzen der Planwirtschaft die Hauptverantwortung für die Wachstumsschwäche der DDR zuschrieb[6].

Schließlich wandten sich Buchheims Forschungen der Periode des Nationalsozialismus zu. Die Herangehensweise ähnelte wieder derjenigen zu den anderen Epochen der deutschen Geschichte. Er betrachtete die Regulierungen, die zur Deformierung einer prinzipiell als marktwirtschaftlich gedachten Wirtschaftsordnung beitrugen. Der vorliegende Band bezieht zentrale Themen der Buchheimschen Überlegungen ein: die Korrektur der Unterstellung, dass die NS-Wirtschaftsordnung eine Planwirtschaft sei, die Frage nach den Handlungsspielräumen privater Unternehmer und nach dem Stellenwert des Zwangs im Wirtschaftssystem, die Verwerfung der These der Wohlstands- und Gefälligkeitsdiktatur sowie die Ablehnung der Lehrmeinung, dass die Wirkungen der NS-Periode auf die Nachkriegswirtschaft positiver Natur waren. Auf diese Aspekte geht die folgende Einleitung in aller Ausführlichkeit ein.

Als wissenschaftlicher Mitarbeiter und Assistent am Lehrstuhl für Wirtschafts- und Sozialgeschichte der Mannheimer Fakultät für Volkswirtschaftslehre verbrachte ich von 1992 bis 2005 den prägenden Teil meiner akademischen Laufbahn mit Herrn Buchheim als akademischem Lehrer. In stets freundlichem und direktem Austausch lernte ich ihn als anregenden und kompetenten Gesprächspartner schätzen, dem ich viel zu verdanken habe. Insbesondere lehrte er den Allgemeinhistoriker, ökonomisches Denken auf das Verständnis historischer Entwicklungen und Prozesse zu übertragen. Buchheim gab sich nie mit Deskriptivem zufrieden, sondern verlangte immer nach theoriegeleiteten Fragestellungen. Seine anregenden Ideen und seine Ermutigung zu innovativen Ansätzen fehlen mir.

Zuletzt möchte ich ein Wort des Dankes an die Autoren des Bandes und die Verantwortlichen des Historischen Kollegs richten, die die Tätigkeit des nachträglich berufenen Zweitherausgebers mit besten Kräften unterstützten. Gewidmet sei dieses Werk unserem Gedenken an Christoph Buchheim, unser Mitgefühl gilt seiner Frau Grażyna sowie seinen Söhnen Lukas und Martin.

Berlin, im Mai 2011 — Marcel Boldorf

[6] *Ders.*, Kriegsfolgen und Wirtschaftswachstum in der SBZ/DDR, in: Geschichte und Gesellschaft 25 (1999) 515–529; Die Wirtschaftsordnung als Barriere des gesamtwirtschaftlichen Wachstums in der DDR, in: Vierteljahrschrift für Sozial- und Wirtschaftsgeschichte 82 (1995) 194–210.

Verzeichnis der Tagungsteilnehmer

Prof. Steen Andersen PhD, Kopenhagen, sa.lpf@cbs.dk
PD Dr. Jaromir Balcar, Bremen, balcar@uni-bremen.de
PD Dr. Marcel Boldorf, Bochum, marcel.boldorf@ruhr-uni-bochum.de
Prof. Dr. Christoph Buchheim, Mannheim, Stipendiat des Historischen Kollegs 2006/2007, † 28. Dezember 2009
Prof. Dr. Jordi Catalan, Barcelona, jordi.catalan@ub.edu
Prof. Harold James PhD, Princeton, NJ, hjames@princeton.edu
Dr. habil. Hervé Joly, Lyon, Herve.Joly@ish-lyon.cnrs.fr
Dr. Sergei Kudryashov, Moskau, sergey.kudryashov@dhi-moskau.org
Prof. Dr. Kim Oosterlinck, Brüssel, koosterl@ulb.ac.be
Dr. Harald Wixforth, Bielefeld, harald-wixforth@t-online.de
Prof. Dr. Jonas Scherner, Trondheim, jonas.scherner@ntnu.no
Andrzej Wrzyszcz PhD, Lublin, awrzyszcz7@wp.pl

Marcel Boldorf

Neue Wege zur Erforschung der Wirtschaftsgeschichte Europas unter nationalsozialistischer Hegemonie

Wenn die europäische Dimension der nationalsozialistischen Herrschaft in das Blickfeld der historischen Forschung rückt, handelt es sich insgesamt eher um eine neuere Entwicklung. Die Standardwerke zur Geschichte des „Dritten Reichs" kamen bis Anfang der 1990er-Jahre noch häufig ohne die Thematisierung der nationalsozialistischen Hegemonie über Europa und seine Wirtschaft aus. Dieses Manko gilt umso mehr für die Wirtschaftsgeschichte, die sich auf die von den Nationalsozialisten errichtete Kriegswirtschaft innerhalb des Deutschen Reichs konzentrierte[1]. Inzwischen kann die europäische Dimension als stärker erforscht gelten, weil sich verschiedene nationale und europäische Projekte der Geschichte der Besatzungsherrschaft zuwandten. Dennoch bleibt speziell auf dem Gebiet der Wirtschaftsgeschichte das Desiderat bestehen, die internationalen Forschungen stärker miteinander zu verzahnen, was der vorliegende Sammelband als eine seiner wesentlichen Aufgaben ansieht[2].

Eine Gesamtsicht auf die Literatur lässt erkennen, dass in keiner nationalen Historiographie die Forschungen zum Nationalsozialismus einen so breiten Raum einnehmen wie in der deutschen Geschichtsschreibung. Das bedeutet aber keinesfalls, dass der Verursacherstaat auch die entscheidenden Denkanstöße gab, sondern im Gegenteil zeichnete die britische und amerikanische Forschung für bahnbrechende Werke verantwortlich. Im Bereich der Wirtschaftsgeschichte sind beispielsweise die Arbeiten von Alan S. Milward in den 1960er Jahren hervorzu-

[1] Vgl. z.B. *Ludolf Herbst*, Der totale Krieg und die Ordnung der Wirtschaft. Die Kriegswirtschaft im Spannungsfeld von Politik, Ideologie und Propaganda 1939–1945 (Stuttgart 1982), im Folgenden zitiert: *Herbst*, Der totale Krieg. Als ausführliche Literaturübersicht: *Johannes Bähr, Ralf Banken*, Ausbeutung durch Recht? Einleitende Bemerkungen zum Einsatz des Wirtschaftsrechts in der deutschen Besatzungspolitik 1939–1945, in: Das Europa des „Dritten Reichs". Recht, Wirtschaft, Besatzung, hrsg. v. *dens.* (Frankfurt a.M. 2005) 8–20, im Folgenden zitiert: *Bähr, Banken*, Ausbeutung durch Recht.

[2] Vgl. auch die in vergleichbarer Intention erschienenen Werke: Working for the New Order. European Business under German Domination 1939–1945, hrsg. v. *Joachim Lund* (Kopenhagen 2006); Enterprise in the Period of Fascism in Europe, hrsg. v. *Harold James, Jakob Tanner* (Aldershot 2002); Die „Neuordnung" Europas. NS-Wirtschaftspolitik in den besetzten Gebieten, hrsg. v. *Richard J. Overy, Gerhard Otto, Johannes Houwink ten Cate* (Berlin 1997), im Folgenden zitiert: *Overy, Otto, Houwink ten Cate*, „Neuordnung" Europas; *Bähr, Banken*, Europa des „Dritten Reichs".

heben[3]. Auch zwei neuere Gesamtdarstellungen zur Geschichte des Dritten Reichs unter Einschluss des Zweiten Weltkriegs stammen aus der Feder britischer Autoren. Mark Mazower und Adam Tooze siedeln ihre Kriegsnarrationen im europäischen Kontext an und zentrieren sie um die militärischen Ereignisse und das politische Handeln der Akteure. Mazowers „Hitlers Imperium"[4] zeichnet die Etappen auf dem Weg zu einer neuen europäischen Ordnung nach und bezieht unter der Überschrift „Profit durch Besatzung" einige wirtschaftshistorische Aspekte der NS-Expansion ein. Tooze legt mit „Ökonomie der Zerstörung"[5] eine ähnlich strukturierte *histoire totale* vor, die gemäß der wissenschaftlichen Herkunft ihres Autors ökonomische Zusammenhänge wesentlich stärker ausleuchtet. Aus den Wirtschaftsinteressen des NS-Staates hebt Tooze Hitlers Ziele hervor, aus dem Deutschen Reich eine wirtschaftliche „Supermacht" zu machen. Er beschreibt die brutale Durchführung und letztlich das Scheitern dieses Projektes. Beide Autoren legen wichtige Beiträge zur Politik des Ökonomischen vor, die wirtschaftliche Phänomene in ihre politikgeschichtliche Genese einbetten. Eine Analyse der Besatzungswirtschaft unter Berücksichtigung der ökonomischen Steuerungsmechanismen und der Anreizsetzungen leisten sie aber nur ansatzweise. Viel diskutiert ist außerdem Götz Alys Buch „Hitlers Volksstaat", eine Wirtschaftsgeschichte des Raubes, auf deren Kernthese der Gefälligkeitsdiktatur an späterer Stelle noch einzugehen ist[6]. Aly leistet eine partielle, leider aber vielfach unpräzise Analyse des Ausbeutungssystems, mit dem Hitler das besetzte Europa überzog.

Das Ausbeutungsregime: bisherige Annahmen der Forschung

Als ältester Ansatz zur Wirtschaft im Zweiten Weltkrieg gilt die Blitzkriegsthese, der das Konzept der Blitzkriegswirtschaft nebengeordnet ist. Im Oktober 1945 formulierte der Abschlussbericht des *United States Strategic Bombing Survey* erstmals die Annahme, dass sich das Deutsche Reich nicht auf einen langen Krieg eingestellt habe, weil die Vorbereitungen dafür unzureichend waren[7]. Darum habe

[3] *Alan S. Milward*, The German Economy at War (London 1965), dt.: Die deutsche Kriegswirtschaft 1939–1945 (Stuttgart 1966), im Folgenden zitiert: *Milward*, Deutsche Kriegswirtschaft; *ders*., The New Order and the French Economy (Oxford 1970), im Folgenden zitiert: *Milward*, New Order.

[4] *Mark Mazower*, Hitler's Empire. Nazi Rule in Occupied Europe (London 2008), dt.: Hitlers Imperium. Europa unter der Herrschaft des Nationalsozialismus (München 2009).

[5] *Adam Tooze*, The Wages of Destruction. The Making and Breaking of the Nazi Economy (London 2006), dt.: Ökonomie der Zerstörung. Die Geschichte der Wirtschaft im Nationalsozialismus (München 2008), im Folgenden zitiert: *Tooze*, Ökonomie der Zerstörung.

[6] *Götz Aly*, Hitlers Volksstaat. Raub, Rassenkrieg und nationaler Sozialismus (Frankfurt a.M. 2005), im Folgenden zitiert: *Aly*, Hitlers Volksstaat.

[7] The Effects of Strategic Bombing on the German War Economy. Overall Economic Effects Division, October 31, 1945, in: United States Strategic Bombing Survey, Bd. 1 (New York 1976) 6f.

Hitler die bewaffneten Auseinandersetzungen als eine Serie von Blitzkriegen geplant, d.h. die Feldzüge sollten nicht mit überlegener Stärke, sondern mit hoher Geschwindigkeit erfolgreich abgeschlossen werden. Angesichts dieser Art der Kriegsführung sei kein vollständiger Ausbau des Rüstungspotentials sowie der notwendigen Vorleistungen erfolgt, sodass keine vollständige Mobilisierung der deutschen Volkswirtschaft stattfand[8]. Milward räumte 1966 jedoch ein, dass das Deutsche Reich mit der Niederlage vor Moskau und dem Kriegseintritt der USA im Dezember 1941 seine Wirtschaft konsequent auf einen lang andauernden Krieg umgestellt habe[9]. Somit ließ sich Anfang 1942 eine Änderung der Strategie feststellen, der kurz darauf die Positionierung von Albert Speer als Rüstungsminister folgte. Die angeblich erst dann einsetzende Vollmobilisierung der Wirtschaft wurde als „Speersches Rüstungswunder" bezeichnet, was mit der zeitgenössischen NS-Propaganda des Übergangs zum totalen Krieg übereinstimmte[10].

Spätere Forschungen haben diese Annahmen grundlegend hinterfragt: Ließ die Vorbereitung der deutschen Volkswirtschaft auf den Krieg tatsächlich nur eine Blitzkriegsstrategie, d.h. kurze, wirtschaftlich limitierte Kriege zu? Blieben die Rüstungsanstrengungen des Deutschen Reichs bis Ende 1941 gedrosselt, um die politischen Kosten einer Lebensstandardsenkung zu vermeiden? Kann die These eines hohen Konsumniveaus in den beiden ersten Kriegsjahren aufrecht erhalten werden? Die Beantwortung dieser Fragen ist für das Urteil über die Ausbeutung des besetzten Europa von Relevanz, denn daran lassen sich weitere Überlegungen anschließen, z.B. ob die deutsche Reichsführung auf eine systematische Einbeziehung der besetzten Territorien in die deutsche Kriegswirtschaft verzichtete, bis sie sich für eine „totale" Kriegsführung entschloss. In Bezug auf das Konsumniveau ist außerdem zu fragen, welchen Beitrag die besetzten Länder zur Versorgung der Bevölkerung im Reich leisteten.

Mit den Forschungen von Richard Overy[11] einsetzend, wurden fast alle Argumente widerlegt, die auf der Blitzkriegshypothese basierten. Er wies auf den wichtigen Struktureffekt hin, dass das deutsche Konsumniveau zugunsten der Aufrüstung bereits in der Vorkriegszeit sank. Im Vergleich mit Großbritannien lag die Konsumquote im Deutschen Reich niedriger, die Beschäftigung in den Kriegsindustrien sowie der Anteil der Rüstungsausgaben am Sozialprodukt jedoch höher. Somit fand eine beträchtliche Einschränkung des Verbrauchs bereits vor 1939 statt, und die Aufrüstung genoss vor allen anderen Zielen Priorität. Mit Kriegsbeginn und nicht erst ab 1942 forderte Hitler vehement die volle Mobilmachung der Wirtschaft. Zuletzt wies Christoph Buchheim detailliert nach, dass es kein „Wohlleben" im Dritten Reich gab, sondern der Lebensstandard schon bei Kriegsbeginn

8 *Christoph Buchheim*, Der Mythos vom „Wohlleben". Der Lebensstandard der deutschen Zivilbevölkerung im Zweiten Weltkrieg, in: Vierteljahrshefte für Zeitgeschichte 58 (2010) 299–328, im Folgenden zitiert: *Buchheim*, Mythos vom „Wohlleben".

9 *Milward*, Deutsche Kriegswirtschaft 61–67.

10 *Tooze*, Ökonomie der Zerstörung 634–676.

11 *Richard J. Overy*, „Blitzkriegswirtschaft?" Finanzpolitik, Lebensstandard und Arbeitseinsatz in Deutschland 1939–1942, in: Vierteljahrshefte für Zeitgeschichte 36 (1988) 379–435.

dürftig war und sich insbesondere seit 1942 immer mehr verschlechterte[12]. Diese Erkenntnisse entziehen Milwards These, dass man sich mit Rücksicht auf den privaten Konsum für Blitzkriege entschieden habe, die Basis. Jonas Scherner lieferte jüngst weitere Belege, dass der Ausbau einer industriellen Grundlage für einen langen Krieg bereits erheblich früher einsetzte, als dies Alan Milward und vor ihm Rolf Wagenführ annahmen[13]. Schon 1936 floss über die Hälfte der industriellen Investitionen in den Rüstungs- und Autarkiesektor, direkt nach Kriegsbeginn überschritt der Prozentsatz die 70-Prozent-Marke. Auf diesem Niveau verharrten die Investitionen, und eine weitere Steigerung in den Jahren 1942 und 1943 ist nicht erkennbar. Der Nachweis des früh einsetzenden Investitionsbooms in den kriegsrelevanten Bereichen entkräftet die Thesen zur relativen Bevorteilung des Konsumgütersektors vollends. Insofern lässt sich, um eine weitere ältere Debatte aufzugreifen, die Zeit vor 1939 zwar treffend als kriegsmäßige Friedenswirtschaft, die Periode bis 1942 aber keineswegs als friedensähnliche Kriegswirtschaft bezeichnen[14]. Zudem legen die Befunde nahe, dass die Rüstungsproduktion ab 1936 kontinuierlich ausgebaut wurde und kein radikaler Bruch um den Jahreswechsel 1941/1942 erfolgte, obwohl sich die wirtschaftlichen Anforderungen im zweiten Halbjahr 1941 veränderten[15].

Diese Erkenntnisse sind auch für die Interpretation der kriegswirtschaftlichen Nutzbarmachung der besetzten Gebiete von Bedeutung. Den argumentativen Leitlinien Milwards folgend, nahmen viele Autoren an, dass eine Mobilisierung der beherrschten Volkswirtschaften erst Anfang 1942 einsetzte, als die Blitzkriegsperiode endete und das Rüstungsministerium entsprechende Zuständigkeiten erhielt[16]. Vielfach wurde in den besetzten Gebieten eine meist auf das Jahr 1940

[12] *Buchheim*, Mythos vom „Wohlleben".

[13] *Rolf Wagenführ*, Die deutsche Industrie im Kriege 1939–1945 (Berlin 1954), im Folgenden zitiert: *Wagenführ*, Deutsche Industrie. Die Angaben des ehemaligen Leiters der Hauptabt. V (Planstatistik) des NS-Rüstungsministeriums wurden immer wieder zitiert, vgl. zuletzt *Tooze*, Ökonomie der Zerstörung 918. Zur Korrektur der Investitionsquoten: *Jonas Scherner*, Nazi Germany's Preparation for War: Evidence from Revised Industrial Investment Series, in: European Review of Economic History 14 (2010) 442, ganz: 433–468.

[14] Im Gegensatz zu *Wagenführ*, Deutsche Industrie 25–28. Vgl. auch *Herbst*, Der totale Krieg 95f.

[15] Vgl. den Beitrag von Jonas Scherner in diesem Band sowie *Jonas Scherner*, *Jochen Streb*, Das Ende eines Mythos? Albert Speer und das so genannte Rüstungswunder, in: Vierteljahrschrift für Sozial- und Wirtschaftsgeschichte 93 (2006) 172–196. Zur „Sackgasse", in der sich die Kriegswirtschaft im Oktober 1941 befand, vgl. *Tooze*, Ökonomie der Zerstörung 568–575.

[16] *Milward*, New Order 41f.; *ders.*, Deutsche Kriegswirtschaft 78–80; *Harald Winkel*, Die „Ausbeutung" des besetzten Frankreichs, in: Kriegswirtschaft und Rüstung 1939–1945, hrsg. v. *Friedrich Forstmeier*, *Hans-Erich Volkmann* (Düsseldorf 1977) 372f., im Folgenden zitiert: *Winkel*, „Ausbeutung"; *Werner Röhr*, Forschungsprobleme zur deutschen Okkupationspolitik im Spiegel der Reihe „Europa unterm Hakenkreuz", in: Europa unterm Hakenkreuz, Bd. 8: Analysen, Quellen, Register, hrsg. v. *Bundesarchiv* (Berlin 1996) 242; *Richard J. Overy*, The Economy of the German „New Order", in: *ders.*, *Otto*, *Houwink ten Cate*, „Neuordnung" Europas 14–17; *Hans-Ulrich Wehler*, Deutsche Gesellschaftsgeschichte, Bd. 4: Vom Beginn des Ersten Weltkriegs bis zur Gründung der beiden deutschen Staaten (München [3]2008) 916–920, im Folgenden zitiert: *Wehler*, Deutsche Gesellschaftsgeschichte, Bd. 4.

beschränkte Phase verortet, die allein von Plünderung und Beutemachen von Seiten der Wehrmacht dominiert sei[17]. Bestenfalls hätten die Besatzer auf das Mittel der Requisition zurückgegriffen, das den geschädigten Unternehmen in den besetzten Gebieten die Rückerstattung verlorener Werte in Aussicht stellte. Um Licht in diese Debatte bringen zu können, sind die frühen konzeptionellen Entwürfe und die organisatorische Anbahnung der deutschen Besatzungswirtschaft zu betrachten.

Umgestaltung der Wirtschaftsordnung

Die wirtschaftliche Organisation unter Okkupationsbedingungen folgte einer Logik, die bereits für mehrere Aspekte der nationalsozialistischen Herrschaft herausgearbeitet wurde: die Unterscheidung eines westlichen und eines östlichen Musters. Für den Westen und Norden Europas sprach der NS-Jurist Werner Best 1941 von einer „Aufsichtsverwaltung [...], die mit Hilfe von Fachleuten aller Ressorts als Beauftragte des Führungsvolkes die landeseigene Verwaltung führten und kontrollierten"[18]. Diese Herrschaftstechnik, neben die Best noch weitere Typen – die Bündnis-, die Regierungs- und die Kolonialverwaltung – stellte, zielte auf die Neuordnung des Großraums Europa unter deutscher Vorherrschaft. Hinsichtlich der Überordnung der NS-Herrschaft lässt das Konzept keine Zweifel aufkommen, und auch die Bindung der einheimischen Verwaltungen an die Weisungen der Besatzer war eindeutig formuliert. Zumindest in den west- und nordeuropäischen Ländern bestanden formal selbstständige Staaten weiter, denen die Regierung oder zumindest eine eigene Verwaltung erhalten blieben[19]. Der Verzicht auf die Durchsetzung eines ideologisch bestimmten Gesellschaftsmodells kann als Voraussetzung für die erfolgreiche Etablierung der Kollaboration gedeutet werden[20]. Trotz gestalterischer Freiräume, die die Zusammenarbeit mit den Besatzern eröffnete, blieben für die heimischen Verwaltungen die Möglichkeiten der Einflussnahme auf grundsätzliche Fragen der Wirtschaftsordnung gering. Dies galt sowohl für die zivil verwalteten Reichskommissariate Niederlande und Norwe-

[17] *Dietrich Eichholtz*, Institutionen und Praxis der deutschen Wirtschaftspolitik im besetzten Europa, in: *Overy, Otto, Houwink ten Cate*, „Neuordnung" Europas 47–54, im Folgenden zitiert: *Eichholtz*, Institutionen und Praxis; *Milward*, New Order 79f.; *Winkel*, „Ausbeutung" 373; *Hans Umbreit*, Die Verlockung der französischen Ressourcen: Pläne und Methoden zur Ausbeutung Frankreichs für die kriegsbedingten Bedürfnisse und die langfristigen Ziele des Reichs, in: La France et l'Allemagne en guerre. Septembre 1939–novembre 1942, hrsg. v. *Claude Carlier, Stefan Martens* (Paris 1990) 437, im Folgenden zitiert: *Umbreit*, Verlockung der französischen Ressourcen.

[18] Zit. nach: *Werner Röhr*, System oder organisiertes Chaos? Fragen einer Typologie der deutschen Okkupationsregime im Zweiten Weltkrieg, in: Die deutsche Herrschaft in den „germanischen" Ländern 1940–1945, hrsg. v. *Robert Bohn* (Stuttgart 1997) 14.

[19] *Bähr, Banken,* Ausbeutung durch Recht 5f.

[20] Ebd. 6 mit Verweis auf: *Robert Bohn*, Deutsche Wirtschaftsinteressen und Wirtschaftslenkung im „Reichskommissariat" Norwegen, in: *Bähr, Banken*, Europa des „Dritten Reichs" 105–122.

gen als auch für Belgien und Frankreich, in denen ein Militärbefehlshaber mit seinem Verwaltungsstab angesiedelt wurde. Allein in Dänemark war die deutsche Besatzungsmacht lediglich durch einen Reichsbevollmächtigten vertreten und enthielt sich tiefer Eingriffe in die Rechts- und Staatsordnung. Durch das Besatzungsregime wurden die Volkswirtschaften der west- und nordeuropäischen Länder von einer international-freihändlerischen Ausrichtung in ein kriegsorientiertes Autarkiesystem umgewandelt[21].

In Mittelost- und Osteuropa erlaubte die nationalsozialistische Rassenideologie nicht, dass eigenständige Verwaltungsformen erhalten blieben. Die wichtigsten Territorien waren das mit formaler Verwaltungsautonomie ausgestattete Reichsprotektorat Böhmen und Mähren, die annektierten Teile Polens, das Generalgouvernement sowie die Reichskommissariate Ostland und Ukraine. Der ideologische Umgestaltungswille bezog sich auf das Gesellschaftssystem als Ganzes. Das Ziel der Versklavung der besetzten Gebiete zog scharfe Kontroll- und Vernichtungsmaßnahmen nach sich[22]. Im polnischen Generalgouvernement erwog die Besatzungsmacht ohne Rechtssystem und nur mittels polizeilich durchzusetzender Dekrete zu herrschen, was dann aber aus wirtschaftlichen Gründen verworfen wurde. Die Rechtssprechung durch ein rudimentäres Justizsystem blieb beispielsweise für die Regelung des Patentwesens und der Konfiskationen ein wichtiges Instrument[23].

Die annektierten Gebiete Westpolens und das Generalgouvernement erlitten rigorose Verfolgungen, in deren Verlauf viele Angehörige der Wirtschaftselite von der deutschen Sicherheitspolizei nach vorbereiteten Listen verhaftet und teilweise erschossen wurden[24]. Die Enteignung der Unternehmer lag in den Händen der Berliner Haupttreuhandstelle Ost und ihr nachgeordneter Treuhandstellen in den besetzten Territorien[25]. Die NS-Unterwerfungsstrategie verband sich mit einer Entrechtung der wirtschaftlichen Führungsgruppen der besetzten Länder Osteuropas. Diesem rücksichtslosen Vorgehen folgte eine „Devastation der einheimischen Wirtschaft"[26], die kaum mehr als wirtschaftliche Steuerung, sondern als reines Diktat zu bezeichnen ist. Lediglich im tschechischen Reichsprotektorat verfolgten die NS-Machthaber trotz rassistisch motivierter Eingriffe in die Eigen-

21 Archives Nationales Paris, AJ 40/444. MBF, Zentralabteilung Gruppe Z 3, Presse und Propaganda, Lagebericht Monate Oktober-Dezember 1943 vom 27.1.1944.

22 Vgl. *Wacław Długoborski*, Die deutsche Besatzungspolitik und die Veränderungen der sozialen Struktur Polens 1939–1945, in: Zweiter Weltkrieg und sozialer Wandel. Achsenmächte und besetzte Länder, hrsg. v. *dems.* (Göttingen 1981) 303–363, im Folgenden zitiert: *Długoborski*, Deutsche Besatzungspolitik.

23 Vgl. Beitrag Andrzej Wrzyszcz in diesem Band.

24 *Michael G. Esch*, „Gesunde Verhältnisse". Deutsche und polnische Bevölkerungspolitik in Ostmitteleuropa 1939–1950 (Marburg 1998) 26.

25 *Ingo Loose*, Kredite für NS-Verbrechen. Die deutschen Kreditinstitute in Polen und die Ausraubung der polnischen und jüdischen Bevölkerung 1939–1945 (München 2007) 323. Vgl. auch *Bogdan Musial*, Recht und Wirtschaft im besetzten Polen (1939–1945), in: *Bähr*, *Banken*, Europa des „Dritten Reichs" 41f.

26 *Bähr*, *Banken*, Ausbeutung durch Recht 28.

tums- und Verfügungsrechte keine Deindustrialisierungsstrategie, sodass die Besatzungspraxis stärker dem westlichen Typus ähnelte. Derart massive Eingriffe in den Industriesektor waren im Westen selten. Die Sequestrierungen beschränkten sich auf einzelne Fälle wie die lothringische Eisen- und Stahlindustrie, die norwegische Aluminium- und Stromwirtschaft sowie einige Unternehmen des niederländischen Maschinenbau- und des Chemiesektors[27].

In der politikgeschichtlichen Forschung wird die Durchführung der wirtschaftlichen Ausnutzung häufig mit der Organisation der Herrschaft in Verbindung gebracht. Die Militärhistoriker, die das Serienwerk „Das Deutsche Reich und der Zweite Weltkrieg" herausgaben, vertreten die Polykratiethese, der zufolge die NS-Herrschaft durch kontraproduktive konkurrierende Machtinstanzen charakterisiert sei. Nach dieser Deutung entstanden die Besatzungsregimes „häufig improvisiert [...], uneinheitlich und, gemessen an den eigenen Absichten, nicht einmal effizient"[28]. Dieser Logik folgend führte die mangelnde Hierarchisierung der Besatzungsverwaltungen zu Ineffizienzen. Hitler selbst habe „auf Einheitlichkeit auch keinen Wert [gelegt], solange die Besatzungsverwaltungen ihren Zweck erfüllten". Allerdings, so kann gefragt werden, worin bestand dieser Zweck, wenn nicht in der bestmöglichen Ausnutzung der besetzten Territorien? Die Annahme einer „Vielzahl miteinander konkurrierender Dienststellen, die die Herrschaft über die besetzten Gebiete unnötig komplizierten" steht im Widerspruch mit der ihnen „zugedachten Rolle, nämlich in einem Höchstmaß zur materiellen, finanziellen und personellen Stützung der deutschen Kriegswirtschaft beizutragen"[29].

Die militärhistorische Forschung geht im Grunde davon aus, dass eine unzureichend straffe Organisation, das Fehlen eines „Steuermanns", zu „unentwirrbaren Steuerungsproblemen" geführt habe[30]. In der Tat beteiligte sich eine Vielzahl militärischer und ziviler Instanzen und Organisationen an wirtschaftlichen Entscheidungen, beginnend mit den Ressorts der Reichsregierung (Reichswirtschafts-, Reichsfinanz-, Reichsarbeits- und Reichsernährungsministerium), der Reichsbank, der Vierjahresplanbehörde, dem Wehrwirtschafts- und Rüstungsamt des Oberkommandos der Wehrmacht, dem Rüstungsministerium bis zur Organisation Todt. Sie verfügten zum Teil über Unterbehörden oder Spezialbeauftragte in den besetzten Gebieten, zum Teil besaßen sie eine Weisungsbefugnis gegenüber den dortigen Militärverwaltungen. Doch egal, ob man Göring als „Wirtschafts-

[27] *Tooze*, Ökonomie der Zerstörung 452f.
[28] *Hans Umbreit*, Sonderformen des bürokratischen Apparates in den besetzten Gebieten: die Rüstungsinspektionen, in: Die Bürokratie der Okkupation. Strukturen der Herrschaft und Verwaltung im besetzten Europa, hrsg. v. *Wolfgang Benz*, *Johannes Houwink ten Cate*, *Gerhard Otto* (Berlin 1998) 140.
[29] Alle Zitate ebd.
[30] *Rolf-Dieter Müller*, Die Mobilisierung der deutschen Wirtschaft für Hitlers Kriegsführung, in: Das Deutsche Reich und der Zweite Weltkrieg 5: Organisation und Mobilisierung des deutschen Machtbereichs, Teil 1: Kriegsverwaltung, Wirtschaft und personelle Ressourcen, hrsg. v. *Bernhard Kroener*, *Rolf-Dieter Müller*, *Hans Umbreit* (Stuttgart 1988) 525 und 596.

diktator"[31] oder „Wirtschaftszar"[32] betrachtet, muss beachtet werden, dass sich die wirtschaftliche Lenkung subtiler Methoden bediente. Die Rationalität der bürokratischen Struktur erschließt sich erst, wenn man die rechtlich-institutionellen Mechanismen, die auf die besetzten Volkswirtschaften übertragen wurden, in die ökonomische Analyse einbezieht[33]. Wie verschiedene Beiträge in diesem Band zeigen[34], passte die Besatzungsmacht die Institutionen, die aus der kriegswirtschaftlichen Organisation des Reichs bekannt waren, den Bedürfnissen in den besetzten Territorien an. Im Einzelnen handelte es sich um vier große Steuerungsbereiche: (a) die Rohstoff- und Warenbewirtschaftung durch die Errichtung eines zentralen Bewirtschaftungsapparates unter deutscher Kontrolle, (b) die Finanzaufsicht und Geldschöpfung mittels Überweisung überhöhter Besatzungskosten an die Reichskreditkassen als Besatzungsbank, (c) die Preis- und Lohnkontrolle, als deren Kehrseite das Entstehen von Schwarzmärkten anzusprechen ist, auf denen allerdings die Wehrmacht als potentester Kunde auftrat[35], (d) die Steuerung des Außenhandels durch Zentralauftragsstellen (Zast), die für die Lenkung der Waren- und Rohstoffexporte ins Deutsche Reich sorgten. Diese Regulierungsmechanismen setzten direkt bei den Unternehmen an, weil diese als maßgeblich für das Erreichen der Produktionsziele betrachtet wurden. Teilweise verblieb die Gestaltung des institutionellen Umbaus sogar in der Hand der kollaborierenden Regierungen, wobei die deutschen Kontrollinstanzen keine grundlegenden Abweichungen von ihren Konzepten duldeten.

Diese Methoden der institutionellen Steuerung wurden beispielsweise im Reichsprotektorat Böhmen und Mähren durch eine personelle Kontrolle ergänzt. Die NS-Besatzungsverwaltung platzierte deutsche Funktionäre auf strategischen Positionen in den Zentralverbänden der gewerblichen Wirtschaft, d.h. den Entsprechungen zu den Wirtschaftsgruppen im Reich. Gleichzeitig war unter den tschechischen Managern ein hohes Maß an Kooperationsbereitschaft festzustellen[36]. Für die französischen *Comités d'organisation* und andere westeuropäische Unternehmergruppierungen ist eine vergleichbare Positionierung von deutschen Bürokraten nicht bekannt. Mit Ausnahme der unter Sequester stehenden Branchen reichten die personellen Kapazitäten bei weitem nicht aus, um betriebliche Leitungspositionen mit deutschem Personal zu besetzen. Es mussten Germanisierungsabsichten bestehen, damit wie im Reichsprotektorat ein 10-prozentiger Austausch der industriellen Verbandsfunktionäre herbeigeführt wurde, der über die wirtschaftlichen Erfordernisse hinausging. Solche Ambitionen gab es in den besetzten Westgebieten aber vorerst kaum. Auf einem anderen Blatt stand die Kooperation deutscher und französischer Unternehmen während des Krieges[37]. Wie

[31] Ebd. 610.
[32] *Wehler*, Deutsche Gesellschaftsgeschichte, Bd. 4, 916.
[33] Vgl. auch *Bähr*, *Banken*, Ausbeutung durch Recht 4.
[34] Beiträge von Anderson, Balcar/Kučera, Boldorf, Scherner.
[35] *Buchheim*, Mythos vom „Wohlleben" 314.
[36] Vgl. Beitrag Balcar/Kučera in diesem Band.
[37] Vgl. den Beitrag von Hervé Joly in diesem Band.

im Reichsprotektorat war eine Versetzung von Fachleuten nach Frankreich zu verzeichnen, was aber kaum auf die Kontrolle der Partnerunternehmen zielte. Die Etablierung dieser Kontakte spiegelte die strategischen Ziele der auf beiden Seiten beteiligten Unternehmensleitungen wider, wobei eine asymmetrische Machtverteilung für die Verbindungen typisch war.

Die deutsche Wehrmacht etablierte die Herrschaft in den eroberten Westgebieten nicht unvorbereitet. Schon im Winter 1939/40 leitete der Sonderstab Wirtschaft des Oberkommandos des Heeres in Gießen vorausschauende Maßnahmen zur Verwaltung der im Zuge des Feldzuges zu besetzenden Gebiete ein[38]. Zu diesem Zeitpunkt erfassten die Planungen Belgien, Luxemburg und die Niederlande, schlossen Frankreich aber noch aus, weil man sich dort nicht auf eine längere Besatzungssituation einrichtete. Aus verschiedenen Ressorts, vor allem Wirtschaft und Finanzen, wurden geeignete Kriegsverwaltungsbeamte namentlich benannt. Ferner erstellte der Gießener Sonderstab eine Sammelmappe „Wirtschaft", die erste Verordnungsentwürfe zur Besatzungsherrschaft enthielt. Geregelt wurden nicht nur kriegspraktische Fragen wie z.B. die Verbrauchsreglementierung und die Beschlagnahme von Gütern, sondern auch Bereiche mit größerer Tragweite, z.B. die Durchführung einer Warenbewirtschaftung. Außerdem enthielt die Mappe Vorschriften zur vorläufigen Regelung des Zahlungsverkehrs zwischen dem Reich und den besetzten Gebieten, zur Errichtung von Reichskreditkassen und Bankaufsichtsämtern. Dieses Bündel von Instruktionen wurde im Februar 1940 den in Aussicht genommenen territorialen Dienststellen zugeleitet.

Trotz dieser Vorbereitungen zeichnete sich der Auftakt der wirtschaftlichen Ausbeutung in der Tat durch eine polykratische Verwirrung aus. Nach der Besetzung der westeuropäischen Länder inklusive großer Teile Frankreichs erließen verschiedene Reichsstellen – die Vierjahresplanbehörde, das Reichswirtschaftsministerium und das Oberkommando der Wehrmacht – jeweils eigene Anordnungen zum „restlosen Abtransport der Spar- und Mangelgüter", was umfangreiche Beutezüge der sog. Wirtschaftstrupps einleitete[39]. Die Forschung schloss hieraus, dass sich die Ambitionen des Aggressors anfangs allein auf Plünderung, Beutemachen und Requisitionen beschränkten. Dem Diktum des „Raubkrieges" folgend, glaubten viele Wissenschaftler eine erste „Plünderungs-" bzw. „Ausräumungsphase" zu erkennen, der erst später eine „Phase der Ausnutzung der wirtschaftlichen Kräfte" der besetzten Länder gefolgt sei[40]. Jedoch formulierte bereits ein Erlass Görings vom 26. August 1940 als wirtschaftliche Zielsetzung die „planmäßige Ausnutzung

[38] *Hans Umbreit*, Der Militärbefehlshaber in Frankreich 1940–1944 (Boppard 1968) 2–5, im Folgenden zitiert: *Umbreit*, Militärbefehlshaber.

[39] Bundesarchiv (BArch) R 3101/32294. Reichswirtschaftsministerium an diverse Dienststellen betr. Anweisung über die Erfassung von Rohstoffen, Halb- und Fertigwaren in dem von den deutschen Truppen besetzten niederländischen Gebiet vom 22.6.1940; vgl. auch die rückblickende Betrachtung: BArch R 3101/32257. Inspektor für Erlangung und Einsatz von Rohstoffen in Belgien und Frankreich an Göring, Leiter der Vierjahresplanbehörde, 3.9.1940.

[40] *Umbreit*, Verlockung der französischen Ressourcen 437. *Eichholtz*, Institutionen und Praxis 54.

der Wirtschaft der besetzten Gebiete für die deutsche Kriegswirtschaft"[41]. Dies meinte die Nutzung der Kapazitäten und Rohstoffe zur Förderung der deutschen Rüstungsproduktion und zur Erhöhung des Kriegspotentials. Trotz der „Ausräumungsbefehle" richteten sich viele lokale Dienststellen darauf ein, dass ein wesentlicher Teil der Güter im Land verbleiben solle, um zumindest die Grundstoffindustrien wieder in Gang zu bringen[42]. Als Zeichen dafür deuteten sie die Errichtung der Zentralauftragsstellen, die der Erlass vom 26. August 1940 gleichfalls anordnete. Alle genannten wirtschaftlichen und finanziellen Steuerungsinstitutionen – die zentrale Bewirtschaftung, die Geldschöpfung, die Preiskontrolle, die Außenhandelslenkung – wurden unmittelbar nach der Besetzung eingerichtet[43]. Insofern existierte eine zweigleisige Strategie: Trotz der Plünderungen und der Beutezüge verfolgte die Besatzungsherrschaft von Beginn an das Ziel, die unterworfenen Volkswirtschaften völlig auf die deutsche Kriegsproduktion auszurichten. Bemerkenswert erscheint zudem, dass im polnischen Generalgouvernement auf Betreiben des Gouverneurs Frank zeitgleich die Hinwendung zu einer geordneten Ausnutzung der Wirtschaft stattfand[44].

Zuweilen ist bei der Charakterisierung des deutschen Besatzungsregimes von „Planwirtschaft", „Zentralverwaltungswirtschaft" oder der Übertragung der im Reich „erprobten planwirtschaftlichen Methoden" die Rede[45]. Diese Einschätzungen führen in die Irre, insbesondere, wenn sie auf den Vergleich mit Planwirtschaften sowjetischen Typs zielen[46]. In den besetzten Ländern existierten zwar die beschriebenen Lenkungsinstrumente, die aber nichts an den privatwirtschaftlichen Besitzverhältnissen änderten[47]. Wie auch in marktwirtschaftlichen Systemen grundsätzlich möglich, trat neben den Wettbewerb die Steuerung durch monetäre, fiskalische oder vertragliche Regelungen. Gleichzeitig gab es stark regulierte Bereiche, insbesondere die Rohstoff- und Güterbewirtschaftung, die Arbeitskräftelenkung und die Geldpolitik. Allerdings taucht der Begriff „Plan" vereinzelt in den Archivquellen auf, wenn z.B. von Hans Kehrls europäischem Textilplan die

[41] BArch R 3101/32257. Hermann Göring, Reichsmarschall des Deutschen Reichs und Beauftragter für den Vierjahresplan, an verschiedene Reichs- und Parteistellen sowie Regierungsressorts, 26. 8. 1940.

[42] BArch R 3101/32257. Inspektor für Erlangung und Einsatz von Rohstoffen in Belgien und Frankreich an Göring, Leiter der Vierjahresplanbehörde, 3. 9. 1940.

[43] Vgl. Beitrag Boldorf in diesem Band.

[44] *Długoborski*, Deutsche Besatzungspolitik 308; *Werner Röhr*, Europa unterm Hakenkreuz 2: Die faschistische Okkupationspolitik in Polen (Berlin [Ost] 1989) 50–53, 152.

[45] *Umbreit*, Militärbefehlshaber 264. *Ders.*, Verlockung der französischen Ressourcen 440. *Herbst*, Der totale Krieg 13. *Rolf-Dieter Müller*, Der Manager der Kriegswirtschaft. Hans Kehrl, ein Unternehmer in der Politik des „Dritten Reichs" (Essen 1999) 90.

[46] Vgl. in Auseinandersetzung mit Peter Temin: *Christoph Buchheim*, *Jonas Scherner*, Anmerkungen zum Wirtschaftssystem des „Dritten Reichs", in: Wirtschaftsordnung, Staat und Unternehmen. Neue Forschungen zur Wirtschaftsgeschichte des Nationalsozialismus, hrsg. v. *Werner Abelshauser*, *Jan-Otmar Hesse*, *Werner Plumpe* (Festschrift für Dietmar Petzina, Essen 2003) 81–97, im Folgenden zitiert: *Buchheim*, *Scherner*, Anmerkungen zum Wirtschaftssystem.

[47] *Bähr*, *Banken*, Ausbeutung durch Recht 24.

Rede ist[48]. Auch wenn Carlo Schmid nach einer Zitation in Kehrls Memoiren festgestellt haben soll, der Plan sei „eine wahre Magna Charta der Textilien geworden, ohne die ein gedeihliches Arbeiten nicht mehr vorstellbar" war[49], handelte es sich, zumindest im westlichen Europa, lediglich um die Festsetzung von Abgabekontingenten für die Textilbranche der besetzten Länder. Die Besatzungsverwaltungen pochten auf Lieferungen gemäß den bilateralen Verträgen, ohne dass jedoch aus dem Reich die vertraglich festgelegten Gegenlieferungen erfolgten. Das Defizit auf dem Clearingkonto gegenüber allen besetzten Ländern außer Norwegen dokumentiert diese Praxis[50]. Nur der Form nach bestanden demnach Übereinstimmungen mit einer Planwirtschaft. Insbesondere handelte es sich weder um eine Europäisierung des Bewirtschaftungssystems noch um das Entstehen eines „Großwirtschaftsraums", sondern um die unilaterale Ausrichtung der Ausfuhr der besetzten Länder auf das Deutsche Reich. Die Anreize für die Unternehmen, den deutschen Forderungen trotzdem nachzukommen, bestanden in den gewährten Vergünstigungen hinsichtlich der Ausstattung mit Inputs, insbesondere Arbeitskräften, Rohstoffen und Materialien, sowie in den höheren Preisen, die sich im Exportgeschäft ansetzen ließen.

Bilanz der Ausbeutung

Zwangsarbeiter aus den besetzten Gebieten

Die Forschungen zur europäischen Dimension des Zwangsarbeitereinsatzes sind im Vergleich zu anderen Untersuchungsgebieten weit fortgeschritten. Sie bilden daher keinen Schwerpunkt des vorliegenden Sammelbandes und sollen nur kurz angesprochen werden. Als Folge des „Reichseinsatzes" lag der Anteil der ausländischen Arbeitskräfte 1943 und 1944 durchweg bei einem Viertel der Gesamtzahl der Beschäftigten[51]. Seit Beginn der Rekrutierung der Kriegsgefangenen und Zivilarbeiter stellte die Landwirtschaft den wichtigsten Sektor ihres Arbeitseinsatzes dar. Der Agrarbereich blieb auch am bedeutendsten und verzeichnete Anfang 1943 mit 49 Prozent und im August 1944 mit 46 Prozent den höchsten Anteil

[48] Kehrl benutzte den Begriff in seinen Memoiren selbst, vgl. *Hans Kehrl*, Krisenmanager im Dritten Reich. 6 Jahre Frieden – 6 Jahre Krieg. Erinnerungen (Düsseldorf 1973) 197–201. *Michel Margairaz*, L'état, les finances et l'économie. Histoire d'une conversion 1932–1952, Bd. 1 (Paris 1991) 609–612, im Folgenden zitiert: *Margairaz*, L'état, les finances et l'économie.

[49] Ebd. 453.

[50] *Christoph Buchheim*, Die besetzten Länder im Dienste der deutschen Kriegswirtschaft während des Zweiten Weltkriegs. Ein Bericht der Forschungsstelle für Wehrwirtschaft, in: Vierteljahrshefte für Zeitgeschichte 34 (1986) 117–145.

[51] *Ulrich Herbert*, Fremdarbeiter. Politik und Praxis des „Ausländer-Einsatzes" in der Kriegswirtschaft des Dritten Reichs (Bonn ^{2}1999) 314, im Folgenden zitiert: *Herbert*, Fremdarbeiter.

ausländischer Arbeitskräfte[52]. Auf Grund des Einsatzes von mehr als zweieinhalb Millionen Zwangsarbeitern konnte die agrarische Beschäftigung im Krieg auf einem konstanten Niveau gehalten werden. Dadurch wurde ein Einbruch der Produktion verhindert, sodass das Produktionsniveau von 1943 lediglich 15 Prozent unter demjenigen von 1939 lag[53].

In der Industrie arbeitete nur ein Fünftel (Februar/März 1943) bzw. ein Viertel (August 1944) der ausländischen Zwangsarbeiter, in manchen Branchen wie dem Flugzeugbau lag der Anteil allerdings über 40 Prozent. Damit hing die Industrie ebenfalls stark von der Arbeitsverpflichtung der Zivilarbeiter und Kriegsgefangenen ab. Die Betriebe übernahmen die vom Staat zwangsweise vermittelten Arbeitskräfte, obgleich ihre Effizienz deutlich unter derjenigen der deutschen Arbeitskräfte lag[54]. Außerdem enthielten die Zwangsarbeiterlöhne wesentliche Komponenten, die an den Staat zu entrichten waren, und es entstanden Aufwendungen für Kost und Logis. Jedoch erlaubte der Arbeitseinsatz den Unternehmen, die Produktion in Gang zu halten, während bei Weigerung eine erhebliche Einschränkung der unternehmerischen Handlungsfreiheit und der Entzug wichtiger Ressourcen drohte. Unter den Bedingungen des herrschenden Arbeitskräftemangels war die Beschäftigung attraktiv, sodass die Unternehmen manchmal zögerlich, meistens aber bereitwillig auf das staatliche Angebot eingingen[55]. Hauptnutznießer der Zwangsarbeit war aber der NS-Staat, denn ohne die Verpflichtung von 7,6 Millionen ausländischen Arbeitskräften (Stand im August 1944)[56] wäre die Fortführung des Krieges wohl schon ab 1942 undenkbar gewesen.

Nahrungsmittellieferungen

Die Lebensmittelimporte waren für die deutsche Versorgung während des Krieges ein bedeutender Faktor. Die ausländischen Nettolieferungen deckten zwischen 1939 und 1944 im Schnitt 12 Prozent des deutschen zivilen und militärischen Verbrauchs, in einigen Güterkategorien wie Fleisch sogar rund 20 Prozent[57]. Trotz dieses erheblichen Beitrags des besetzten Europa ist es überzogen, die Versorgung der Reichsbevölkerung bis Herbst 1944 als „geradezu vorzüglich"[58] zu bezeichnen oder die Behauptung aufzustellen, dass es der Mehrheit der deutschen Be-

[52] *Mark Spoerer*, Zwangsarbeit unter dem Hakenkreuz. Ausländische Zivilarbeiter, Kriegsgefangene und Häftlinge im Deutschen Reich und im besetzten Europa 1939–1945 (Stuttgart, München 2001) 226, im Folgenden zitiert: *Spoerer*, Zwangsarbeit unter dem Hakenkreuz.

[53] *Buchheim*, Mythos vom „Wohlleben" 310.

[54] *Spoerer*, Zwangsarbeit unter dem Hakenkreuz 184–187. *Herbert*, Fremdarbeiter 317f.

[55] *Christoph Buchheim*, Unternehmen in Deutschland und NS-Regime: Versuch einer Synthese, in: Historische Zeitschrift 282 (2006) 382f., im Folgenden zitiert: *Buchheim*, Unternehmen in Deutschland und NS-Regime.

[56] *Herbert*, Fremdarbeiter 314.

[57] *Buchheim*, Mythos vom „Wohlleben" 310.

[58] *Wehler*, Deutsche Gesellschaftsgeschichte 4, 706.

völkerung „im Zweiten Weltkrieg besser als je zuvor"[59] gegangen sei. Es ist richtig, dass die Kalorienversorgung der deutschen Bevölkerung lange Zeit auf einem höheren Stand als in weiten Teilen Europas gehalten werden konnte, denn die Zuteilungen an die Normalverbraucher lagen zwischen 1941 und 1944 im Schnitt bei 1910 Kilokalorien (Kcal). Aber selbst dieser europaweit höchste Versorgungssatz erreichte nicht das physiologische Existenzminimum, das der Völkerbund 1936 oder die Vereinten Nationen 1946 auf 2400 Kcal bezifferten[60].

Die umfangreichen Lieferungen nach Deutschland, aber auch andere wirtschaftliche Interventionen durch die Besatzungsmacht wirkten negativ auf die agrarische Produktion der besetzten Länder zurück. Die durchschnittliche Kalorienversorgung der nordischen Länder lag von 1941 bis 1944 deutlich niedriger als im Deutschen Reich (Finnland 1710 Kcal, Norwegen 1480 Kcal), während in den westeuropäischen Gebieten ein großes Gefälle zu verzeichnen war (Niederlande 1800 Kcal, Belgien 1400 Kcal, Frankreich 1170 Kcal). Obwohl Frankreich in den deutschen agrarökonomischen Überlegungen der 1930er Jahre kaum eine Rolle spielte, wurde es im Zweiten Weltkrieg zu einem Hauptlieferanten für das Reich. Die östlichen Gebiete Europas fielen in der Versorgungsbilanz noch stärker ab: Die Bevölkerung im Generalgouvernement erhielt im Schnitt gerade einmal 990 Kcal, wobei die niedrigsten Werte zeitweise unter 600 Kcal lagen. Nicht besser erging es den sowjetischen Gebieten, wo 1943 auf der niedrigsten Versorgungsstufe eine Tagesration von 840 Kcal festgelegt wurde[61].

An diese Bilanz der europäischen Unterernährung schließt sich die Frage an, wie es den Besatzern überhaupt gelang, die Lieferungen aus den eroberten Gebieten herauszupressen. Der Kriegsführung und dem Typus des Okkupationsregimes entsprechend, lässt sich hier erneut ein westliches von einem östlichen Muster unterscheiden. Die in diesen Band aufgenommenen Beispiele Dänemarks, das im Krieg durchweg einen hohen Lebensstandard aufwies[62], und der besetzten Gebiete der Sowjetunion könnten nicht unterschiedlicher ausfallen. In Dänemark zielte die deutsche Besatzungspolitik auf eine Stimulation der „Produktions- und Lieferfreude" der dänischen Bauern[63]. Garant dafür war die Anreizsetzung durch eine Preispolitik, in der die Erzeugerpreise noch wesentlich schneller als die inländischen Konsumentenpreise stiegen. Der dänische Bauernverband kooperierte eng mit den deutschen Behörden. Sein Interesse richtete sich auf die Erzielung hoher Exportpreise, z. B. verdoppelte sich der Butterpreis im ersten Jahr der Besatzung. In vergleichbarer Weise wurde die Agrarpreis-

[59] *Aly*, Hitlers Volksstaat 360f. Zitat auf dem Einband des Buches.
[60] *Marcel Boldorf*, Sozialfürsorge in der SBZ/DDR 1945–1953. Ursachen, Ausmaß und Bewältigung der Nachkriegsarmut (Stuttgart 1998) 73.
[61] Vgl. *Hans-Erich Volkmann*, Ökonomie und Expansion. Grundzüge der NS-Wirtschaftspolitik (München 2003) 393, 402, 411.
[62] Ebd. 380.
[63] Vgl. den Beitrag Steen Andersen in diesem Band.

politik auch in den westlichen besetzten Ländern wie Frankreich als Lenkungsinstrument eingesetzt[64].

In starkem Kontrast zum nord- und westeuropäischen Lenkungssystem stand die Ausbeutung der Reichskommissariate Ukraine und Ostland[65]. Die beim Ostfeldzug mehrfach durchziehenden Verbände der Wehrmacht erbeuteten auf den Bauernhöfen Nahrungsmittel. Auch wenn diesem Raub quantitativ Grenzen gesetzt waren, hinterließ er eine verheerende psychologische Wirkung. Die ausgestellten Requisitionsscheine konnten meist bei den Feldkommandanturen nicht eingelöst werden, sodass die Wehrmacht häufig auf die Ausstellung verzichtete oder die Bauern mit einigen Rubeln abspeiste. Es wurde keine Rücksicht auf die landwirtschaftliche Erzeugung genommen, sodass in den Gebieten zeitweiliger Besatzung so genannte Kahlfraßzonen entstanden[66]. Eine Belieferung der Städte war kaum mehr möglich, im Winter und Frühjahr 1941/42 setzte ein Massensterben durch Hunger und Krankheit ein. Diese rücksichtslose Plünderungsstrategie brachte wirtschaftlich aber keineswegs das beste Ergebnis, denn die west- und nordeuropäischen Besatzungsgebiete leisteten den größten Beitrag zur Versorgung des Deutschen Reichs.

Finanzwirtschaft und Außenhandelslenkung

Die deutsche Reichsregierung bürdete allen besetzten Ländern die Entrichtung hoher Besatzungskosten auf. Legitimiert wurden die Zahlungen durch die Verwaltungsleistungen, die die Wehrmacht für das besetzte Territorium erbrachte, und den Beitrag für Aufrechterhaltung der öffentlichen Ordnung. Insofern völkerrechtskonform, nahmen die Berechnungen des Reichsfinanzministeriums jedoch willkürliche Züge an, weil die auferlegten Summen um ein Mehrfaches höher als die tatsächlichen Unterhaltskosten der Besatzungsarmeen waren. Mit den erheblichen Überschüssen finanzierten das Deutsche Reich und die Wehrmacht den Kauf von Rohstoffen, Gütern und Dienstleistungen in den besetzten Ländern[67]. Für die Lenkung der Warenströme sorgten die erwähnten Zentralauftragsstellen, die in mehreren europäischen Hauptstädten errichtet wurden (Den Haag, Brüssel, Paris, Oslo, Belgrad)[68]. Die besetzten Länder wurden zur Vorfinanzierung der Lieferungen nach Deutschland verpflichtet, während sich die deutsche Seite weigerte, die teilweise vertraglich zugesicherten Gegenlieferungen zu erfüllen. Daraus

[64] Vgl. *Marcel Boldorf*, Les effets de la politique des prix sur la consommation, in: Les entreprises de biens de consommation sous l'Occupation, hrsg. v. *Sabine Effosse*, *Marc de Ferrière le Vayer*, *Hervé Joly* (Tours 2010) 17–28, im Folgenden zitiert: *Effosse*, *de Ferrière le Vayer*, *Joly*, Les entreprises de biens de consommation.

[65] Vgl. Beitrag Sergei Kudryashov in diesem Band.

[66] *Dieter Pohl*, Die Herrschaft der Wehrmacht. Deutsche Militärbesatzung und einheimische Bevölkerung in der Sowjetunion 1941–1944 (München 2008) 188.

[67] Vgl. Beitrag Jonas Scherner in diesem Band.

[68] *Günter Brehmer*, Grundzüge der staatlichen Lenkung der Industrieproduktion in der deutschen Kriegswirtschaft 1939 bis 1945, unter besonderer Berücksichtigung der Verhältnisse in der elektrotechnischen Industrie (München 1969) 42.

ergab sich auf dem Verrechnungskonto eine deutsche Verschuldung, die zur Belastung durch die Besatzungskosten hinzutrat[69]. Knapp formuliert: Mittels der Clearingverschuldung und der überdimensionierten Besatzungskosten finanzierten die besetzten Gebiete ihre Ausbeutung selbst.

Christoph Buchheim korrigierte die Berechnungen Götz Alys zur Ausbeutung der besetzten Gebiete Europas[70]. Es ist schlichtweg als falsch zu bezeichnen, dass das Deutsche Reich 70 Prozent der Kriegskosten durch finanzielle Transfers aus den unterworfenen Ländern bestritt. Aly unterschlägt die Verschuldung des NS-Staates bei seiner eigenen Bevölkerung, die aber einbezogen werden muss, weil dieses Geld umgehend für Rüstungszwecke ausgegeben wurde. Erst nach dem Krieg bezahlte die deutsche Bevölkerung für diese schleichende Art der Kriegsfinanzierung die Rechnung, als die wertlos gewordene Reichsmark in der Währungsreform gegen eine neue Währung eingetauscht wurde. Die Sparer erhielten das während des Krieges angelegte Geld nicht wieder zurück, sondern mussten den Verlust der zwangsweise angesparten Summen in Kauf nehmen.

In den besetzten Ländern führten die hohen Finanztransfers zu einer Staatsverschuldung, wie die Beispiele Belgiens, Frankreichs und der Niederlande zeigen[71]. Grundsätzlich gab es drei Möglichkeiten zur Aufbringung der Finanzmittel: Steuererhebungen, Drucken von Geld und die Ausgabe von Staatsanleihen. Die westeuropäischen Kollaborationsregimes setzten größtenteils auf kurzfristige Staatsanleihen zur Aufbringung der geforderten Finanzmittel. Für manche Regierungen, z.B. das französische Vichy-Regime, stand der Erhalt der Geldwertstabilität für längere Zeit ganz oben auf der finanzpolitischen Prioritätenliste[72]. Kim Oosterlink analysiert in seinem Beitrag die Effekte auf den Markt für Wertpapiere und verfolgt zugleich die umgekehrte Fragestellung: Welche Rückschlüsse lässt die Kursentwicklung während der Besatzungsperiode auf die Erwartungen hinsichtlich des Kriegsausgangs zu?

Eine erhebliche Rolle bei der ökonomischen Durchdringung der besetzten Gebiete spielten die großen deutschen Privatbanken[73]. Sie übernahmen eine Reihe von Kreditinstituten in den besetzten Gebieten und setzten ideologische Anforderungen, z.B. die Entfernung jüdischer Manager, umgehend durch. Die durchweg subtilen Methoden, die sie zum Erreichen ihrer Ziele anwandten, wurden durch ihre enge Allianz mit Berliner Regierungsstellen unterstützt. Die administrativ flankierte Verhandlungsführung schränkte den Handlungsspielraum ihrer Gegenüber wirkungsvoll ein. Sie bauten Geschäftsfelder wie die Rüstungsfinanzierung zielstrebig aus, wobei die „Arisierungen“ nicht unbedingt zu den einträglichsten Geschäften gehörten. Dank ihrer raschen Expansionsfähigkeit leisteten

[69] Vgl. die Analyse von *Peter Liberman*, Does Conquest Pay? The Exploitation of Occupied Industrial Societies (Princeton 1996) 36–68.

[70] *Christoph Buchheim*, Die vielen Rechenfehler in der Abrechnung Götz Alys mit den Deutschen unter dem NS-Regime, in: Sozial.Geschichte 20 (2005) 67–76.

[71] Vgl. Beitrag Kim Oosterlink in diesem Band.

[72] *Margairaz*, L'état, les finances et l'économie 543–552.

[73] Vgl. Beitrag Harald Wixforth in diesem Band.

die Banken einen wichtigen Beitrag zum Aufbau der kurzzeitigen finanzwirtschaftlichen NS-Hegemonie über Europa.

Unternehmen zwischen Kriegsgewinnen und Zwangswirtschaft

In der Unternehmensgeschichte gibt es eine maßgeblich von Christoph Buchheim und Jonas Scherner angestoßene Debatte über den Zwang, dem Unternehmen ausgesetzt waren bzw. über die Handlungsspielräume, die ihnen der NS-Staat beließ. Von einer allgemeinen Warte betrachtet, bedarf die Feststellung, dass der Wirtschaftssektor wie andere Bereiche des gesellschaftlichen Lebens das Objekt nationalsozialistischer Zwangsausübung war, an sich keiner Debatte. Für die besetzten Gebiete sind als Argument nicht nur die Plünderungen und Requisitionen anzuführen, sondern auch die geschilderten Regulierungen und die Institutionen zur Wirtschaftslenkung, die tragende Elemente der oktroyierten Wirtschaftsordnung waren. Insbesondere führte die administrative Preisfestsetzung zum Entstehen von Schwarzmärkten, sodass überall ein Mangel an Lebensmitteln, Rohstoffen und Gütern herrschte, der durch die Lieferungen nach Deutschland noch verstärkt wurde. Somit betraf die wirtschaftliche Zwangslage in vielerlei Hinsicht zuallererst die Verbraucher, d.h. die Mangel leidende Zivilbevölkerung[74]. In Bezug auf Zwangsausübung sind außerdem die Eingriffe in die Eigentumsverhältnisse nicht zu vergessen, insbesondere die Arisierungen im Zuge der Verfolgung und Ermordung der jüdischen Bevölkerung Europas.

Die negativen Effekte der Wirtschaftsordnungspolitik waren vom NS-Regime teils einkalkuliert, teils sogar gewünscht. Wenn man aber von den geschilderten Rahmenbedingungen abstrahiert, kann man behaupten, dass die deutsche Kriegswirtschaft versuchte, Zwang nicht zum Prinzip zu erheben. Das galt fast ausschließlich für die kriegsrelevanten Unternehmen, denn die Steigerung der Produktionsergebnisse im Hinblick auf eine Erhöhung des Kriegspotentials genoss in den meisten Wirtschaftssektoren höchste Priorität. Akzeptiert man dies als wirtschaftliches Hauptziel, lässt sich in den besetzten Gebieten die für das Reich getroffene Feststellung überprüfen, dass „Zwang nur die Ausnahme, keineswegs aber die vom Reich bevorzugte Maßnahme zur Durchsetzung seiner Ziele gewesen ist“[75].

Beispielsweise stellt die Forschung für das besetzte Frankreich fest, dass die kriegswichtigen Unternehmen keinem permanenten Zwang unterlagen, der sich aus der spezifischen Situation der militärischen Besetzung ergab[76]. Von einer allgegenwärtigen Präsenz der deutschen Wehrmacht konnte in den besetzten Gebieten keine Rede sein, dazu war die Zahl der Besatzungssoldaten und Verwaltungs-

[74] Vgl. Balcar/Kučera in diesem Band. *Henry Rousso*, Vichy. Frankreich unter deutscher Besatzung 1940–1944 (München 2009) 60, im Folgenden zitiert: *Rousso*, Vichy.

[75] *Buchheim*, *Scherner*, Anmerkungen zum Wirtschaftssystem 94.

[76] *Renaud de Rochebrune*, *Jean-Claude Hazera*, Les patrons sous l'Occupation 1: Face aux Allemands (Paris 1995) 316. *Rousso*, Vichy 63.

beamten fast immer zu gering. Daran änderte auch das System der Feldkommandanturen und Rüstungsinspektionen nichts, deren Personal vielleicht punktuell in die Wirtschaft eingreifen, aber keine dauerhafte Kontrolle leisten konnte. Die Sanktionsmittel reichten niemals aus, um als Sabotageakte bezeichnete Widerstandshandlungen – z. B. wird über häufige Kabelzerschneidungen berichtet[77] – zu verhindern. Bildlich gesprochen: Nicht hinter jedem Arbeiter in den besetzten Gebieten konnte ein deutscher Soldat stehen.

Angesichts mangelnder Überwachungskapazitäten innerhalb der Unternehmen ist nach intrinsischen Anreizen zu suchen, warum die deutschen Lieferungsforderungen häufig erfüllt wurden. Selbst Unternehmen im zunächst nicht besetzten französischen Süden schlossen Geschäfte mit deutschen Unternehmen und der Wehrmacht ab, weil sie sich davon Vorteile erhofften[78]. Auch für das Protektorat bestätigen Balcar und Kučera die Existenz unternehmerischer Handlungsspielräume und erhärten diesen Befund insbesondere für den Bereich der Investitionspolitik[79]. Solche Beispiele lenken den Blick zum einen auf die Steuerungsfunktion des ordnungspolitischen Rahmens, zum anderen aber auch auf die Unternehmensführung in den besetzten Gebieten.

Für fast alle besetzten Länder ist hervorzuheben, dass nicht nur der Industriesektor im Allgemeinen, sondern auch die rüstungsrelevanten Unternehmen bis auf die oben angesprochenen Ausnahmen in privater Hand verblieben. Dies implizierte, dass der Gewinn als zentrale Kategorie des kapitalistischen Wirtschaftens seine Signalfunktion behielt. Von entscheidender Bedeutung war ferner, dass Exporte nach Deutschland und Geschäfte mit der Wehrmacht höhere Gewinne als der Absatz auf dem inländischen Markt garantierten. Die oben geschilderten Steuerungsinstrumente ergänzten diesen Anreiz wirkungsvoll: Unternehmen, die als Vorzugs- oder Rüstungsbetriebe anerkannt waren, durften mit einer verbesserten Zuteilung mit Input-Faktoren rechnen. Auch die Zuweisung bzw. der Nichtabzug von Arbeitskräften wurde für kriegswichtige Unternehmen günstiger gestaltet. Auf diese Weise blieben trotz der am Anfang dieses Abschnitts geschilderten Zwangssituation zieladäquate Anreize erhalten. Manchmal lohnte sich die Export- und die Rüstungsorientierung sogar langfristig für die Unternehmen, wenn sie ihre Produktionskapazitäten ausbauten oder von einem Know-how-Transfer aus dem Deutschen Reich profitierten[80].

Wie bereits im Ersten Weltkrieg bot die Kriegswirtschaft für manche Branchen ungeahnte Expansionsmöglichkeiten. Ein Beispiel war die französische Fischkonservenindustrie, die unter deutscher Besatzung einen Aufschwung erlebte[81]. Im

[77] ANP, AJ 40/443. MBF-Abt. I a Kommandostab. Lagebericht Februar 1941 vom 7. 3. 1941.
[78] Vgl. Beitrag Hervé Joly im vorliegenden Band.
[79] Vgl. Beitrag Balcar/Kučera in diesem Band.
[80] Vgl. für Frankreich: *Yves Le Maner*, *Henry Rousso*, La domination allemande, in: La vie des entreprises sous l'Occupation. Une enquête à l'échelle locale, hrsg. v. *Alain Beltran*, *Robert Frank*, *Henry Rousso* (Paris 1994) 39. Für das Protektorat vgl. Balcar/Kučera im vorliegenden Band.
[81] *Jean-Christophe Fichou*, Les conserveries de poisson: une activité hors la guerre, in: *Effosse*, *de Ferrière le Vayer*, *Joly*, Les entreprises de biens de consommation 111–128.

ersten Kriegsjahr, der Phase des Sitzkrieges, stieg die Zahl der Fabriken um rund 40 auf 200 Betriebe an. Die guten Absatzbedingungen setzten sich in der Besatzungsperiode fort, wobei nun über 90 Prozent der hergestellten Konserven zu einem Preis, der über dem inländischen Niveau lag, ins Deutsche Reich geliefert wurden. Als Innovationen wurden seit 1940 die Konservierung von Thunfisch ohne Ölzusatz und die Anwendung neuer Tiefkühlverfahren in Zusammenarbeit mit der Deutschen Tiefkühlgesellschaft eingeführt. Diese Entwicklung vollzog sich trotz der Engpässe in der Metallzulieferung für die Dosen und der militärisch bedingten Einschränkung bei der Ausfahrt auf See. Wie in diesem markanten Fall zu sehen, profitierten sogar einzelne Konsumgüterindustrien von den kriegsbedingten Absatzmöglichkeiten, die von der Nachfrage der Besatzer sogar noch vergrößert wurden.

Zu den notwendigen Differenzierungen gehört aber der Hinweis, dass sich die Bedingungen für das Wirtschaften im Kriegsverlauf veränderten. Ob ein Unternehmen für den Rüstungssektor tätig war oder Kriegsrelevanz besaß, wurde zum entscheidenden Parameter für seine wirtschaftliche Stellung, ja sogar für seine Existenz. Keineswegs können „Gewinnerbranchen" wie z.B. die Zement-, die Bau-, die Kraftfahrzeug- oder die Flugzeugbauindustrie als Stellvertreter für die Gesamtwirtschaft gelten. Insbesondere ist die Kehrseite der Bevorzugung rüstungsrelevanter Unternehmen zu betrachten: Zum Beispiel übte die deutsche Wirtschaftsverwaltung in Frankreich Druck auf die Kollaborationsregierung aus, durch Betriebsschließungen für die Einsparung von Ressourcen zu sorgen. Im Mai 1942 legte das französische Industrieministerium eine Liste mit fast 2000 zur Schließung bestimmten Betrieben vor[82]. Insgesamt befand sich die französische Wirtschaft wie diejenige anderer besetzter Länder in einer abwärts gerichteten Spirale: Die Proportionen innerhalb der Volkswirtschaft verschoben sich, und dadurch traten Versorgungslücken immer häufiger auf. Wie am Konflikt zwischen Sauckels Zwangsarbeiterprogramm und Speers Plänen zur Rüstungsaktivierung zu zeigen, entwickelte sich die Knappheit des Faktors Arbeitskraft überall zum entscheidenden Engpass.

Die Annahme einer generellen Unternehmerfreundlichkeit des NS-Staates ist unbegründet. Selbst wenn man das entscheidende Selektionskriterium der Kriegs- und Rüstungsrelevanz zugrunde legt, war die Position der Unternehmer durchweg gefährdet, wenn sie übergeordneten bevölkerungs- oder staatspolitischen Zielen abträglich schien. Dies zeigte nicht nur die brachiale Umgestaltung der Besitzverhältnisse im zerstückelten Polen, sondern auch die Sequestrierung der strategisch wichtigen lothringischen Eisen- und Stahlindustrie, die keine Rücksicht auf die Eigentumsrechte der Industriellen nahm. Die leistungsfähigsten Hütten gelangten in den Staatsbesitz der Reichswerke Hermann Göring, ohne die Aufrechterhaltung einer Minderheitsbeteiligung der französischen Kapitaleigner zu dulden[83]. Aller-

[82] Vgl. Beitrag Marcel Boldorf in diesem Band.

[83] *Johannes Bähr*, *Ralf Banken*, *Thomas Flemming*, Die MAN. Eine deutsche Industriegeschichte (München ²2008) 303.

dings schritt im November 1943 die deutsche Besatzungsmacht in Italien im Interesse des reibungslosen Ablaufs der Rüstungsproduktion gegen die vom *Partito Fascista Repubblicano* intendierte Verstaatlichung der Großindustrie ein[84]. Trotz derartiger Interventionen dominierte in vielen Regionen, besonders des östlichen Europa, eine permanente Unsicherheit hinsichtlich der unternehmerischen Eigentumsrechte, weil der Besatzer einen latenten Germanisierungsdruck aufrecht erhielt und stets die Gefahr der Enteignung drohte[85].

Schließlich sind noch die Forschungsergebnisse hinsichtlich der unternehmerischen Handlungsspielräume zu diskutieren. Meist werden sie als eingeschränkt betrachtet, obwohl den Unternehmen die Erzielung eines erheblichen Nutzens attestiert wird[86]. Wenn eine Reihe jüngerer Mannheimer Studien nachdrücklich auf die unternehmerische Entscheidungsfreiheit hinwies, lag ihr Fokus auf den Verhältnissen im Reich und hier wiederum schwerpunktmäßig auf der Periode vor 1939[87]. Zur Klärung der Begrifflichkeit ist zunächst festzustellen, dass in einem Unternehmen viele betriebswirtschaftliche Entscheidungen zu treffen sind und sich die Handlungsspielräume entsprechend vielfältig gestalten[88]. Dem eigentlichen Produktionsprozess vorgelagert ist der Erwerb von Vorprodukten oder – allgemeiner gesprochen – Inputs; nachgelagert ist der Output, d.h. der Verkauf der Erzeugnisse, eventuell ihre Lagerung und der eigene Bau von Anlagen mittels Investitionen. Während die Produktionshallen der Fabriken als relativ geschützte Orte erschienen, in die der Besatzer kaum eindrang, setzte die wirtschaftliche Lenkung vor allem bei den vor- und nachgelagerten Bereichen an. Diesen Überlegungen entsprechend sollen die unternehmerischen Handlungsspielräume auf drei Feldern erläutert werden:

(a) Zuteilungen durch das Bewirtschaftungssystem

Der Bezug von Inputs, insbesondere von Arbeitskräften, Rohstoffen und Materialien, hing von administrativen Entscheidungen ab. Kennzeichnend für die Kriegsökonomie waren Engpässe, die in den besetzten Gebieten vermehrt auftraten. Der entscheidende Unterschied zum Reich lag darin, dass die besetzten Gebiete einem

[84] *Maximiliane Rieder*, Deutsche Besetzung, Wirtschaftssteuerung und Kollaboration in Italien 1943–45, in: *Bähr*, *Banken*, Europa des „Dritten Reichs" 255.

[85] Vgl. Beitrag Balcar/Kučera in diesem Band.

[86] *Paul Erker*, Industrie-Eliten in der NS-Zeit. Anpassungsbereitschaft und Eigeninteresse von Unternehmern in der Rüstungs- und Kriegswirtschaft 1936–1945 (Passau 1994) 13.

[87] Vgl. die Mannheimer Studien von *Michael Ebi*, Export um jeden Preis. Die deutsche Exportförderung von 1932–1938 (Stuttgart 2004); *Gerd Höschle*, Die deutsche Textilindustrie zwischen 1933 und 1939. Staatsinterventionismus und ökonomische Rationalität (Stuttgart 2004); *Ulrich Hensler*, Die Stahlkontingentierung im Dritten Reich (Stuttgart 2008); *Jonas Scherner*, Die Logik der Industriepolitik im Dritten Reich. Die Investitionen in die Autarkie- und Rüstungsindustrie und ihre staatliche Förderung (Stuttgart 2008), im Folgenden zitiert: *Scherner*, Logik der Industriepolitik.

[88] Vgl. *Paul Erker*, Corporate Governance – ein neuer Untersuchungsansatz der historischen Unternehmensforschung? Einige Überlegungen am Beispiel jüngster Veröffentlichungen, in: Unternehmensgeschichte heute: Theorieangebote, Quellen, Forschungstrends. Beiträge des 4. unternehmensgeschichtlichen Kolloquiums, hrsg. v. *Rudolf Boch* u.a. (Leipzig 2005) 29–45.

Ausbeutungsregime unterlagen, während die deutschen Unternehmen – zumindest in der Friedenszeit – manchmal trotz der Rationierungen auf Sonderkontingente hoffen durften. Die Handlungsoptionen im Reich beruhten mitunter auf dem Abzug von Inputs aus den besetzten Gebieten. Plausibel ist auch die Annahme, dass es für die Unternehmen unter Besatzungsbedingungen schwieriger war, die für die Bereitstellung von Inputs ausschlaggebenden Kontakte zu den Schaltstellen des Lenkungsapparats herzustellen[89]. Der Abtransport von Arbeitskräften und der Mangel an Rohstoffen und Materialien verengten für viele Unternehmen die Produktionsmöglichkeiten so stark, dass der Gebrauch des Terminus „Handlungsspielräume“ auf eine falsche Fährte führt, weil echte Alternativen zu der von der deutschen Besatzungsverwaltung gewünschten Orientierung der Produktion fehlten.

(b) Eigenbestimmung über den Output

Das beschriebene Anreizsystem, das den Unternehmen größere Gewinne beim Warenexport und bei der Belieferung der Wehrmacht eröffnete, setzte beim Output an. Grundsätzlich konnten sich die Unternehmer für oder gegen dieses Angebot entscheiden. Im Laufe der Besatzung wich diese Freiheit aber immer mehr einer Zwangslage, weil Produktionsverbote erlassen wurden. Außerdem koppelten die Zentralauftragsstellen die Input-Zuteilung immer stärker an die kriegsrelevante Produktion. In Frankreich lässt sich ab 1943 zeigen, dass Unternehmen um jeden Preis versuchen, als Sperrbetriebe klassifiziert zu werden, um nicht die Produktionserlaubnis oder die qualifizierten Arbeitskräfte zu verlieren. Als Suche nach „profitablen Adaptionsmöglichkeiten“[90] lassen sich solche Entscheidungen der Unternehmensleitungen nur charakterisieren, wenn man zugleich ihren auf ein Minimum reduzierten Handlungsrahmen hervorhebt.

(c) Investitionstätigkeit der Unternehmen

Investitionen stellten zukunftsorientierte unternehmerische Entscheidungen dar. Es lässt sich auch für die besetzten Gebiete zeigen, dass sich die Unternehmer zurückhaltend verhielten, was den Forschungsergebnissen für das Reich entspricht[91]. Auch war es durchaus möglich, Aufträge der Wehrmacht, der Organisation Todt oder anderer Reichsstellen abzulehnen, ohne größere Sanktionen befürchten zu müssen[92]. Daher blieb in der Regel die Kontrolle über Investitionsziele erhalten, und zum Teil lockten auch attraktive Kooperationsangebote mit deutschen Partnerfirmen[93]. Für eine systematische, von der Besatzungsverwaltung gesteuerte bürokratische Investitionslenkung fehlt es an Hinweisen.

[89] Vgl. zu dem Argument: *Ralf Banken*, Kurzfristiger Boom oder langfristiger Forschungsschwerpunkt? Die neuere deutsche Unternehmensgeschichte und die Zeit des Nationalsozialismus, in: Geschichte in Wissenschaft und Unterricht 56 (2005) 190.

[90] *Buchheim*, Unternehmen in Deutschland und NS-Regime 359.

[91] Für die besetzten Gebiete vgl. Balcar/Kučera in diesem Band; für das Reich vgl. *Scherner*, Die Logik der Industriepolitik.

[92] *Fabian Lemmes*, Collaboration in Wartime France 1940–1944, in: European Review of History – Revue européenne d'histoire 15 (2008) 171.

[93] Vgl. Beitrag Hervé Joly in diesem Band.

Bezüglich der trotz staatlicher Regulierung postulierten „autonomen Handlungs- und Entscheidungsspielräume"[94] der Unternehmen müssen unter Besatzungsbedingungen erhebliche Abstriche gemacht werden. Wie gesehen, lag dies vor allem an der immer weiter fortschreitenden Beschränkung der Input-Faktoren. Allerdings eröffneten sich den Unternehmern beim Output durchaus gewinnträchtige Ausweichmöglichkeiten, deren Wahrnehmung aber meist nicht auf freien Entscheidungen basierte. Sicherlich lassen sich auch in den besetzten Ländern Fälle finden, in denen die Unternehmen autonome Ziele verfolgten, wie die Fischkonservenherstellung gezeigt hat. Vielfach mussten solche Strategien jedoch im Geheimen verfolgt werden, wie z.B. in der französischen Automobilindustrie, die unter der Besatzung konkrete Pläne für die Nachkriegsproduktion von Kleinkraftwagen entwickelte[95]. Doch dürfen solche Beispiele nicht verallgemeinert werden, denn für kriegsirrelevante Branchen bestanden im Laufe der Besatzungsperiode schlichtweg keine Möglichkeiten mehr, weiterhin unternehmerisch zu agieren.

Von der Anwendung direkten Zwangs, d.h. militärischen Interventionen oder Sanktionen der Besatzungsverwaltung bei missliebigem Verhalten, blieben die Unternehmen meistens verschont. So könnte zumindest ein Fazit lauten, wenn man in den besetzten Westgebieten die längeren Perioden der Besatzungsherrschaft ohne militärische Operationen zum Maßstab nimmt. Jedoch litten die besetzten Gebiete Osteuropas während der Gesamtdauer des Krieges unter militärischen Aktionen, die Plünderungen und Raub einschlossen. Und auch im Westen beschränkte sich die Ausübung direkten Zwangs nicht allein auf die Situation nach dem raschen deutschen Einmarsch des Jahres 1940. Beispielsweise zeigte im Winter 1942/43 die Besetzung von Marseille, dass die Eigentums- und Verfügungsrechte von Unternehmern mit Füßen getreten wurden[96]. Dennoch vermögen solche punktuellen Anwendungen militärischer Gewalt nicht das Prinzip des nationalsozialistischen wirtschaftlichen Lenkungssystems zu erklären. Zusammenfassend ist noch einmal zu betonen, dass sich die NS-Wirtschaftslenkung in ihren Kernanliegen anreizkompatibler Methoden bediente, sodass auch mit Blick auf die besetzten Gebiete die Klassifizierung als Planwirtschaft abwegig erscheint.

Wirkungen auf nicht-besetzte europäische Länder

Unter dem Thema der wirtschaftlichen NS-Hegemonie soll auch die europaweite Ausstrahlung der Kriegswirtschaft behandelt werden. Neutrale Länder wie die Schweiz, die vor dem Krieg allerdings zu den wichtigsten deutschen Handelspart-

[94] *Buchheim*, Unternehmen in Deutschland und NS-Regime 358.

[95] *Jean-Louis Loubert*, Quelle place pour l'automobile?, in: *Effosse*, *de Ferrière le Vayer*, *Joly*, Les entreprises de biens de consommation sous l'Occupation 319–331.

[96] *Marcel Boldorf*, Grenzen des nationalsozialistischen Zugriffs auf Frankreichs Kolonialimporte (1940–1942), in: Vierteljahrschrift für Sozial- und Wirtschaftsgeschichte 97 (2010) 154.

nern zählte, konnten sich dem strukturellen Druck der NS-Wirtschaftsmacht nicht entziehen. Indes lässt sich zuweilen ein „vorauseilender Gehorsam“ in der Anpassung an den Nationalsozialismus feststellen, wenn z.B. Schweizer Unternehmen mit Filialen im Deutsche Reich ihre jüdischen Vorstandsmitglieder von sich aus entließen[97]. Trotz des neutralen Status führten Länder wie Schweden und die Schweiz ihre Handelsbeziehungen weiter, d.h. sie exportierten Rohstoffe und Fertigwaren ins Deutsche Reich ebenso wie z.B. nach Großbritannien. Auch spielte die Schweizer Nationalbank eine bedeutende Rolle beim Ankauf des von den Nationalsozialisten europaweit geraubten Goldes. Jedoch möchte Harold James diese strategische Rolle der Alpenrepublik nicht überbewertet wissen, denn er schreibt ihren Diensten für das NS-Regime keine kriegsverlängernde Bedeutung zu[98].

Das frankistische Spanien verzahnte seine wirtschaftlichen Außenbeziehungen mit dem NS-Wirtschaftssystem und verschrieb sich einer Nachbildung des korporatistischen Modells[99]. Die Abhängigkeit reichte in die Zeit des Bürgerkriegs zurück, als es den Putschisten unter der Führung des Generals Francisco Franco an finanziellen Mitteln mangelte und sie sich bei den Waffenlieferanten Deutschland und Italien verschuldeten. Die deutschen Lieferungen blieben an Wert gering, doch stellte sich eine ökonomische Abhängigkeit ein, weil der Außenhandel beiderseitig gegründeten halbstaatlichen Handelsorganisationen übertragen wurde. Nach siegreichem Verlauf des Bürgerkriegs übernahm das Franco-Regime die im NS-Staat erprobten Regulierungselemente wie die Lohn- und Preispolitik, das zentrale Bewirtschaftungsamt, das Autarkiestreben, die von militärischen Prioritäten geleitete Industrialisierung und die Exportkontrolle bei Überbewertung der eigenen Währung. In Vielem entsprach die umgebaute spanische Wirtschaftsordnung den Verhältnissen in den deutsch besetzten Ländern.

Deutschland vermochte die spanische Verschuldung als Druckmittel zur Erfüllung von Exportwünschen einzusetzen. Mit weitreichenden finanziellen Forderungen, z.B. die verlangten Pensionszahlungen an die Mitglieder der Legion Condor, scheiterte die Reichsregierung. Dennoch setzte sie den Schuldenhebel ein, um Spaniens Lieferungen nach Deutschland in Gang zu halten. Traditionell bestanden diese vor allem aus Nahrungsmitteln und Rohstoffen. Hervorzuheben waren Erz- und Wolframlieferungen sowie der Export automatischer Pistolen aus dem Baskenland. Durch gegenseitige Schuld- und Clearingverrechnungen glichen sich das deutsch-spanische Finanzsaldo bis 1944 aus. Spanien war ein Land, das im Zweiten Weltkrieg der Ausstrahlung des in Zentraleuropa errichteten Machtblocks der nationalsozialistischen Wirtschaft unterlag.

[97] *Buchheim*, Unternehmen in Deutschland und NS-Regime 351–353.
[98] Vgl. den Beitrag Harold James in diesem Band.
[99] Vgl. den Beitrag Jordi Catalan in diesem Band.

Ausblick

Die Beiträge des vorliegenden Sammelbandes zeigen, dass künftige Forschungen zu den nationalsozialistisch besetzen Volkswirtschaften größeren Wert auf die ökonomischen Steuerungsmechanismen unter Berücksichtigung der Anreizsetzungen für die Unternehmen legen sollten. Grundsätzlich war „Zwang" eine Kategorie, die in der deutschen Besatzungspraxis keineswegs zu leugnen ist. Jedoch war dieser Zwang nicht überall vorhanden, sondern auch im Kontext der Besatzungsökonomie verblieben Reste unternehmerischer Handlungsfreiheiten. Dies wirft auch ein neues Licht auf die Kollaboration auf betrieblicher Ebene: In manchen Fällen müssen die apologetischen Schutzbehauptungen der Unternehmer nach dem Krieg aufs Neue hinterfragt werden.

Komparative Forschungen leisten einen wertvollen Beitrag, um die Wirkung der in Berlin konzipierten Institutionen auf die jeweilige Besatzungssituation zu untersuchen. Grundlegende Quellenstudien zur ökonomischen Konzeption der deutschen Lenkungsorgane und -mechanismen wurden vielfach noch nicht unternommen, wie beispielhaft ein Aufsatz zeigt, der sich mit den Überlegungen des Reichsfinanzministeriums zur europaweiten Gestaltung der Besatzungskosten auseinandersetzt[100]. Manche älteren Ansätze, insbesondere die Blitzkriegs- und die Polykratiethese, verstellen den Blick auf die Rationalität der bürokratischen Steuerung der besetzten Volkswirtschaften. Hierbei handelte es sich jedoch nicht, wie oben ausgeführt, um eine „Planwirtschaft" oder eine „langfristige Nutzbarmachung" der Volkswirtschaften, sondern um punktuelle Eingriffe, deren Lenkungsintentionen stets dem Rüstungssektor Präferenz einräumten. Noch immer fehlt es an Studien, die für einzelne Unternehmen eine Bilanz der Gewinne und Verluste unter Besatzungsbedingungen ziehen. Eine partiell differenzierende Sichtweise wird allerdings nichts am Urteil ändern, dass sich die Besatzung insgesamt negativ auf die volkswirtschaftliche Entwicklung der betroffenen europäischen Länder auswirkte.

[100] *Marcel Boldorf, Jonas Scherner*, France's Occupation Costs and the War in the East: the Contribution to the German War Economy, 1940–1944, in: Journal of Contemporary History (erscheint 2012).

I. Lebensbedingungen für die einheimische Bevölkerung in den besetzten Gebieten

Steen Andersen

Living Conditions and the Business Environment in Denmark, 1940–1945

By 8 March 1941, Denmark had been occupied by German forces for almost a year. This state of affairs was a central theme in one of the most important speeches given by the democratically elected Danish Prime Minister Thorvald Stauning, held before the Danish Students' Association. Stauning, the Danish Prime Minister with the longest run in office in the 20th Century, had been Prime Minister since 1929, and by 1941 he was respected across the whole political spectrum, regardless of party affiliations. He was the undisputed leader of the Danish Social Democratic Party. Entitled "The Political Challenges of Our Time", his speech was about what chance the country had to survive as an independent nation in the case of an expected German victory[1]. Its point of departure, therefore, was Germany's position of power on the European continent at that time. Though the war was not yet over, it was not expected that Germany's position would change significantly. Stauning argued that the Danes could do nothing but hope to have their political independence restored after a German victory. In the short term, however, the countries subject to German hegemony would have to adapt to the new political conditions in Europe.

In Denmark, this would mean close collaboration with German plans for the new Europe. In his view economic collaboration between Denmark and Germany could be based on plans and contracts, which would ensure the import of German raw materials and manufactured goods by Denmark in exchange for goods produced by the Danish farming community[2]. Such cooperation necessitated modern production arrangements, not only in Germany, but also in the countries within

[1] The speech "Tidens politiske Opgaver" by Prime Minister Stauning 8 March 1941. Prime Minister Th. Stauning's private archive nr. 27, box 20. Arbejderbevægelsens Bibliotek og Arkiv (Henceforth ABA).

[2] For a discussion of the so called policy of cooperation in government, in the parliament and between Danish and German authorities, see *Henrik Dethlefsen*, The Diplomatic Solution, in: *Wolfgang Benz*, *Johannes Houwink ten Cate* and *Gerhard Otto* (ed.) Anpassung, Kollaboration, Widerstand. Kollektive Reaktionen auf die Okkupation. Reihe Nationalsozialistische Besatzungspolitik in Europa 1939–1945, 1 (Berlin 1996) 25–41; *Henrik Dethlefsen*, Denmark and the German Occupation: Co-operation, Negotiation or Collaboration, in: Scandinavian Journal of History 15 (1990) 193–206.

the greater German economic area, as well as a harmonization of prices and exchange rates. Stauning felt that this more regulated economic framework would to some extent even entail advantages compared to a liberal organization of markets. After all, Germany's state-regulated economy had demonstrated its superiority over "the liberalist society, which largely is based on egoism"[3].

The political message was that there was no reason to fear the new situation. Implicitly Stauning equated the Nazi economy with the Danish Social Democratic Party's ideal of a kind of planned economy in Denmark, which as yet had not been implemented. The speech was also remarkable because of the Prime Minister's further assertion that the development of farming should be promoted at the cost of industry. This was a fundamental departure from the Danish Social Democratic Party's traditional policy, with its focus on industrialization.

As Prime Minister of a small state like Denmark in a Europe dominated by a strong Germany, ensuring that in one way or the other the country could survive as an independent nation was one of Stauning's most important tasks. In the climate of 1941 there was no alternative to this realistic course of action. Adapting to the new Europe, however, should, according to Stauning, come about gradually and be based on Danish goodwill, since the Prime Minister stressed that his considerations did not reflect any specific instructions from Germany. Denmark would have to demonstrate a positive attitude towards co-operation with Germany in order to avoid the Nazification of Danish society and to maintain as much Danish sovereignty as possible. Even if the Prime Minister could not precisely foresee how the new situation in Europe would affect Denmark in the future, he was convinced that Berlin would introduce "a European division of labour which, as long as it is sensible and considerate, does not give rise to objections"[4]. Economic co-operation with Germany would not endanger national unity. By permitting the Danish economy to adapt itself to the greater German economic area – thereby allowing a major part of Danish foreign policy to be dictated by Berlin – Denmark's future as a nation could be secured.

Furthermore, Stauning's speech emphasised a third point: that economic co-operation with Germany did not necessarily mean political adaptation. The task would be to find a specific Danish model of adaptation to the new situation. An activist policy in the economic sector would give Denmark some political options: the Danish state could demonstrate its willingness to adapt to German economic requirements without making significant concessions in questions of domestic politics, thus avoiding Nazification.

Denmark was a special case during the Second World War. While other German-occupied countries experienced exploitation and oppression, German policy

[3] The speech "Tidens politiske Opgaver" ... Prime Minister Th. Stauning's private archive nr. 27, box 20. ABA.

[4] The speech "Tidens politiske Opgaver" ... Prime Minister Th. Stauning's private archive nr. 27, box 20. ABA; *Steen Andersen*, Danmark i det tyske Storrum – Dansk økonomisk tilpasning til den tyske nyordning (Copenhagen 2003) 186–206.

in Denmark was relatively lenient. It will be argued that Danish food exports and the way in which production and consumption were organised played a crucial role in Germany's special policy towards Denmark. Institutional conditions were a decisive factor[5]. Danish authorities and agricultural organisations established a very efficient system with strict controls of food production and consumption which was to the mutual benefit of Denmark and Germany.

When Denmark was attacked, the Germans were willing to guarantee Danish integrity and sovereignty, provided that the Danish government accepted the occupation without military resistance[6]. Thus Denmark formally remained an independent neutral state throughout the five years of occupation. All official contacts were between the two ministries of foreign affairs. In Berlin, Denmark was considered a foreign country.

The Labour Market and the Wage Battle

After the occupation on 22 April 1940, the executive committee of *De samvirkende Fabforbund* (DsF), Danish Confederation of Trade Unions, convened. The chairman Laurits Hansen emphasized that the situation called for a calm attitude among the Danish workers and the maintenance of production. In fact, the strongest support for the co-operation policy was found in the DsF and the *Dansk Arbejdsgiverforening* (DA), the Confederation of Danish Employers. During political and diplomatic crises the DsF put pressure on the Danish Social Democratic Party, in order to avoid a break with the occupation forces which would threaten its organisation. In September 1940 Laurits Hansen expressed his concern in the following way: "If the Trade Union Movement is crushed, the party will also be disbanded, and the Danish labour movement will be history."[7]

The working class experienced a deterioration in its living standards after the abolishment of wage indexation to inflation that had been introduced in 1939. Thus the DsF had to pay the price for its collaboration when its members wages were frozen and rural cheap labour was bound to the land. However, the Danish Liberal and the Danish Conservative Party had threatened to leave the national coalition in parliament, should the Trade Union Movement not accept this. Because this could have paved the way for Frits Clausen's Danish National Socialist

[5] For a discussion of the institutional framework for Danish-German economic cooperation in the interwar period, see *Patrick Salmon*, Scandinavian and the great powers 1890–1940 (Cambridge 1997) 264–273; *Joachim Lund*, Mellem diplomatisk tradition og politisk ensretning. Det nazistiske regime, Auswärtiges Amt og Danmark 1933–40 – en oversight, in: *Henrik Dethlefsen og Henrik Lundbak* (ed.) Fra mellemkrigstid til efterkrigstid (Copenhagen 1998) 93–117.
[6] *Henrik S. Nissen*, 1940 – Studier i forhandlingspolitikken og samarbejdspolitikken (Copenhagen 1972) 40–88.
[7] *Hans Kirchhoff*, Vor Eksistenskamp er identisk med nationens kamp – Om Socialdemokratiets overlevelsesstrategi under besættelsen. Forsøg på syntese (Årbog for Arbejderbevægelsens Historie, Copenhagen 1994) 32.

Workers' Party, the DsF and the Danish Social Democratic party considered it imperative that the coalition was maintained. During the first years of the occupation the workers therefore paid a rather high price. This came on top of high unemployment which in the winter of 1940/41 reached 36 per cent. Such high unemployment had not been seen since the darkest days of the Great Depression[8].

Throughout the German occupation collective bargaining was regulated by the Working Conditions Act passed in September 1940, the result of a joint effort of the DsF and the DA at the instigation of the Minister of Labour and Social Affairs. In order to reach agreement the DsF had renounced the right to strike, thereby preventing the Germans from interfering with the trade unions. The DsF's acceptance of a wage freeze, however, should have been followed by a general price freeze[9].

But in reality the retail price index rose quite strongly between July 1939 and July 1941. Despite rationing some food products the failure of price control led to increasing food prices, and shortages forced households to purchase more expensive goods than they would otherwise have done. The increase in food prices was basically caused by a substantial German demand for Danish farm products at prices which should stimulate the *Lieferfreude* of the Danish farmers. The German authorities negotiated price levels with the farmers' export committee directly and the Danish government had very little influence over these negotiations.

Table 1: Real Wages of Workers in Denmark (Index)

	Cost of living	Nominal wage	Real wage
1939	100	100	100
1940	137	112	81
1941	155	123	79
1942	157	127	81
1943	155	133	86
1944	159	141	89
1945	156	156	100
1946	157	173	110

Source: Statistics Denmark, Statistical Reports, 1939–1948.

The price increases meant that workers' real wages decreased by approximately 20% up until July 1941. This was a hard blow to workers, as well as to middle class civil servants. In March 1941 the Labour and Conciliation Board delivered a ruling which awarded wage earners a wage increase, which more or less compensated for half the price increase since January 1940. In the spring of 1942, 1943, 1944, and 1945 new modest pay rises were permitted. In August 1944 the workers

[8] *Sigurd Jensen*, Levevilkår under besættelsen – Træk af den økonomiske og den sociale udvikling under den tyske besættelse 1940–45 (Copenhagen 1971) 90.

[9] *Erling Olsen*, Danmarks økonomiske historie siden 1750 (Copenhagen 1962) 200. *Steen Andersen*, Social udvikling 1940–45, in: *Hans Kirchhoff*, *John T. Lauridsen* and *Aage Trommer* (ed.) Gads leksikon om dansk besættelsestid 1940–1945 (Copenhagen 2002) 423–425.

at the lowest end of the scale received a special wage increase. Civil servants in lower positions received pay rises parallel to workers, while civil servants in higher positions were not compensated for the price rises and their real income consequently declined more. However, between July 1941 and October 1941 the retail price index only rose by a single percent and in the course of 1942 the increase in prices of necessities was, by and large, brought to an end, as a result of more effective control measures.

Table 2: Danish Consumer Prices of Foodstuff (Index)

	Bread	Oats	Potatoes	Vegetables	Beef	Pork	Butter
1938	100	100	100	100	100	100	100
1939	99	103	104	101	101	107	100
1940	114	124	204	157	111	119	121
1941	140	128	208	188	173	146	145
1942	137	127	218	213	172	135	145
1943	132	128	176	185	174	136	145
1944	137	128	232	233	174	136	145
1945	136	128	224	204	168	135	145
1946	136	128	254	218	167	136	146

Source: Statistics Denmark, Statistical Reports, 1938–1946.

Labour Sent to Germany

Shortly after the occupation the German diplomatic representation approached the Ministry of Foreign Affairs and expressed the German intention to recruit Danish labour. The recruitment of 5,000 Danish workers was to be linked to a German commitment to deliver three million tonnes of coke. The government decided to accept labour recruitment on a voluntary basis. The practical part of the work was allocated to the Ministry of Social Affairs and the Public Emigration Office. On 24 May 1940 the DsF briefed the organizations of the Trade Union Movement in a circular letter, mentioning the German wishes and the importance of securing a supply of coal. The Trade Union Movement did not oppose the arrangement. However, there were fears that workers might be exposed to Nazification during their stay in Germany and subsequently leave the Trade Union Movement. As a result, the DsF at first adopted a passive approach towards the recruitment, which at this time was progressing in an orderly fashion. However, during the summer problems became apparent when the number of workers recruited began to decline and the first dissatisfied workers began to return from Germany. The victory over France also contributed to the DsF's fears that a German intervention against the Trade Union Movement was imminent[10]. At the same time the

[10] *Therkel Stræde*, „Deutschlandarbeiter". Dänen in der deutschen Kriegswirtschaft, 1940–1945, in: *Ulrich Herbert*, Europa und der „Reichseinsatz" – Ausländische Zivilarbeiter, Kriegsgefangene und KZ-Häftlinge in Deutschland 1938–1945 (Essen 1991) 140–171.

government adopted a more active approach towards German wishes and supported a change in the DsF's passive attitude to the recruitment of Danish labour. This was an attempt to secure German goodwill, thereby reducing the risk of intervention against the labour movement. Furthermore, the increase in unemployment from 16 per cent in July 1940 to 35 per cent in December 1940 caused fears that the working class might be radicalized and that the appeal of communism and Nazism might grow. By sending more Danish workers to Germany the workers' conditions would improve and the pressure on the unemployment insurance fund decrease. In this way one could avoid a radicalization and at the same time maintain control of the labour market. Therefore, the DsF started becoming actively involved in the recruitment of labour to Danish entrepreneurs working in Germany. Through direct negotiations with the Hugo Stinnes Group the DsF, among other things, contributed to the recruitment of 1,000 workers in exchange for extra deliveries of coal and coke to Denmark[11].

In autumn 1940 there was internal disagreement in the DsF's executive committee on the question of whether or not Danish workers in Germany should be exempted from payment of membership fees to their Danish unemployment insurance fund, when they were also paying fees to German unemployment insurance. The majority of the DsF executive committee and most of the trade unions supported the idea, but the *Dansk Arbejdsmandsforening* (DAF), the Danish Workmans Union, and the Masons' Union, the two unions which had the greatest number of members in Germany, were against it. The DAF argued that it was fair for Danish workers in Germany to pay when they were employed. The split in the DsF concerning unemployment insurance did not stem from a disagreement about recruitment as such, but reflected the fact that the DAF's unemployment insurance fund was hard pressed financially because of the high unemployment of its members. Prompted by the DAF's reluctance, Johannes Kjærbøl, Minister of Social Affairs, decided after consultation with Stauning to enforce free membership in all unemployment insurance funds by law of 1 February 1941. In all questions regarding recruitment there was indeed close interaction between the DsF, the Ministry of Labour and Social Affairs, and the Bureau of Labour Inspection. This also resulted in a policy with respect to long-term unemployed workers which refused any financial aid to them unless they were prepared to accept work in Germany. It was only after the August 1943 rebellion[12] that the DsF returned to its passive approach of the first four months of occupation. This move counter-

[11] *Sigurd Jensen*, Levevilkår under besættelsen – Træk af den økonomiske og den sociale udvikling under den tyske besættelse 1940–45 (Copenhagen 1971) 149.

[12] Throughout August 1943, Denmark was marked by strikes and demonstrations organized by the illegal Communist Party. Revolts in the streets forced the German occupiers to deploy countermeasures. German demands for capital punishment for acts of sabotage led on the 29th August 1943 to the parliamentary government's resignation. The German Army disarmed the Danish military by force. In the period up to the liberation in May 1945 Departmental Managers carried out negotiating contacts with the occupying forces, continuing the line that the politicians had taken.

acted the perception that the DsF was an exponent of the collaboration policy at a time when the resistance movement had the support of an ever greater part of the population and was strongly criticizing the export of labour to Germany[13].

In line with other moves to adapt, the Trade Union Movement attempted to establish contacts with the Germans in order to gain some influence and preserve their autonomy. Within the DsF leadership there was a fear that the labour movement's organizations might become Nazified, as they had in the Netherlands and Norway. As a result, Laurits Hansen got Stauning's approval to approach press attaché Gustav Meissner of the German diplomatic representation in order to secure the Trade Union Movement a place in the new Europe[14]. Among other things the contact with Gustav Meissner resulted in three research trips to Germany of representatives from the Trade Union Movement and employers. An indirect result of these trips was their participation in meetings where representatives of the German Labour Front were also present. The meetings had been approved by Stauning. They took place on private premises and undoubtedly contributed to the development of a good relationship between the Danish Trade Union Movement and the German Labour Front as part of the effort to avoid sanctions against the Danish unions. The Germans never really implemented plans for the Nazification of the Danish labour movement. The occupying power accepted the Danish trade unions' continued existence because their primary interest was safeguarding a calm labour market, thereby maintaining production[15].

Job Creation Programmes and the Construction of Bunkers

The Division of Labour Act of 30 May 1940, which rationed labour in some branches and professions, attempted to address the issue of unemployment. Compensation for lower wages was paid out to the sectors in question from a fund which was in part financed by wage earners' contributions and in part by a state grant. In September 1940 the Division of Labour Act affected about 79,000 workers, but their number decreased after this point, as more employment opportunities were created.

In June 1940 the government established an employment committee headed by Prime Minister Stauning. A number of laws were enacted, making substantial public means available. Institutions were established which, among other things, implemented land improvement and land reclamation projects. Fifteen million Danish kroner (DKK) were made available for construction in rural areas with

[13] *Therkel Stræde*, Arbejderbevægelsen og tysklandsarbejderne, in: Årbog for Arbejderbevægelsens Histori (Copenhagen 1994) 159ff.; *Tove Lund*, Fagbevægelsens forhold til samarbejdspolitikken 1940–42, in: Årbog for Arbejderbevægelsens Historie (Copenhagen 1972) 92.

[14] *Steen Andersen*, Fagbevægelsen, in: *Hans Kirchhoff*, *John T. Lauridsen* and *Aage Trommer* (ed.), Gads leksikon om dansk besættelsestid 1940–1945 (Copenhagen 2002) 128–132.

[15] *Hans Kirchhoff*, Samarbejde eller modstand under besættelsen – En politisk historie (Odense 2001) 86.

which new houses for agricultural workers, farm silos and other farm buildings were erected. During a two year period 30 million DKK were allocated to repairs of city buildings. An additional 45 million DKK were provided for the construction of public facilities in order to activate the long-term unemployed. Parallel to the state's projects the Copenhagen municipality implemented a number of emergency aid projects for the construction of parks and pathways and the maintenance of existing facilities[16].

The limited German supplies of coal stimulated the production of Danish fuel in peat bogs and brown coal mines where a significant part of the Danish work force found employment. In the spring of 1941 these projects' effects all began to be felt after the hard winter when many outdoor activities had been suspended. In July 1941 no less than 74 per cent of available manpower was fully employed.

The public Danish projects largely contributed to the decline in the unemployment rate. However, this can also to be attributed to the fact that some of the Danish work force found employment in Germany (in all about 100,000 men). A smaller part worked in German plants in Norway. Moreover, the *Wehrmacht* informed the Danish government as early as April 1940 about plans to construct permanent military installations in Denmark. These consisted at first of air fields for the *Luftwaffe* and the Hanstholm fortress long-range artillery, which would allow the Germans to control the passage through the Skagerak[17]. The Germans made it clear that they wanted the work done and that German companies were prepared to take it up. But the Danish government insisted that the work should be done by Danish firms and Danish workers, even if this contradicted the already compromised Danish neutrality. Many Danish companies, however, declined the opportunity to work for the Germans in Denmark, partly out of consideration for their international activities, and partly for patriotic reasons. In the end, though, the large firm Wright, Thomsen & Kier started to construct the air fields. It was not difficult to procure workers for the *Wehrmacht* construction sites, since there was considerable unemployment and the wages paid were above the normal rate.

The *Wehrmacht* had its own account in Danmarks Nationalbank – the so-called *Wehrmacht* account – which was used to finance the German army's expenditure in Denmark. Because the Danish authorities had succeeded in getting army purchases of food recognised as export, and thus charged to the clearing account, payments out of the *Wehrmacht* account were mainly made to Danish companies which did construction work for the Germans. During the five years of occupation five billion DKK were drawn from the *Wehrmacht* account; particularly from the autumn of 1943 onwards large amounts were made available to finance the German invasion defence. The government attempted to restrict the profits of the

16 *Steen Andersen*, Danmark i det tyske Storrum – Dansk økonomisk tilpasning til den tyske nyordning (Copenhagen 2003) 142.

17 *Jens Andersen*, Tysk invasionsforsvar i Danmark 1940–45 (Copenhagen 2007) 65.

Figure 1: The Wehrmacht Account in Danmarks Nationalbank (in Million DKK)

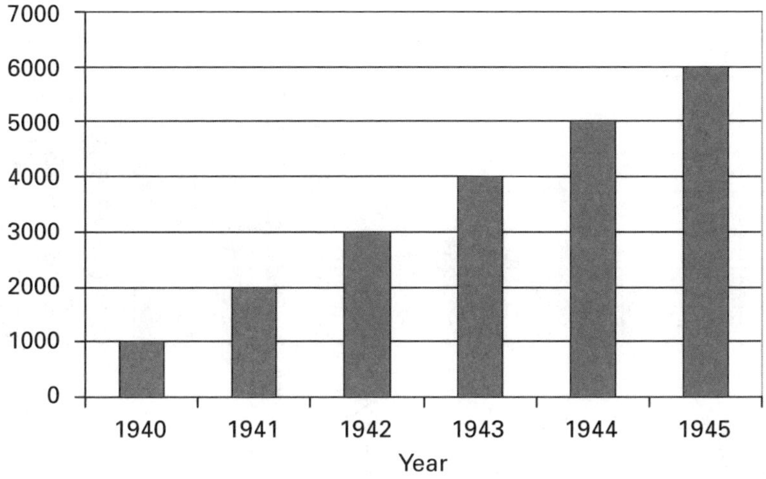

Source: *Steen Andersen*, De gjorde Danmark større… Danske entreprenører i krise og krig 1919–1947 (Copenhagen 2005) 371.

Danish companies working for the *Wehrmacht*, but this was difficult, and the firms did what they could to counteract price controls[18].

As long as the withdrawals from the *Wehrmacht* account did not cause a rapid increase in inflation, the projects were useful to the government's ambition to reduce unemployment. Even if the fortresses did not benefit the Danish society, the construction work raised national income and contributed significantly to the further reduction of unemployment, especially from 1943 until the end of the war. These building activities had additional advantages: they did not directly consume goods important to Danish consumers, such as textiles and food products, and they relied on inputs also produced in Denmark, such as cement. In the political sphere it was never officially declared an aim that *Wehrmacht* projects should be used to reduce unemployment. Politicians, however, did accept it as a side benefit, and at the same time attempted to regulate the wages of the workers employed. The coalition governments, and later the departmental heads, shared the goal that the *Wehrmacht's* demands for supplies and construction should not give the occupation forces any cause for coercive measures. This was clearly expressed in the wake of the Telegram Crisis. On 2 November 1942, during his meeting with the Prime Minister and with Foreign Secretary Erid Scavenius, von Ribbentrop demanded that Nazi ministers were admitted to the government. This demand was

[18] *Steen Andersen*, De gjorde Danmark større… Danske entreprenører i krise og krig 1919–1947 (Copenhagen 2005) 208.

Figure 2: Workers Employed in the Construction of German Bunkers and Airfields in Denmark 1940–45

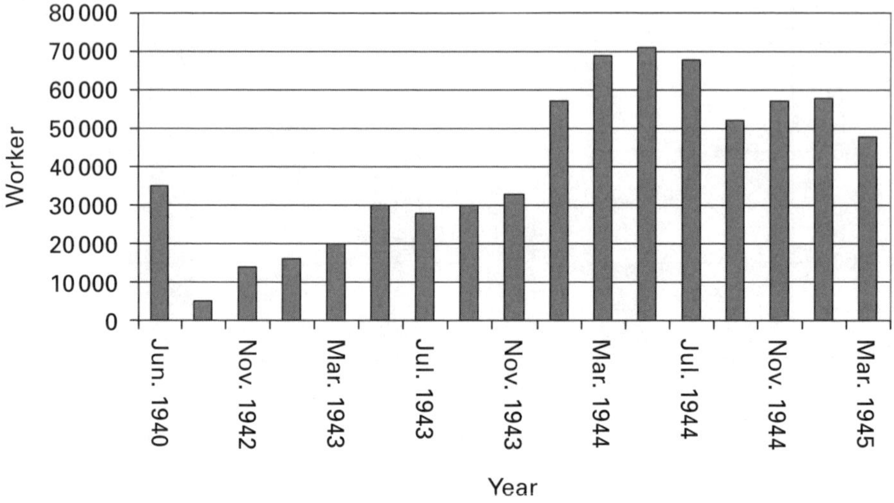

Source: *Steen Andersen*, De gjorde Danmark større… Danske entreprenører i krise og krig 1919–1947 (Copenhagen 2005) 372.

rejected as "ridiculous and impossible"; Scavenius pointed out that the maintenance of a parliamentary coalition government secured stable conditions for the German occupation forces[19]. And indeed the coalition governments ensured that the *Wehrmacht* bastions were built and that goods were delivered to Germany.

The employment question also impacted on the question of co-operation with Germany in other ways, since a low unemployment rate would contribute to safeguarding the necessary stability in the labour market. Thus the construction of a direct traffic line between Hamburg and Copenhagen, the so-called beeline, was a project of the new Europe, where it was attempted to combine Danish adaptation to German hegemony with measures to decrease unemployment. After the New Year Crisis of January 1941 Foreign Secretary Erik Scavenius stressed that with an improvement in the employment situation Berlin would treat the coalition government with more respect. Therefore, the Danes should seek inspiration from Germany's regulated economy in order to gain pragmatic policies more attention and to improve the employment situation.

[19] *Bo Lidegaard*, Overleveren 1914–1945. Dansk udenrigspolitisk historie 4 (Copenhagen 2003) 443–453.

The Agricultural Establishment

There are no indications that Danish agricultural production influenced the German decision to occupy Denmark. Nevertheless, officials in the German Ministry of Food and Agriculture were well informed about Danish agriculture. This was of great significance to economic policy during the occupation because the German Ministry wanted to maximize agricultural production. In the beginning of May 1940 experts from the Ministry came to an agreement with the Agriculture Council of Denmark about the ways in which production should be restructured, and shortly afterwards *Staatssekretär* Herbert Backe and Alexander Walter, the German chief negotiator in Denmark, prepared a plan for the new structure's implementation[20]. The German decision-making authorities did not believe that agricultural production and food consumption in Denmark could solely be based on control and rationing. For this reason they chose to implement a price policy which simultaneously maximized production and limited Danish consumption. In the first years of the occupation the price of agricultural goods was set at German domestic price levels. The farmers' organisations, which at that time had the right to negotiate directly about export prices without interference from the Danish government, co-operated closely. They had a clear interest in obtaining higher sales prices than before, even though it caused the domestic prices of farm products in Denmark to increase rapidly and substantially. In this way the occupying power secured the farmers' *Produktions- und Lieferfreudigkeit.* On the other hand, the executive committee of the Agricultural Council of Denmark believed that the economic crisis in the years before the occupation, and especially after the outbreak of war, had placed the farming community at a disadvantageous position compared to other sectors of society. The council also subscribed to the view that the government had not done enough to help it. The result was that the executive committee strongly endorsed demands for higher prices for agricultural products. The first internal critique of this policy was only voiced towards the end of 1942. The export price of butter thus rose by 100 per cent during the first year of occupation, while the rise in the producer price was about 60, and the rise in consumer price around 30 per cent. After 1 January 1941 butter prices were fixed for the remaining period of occupation, because the occupying power did not see any reason for further price increases as there were no supply problems. Therefore, the Danish government received German support to safeguard Danish consumers against future price rises in butter and other dairy products.

Agricultural production had long played an important role in Danish-German co-operation. The Danish-German trade agreement committee had held quarterly meetings regulating the trade between the two countries since 1934. In Denmark the committee was chaired by an official from the Ministry of Foreign Affairs named Mathias Wassard, and the German committee was chaired by Walter, de-

[20] *Mogens R. Nissen*, Til fælles bedste – det danske landbrug under besættelsen (Copenhagen 2005) 26–62.

Figure 3: Price of Butter, January 1940 to April 1941 (DKK per Kilo)

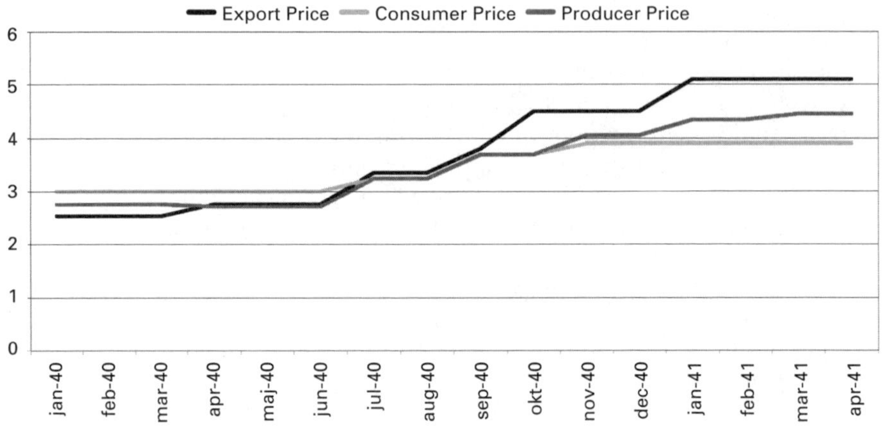

Source: *Mogens R. Nissen*, Til fælles bedste – det danske landbrug under besættelsen (Copenhagen 2005).

puteed from the German Ministry of Food and Agriculture. Walter was positioned directly below Backe, who was by then Minister of Agriculture. In 1941, Backe visited Denmark and expressed great satisfaction with the co-operation taking place. Backe had developed friendly relations with Henrik Hauch, the president of the Agricultural Council of Denmark, as early as the 1930s. Backe's visit to Denmark took place in June 1941, a few days before the attack on the Soviet Union. In Göring's Four Year Plan-Organisation Backe was responsible for Germany's food supply throughout the entire war; he planned the German "*Hungerpolitik*" in the occupied Soviet territories. By enforcing food deliveries to Germany, Backe calculated that as many as 30 million Soviet citizens would potentially die of starvation. But the Germans did not have such plans for Denmark.

During the occupation period, the Danish-German government committees continued negotiating trade agreements. Although the occupying power could have dictated its terms, it did not do so. Instead, it concluded agreements which the Danish authorities were also interested in supporting. In Berlin, as well as in Copenhagen, the authorities shared a common interest in maximizing Danish agricultural production. The Danish government was extremely concerned about the food supply to the population. In the end arrangements were adopted regarding grain and milk, which ensured that Danish cities received their food supply. The Germans, on the other hand, received the surplus production which had previously been exported to Great Britain. The main principle behind the agreements on food was that the amount set aside for export to Germany was based on a calculation of future production. This also opened up the possibility that Denmark could export food to other destinations besides Germany, should the domestic consumption be limited. That, in turn, would make imports of important goods from countries like Sweden and Switzerland possible. In fact, the Danish govern-

Figure 4: Exports of Danish Pork to Germany and Danish Consumption 1939–1945 (in 1000 tons)

Source: *Mogens R. Nissen*, Til fælles bedste.

ment implemented rationing of butter, pork and beef, since it indeed served Danish interests to export to third countries and because the *Wehrmacht's* consumption also came under control in this way.

Furthermore, there was a great concern that should the occupying power demand the introduction of rationing in Denmark, rations would be set at the German level. Therefore, the Danes wanted to implement rations themselves, which in fact were substantially higher than the German ones. In this way the food consumption of economically disadvantaged groups in Denmark also was supported[21].

From 1940 to 1942, annual pork production declined by more than 200,000 tons or about 60 per cent, whereas the amount exported fell by 250,000 tons or 75 per cent. But the Danish consumption of pork declined by only a little more than 10 percent, which was largely replaced by beef. Thus Danish consumers were not particularly hard hit by the decline in production. After 1942 the supply of animal products increased again and led to a significant rise in exports, particularly of pork. Danish butter production fell from about 180,000 to 110,000 tons between 1935/39 and 1942, a 40 per cent decrease during the first two years of the occupation. This decline was caused by a shortage in dairy cows and protein rich fodder. After 1942 the production of butter increased again, thanks to good harvests and a higher priority being placed on cattle production. Compared to the pre-occupation period Danish butter production was about 70 per cent during the last three

[21] *Mogens R. Nissen*, Til fælles bedste – det danske landbrug under besættelsen (Copenhagen 2005) 117–155.

Figure 5: Allocation of the Danish Butter Production (in 1000 tons)

Source: *Mogens R. Nissen*, Til fælles bedste.

years of the war. But Danish consumption increased significantly, from an average of 33,000 tons in the period 1935–1939 to 70,000 tons in 1941. After 1941 consumption remained stable throughout the period of occupation.

The average consumption of calories fell by 5 to 10 per cent during the German occupation. In 1942 the lowest intake was registered at about 3,050 kcal. However, the consumption of calories in Denmark was higher than in any other occupied country, as well as in Germany itself. In the Netherlands and Norway the average was between 1,400 and 2,000 during the period 1941–1944, in Germany between 1,750 and 2,000. A Dutch research report has shown that mortality rates actually declined in Denmark, whilst they rose in the Netherlands and other countries occupied by Germany. The reason for this was that more Danes found employment, which in turn resulted in an increase in wealth and better food intake. In contrast to other Europeans the Danes also continued to consume considerable amounts of animal products, while food consumed in Germany and the Netherlands was increasingly of vegetable origin[22].

Exports were mainly sent to Germany. However, during some periods considerable amounts of food products were also sent to various other countries, in order to give Denmark a chance to import goods which were not available in Germany. Such imports were important to keep up production in Denmark generally, but also were advantageous for the occupying power, because a share of that production was then exported to Germany. German authorities were fully aware of this.

[22] *Mogens R. Nissen*, Til fælles bedste – det danske landbrug under besættelsen (Copenhagen 2005) 188–192; *Ralf Futselar*, Lard, Lice and Longevity – A Comparative Study of the Standard of Living in Occupied Denmark and the Netherlands 1940–45 (Amsterdam 2005, Unpublished PhD.-thesis) 97–132.

Figure 6: Consumption of Calories in Danmark

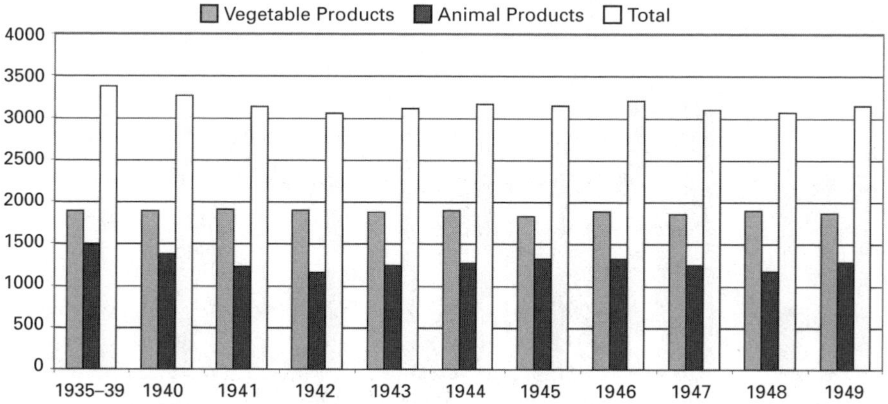

Source: *Mogens R. Nissen*, Til fælles bedste.

The increase in Danish meat exports to Germany after 1942 had a significant impact on German food rations, especially during the last phase of the war when civilian consumption of meat declined considerably. In the last two years of the occupation Danish export of pork and beef constituted about 10 per cent of German civilian consumption. Danish consumption of beef, on the other hand, was not particularly affected by the occupation, although production fluctuated considerably.

Throughout the years of occupation the German diplomatic service in Copenhagen continually sent reports to Berlin emphasizing the significance of food exports to Germany. In 1940 and 1941 there were also warnings against installing a pro-Nazi government in Denmark, since this might create social unrest and endanger the German import of food. Later Backe, as well as the *Auswärtige Amt,* argued that Denmark should receive more raw materials, in order to keep up its deliveries of food.

Industry: Supply Problems and Deliveries According to German Orders

After the outbreak of war, it became increasingly difficult to supply the Danish industry with the necessary raw materials from the world market. Denmark itself, however, possesses no raw materials worth to speak of. The chemical and iron industry were particularly hard hit by the shortage of raw materials. The entire Danish tanning industry was threatened with closure, should no substitutes for traditional tanning materials be found. Thus the Danish Technological Institute began to co-operate with IG Farben AG, which then provided the Institute's

Figure 7: Allocation of the Production of Beef and Veal 1939–1945 (in 1000 tons)

Source: *Mogens R. Nissen*, Til fælles bedste.

tanning research station with several synthetic tanning chemicals[23]. On this basis the Institute was able to carry out a number of experiments, which resulted in production guidelines for the Danish leather industry. It was advised to apply 75 per cent synthetic tanning chemicals of German or Danish origin and 25 per cent vegetable tanning substances made from Danish inputs. Other industries, however, could not apply German *Ersatz* products or restructure their production. In fact, the Danish Sulphuric Acid and Superphospate Factory (Superfos) had to close production down when the phosphate deliveries came to an end[24]. Generally, Danish industry experienced a considerable decline because of shortages of coal, iron and mineral oil. Coal imports from Germany could not meet the total demand for fuel. Hence Denmark started the domestic production of brown coal and peat in an attempt to improve the supply of energy. But the quality of these fuels was worse than that of foreign coal, and a decline in industrial production could not be prevented. At the beginning of the occupation period there also was a reluctance to engage in a comprehensive production of substitutes, because of the uncertainty regarding the length of war. It was only after it had become clear that Denmark was facing a long-term occupation that the Ministry of Trade and Industry implemented a number of initiatives intended to further Danish production of substitutes.

The shortage of raw materials induced quite a few companies to seek orders from the German occupation forces, in order to keep production going. And al-

[23] *Steen Andersen, Søren Federspiel*, Nytænkning gennem 100 år – Teknologisk Instituts historie 1906–2006 (Copenhagen 2006) 96–109.

[24] *Per H. Hansen*, Modgang eller fremgang? Industriens forhold under besættelsen, in: Besættelsen i perspektiv (Odense 1995) 73–104.

Figure 8: Industrial Productivity, Production and Employment 1932–1947

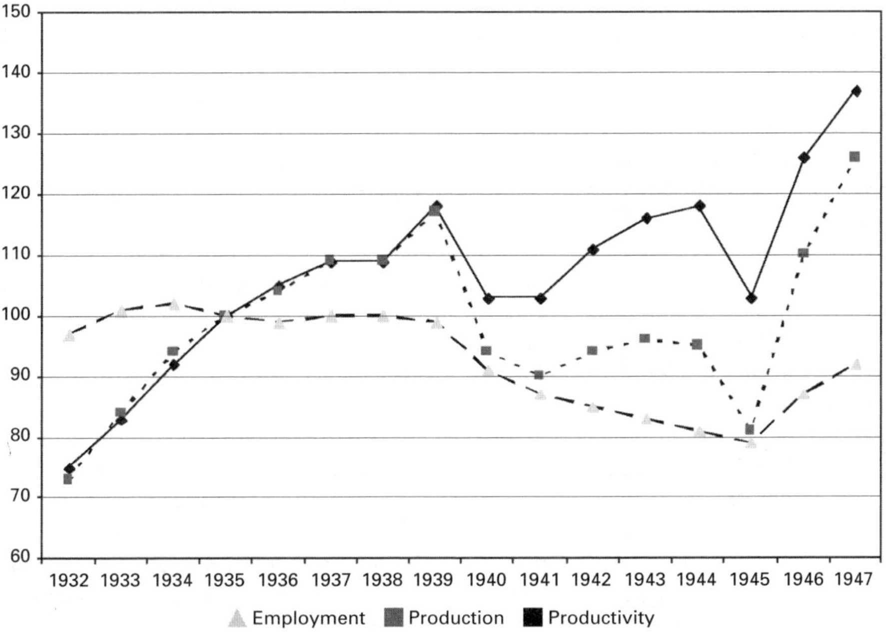

Source: *Per H. Hansen*: Business as Usual? The Danish Economy and Business during the German Occupation, in: *Harold James, Jakob Tanner* (ed.), Enterprise in the Period of Fascism in Europe (Aldershot 2002) 127.

ready in the summer of 1940 representatives from the occupying power showed an interest in placing orders while supplying the necessary raw materials. From 1 July 1940 to 22 March 1941 the Ministry of Foreign Affairs and the Directory of Goods Supply approved orders of a total of 72 million DKK. Only a fraction of these were of a civilian nature. Orders relating to armament production accounted for 71 million DKK. These figures, however, did not include the construction and repair of ships as well as supplies for the *Wehrmacht* in Denmark[25]. At one point in time the demand for weapons was so great that they had to be supplied by the Danish army's weapons arsenal. In March 1941 the prospect of a further increase in these so-called extraordinary industrial deliveries prompted the Federation of Danish Industries to calculate that production for Germany during the course of

[25] *Christian Jensen, Tomas Kristiansen og Karl Erik Nielsen*, Krigens købmænd – Det hemmelige opgør med Riffelsyndikatet, A.P. Møller, Novo og den øvrige storindustri efter Anden Verdenskrig (Copenhagen 2000) 96–107; *Joachim Lund*, Business Elite Networks in Denmark, in: Working for the New Order – European Business under German Domination 1939–1945, ed. by *id.* (Copenhagen 2006) 119.

the year should amount to between 130 and 148 million DKK[26]. The growth of extraordinary industrial supplies made it advisable to introduce price and profit controls. Thus the Committee for Extraordinary Industrial Works, the so-called Odel Committee, was founded at German expense.

In total, Danish industry accepted orders worth approximately one billion DKK. How these orders were distributed among different branches and different Danish production facilities has not yet been researched in detail. However, data from the Federation of Danish Industries from autumn 1943 provides a snapshot. This report only included companies directly working for extraordinary industrial deliveries and was based on these companies' own statements. It becomes evident that production for extraordinary industrial deliveries was concentrated in only a limited number of branches. The resulting effects on employment were mainly to be felt in the iron industry and shipyards. For example, in 1943 the Germans employed 28 per cent of Danish shipyards' capacity. Unlike many other industries, Danish cement factories were not hampered by a lack of raw materials and did not experience a decline in production. In 1940 and from the autumn 1942 onwards the Germans purchased large amounts of cement for their airports and fortress construction. Throughout the occupation the Danish cement factories supplied 62 per cent of their production to the Germans[27].

The figures of above do not include repairs of *Wehrmacht* vehicles, which was also a major activity. It was estimated that about 2,000 workers were occupied exclusively with such repairs[28]. Finally, companies which were indirectly employed by the Germans are also not included.

One of these companies was Danfoss, which in 1940 executed only two minor direct orders from the *Wehrmacht*. In the following years of the occupation period it completely refrained from doing business directly with Germany. In 1940 Danfoss had 50 employees and an annual turnover of half a million DKK. In 1944, however, Danfoss' turnover was 2.5 million DKK and the company now had 225 employees[29]. It exported to neutral and other occupied countries such as Norway, the Protectorate, the Netherlands, Belgium, France and Yugoslavia as well as Hungary and Spain. Furthermore, a direct connection to Germany did indeed exist in the form of a license agreement. Danfoss's biggest customer during the oc-

[26] Correspondence between G.E. Hartz, Director of the Federation of Danish Industries and M.A. Wassard, Department Manager in the Ministry of Foreign Affairs. Both letters are dated 4 March 1941. The Danish-German Counselling Committee in Industrial Matters. Jnr. 64.Dan 80x. UM.
Memorandum concerning the extraordinary Industrial Export Fee to Germany. The Secretariat of the Federation of Danish Industries, March 25 1941. Principal Questions Concerning Extraordinary Industrial Deliveries from Denmark to Germany. Jnr. 64.Dan 80/1 A. UM.

[27] *Philip Giltner*, "In the Friendliest Manner" – German-Danish Economic Cooperation During the Nazi Occupation of 1940–1945 (New York 1998) 102.

[28] *Arne Lund* et al.: Jern- og Metalindustrien under Omstilling fra Krigs- til Fredsøkonomi (Copenhagen 1945) 10.

[29] *Ditlev Tamm*, Danfoss under besættelsen (Sønderborg 2002) 28–34.

Table 4: Danish Industries Working for Germany in the Last Week of September 1943

	Total number of working hours	Working hours for German orders	Number of workers in the companies concerned	Number of companies working for German orders	Number of companies in the entire sector
Iron industry	1678000	620000	36700	245	1032
Iron foundries, machine factories and metal ware	865000	275000	19200	180	822
Shipyards and associated	623000	284000	13600	33	40
Electrical appliances	146000	36000	3100	22	118
Car industry	44000	25000	900	10	52
Clothing (except shoes)	232000	153000	5400	45	760
Shoe industry	207000	31000	5000	23	153
Wood industry	67000	65000	1400	8	666
Other industries	39000	8000	1-000	14	3585
Sum	2223000	877000	49000	355	6199

Source: The Federation of Danish Industries' report on extraordinary industrial deliveries, 1 October 1943. Danish Archives of the Ministry of Foreign Affairs.

cupation period was the Copenhagen machine factory Atlas which purchased large amounts of valves. In 1939 Danfoss sold goods to Atlas worth 27,420 DKK, but in 1943 it sold it valves worth 547,641 DKK. Over the course of the occupation period Atlas purchased goods from Danfoss totalling 1.6 million DKK. Atlas Ltd. in turn, however, made dedicated efforts to attract orders from the German armaments industry. Danfoss also supplied valves to Vølund Ltd., a machine factory which supplied electrical installations and engine parts for submarines and torpedo boats to *Krupp Germaniawerft* and *Demag*, as well as to German tank producers such as *Krupp Grusonwerk*[30].

The many projects for Germany and the *Wehrmacht* in Denmark created so-called "vacant money", which meant that there was a market for almost everything. This contributed to a rising trend at the stock exchange, because many of those who had made money working for the Germans used their profits to buy shares in industrial companies[31]. Despite deliveries to Germany being concentrated in a few branches, the Danish industry did not suffer lasting changes to its structure, since the state as well as the Federation of Danish Industries put up a

[30] The minutes of the audit board concerning A/S Vølund (Darré), 6 June 1947. Revisionsudvalget for tyske Betalinger. Arkivnr. 1508. RA.

[31] *Per H. Hansen*, Modgang eller fremgang? Industriens forhold under besættelsen, in: *Knud J.V. Jespersen* and *Thormas Pedersen* (ed.), Besættelsen i perspektiv (Odense 1995) 87.

united front to fend off structural changes created by the war[32]. The Germans left the Danish industry untouched; seizures, or "aryanization", did not occur. The occupying power did not intervene, excepting its policy of *Auftragsverlagerung*, which meant the placement of orders in co-operation with the Federation of Danish Industries and Danish authorities.

The Danish Construction Industry's International Projects

Danish industry had since the Great Depression largely produced for the domestic market. Some sectors, however, had succeeded in maintaining a considerable international presence throughout the 1930s[33]. An example was the cement industry, represented by *F.L. Smidth & Co.* F.L. Smidth was established in 1882 and in the 1890s the company founded branches in Great Britain, France, Russia and Germany. After 1910 F.L. Smidth achieved a quasi-monopoly on the Danish cement market. Sales of cement and machines for the production of cement led to expansion, which eventually resulted in F.L. Smidth becoming the largest firm in Denmark[34].

In June 1941 the Germans attacked the Soviet Union and in so doing created new opportunities for the Danish business community. Following informal talks between representatives from the German diplomatic corps in Copenhagen and officials from the Danish Ministry of Foreign Affairs an agreement was reached which permitted Danish investments and the restitution of former Danish property in the Soviet territories occupied by the Germans. The Danish Ministry of Foreign Affairs established the Committee for the Eastern Areas (*Østrumudvalget*) consisting of Danish businesspeople with an interest in the former Soviet Union. This group of businessmen also was characterised by a pronounced anti-communist attitude. The committee was chaired by Thorkild Juncker, then Director of the Aarhus Oil Factory (today Aarhus United Ltd.). He was known for his sympathy for the Nazi regime. An important result of the Danish business community's desire to have a share of the Soviet booty was F.L. Smidth's success in getting permission from Fritz Todt and Alfred Rosenberg, the Minister for the Occupied Eastern Territories, to recover the control of the cement factory in Port Kunda in Estonia. From 1922 to 1940 the factory was run by F.L. Smidth, but the plant was lost during the Soviet occupation. Co-operating with two cement factories in Latvia, together they constituted the most important suppliers of cement in

[32] *Per H. Hansen*, Business as Usual? The Danish Economy and Business during the German Occupation, in: *Harold James, Jakob Tanner*, Enterprise in the Period of Fascism in Europe (Aldershot 2002) 125–139.

[33] *Marc Linder*, Projecting Capitalism – A History of the Internationalization of the Construction Industry (Westport 1994) 85; *Geoffrey Jones*, Multinationals and Global Capitalism – from the Nineteenth to the Twenty-first Century (Oxford 2005) 119.

[34] *Joachim Lund*, Hitlers spisekammer – Danmark og den europæiske nyordning 1940–43 (Copenhagen 2005) 178.

the region. However, the factory suffered from labour shortages and could not keep up with the demand for cement. Whereas at the end of the 1930s annual production had been about 85,000 tonnes, in 1942 it was only 19,014 tonnes, and 49,300 tonnes in 1943. The solution to the production problem was found in October 1943 when the factory began making use of 200 Jewish slave labourers. After that it continued to supply cement to the Organization Todt until the Red Army marched in[35].

The company Højgaard & Schultz had undertaken building projects in Poland since 1924. At the outbreak of war the firm was still busy constructing the harbour in Gdynia as well as co-running a company named Contractor with Wright, Thomsen & Kier. Højgaard & Schultz also owned the asphalt factory KEMI which supplied asphalt to Contractor's road construction projects for the Polish state. After the German occupation and the establishment of the *Generalgouvernement* Højgaard & Schultz continued to run Contractor, not least in order to avoid its expropriation. Archival sources pertaining to the company's deliberations are very sparse, but it is clear that Contractor established a working group consisting of the main road construction companies in the country, in order to attract German orders. Moreover, the company was involved in dike construction for the so-called *Weichselwall* and a similar project at Czestochowa. Although the German occupation was not without risks for the company, as there was always the danger of political interference, co-operation with the occupying forces turned out to be very profitable. Thus adaptation to the prevailing situation went so far that Contractor also accepted Jewish forced labour[36].

After the German occupation of Yugoslavia in 1941 Kampsax and Højgaard & Schultz chose to continue their business in spite of the political turmoil. The prospect of otherwise suffering a financial loss from a bridge project in progress resulted in an agreement between the two Danish companies to continue the construction of the bridge over the Sava River for the *Organisation Todt*. Beyond the fear of imminent economic loss the motive for this had to do with the longer term disadvantage of pulling out of a market in which the companies had already invested large sums. Furthermore, there was an opportunity to make money working for the German occupation forces. In fact, the companies succeeded in completing the construction of the bridge at a profit. In the autumn of 1942, however, the partisan war had reached such an extent that Kampsax and Højgaard & Schultz finally pulled out. But the war in Serbia did not deter Kampsax from continuing business on the other side of the border, where the subsidiary Altmag was established in Hungary.

[35] *Joachim Lund*, Hitlers spisekammer – Danmark og den europæiske nyordning 1940–43 (Copenhagen 2005) 207–227.

[36] For the use of Jewish forced labour in the Generalgouvernement, see *Wolf Gruner*, Jewish Forced Labor Under the Nazis – Economic Needs and Racial Aims, 1938–1944 (Cambridge 2006) 230–244.

By following their own short and long term interests the Danish companies mentioned so far ignored the fact that they contributed to the exploitation of the territories occupied by Germany. They did not just protect their investments, but they also expanded their share of these markets. In general, one must conclude that some Danish companies did *not* stay on the right side of the line which separated legitimate action from improper support of Nazi Germany's war. This tendency was clearest in cases where companies accepted the German allocation of slave labour to their construction sites.

After having lost its income from overseas markets, the multinational engineering and construction company Christiani & Nielsen was in general prepared to engage in construction projects for the Germans in occupied Europe – excepting Denmark itself[37]. At first there was an attempt to get a share in the large German constructions in Norway. In the spring of 1941 the company began building a big plant in Norway for the IG Farben owned Nordag Ltd[38]. The new possibilities in Norway led to a remodelling of the company's Norwegian department which received new capital and new management. The new board of directors, including prominent Norwegian members, was appointed in order to enhance the company's legitimacy in Norwegian eyes. Throughout 1942, however, additional German demands and disagreements with Nordag subjected Christiani & Nielsen to ever greater political risks[39]. In June 1942 the Germans demanded that more Danish workers should be employed and forced labour introduced[40]. Confronted with these demands, the company's managing director Haldor Nørgaard insisted that the company's willingness to cooperate with the German occupation forces in Norway had reached its limits. Thus Christiani & Nielsen finally took measures to discontinue the Nordag project[41].

But this decision did not affect Christiani & Nielsen's co-operation with the Germans in occupied France. From 1941 onwards the company's strategy there

[37] Christiani & Nielsen, summary of management board meeting, 30 November 1940. Archive nr. 10557. DIF.
Letter from Rudolf Christiani to Kristiania Hypotek- and Realkreditbank, the 27. of November 1940. Case nr. 9309, Oslo Police Chamber's investigation of Norsk Christiani & Nielsen Ltd. The National Archives (Riksarkivet) Oslo (henceforth RAO).

[38] *Peter Hayes*, Industry and Ideology – IG Farben in the Nazi Era (Cambridge 2001) 290; *Robert Bohn*, Reichskommissariat Norwegen – Nationalsozialistische Neuordnung und Kriegswirtschaft (Munich 2000) 383–388.

[39] Note from the Department *Bauwirtschaft*, 9 March 1942. Talk with A/S Nordag on 7 March 1942; weekly report from 23 March to 18 April 1942, technical department; Letter from Feuchtinger (G.B. Bau) to Dept. *Arbeit und Sozialwesen*, 4 June 1942. HAT, pk. 13; Report of engeneer Sänicke on his journey to Oslo, Tyin and Sauda from 17 April to 7 June 1942, pk. 18 Nordag's Archive. RAO.

[40] Letter from OT-Einsatzgruppe Wiking, 27 April 1942. Arbeitseinsatz A/S Nordag; Telegram from Feuchtinger (G.B. Bau), the 2 May 1942. O.T. G.B. Bau, pk. 15, lb. nr. 2412; Letter from Organisation Todt/Wiking to Speer; Nordag Ltd., 6 June 1942. O.T. G.B. Bau, pk. 53 (Nordag). RAO.

[41] *Steen Andersen*, De gjorde Danmark store… Danske entreprenører i krise og krig (Copenhagen 2005) 265–270.

had been to pose as a German company by introducing its German branch into the French market. Moreover, since the end of the 1930s it had been the main office's policy not to interfere with projects in which the German branch was involved. In this way the company closed its eyes to the unpleasant consequences which might arise from co-operating with Nazi Germany. The company's network and the co-operation with Professor Arnold Agatz resulted in Christiani & Nielsen's central role in the construction of submarine bunkers and lock systems for the German navy in Bordeaux, La Rochelle and Saint Nazaire. The objective was to make a profit by working for *Organisation Todt* whether or not forced labour was employed on the sites. Not even the massive Allied bombardments of German submarine bases could persuade the company to pull out. Christiani & Nielsen continued working for the Germans in French ports right until summer of 1944.

As far as the projects in Norway and France were concerned Christiani & Nielsen clearly accepted political risks. In January 1943 the management assessed the political situation with respect to future projects and concluded not to change its attitude, since this would mean losing good business. Moreover, the opinion prevailed that as long as the company's activities for the Nazis were undertaken far away from Denmark, they would not endanger its respectability.

Already in autumn of 1940, in the wake of the occupation, new business opportunities had also opened up for Danish construction firms on the German market. Local authorities in Hamburg suggested that the Association of Danish Contractors cooperate in the so-called *Hamburg Plan*, which aimed to make Hamburg the New York of Northern Europe[42]. On 5 December 1940 negotiations concerning this plan led to an agreement which was also accepted by the Danish government. It offered 22 Danish companies a share in the project. The interest in projects in Germany was considerable and the number of licences available had to be increased. Danish construction firms working in Germany were concentrated in the North – 31 were in Hamburg, 34 in Kiel, 16 in Lübeck, 6 in Rostock and 4 in Berlin. The companies were engaged in the construction of bunkers, air raid shelters and other military projects, for example the construction of the Ribnitz-Damgarten airport. Here the Danish firm C. Krøyer made use of about 800 Russian prisoners of war[43]. Several other companies also engaged Russian prisoners of war and forced civilian labour from Eastern Europe. A review of the accounts of some hundred Danish companies shows that very few of them were really making money on the German market. Any profits were concentrated in the years 1941 and 1942. A characteristic feature of these unprofitable enterprises was that due to

[42] *Therkel Stræde*, Danske entreprenører i Nazityskland under den 2. verdenskrig, in: Arbejderhistorie 1 (2001) 3–9.

[43] Bericht! Betrifft: Festnahme von Zivilrussen (Ukraine). Der Bürgermeister als Ortspolizeibehörde Schutzpolizeidienstabteilung. Tagebericht. No. 1415142, 10 August 1942. Stadtarchiv Ribnitz-Damgarten, II 191. On 10 August 1942, three 'Zivilrussen' had fled the camp on the airfield, and the Lord Mayor requested that the security around the camp should be improved in order to prevent the forced labourers from running through the city streets in the future.

the war conditions the projects often took longer to carry out than predicted at the time the offer was made. Danish companies frequently suffered from labour shortages, because Danish workers preferred to work for German companies where they received higher pay[44]. It was because of this that Danish companies accepted forced civilian labour and prisoners of war in some cases[45].

The Danish government supported the participation of Danish companies in the Hamburg programme. In so doing it wanted to demonstrate its willingness to cooperate in order to avoid being confronted by radical German demands for changes in domestic politics. The Danish authorities hoped that the Hamburg agreement would keep the companies that went to Germany under its control. However, this turned out to be difficult. The prospect of making money fast also appealed to some unauthorised smaller companies. They attempted to a great extent to circumvent the rules by hiring out their Danish labour through contracts that were not approved by the Danish authorities. In several instances these entrepreneurs did not observe any moral standards in their co-operation with the Germans. Thus they were not at all better than their German colleagues. In this way Danish companies became part of the Nazi oppression machine.

Conclusion

To Prime Minister Stauning and other government members economic adaptation to Germany was the strategy that would ensure the survival of the Danish nation state. Preferring to make economic rather than political concessions the Danish government went ahead with a policy of co-operation. The hope was that Germany would in return allow the country to retain its language, king, flag and constitution.

In practical terms the moderate German occupation policy in Denmark meant that Denmark also escaped the economic exploitation that, for instance, Norway and the Netherlands were subjected to. Denmark became an integral part of the greater economic area that Germany wanted to create. An important element of this in German eyes was to secure the necessary food supplies to Germany, in order to avoid a food crisis similar to the one experienced during World War I. Denmark's export of food solved this problem in part, since Danish food met 10 to 15 per cent of German food consumption during the war. The export of farm products was also a main counter-argument of German diplomats whenever radical changes in the occupation policy in Denmark were demanded. Although Denmark exported great quantities of food to Germany, there was no other coun-

[44] State-authorised public accountant Otto Bjerrum's report on the case Entrepreneur C. Krøyer, Aarhus. Supplement B2. Presented in Aarhus Criminal Court, on 7 October 1948. Case no. 15066. Archive no. 1508. RA.

[45] *Steen Andersen*, De gjorde Danmark større… Danske entreprenører i krise og krig 1919–1947 (Copenhagen 2005) 273–292.

try in Europe with a similar domestic supply of animal products. The majority of Danes could also afford to buy such food. The main reason for the preservation of political stability was the fact that unemployment was reduced. Sending workers to Germany and later employing them in the construction of bunkers for the German *Wehrmacht* in Denmark contributed to this. The farmers' income increased considerably during the occupation period and there was a fundamental change in domestic politics, due to the farming community's increased economic status. In May 1940 the Danish Liberal Party, traditionally known as the farmers' party, launched an attack on what they called "the tyranny of the unions", threatening to leave the national coalition government. A rollback of the 1933 social reforms followed. Thus the price of the national truce was paid by the working class during the first years of the occupation. However, the balance of power changed again, as a result of the collapse of the co-operation policy in August 1943 and the national strike movement of June 1944.

Danish industry did relatively well during the occupation period, despite decreasing supplies of raw materials. By and large everything could be sold and moreover at good prices, even though export of manufactures played a much smaller role than that of farm produce. Industrial deliveries to Germany accounted for 13 per cent of total Danish industrial production and, according to German calculations of 1944, 3 per cent of all German imports during the war[46]. Even if the Danish business community's actual significance to the German war economy was limited, the will to adapt to the situation was widespread among Danish businessmen. The strategy of adaptation was more or less a success for them. The companies could continue to make money even if their projects-in-progess had at first been interrupted by the German occupation.

One can say that Danish politicians, as well as leaders of organisations and businesses, followed a strategy focusing on survival and welfare, a defence of democratic values and Danish culture. The majority of Danish people supported this approach. Around 3200 died as a result of war incidents (excluding 1200 killed in German service). The material costs of the war constituted 22 per cent of the national income – a low figure compared to the rest of Europe. The caloric content of food consumption decreased by 10 per cent only in certain periods and there was no malnutrition[47]. In 1945 there was a housing shortage, but no Danish cities were in ruins, nor did serious resettlement problems arise. Admittedly, production decreased, but in 1946 it was back to pre-war levels. From this point of view the Danish strategy was a success, but it came at a price, because adaptation meant political, moral and economic support for Hitler's war.

[46] *Joachim Lund*, Danmark og den europæiske nyordning – Det nazitiske regime og Danmarks plads i den tyske Grossraumwirtschaft 1940–42 (Copenhagen 1999) 197.

[47] *Ralf Futselar*, Lard, Lice and longevity – A comparative study of the standard of living in occupied Denmark and the Netherlands 1940–45 (Amsterdam 2005) 59–96; *Henning Poulsen*, Besættelsesårene 1940–1945 (Aarhus 2002) 175.

Summary

With the occupation of 9 April 1940, Denmark became a poorer country. The German march had prevented the country from trading with overseas countries, which led to a sharp drop in production, high unemployment and high prices. In the winter of 1940–41, 36% of the workforce was without jobs, and this meant that around 127,000 Danish workers went to Germany to work in the defense and construction industry. The large German fortification buildings in Denmark also offered about 100,000 people employment. The German occupation meant that agriculture began to orientate around German need, with production shifting in order to supply Germany's large domestic market. The resultant high prices of Danish agricultural products and high earnings helped increase discrepancies between rural and urban areas. The agricultural sector had the opportunity to earn money during the occupation, while employees and workers experienced deteriorating living conditions.

Sergei Kudryashov

Living Conditions in the Occupied Territories of the USSR, 1941–1944

In the summer and autumn of 1941 the German Army captured vast territories of the USSR. The Germans controlled a territory where prior to the war 88 million people or approximately 45% of the total Soviet population had lived[1], including the former Baltic States and blockaded Leningrad in the North-West, the entirety of Byelorussia, large areas of the Smolensk and Bryansk regions in the West and the fertile Ukrainian and Russian lands in the South-West. As a consequence of Nazi occupation, about 55 to 60 million people left their homes. The lands seized were the Soviet economy's most productive, with a large range of industries and a developed infrastructure. Before the war the area had produced 71% of cast iron, 58% of steel, 57% of rolled metal, 64% of coal, 43% of electricity, 38% of the total pre-war harvest of grain, 84% of Soviet sugar, and had possessed 38% of the Soviet's total cattle live-stock[2]. It is estimated that the occupied parts of the USSR had a pre-war output of $134.2 billion, that is approximately 11% of total Axis GDP or nearly the same as that of Italy ($140.8 billion) and the neutral trading bloc ($143.3 billion)[3]. On paper this big slice of Soviet potential could easily be exploited for the benefit of the Reich; in practice, however, it was a different story.

There were rapid and far-reaching changes to national and administrative boundaries. Starting in 1939 with the renewed partition of Poland between Nazi Germany and the Soviet Union, existing national and provincial boundaries were repeatedly redrawn, making comparisons with pre- and post-war economies exceedingly difficult. When in 1941 the western part of the Soviet Union was overrun within the space of a few weeks, the Germans did not retain the Soviet administrative division between southern Lithuania, western Byelorussia and western Ukraine; instead they divided the territory into several different units with civil-

[1] After a summer offensive in 1942 these territories were enlarged and occupied almost two million square kilometers. The front line reached up to 2500 km in length.

[2] *Grigorii S. Kravchenko*, Economika SSSR v gody Velikoi Otechestvennoy Voyni, 1941–1945 (Moscow 1963) 35; Velikaya Otechestvenaya Voina 1941–1945. Encyclopedia (Moscow 1985) 807; Velikaya Otechestvenaya Voina 1941–1945. Voenno-istoricheskie ocherki (Moscow 1995) 310–312.

[3] *Mark Harrison*, The Economics of World War II. An Overview, in: *idem* (ed.), The Economics of World War II. Six Great Powers in International Comparison (Cambridge 1998) 8.

ian administrations. Parts of western Byelorussia became the new district of Bialystok, which was annexed to East Prussia, while parts of the western Ukraine constituted the newly created district of Galicia, which was integrated into the *Generalgouvernement*. In the territory that remained under civilian administration two *Reichskommissariate* were established: Ostland incorporated the three Baltic states of Estonia, Latvia and Lithuania together with the newly created *Weissruthenien*, which combined pre-war Polish and Soviet territories of Byelorussia. *Reichskommissariat* Ukraine incorporated the former Polish Wolhynien-Podolien district, as well as former Soviet territories in the Shitomir, Dnjepropetrowsk, Nikolajew, Kiew and Taurien districts. Plans to extend this network of civilian administration further east were stalled in the autumn of 1941, leaving the remainder of Soviet territory under military administration. The three army groups – North, Centre and South – all established an 'army group rear area' (*Heeresgebiet*), which were further subdivided into 'army rear areas' (*Armeegebiete*). Army Group North exclusively occupied Russian territory south of Leningrad, as well as retaining some control over Estonia together with the civilian administration. Army Group Centre administered eastern Byelorussia and the central Russian regions surrounding Smolensk. Army Group South (later B) occupied the easternmost districts of the Ukrainian SSR extending its grip on the southern Russian regions, ultimately stretching from Voronezh to Stalingrad. In 1942 a fourth army group – army group A – established itself in the Caucasus and Crimea. Moreover, a portion of the pre-1939 Ukrainian SSR was administered by Rumania as the Transnistrien district. If one counts each army group as one region, there were 25 separate occupation districts[4].

The *Blitzkrieg* and racial thinking had an undeniable impact on warfare in the East. Though the extent to which the German military was obsessed by Nazi ideas is still up for debate, it is entirely clear that racial thinking and ideological hatred always played an important – or even predominant – role at high administrative and political levels. This was not just the case in small circles around Hitler; this type of thinking also permeated routine planning and economic calculations. For example, German officials who became responsible for economic measures in the East met in Berlin as early as seven weeks prior to the launch of Barbarossa, in order to discuss their tasks. In the course of the discussion they arrived at the notorious and widely quoted conclusion that "X million people will certainly starve, if what is necessary for us is extracted"[5]. Ideological visions cer-

[4] I am particularly thankful to Dr Nick Terry for the opportunity to make use of his sources, expertise and vast knowledge of the problem, see *Nicholas Terry*, The German Army Group Centre and the Soviet Civil Population 1942–1944. Forced labour, Hunger and Population Displacement on the Eastern Front (Ph.D., London 2005). One of the best and most recent German studies is *Dieter Pohl*, Die Herrschaft der Wehrmacht. Deutsche Militärbesatzung und einheimische Bevölkerung in der Sowjetunion 1941–1944 (Munich 2008).

[5] IMG, doc. 2718-PS. For more detail see: *Alex J. Kay*, Exploitation, Resettlement, Mass Murder. Political and Economic Planning for German Occupation Policy in the Soviet Union, 1940–1941 (New York, Oxford 2006).

tainly should not be overestimated. Several plans failed to materialize, and in many instances pragmatism dominated. Nevertheless, German occupation policy in the Eastern territories unfolded in surprisingly close agreement with basic Nazi ideas, such as the persecution of commissars and Jews and selective hunger rationing. This had significant implications for the local population[6].

The immediate victims of the *Blitzkrieg* and colonial thinking were the Soviet prisoners of war. Their sizeable number was regarded as a problem that would simply disappear if they were subjected to terror and conditions of artificial famine. In post-war trials some camp commanders attempted to justify themselves by saying that they had come up against huge organisational problems and were unable to guarantee adequate supplies. The summer of 1941, however, had been a warm one, and crops were plentiful. Had the Germans had the desire to do so, they could have induced their prisoners to bring in the harvest, which would have included beetroot, potatoes and fruit. This was not done, however. Moreover, by October 1941, prisoners' rations were cut further still. Although on paper the prisoners' rations should have been between 2,000 and 2,200 calories, in actual fact they were at a much lower level, varying between 300 and 500 calories depending on the camp. German documents state rations as being "100g of millet without bread", "up to 20g of millet and 100g of bread with no meat", or "up to 20g of millet and 200g of bread". Reading this today we have to remember that the "bread" referred to bore little resemblance to bread in its traditional form. Rather, this specially invented "Russian bread" consisted of 50% rye bran, 20% beetroot mash, 20% sawdust, and 10% "flour", made from straw or leaves[7]. It is not difficult to imagine that such provisions, together with heavy labour, rapidly led to malnutrition, illness, physical decline, and consequently a high death rate. Mass cannibalism became a feature of life in many camps. It is not at all appropriate to explain this in terms of bad German planning or a shortage of supplies. Rather, it was the result of a conscious policy. In this context it is particularly important to point out that German leadership prohibited local people from helping prisoners of war. Many inmates recall how the guards stopped attempts by the local population to share their food with prisoners. The sight of people driven to desperation by hunger was a source of amusement to some of the guards, who enjoyed photographing prisoners drinking from puddles, searching through rubbish tips or fighting over a couple of potatoes[8]. The Germans made no secret of their attitude towards prisoners of war, which had a very negative impact on the Slavic population's morale and behaviour.

Another unpleasant factor of occupation was looting by passing German troops. From a macroeconomic point of view this kind of looting probably did not con-

[6] Richtlinien für die Führung der Wirtschaft in den neu besetzten Ostgebieten. RGVA, 1458-3-153.

[7] *Iosif A. Dugas*, *F. Y. Cheron*, Soviet Prisoners of War in German Concentration Camps (in Russian) (Moscow 2003) 130–132.

[8] Many of these photos are kept in the Russian State Archive in Moscow (GARF).

stitute an issue of great importance, but it occurred exactly in that moment which shaped the memories of thousands of inhabitants. Not surprisingly, the Soviet authorities meticulously registered many of these cases, in order to present them as legal evidence against the Germans in post-war trials. During the initial period of war German officers provided inhabitants with printed and pre-stamped receipts in exchange for confiscated property. Signed by a respective officer such receipts stated that a certain amount of food or other products had been taken away in the interest of the Wehrmacht and that the German authorities would later compensate it. To the anger of the peasants, however, nothing happened when they tried to redeem these notes at the nearest field cashier's office. This policy was stopped fairly quickly and advancing troops either expropriated what they needed without compensation or paid a small amount in Russian rubles, often much less than the true price. Later, the occupying forces adopted the method of compensating the peasants in kind and leaving them greater quotas of produce for their own use, but this was not always the case[9]. Furthermore, the longer the fighting lasted the quicker looting became a problem, not only on a micro, but also on a macro level. In the area of the Centre army group towns and villages were overrun by troops on several occasions. As a result, the land was stripped of any food surpluses over a range of 800 to 1000 km and a so-called *Kahlfraßzone* was created stretching from Moscow to Poland[10]. In addition, 'wild' plundering by individual soldiers often left local inhabitants with very slim chances of survival.

One of Nazis' obvious miscalculations was their underestimation of Soviet counter-measures. Soviet evacuation and scorched earth efforts strongly influenced occupation policies and seriously impacted on living conditions. In purely numerical terms the number of factories physically removed from the occupied territories was, apparently, not so great: according to Soviet claims 1,523 factories were evacuated intact from the western USSR between July and November 1941. Of these one and a half thousand factories only 109 were from the Byelorussian and 283 from the Ukrainian SSR, while the industrial regions of Moscow and Leningrad, which were never completely occupied, lost 590 factories between them. Thus the gain to the Soviet war economy's new centre in the Urals was not only the product of plant evacuated from the territory that was then overrun[11].

More significant and devastating in its effect was the Soviet demolition program. Special mobile demolition battalions (*istrebitelnye batalyony*) were operating in all sectors of the Eastern front. Up until now Russian authorities had kept the battalions' routine documents classified. However, using German materials and with an

[9] Report of the chief of the 1st (Intelligence) NKVD Directorate, L. Fitin, August 1943, in RGASPI, F. 17, Op. 121, File 235, 3–48.

[10] *Nicolas Terry*, chapter 6; *Christian Gerlach*, Kalkulierte Morde. Die deutsche Wirtschafts- und Vernichtungspolitik in Weißrußland (Hamburg 1999) 258; *Pohl*, Herrschaft der Wehrmacht 64f., 185–188.

[11] Eshelony idut na vostok. Sbornik statei i vospominaniya (Moscow 1966); *Friedrich Kagan*, The Evacuation of Soviet Industry in the Wake of 'Barbarossa', in: Journal of Slavic Military Studies 8 (1995) 387–414.

increasing number of archives being accessible in the Baltic States[12] it is nevertheless possible to evaluate the scale and effectiveness of the 'programme'. Only in border areas and in some other rare instances did Wehrmacht troops manage to take Soviet factories intact. In all other regions more significant industrial properties were either totally or partially destroyed. German economic staff surveying the results of Soviet evacuation and scorched earth policy were greatly impressed by the systematic devastation they found. In Vitebsk, a city of 170,000 inhabitants, the Germans found all industry 'completely destroyed', including a textile factory which had employed 15,000 workers. The most important textile factories in Vyazma, Smolensk and Orsha were found bare of machinery and tools. Other plants, such as the paper factory in Borisov, would require three to four months to be restored for production. In Mogilev extremely precise demolitions meant that otherwise intact factories could not be reconnected to the power supply, so that production could not be restarted and the plants were only useful as scrap. Reports from the Bobruisk region in the south observed that destruction became progressively more severe as one traveled eastwards. In Bryansk and the neighbouring town of Ordzhonkidzegrad the Kirov and Profintern works, which had manufactured guns and locomotives respectively, were evacuated in good time together with the entire workforce of 30,000 and 300,000 tons of raw materials. What was left behind in the Kirov works was essentially scrap and was removed by the German *Organisation Schu* in May 1942. The gigantic machine tool factory in Orel was similarly found completely empty of equipment. With many factories thus lacking machinery plant sites came not to house productive enterprises, but instead played host to prisoner of war and civilian internment camps. In symbolic terms the most notable example was perhaps the conversion of the Ford Works in Mogilev into a concentration camp[13]. Taking into account such intended destruction, which was exacerbated by 'natural' damage from bombings and air raids one can easily see a salient difference between the Western campaign of 1940 and the Eastern Front of 1941 – with severe consequences for the conditions of life in the occupied territory.

Many scholars stress the existence of a range of different attitudes among the population and the ambivalent character of German policy[14]. But it must be

[12] *Toomas Hiio*, Estonia 1940-1945. Reports of the Estonian International Commission for the Investigation of Crimes against Humanity (Tallinn 2006).

[13] *Terry*, German Army Group Centre, Chapter 2.

[14] *Gerald R. Reitlinger*, The House Built on Sand. The Conflicts of German Policy in Russia, 1939-1945 (London 1960); *Alexander Dallin*, German Rule in Russia, 1941-1945. A Study on Occupation Politics (London 1981); *Timothy P. Mulligan*, The Politics of Illusion and Empire. German Occupation Policy in the Soviet Union, 1942-1943 (New York 1988); Nemetsko-fashistskiy okkupatsionniy rezhim (1941-1944 gg.) (Moscow 1965); Die faschistische Okkupationspolitik in den zeitweilig besetzten Gebieten der Sowjetunion (1941-1944) vol. 5, ed. by *Norbert Müller* (Berlin 1991); *Theo J. Schulte*, The German Army and Nazi Policies in Occupied Russia (Oxford 1989); Die Deutsche Wirtschaftspolitik in den besetzten sowjetischen Gebieten 1941-1943, ed. by *Rolf-Dieter Müller* (München 1991); *Maksim M. Zagorulko*, *Andrej F. Judenkov*, Krah ekonomicheskih planov fashistskoi Germanii na vremenno okkupirovannoy territorii SSSR (Moscow 1970); *idem*, Krah plana 'Oldenburg' (Moscow 1980).

underlined that all the occupying authority's orders demanded total obedience and diligent behaviour from local residents. Codes of behaviour introduced in the occupied eastern territories left the local population almost no choice other than to take a friendly approach towards the Germans. It was extremely difficult to remain neutral and the only alternative was to join the opposition movement. Thus, given the circumstances it was much easier to collaborate than to resist. In eastern Byelorussia, Eastern Ukraine and in many regions of Russia citizens were from the outset obliged to greet officers of the German army in a certain way: men by taking off their hats and women by bowing. A penalty applied for breaking the rule, a first time offence, for example, could cost 50 rubles (5 RM). Marshal Law was introduced all over occupied Russia. Restrictions varied and depended on the time of the year and proximity to the front. Usually inhabitants were prevented from leaving their places of residence between 9 p.m. and 4 a.m. in the summer, between 6 p.m. and 5.30 a.m. in October, November and February, between 5 p.m. and 6 a.m. in December and January and after 7 p.m. and before 5 a.m. in March[15].

In areas under military rule it was strictly forbidden to leave villages and towns on one's own initiative or without proper documentation. Those breaking the rules were shot, regardless of sex and age. In order to obtain permission to leave one's town or village one had to see a local German commander. In exceptional cases, if 'a trip was in the interests of the German Army' a police escort might be provided. This again made friendly behaviour towards the Germans necessary. Peasants were allowed to graze cattle only in specially designated areas or within a distance no more than 100 meters from the village. The Germans prohibited many pre-war forms of rural daily life: the collection of berries and mushrooms, hunting and fishing, boating, cycling and skiing. All bicycles and skis had to be brought to collection points. Hunting and skiing was punishable with death. Penalties for the consumption, production and sale of any home-made alcoholic beverages were severe. Though justified with anti-partisan warfare by the Germans, these oppressive measures considerably impaired the well-being of the rural population. In order to minimise the impact of the losses the only choice was to go into the service of the German Army or local administration[16].

It was strictly forbidden to provide shelter or accommodation for any newcomers to the village. All inhabitants from the age of 14 upwards had to be registered. The German authorities introduced two kinds of registration lists: List A for those who had already settled in the area before 22 June 1941, and list B for those who had arrived after the beginning of the war, or who were foreigners and Jews.

[15] See Report of the chief of the 1st (Intelligence) NKVD Directorate, L. Fitin, August 1943, in RGASPI, F. 17, Op. 121, File 235, 3–48. For Ukraine see: *Friedrich Guenter*, 'German occupation policy in Kharkov', Epoch, Culture and Nations (Kharkiv 2004) 78–87; *Aleksandr V. Skorobogatov*, Charkiv u chasi nimetskoi okkupacii 1941–1943 (Kharkiv 2004) [engl.: Kharkiv under German occupation].

[16] *Viktor M. Gridnev*, Bor'ba krestjanstva okkupirovannyh oblastei RSFSR protiv nemetsko-fashistskoi okkupatsionnoy politiki 1941–1944 (Moscow 1976) 48–157.

Surviving Jews were marked with the letter 'E' or 'J', foreigners with 'I', 'A' or 'F', former Red Army soldiers with 'C' or 'S'; communists and people with links to the Party with 'K'. Those who had a Soviet passport had to obtain an obligatory attachment for it setting out all personal data including their 'letter', both in Russian and in German. Persons without any documentation, but included on the lists, were strictly obliged to apply for one. This cost both money (3 rubles) and time. All registered inhabitants had to keep their passports on them at all times. This registration procedure was introduced everywhere in occupied Russia and existed until the last days of the occupation, with minor variations[17]. Registration was a vital element of Nazi occupation policy. All mayors and elders were made personally responsible for it. It became an important duty of their daily routine. Unregistered individuals had very few chances of living in the occupied areas. Normally they were captured and after screening sent either to the labour columns (camps) attached to the Army or to prisoner of war camps.

When dealing with trade under the German occupation one has to clearly distinguish between trade from the point of view of the occupying power and trade as an integral part of local economic life. Many sorts of German 'trade firms' appeared to be involved with trading activities in the East. Their prime aim was to meticulously register any 'given' resources, to safely transport them to the Reich and to eventually sell them for a higher price[18]. The Soviet trading network had operated on the basis of centralized stocks with regional warehouses serving as major distribution centres. The bulk of all Soviet shops was concentrated in towns and only a very small number also existed in large villages (*selo*). Usually villages (even big ones) had no shops whatsoever, leaving peasants no choice but to go shopping in nearby towns. After the Red Army's retreat and the initial period of looting many stocks had either been depleted and destroyed or consumed by the Wehrmacht, leaving no basis for the supply to local shops[19].

In zones under military government it was the economic inspections' (*Wirtschaftskommandos*) duty to establish new warehouses and supply essential goods to local shops. The warehouse managers could use the *Reichskreditkassen*'s credits to purchase the products they needed from native producers. In areas under civilian authority the city councils' trade department or *Gebietskommissariate* simi-

[17] All these measures were publicized in the local press. Some papers ('The Bell' in Smolensk, 'For Motherland' in Pskov, 'The Voice of Crimea') had a very large circulation, estimated at thousands of copies. The total number of all newspapers printed in the occupied East in all languages was up to 400. Approximately one third of them were circulated in the territory of the Russian Federation. Nowadays many papers are preserved in the state Russian Archives (GARF, RGASPI and RGVA).

[18] According to various estimates 250–300 German firms were operating in the East. For the final reports of some of them see: RGVA, 1458-40-158/159/160.

[19] 'Meat and fat provisions for the Russian population are no more guaranteed, as there are no cattle to slaughter', wrote a German official in his overview report for September 1942. The National Archives (TNA), GFM files, Frame 266038.

larly assumed responsibility for local trading[20]. Indeed, a number of shops were re-opened in all large Soviet cities (Kiev, Minsk, Pskov, Smolensk, Rostov etc.). However, it soon became clear that there was little to sell because of the universal lack of all essential products, and money rapidly lost its value[21]. Many shops turned into centres which distributed food using ration cards or simply stood empty with colourful Nazi flags and portraits of Hitler on their facades[22]. Going to the local market was often the only way of sourcing food.

Trading activity was inevitably concentrated in city markets (bazaars) and on the black markets, which often operated in the same place. German policy towards local markets was not uniform. In some places (zones of partisan activity and close to military operations) they were strictly forbidden, in other places (Crimea) they were prohibited and later re-opened. In the Russian territory they were permitted in towns, but could only operate on Sundays and only during the first half of the day. Before going to the market a farmer (in Minsk) had to prove that he had paid all his taxes and that all other necessary duties had been fulfilled. In the Donetsk region (Ukraine) each peasant had to obtain a pass from a local military commander. Entering the market without a pass could cost 5,000 rubles in penalties or six days' imprisonment[23]. The occupying power tried to control or fix prices almost everywhere (Pskov, Smolensk, Kursk etc.). Breaking the rules could lead to arrests, confiscation and other penalties. The result, unsurprisingly, was black marketing which existed in all towns. A common way of trading was by exchanging goods. Urban inhabitants brought pieces of clothing, other manufactured goods, on rare occasions also precious metals; visitors from the countryside traded various kinds of food, usually flour, sweet corn, bread, milk, homemade alcohol, sometimes meat (poultry or, more likely, horsemeat). To give a sense of prices, 1 kg of horsemeat cost around 500 rubles (50 German occupation marks), one glass of flour 40 rubles, and a glass of sweet corn 25. This meant that one shopping trip to the market could consume a month's salary[24].

The scale of salaries was very diverse and greatly depended on the local authorities, the composition of the population and the industrial 'value' of the region or town. In general a qualified worker could earn up to 400–450 rubles per month. The average wage of mechanics, draughtsmen and typists was about 400 rubles; bookkeepers earned 500, workers or managers in responsible positions

[20] Analytical report prepared by the Soviet Intelligence. The Russian State Archive (GARF). F. R-5446, Op. 43, File 53; *Müller*, Deutsche Wirtschaftspolitik 292f.

[21] So-called 'only for Germans' shops are not considered here.

[22] *Galina I. Olehnovitch*, Ekonomika Belorussii v usloviyh Velikoi Otechestvennoi voiny, 1941–1945 (Minsk 1982) 23–60; Analytical report prepared by the Soviet Intelligence. The Russian State Archive (GARF). F. R-5446, Op. 43, File 53; Nemetsko-fashistskiy okkupatsionniy rezhim. (Moscow 1965) 16–248; Memory of Nikita S. Khruschev on the situation in occupied Kiev. Archive of the President (APRF). F. 3, Op. 50, File 440, 6–21.

[23] Partisan reports. The Russian State Archive for Social and Political History (RGASPI). F. 69, Op. 9, File 106, 41–45.

[24] See collection of documents on price regulations in Ostland. RGVA, 1458-40-71

650–900, highly qualified specialists up to 900. This scale, however, did not apply to the Reich's racial and political enemies. Moreover, a considerable number of Russian citizens between the ages of 15 and 60 (and sometimes even children as young as 10 or 12) were forced to work in the Organisation Todt without any payment at all.

In some regions of the Ukraine, a peasant would have to trade four (!) cows in order to obtain a suit. In large Soviet cities (Minsk, Kiev, Smolensk etc.) a small number of shops existed which even sold manufactured goods, but their range of products was very limited. The occupying power had to take care of Russian urban inhabitants by introducing food ration cards for working persons and their dependants. As with salaries, no uniform scale was imposed and rations varied from region to region. In Lutsk and Rovno each adult received 214g bread per day, 170g for children. In Minsk every working person got a daily ration of 200g, dependants 100g. Similar rations were made available in Bryansk and Smolensk. It is important to note, however, that these were the official ration levels and rations were not always distributed at this level. Moreover, bread was not always delivered on time[25], unsurprisingly leading to hunger, malnutrition and a high death rate.

Strict regulations and a lack of essential products inevitably resulted in the emergence of black markets. Money had almost lost its capacity for exchange on the black market and was in many places replaced either by precious metals or by tobacco and salt. The German reaction towards black markets was initially very negative[26]. In some cases black market speculators were detained by the *Sicherheitsdienst* and subsequently shot. However, the German authorities soon found their own soldiers and officers involved in black marketing. Bazaar trading and black marketing were seriously damaged by forced labour mobilization. Sometimes Germans surrounded a local bazaar, searched all visitors, expropriated their property and sent the younger people directly to the Reich[27]. Though the phenomenon of black markets never disappeared there is no reliable data to evaluate them in monetary terms. However, their social impact is undeniable, as the existence of black markets increased many citizens' chances of survival and offered the occupying forces a good opportunity to buy "cheap things"[28].

Another vital element of the occupation policies was taxation. The Germans not only preserved the former Soviet tax system but also introduced new taxes to squeeze as much as possible out of the population. A kind of poll tax had to be paid by all families, which amounted to 100 rubles per year for every working person. The tax on wages was fixed at 10%. Each farm was taxed, the sum varying

[25] See various reports from the occupied Eastern territories prepared by the *Sicherheitsdienst* officials (Meldungen aus den besetzten Ostgebieten). National Archives (Kew), GFM files, frames 266030–266097. Original documents could also be seen in the Russian State Military Archive (RGVA), Collection (Fond) 500, Inventory Index (Opis) 1, File (Delo) 776, 791 and 504-2-12.

[26] Various instructions and orders are in RGVA, 700-1-49/50.

[27] *Zagorulko, Judenkov*, Krah ekonomicheskih planov 183.

[28] RGVA, 700-1-72.

from 30 to 50 rubles. Income, land and property taxes also required regular cash payments. Their size varied from region to region. In the territory of the Russian Federation the German military commanders also introduced medieval-style taxes. A high tax on dogs (200 rubles for the first, 300 for the second dog) could still be justified by the general desire to eliminate them as a possible threat to the Army. But a chimney tax (common in Europe of the Middle Ages but never used in Russia) or a tax for every window facing the street could only be regarded as a form of booty.

In addition, contributions in kind were imposed on both the urban and rural population. The local commander usually decided what products he would demand. As a result there was no uniform approach and the size of contributions varied considerably. Often meat, milk, eggs and grain were demanded. In some places vegetables, potatoes and honey were added to the list. An average peasant family had to supply 16kg meat, 75 litres milk and 20 eggs per month. With the exception of meat, which in many places under military command was directly consumed by the Army, leaving little for other local needs, many Russian peasants could meet these demands. However, promises to limit contributions were rarely kept. Thus many other contributions and 'special obligatory deliveries' were on occasion introduced in the occupied East. These were sometimes a compulsory delivery for a holiday (Christmas or Easter), for a party, to support 'German victory', to help 'orphans or the handicapped', or to maintain the police etc. In addition, one has to take into account numerous collections of different kinds of manufactured goods for 'military purposes'. During the initial stage of the occupation these tended to consist of radio-sets, lamps, bicycles and skis. Later they consisted of warm clothing and linen. As a rule the procedure was simple. A local German commander issued an order, summoned the local elders and set a deadline by which the elders had to fulfill the order. If they failed to do so, reprisals were to be expected, either against them or against a particular village. If the demands were not met, this might also be used by the Germans as a plausible excuse for a pillage[29].

The Soviet ruble was preserved and remained the principal currency in many occupied regions. It was still used on local markets, even in *Ostland* where it was almost totally replaced by Reichskreditkassen (RKK) notes within a short amount of time. The exchange rate was fixed at 10 rubles to 1 RM; the official pre-war rate had been 2.12: 1. Despite German distrust of the ruble the 10:1 exchange rate suited them very well, because it reduced the cost of labour, raw materials, foodstuffs and finished goods to an often absurdly low level. A hundredweight of grain cost 2.50 RM in Russia compared to 20 RM in Germany[30]. Wages in industry and

[29] Local German military commanders' orders were widely used in the Soviet Union during post-war trials of Wehrmacht personnel. Many original documents can be found in the collection of the Central Staff for Partisan Movement. RGASPI, Collection (Fond) 69, Opis 1–2.

[30] RGVA, 1458-40-39; Leitendes Wirtschaftskommando Orscha, Lagebericht no. 6. Issued on May 27, 1942, NA T77/1141/682.

Table: German taxes in occupied Soviet territories

Tax	Size in rubles	Place	Payment
Personal tax (ages 16–60)	55–100	Kursk	Annual
	120	Smolensk	
	50	Rostov	
	100	Kharkiv	
Income tax	10% of wages and any other income earned	Applied everywhere	Monthly
Land tax	0.20 for every sq. metre of built up area, 0.05, if not built up	Pskov	Annual
	200 per family	Smolensk	Annual
	150–550 per family	Kursk	Annual
Building tax	1% of the building's value	Pskov	Annual
Pets tax	25–40 per dog	Pskov, Kursk	Annual
	200–300 per dog	Bryansk	Annual
	150–200 per dog	Smolensk	Annual
	5–40 per cat	Smolensk	Annual
Turnover tax	10–50%	Pskov, Bryansk Byelorussia	Annual

Sources: RGVA, 1466-19-335; Analytical report prepared by the Soviet Intelligence. GARF, F. R-5446, Op. 43, File 53; *Zagorulko, Judenkov*, Krah ekonomicheskih planov.

commerce were kept fixed at their 22 June 1941 level; labour employed by the German Army cost even less; to employ an unskilled labourer cost the Wehrmacht 20 RM a month, a skilled worker 34 RM, a child labourer just 8 RM, of which there were many. A small number of RKK notes spent through official channels could thus go a very long way; the same sum spent on the black market, however, yielded practically nothing. This combination of low production costs and high consumer prices makes any meaningful comparison between the Reichsmark and the ruble largely impossible, because the official exchange rate neither reflected the high cost of living nor could it be used for an accurate comparison of production costs.

In the Ukraine a 'Ukrainian State Bank' was established on 1 June 1942. It issued a new Ukrainian currency, the *karbovanets*. By the end of 1943 seven billion worth of karbovanets had been printed, virtually replacing the ruble. Although the main motivation behind the Ukraine's monetary reform was political, it was also quite successfully used as an instrument of confiscation; Ukrainians were only allowed to exchange a limited amount into cash. Banknotes with a value higher than 20 rubles were also exchanged, but the sum was deposited into a 'savings account' from which it was almost impossible to withdraw money. To meet the demands of German firms in the Ukraine the Central Industrial Bank was created in Rovno with 17 branches and about 200 small subsidiaries in the *Reichs-*

kommissariat Ukraine. Similar banks operated in that part of the Byelorussian territory which was under civilian rule[31].

How did ordinary people overcome the hardships of occupation? Survival strategies varied and a lot depended on the German authorities. The best way to survive, namely to work for the Germans or for local administrations, was only open to 20–25% of the population. The unemployment rate was generally very high during the whole period of occupation. Jews, the most hated of racial enemies, had almost no chance. The only options open to them were either to join the resistance movement or to disguise their ethnic origins. A common method of survival for male members of the population was to join the German army or police force. This would have been a very difficult decision for many to make, demanding moral strength and a firm will. The war on the eastern front was noted for its extreme barbarity and bloodshed, with the number of dead enormous; consequently the decision to wear a German uniform could also severely influence one's fate. The Reich's leadership understood all this and strove to characterise collaborating Soviet citizens as 'volunteer freedom fighters'. This was particularly important in view of existing agreements (The Hague and Geneva Conventions) which prohibited the use of prisoners of war against their own country. In calling former prisoners and local people 'volunteers' the German propaganda machine gave the impression that the occupying power was not responsible for it, and that it was only 'helping' citizens of the USSR to unite in a 'just war of liberation against Bolshevism'.

For city dwellers who were unfit for service, did not like working for the Germans and were unable to find work elsewhere, one option remaining to them was to move to the countryside. This happened in many areas during the initial period of the war, but was not of much help in the last stage of the occupation. Moreover, rural parts of northern and central Russia themselves faced famine. 'Good connections' (*blat* – in Russian) could also only benefit a limited number of people. Dealings on the black market could save lives, but not a significant number. This meant that over the course of a longer occupation a non-working person had increasingly slim chances of survival. The mortality rate was very high and total losses are very difficult to calculate. In 1944/45 the Soviet police registered 39 million people living in the newly liberated territories[32]. If we take the minimal figure of 55 million living in the same area during occupation, the likely loss looks appalling, even if we exclude forced labourers in the Reich as well as collaborators and others who fled with the Germans.

[31] Analytical report prepared by the Soviet Intelligence. GARF, F. R-5446, Op. 43, File 53; Report of the chief of the 1st (Intelligence) NKVD Directorate, L. Fitin, August 1943, RGASPI, F. 17, Op. 121, File 235, 3–48; Maßnahmen anlässlich der Besetzung von Gebieten der Union der Sozialistischen Sowjetrepubliken. RGVA, 1458-40-222; 700-1-49.

[32] *Aleksandr Epifanov*, Otvetstvennostr za voennye prestupleniia, sovershennye na territorii SSSR v period Velikoi Otechestvennoi Voiny, 1941–1956 (istoriko-pravovoi aspect) [Responsibility for war crimes committed on the territory of the USSR during the Great Patriotic War (historical and legal aspects)] (Volgograd 2005) 382–385.

Summary

This article focuses on various aspects of the German occupation of the USSR (the *Reichskommissariate* Ostland and Ukriane), paying particular attention to the living conditions of the population. The racially and politically biased attitude of the occupiers, the elimination of the Soviet supply and welfare system, and the virtual destruction of numerous economic objects severely aggravated the living standards of millions of people. The *Wehrmacht*'s plunderings turned their lives into an everyday struggle for food, causing significant suffering and death.

II. Nutzung besetzter Gebiete für die Kriegswirtschaft

Jonas Scherner

Europas Beitrag zu Hitlers Krieg

Die Verlagerung von Industrieaufträgen der Wehrmacht in die besetzten Gebiete und ihre Bedeutung für die deutsche Rüstung im Zweiten Weltkrieg

1. Einleitung

In der Geschichtsschreibung zum Zweiten Weltkrieg ist in jüngster Zeit die Bedeutung des besetzten Europa für die deutsche Kriegsführung in den Vordergrund gerückt. Rolf-Dieter Müller zeigte, dass der ausländische militärische Beitrag für die deutsche Ostfront beachtlich war[1]. Hiernach war dort auf dem Höhepunkt des Zweiten Weltkriegs etwa jeder dritte Soldat auf deutscher Seite ein Ausländer. Schon länger bekannt ist, dass das Reich in finanzieller Hinsicht beträchtlich von den besetzten Gebieten profitierte, was sich an der Summe der von Deutschland erzwungenen Clearingkreditvergabe durch die besetzten Länder und den ihnen auferlegten Besatzungskosten ermessen lässt, die etwa 100 Mrd. RM betragen haben dürften[2]. Unscharf bleibt aber bis heute, wofür die aus den besetzten Ländern herausgepressten Mittel verwendet wurden. Adam Tooze vermutet, dass der mit Abstand wichtigste Beitrag der besetzten Gebiete der Einsatz der Zwangsarbeiter für die deutsche Kriegs- und damit auch Rüstungsproduktion gewesen sei[3]. Richard Overy hingegen glaubt, dass die Güter und Dienstleistungen, die die Wehrmacht in den besetzten Ländern nachfragte, den größten Anteil an deren Inanspruchnahme für die deutsche Kriegswirtschaft gehabt haben könnten, nicht ohne hervorzuheben, dass diese Frage noch nicht systematisch untersucht worden sei[4]. Keine Rolle spielte bis vor kurzem in der Literatur die eigentlich naheliegende

[1] *Rolf-Dieter Müller*, An der Seite der Wehrmacht. Hitlers ausländische Helfer beim „Kreuzzug gegen den Bolschewismus" 1941–1945 (Berlin 2007) 243f.
[2] *Jonas Scherner*, Der deutsche Importboom während des Zweiten Weltkriegs. Neue Ergebnisse zur Struktur der Ausbeutung des besetzten Europas auf der Grundlage einer Neuschätzung der deutschen Handelsbilanz, in: Historische Zeitschrift (im Erscheinen).
[3] *Adam Tooze*, The Wages of Destruction. The Making and Breaking of the Nazi Economy (London 2006) 410, 640.
[4] *Richard J. Overy*, The Economy of the German „New Order", in: *ders.*, *Gerhard Otto*, *Johannes Houwink ten Cate* (Hrsg.), Die „Neuordnung" Europas. NS-Wirtschaftspolitik in den besetzten Gebieten (Berlin 1997) 11–28, hier: 17.

Hypothese, dass das Reich die gewaltigen, ihm aus den besetzten Gebieten zufließenden Gelder auch zur Finanzierung größerer deutscher Überschüsse im Warenhandel verwendet haben könnte. Der Grund dafür, warum dieser Gedanke nicht geäußert wurde, ist einfach: Nach der deutschen Außenhandelsstatistik hatte das Reich während der Kriegsjahre den besetzten Gebieten gegenüber gerade einmal ein kumuliertes Handelsbilanzdefizit von ca. 5 Mrd. RM – was also nur einem Bruchteil der von den besetzten Ländern empfangenen finanziellen Mittel entspricht. Allerdings ist die deutsche Importstatistik, im Unterschied zur Ausfuhrstatistik, unter anderem infolge von kriegsbedingten Erhebungsproblemen massiv verzerrt[5]. Obwohl sich die Behörden über die mangelnde Aussagekraft der Einfuhrstatistik durchaus im Klaren waren, veröffentlichten sie aus propagandistischen Gründen diese Zahlen im Sommer 1944, konnte doch so dem Ausland gegenüber suggeriert werden, Deutschland beute das besetzte Europa nicht aus. Tatsächlich kam es aber zu hohen Importüberschüssen des Reichs mit den besetzten Gebieten, die sich nach bisherigen Erkenntnissen auf mindestens 42 Mrd. RM beziffern lassen.

Doch wer war der größte Nutznießer dieser Einfuhren? Waren es die deutschen Konsumenten oder etwa die Wehrmacht? Dass letztere davon profitierte, scheint klar zu sein[6]; es kam nämlich zu, im übrigen völkerrechtswidrigen[7], Verlagerungen von Rüstungsaufträgen an die Industrie der besetzten Gebiete. Die exakte Größe dieser militärischen Auftragsverlagerung und damit auch ihr Anteil an der Einfuhr des Reiches aus den besetzten Gebieten sind allerdings nach wie vor unbekannt.

Genauere Kenntnisse über die militärische Auftragsverlagerung können zu zwei zentralen Debatten über die deutsche Kriegswirtschaft beitragen. Bei der ersten dieser Debatten handelt es sich um die sogenannte Blitzkriegshypothese, die 1945 im Abschlussbericht des United States Strategic Bombing Survey, einer von einer amerikanischen Untersuchungskommission über die Auswirkungen des alliierten Bombenkriegs auf die deutsche Kriegswirtschaft verfassten Arbeit, formuliert und später u.a. von dem britischen Wirtschaftshistoriker Alan Milward weiter ausgebaut wurde[8]. Nach dieser Hypothese hat Deutschland erst mit der Niederlage vor Moskau und dem Kriegseintritt der USA seine Wirtschaft konsequent auf einen lang andauernden Krieg umgestellt. Fast alle Argumente der Blitzkriegshypothese sind in den letzten zwanzig Jahren jedoch widerlegt worden – nämlich das angeb-

[5] Für das Folgende, vgl. *Scherner*, Der deutsche Importboom.

[6] *Jonas Scherner, Jochen Streb*, Das Ende eines Mythos? Albert Speer und das so genannte Rüstungswunder, in: Vierteljahrschrift für Sozial- und Wirtschaftsgeschichte 93 (2006) 172–196, hier: 179f.

[7] Vgl. z.B. *Ludwig Nestler*, Europa unterm Hakenkreuz. Die faschistische Okkupationspolitik in Belgien, Luxemburg und den Niederlanden (1940–1945) (Berlin 1990) 41.

[8] *United States Strategic Bombing Survey* (Hrsg.), The Effects of Strategic Bombing on the German War Economy. Overall Economic Effects Division, October 31, 1945, 1 (New York 1976) 6; *Burton H. Klein*, Germany's Economic Preparations for War (Cambridge/Mass. 1959); *Alan S. Milward*, Die deutsche Kriegswirtschaft 1939–1945 (Stuttgart 1966).

lich hohe Konsumniveau in Deutschland in den ersten beiden Kriegsjahren[9], dass der Frankreichfeldzug als Blitzkrieg geplant war[10] sowie der vermeintlich kaum erfolgte Ausbau einer industriellen Basis für einen langen Krieg[11]. Nicht widerlegt ist allerdings das auch noch in jüngster Zeit in der Literatur aufzufindende Argument Milwards, dass es erst nach 1941, nachdem dem Rüstungsministerium die entsprechenden Zuständigkeiten übertragen worden waren, zu einer verstärkten Ausbeutung der besetzten Gebiete gekommen sei: „The failure of the Blitzkrieg meant that the only solution possible was an European one (...). The end of the Blitzkrieg meant the end of the self-imposed limitations on German economic policy abroad."[12] Diese Sicht der Dinge stützt sich unter anderem auf Aussagen, die der im Februar 1942 zum Rüstungsminister ernannte Albert Speer in einem Verhör unmittelbar nach Kriegsende machte[13]. Allerdings haben neuere Forschungen darauf hingewiesen, dass Nachkriegsaussagen Albert Speers nicht nur, was sein Wissen um die Verbrechen des NS-Regimes, sondern auch was sein Handeln in der kriegswirtschaftlichen Sphäre anbelangt, nicht in jedem Fall für bare Münze genommen werden sollten, lag doch Speer (und auch seinen Mitarbeitern) daran, sich als „unpolitische" Technokraten zu gerieren, die sich lediglich darum bemüht hätten, die ihnen übertragenen rüstungswirtschaftlichen Probleme effizient zu lösen[14].

Damit rückt eine zweite Debatte in das Blickfeld, zu der das Wissen um die militärische Auftragsverlagerung beitragen kann, nämlich die in jüngster Zeit entbrannte Diskussion um das so genannte Rüstungswunder. Nach der neueren Literatur ist es, anders als Speer und seine Mitarbeiter behaupteten, zunehmend fragwürdig geworden, dass der seit Anfang 1942 zu beobachtende massive Anstieg der Rüstungsproduktion großenteils auf unter dem neuen Rüstungsminister eingeführte Rationalisierungsmaßnahmen zurückzuführen ist. Vielmehr wird er als eine mehr oder weniger zwangsläufige Entwicklung betrachtet, für welche die Grundlagen bereits in der Zeit zuvor gelegt worden sind[15]. In diesem Zusammen-

[9] *Richard J. Overy*, War and Economy in the Third Reich (Oxford 1994) 278, 288–90. Vgl. auch *W. Abelshauser*, Germany: Guns, Butter and Economic Miracles, in: *Harrison, M.* (Hrsg.), The Economics of World War II: Six Great Powers in International Comparison (Cambridge 1998) 122–76, hier: 151–153.

[10] *Karl-Heinz Frieser*, Blitzkrieg-Legende. Der Westfeldzug 1940 (München [3]2005).

[11] *Jonas Scherner*, Nazi Germany's Preparation for War. Evidence from Revised Industrial Investment Series, in: European Review of Economic History 14 (2010) 433–468.

[12] *Alan S. Milward*, The New Order and the French Economy (Oxford 1970) 41f. Vgl. auch *Milward*, Die deutsche Kriegswirtschaft 79, 109; *Harald Winkel*, Die Ausbeutung des besetzten Frankreichs, in: Kriegswirtschaft und Rüstung 1939–1945, hrsg. v. *Friedrich Forstmeier*, *Hans-Erich Volkmann* (Düsseldorf 1977) 373; *Werner Röhr*, Forschungsprobleme zur deutschen Okkupationspolitik im Spiegel der Reihe „Europa unterm Hakenkreuz", in: Europa unterm Hakenkreuz. Die Okkupationspolitik des deutschen Faschismus (1938–1945) 8, Analysen, Quellen, Register, hrsg. v. *Wolfgang Schumann* u. a. (Heidelberg 1996) 25–343, hier: 242; *Richard J. Overy*, The Economy of the German „New Order" 17.

[13] *Milward*, The New Order 121.

[14] *Scherner*, *Streb*, Das Ende eines Mythos; *Tooze*, The Wages of Destruction.

[15] *Scherner*, *Streb*, Das Ende eines Mythos; *Tooze*, The Wages of Destruction.

hang stellt sich natürlich die Frage, in welchem Maß die militärische Auftragsverlagerung einen Beitrag zum Rüstungswunder leistete und wann ihre Anfänge zu datieren sind.

Im Folgenden stehen der zeitliche Verlauf der militärischen Auftragsverlagerung und ihr quantitativer Umfang im Mittelpunkt der Betrachtung. Darüber hinaus sollen aber weitere Fragen beantwortet werden, nämlich: Wie hoch war der Anteil der einzelnen besetzten Länder an der Verlagerungsproduktion, und inwieweit kam es bei diesen zu einer Spezialisierung auf bestimmte von der Wehrmacht nachgefragte industrielle Güter? Sind zeitliche Zäsuren festzustellen, und worauf sind sie gegebenenfalls zurückzuführen? Lässt sich eine Intensivierung der militärischen Auftragsverlagerung nachweisen, nachdem Speers Ministerium die entsprechenden Zuständigkeiten übertragen worden waren? Wie wurde die militärische Auftragsverlagerung abgewickelt, und welchen Anteil hatte sie an den deutschen Importen? Gab es limitierende Faktoren?

Im ersten Abschnitt werden die Genese und der verwaltungsmäßige Ablauf der militärischen Auftragsverlagerung skizziert. Anschließend wird versucht, die militärische Auftragsverlagerung zu quantifizieren und Aussagen über ihre Bedeutung für die deutsche Rüstungswirtschaft zu machen. Vor diesem Hintergrund sollen dann im dritten Abschnitt die weiteren aufgeworfenen Fragen beantwortet werden.

2. Die administrative Entwicklung der militärischen Auftragsverlagerung

Zunächst soll der Begriff der militärischen industriellen Auftragsverlagerung genauer definiert werden. Zu unterscheiden ist er nämlich von dem bis Ende 1941 im zollrechtlichen Sprachgebrauch verwendeten Begriff der Verlagerung von „Rüstungsgut"[16]. Als Rüstungsgut wurden bis zu diesem Zeitpunkt zollrechtlich nämlich nicht nur Rüstungsgüter im eigentlichen Sinne, wie Waffen, und Vorleistungen für ihre Herstellung, sondern auch so genannte „Entlastungsaufträge", also Aufträge, die deutsche Rüstungsfirmen von der zivilen Produktion entlasteten, bezeichnet[17]. Wenn aber im Folgenden von der militärischen Auftragsverlagerung bzw. von „Rüstungsgütern" die Rede ist, so sind nur industrielle Fertigwaren gemeint, deren Nachfrager mittelbar oder unmittelbar die Wehrmacht war und die – nach einer weiteren zeitgenössischen Definition – aufgrund „direkter oder indirekter Wehrmachtaufträge" im Ausland gefertigt wurden[18]. Der hier ver-

[16] Bundesarchiv-Militärarchiv (im Folgenden BA-MA) RW 19/1603, Der Reichsfinanzminister, Erlass vom 31. August 1940, Bl. 19; Bundesarchiv Berlin (im Folgenden BArch) R 2/ 58993, Reichsfinanzministerium an den Oberfinanzpräsident Thüringen, Zollbehandlung des Warenverkehrs bei der Verlagerung kriegswichtiger Aufträge (Verlagerungsgut), 5. Oktober 1941, Bl. 197.

[17] BA-MA RW 19/1614, Reichsfinanzministerium an OKW, 7.11.1941, Bl. 27.

[18] Vgl. BArch R 2/58993, Verzollung bei Auftragsverlagerung von Wehrmachtaufträgen in Frankreich, Mai 1941, Bl. 109. Ein indirekter Wehrmachtauftrag lag z. B. vor, wenn die Luftwaffe

wendete Begriff der Fertigwaren entspricht dabei der Klassifikation der deutschen Außenhandelsstatistik, umfasst also End- und Vorerzeugnisse, nicht aber Halbwaren. Weiterhin ist einschränkend zu bemerken, dass *Marktkäufe* der Wehrmacht im Ausland, also der Erwerb von Gütern, denen kein Fertigungsauftrag zugrunde lag, nicht unter den Begriff der Auftragsverlagerung fielen. Und schließlich handelte es sich *nicht* um solche Güter, die vor Ort durch die jeweiligen deutschen Besatzungstruppen konsumiert oder genutzt wurden.

Im allgemeinen wurde unmittelbar nach der Besetzung die Industrie der jeweiligen Länder für die militärische Auftragsverlagerung in Anspruch genommen. Das war insbesondere im Protektorat der Fall[19]. Die Böhmische Waffenfabrik AG in Prag hatte nach eigener Aussage sogar schon unmittelbar nach dem Münchner Abkommen der Wehrmacht über sudetendeutsche Mittelsmänner ihre Dienste angeboten[20]. Die rüstungswirtschaftliche Ausbeutung der besetzten westlichen Gebiete war ebenfalls bereits kurz nach ihrer Eroberung eingeleitet worden[21]. Zum Teil gingen die Planungen für die Einbindung dieser Länder in die deutsche Rüstungsproduktion noch auf die Zeit unmittelbar vor der Besetzung zurück[22]. Angesichts dieser frühzeitigen Absichten ist es dann auch nicht überraschend, dass z. B. bereits seit Ende Juli 1940 auftragsverlagerte Waren aus den besetzten Westgebieten zollfrei ins Reich eingeführt werden konnten[23]. In den letztgenannten Gebieten – nicht anders als im Protektorat – hatte die einheimische Industrie ein Interesse an deutschen Aufträgen, um ihr Überleben zu sichern[24]. Im Generalgouvernement, in dem zunächst die Demontage von Industriebetrieben im Vordergrund gestanden hatte, setzte sich seit Herbst 1940 auf breiter Front die bereits seit dem Vorjahr vom Wehrwirtschafts- und Rüstungsamt geforderte und in

bei Junkers Flugzeuge bestellt hatte und Junkers die dafür benötigten Tragflächen von einem ausländischen Produzenten fertigen ließ.

19 BA-MA RL 3/653, LC 6/II, Besichtigung Böhmisch-Mährischer Waffenfirmen vom 28.3.–1.4.1939, 6.4.1939.

20 BA-MA RL 3/653, Böhmische Waffenfabrik AG, Prag an Oberstleutnant Wendt, Verbindungsoffizier des Oberkommandos der Wehrmacht/W Stb/bei XIII Armeekorps vom 21.3.1939. Das scheint kein Einzelfall gewesen zu sein, vgl. *Alice Teichova*, *Robert Waller*, Der tschechoslowakische Unternehmer am Vorabend und zu Beginn des Zweiten Weltkriegs, in: Zweiter Weltkrieg und sozialer Wandel. Achsenmächte und besetzte Gebiete, hrsg. v. *Wacław Długoborski* (Göttingen 1981) 288–302, hier: 299–302.

21 Vgl. z. B. Politisches Archiv des Auswärtigen Amts (im Folgenden PA AA) R 105284, Hitler an Göring, 16.5.1940; BA-MA RL 3/1613, Ausnutzung der Industrie in den besetzten Westgebieten für die deutsche Luftwaffenrüstung, Stand 31.12.1940; BA-MA RL 3/1646, Generalluftzeugmeister, Betr.: Inanspruchnahme Dänemarks und Norwegens für Zwecke der deutschen Luftwaffenrüstung, 9.5.1940; *Georg Thomas*, Geschichte der deutschen Wehr- und Rüstungswirtschaft (1918–1943/45) (Boppard 1966) 209.

22 Vgl. z. B. im Fall Dänemarks und Norwegens, PA AA R 105284, OKW an Auswärtiges Amt, 2.4.1940.

23 BArch R 2/58993, Der Reichsfinanzminister, Zollerlaß für Rüstungsaufträge aus den besetzten Westgebieten, 31. Juli 1940, Bl. 24.

24 Vgl. z. B. BA-MA RW 25/116, ZAST Belgien und Nordfrankreich, Tätigkeitsbericht Januar 1941, Bl. 6.

Einzelfällen[25] schon verfolgte Linie durch, die wider Erwarten gut eingerichtete polnische Industrie für die deutsche Rüstungsproduktion zu nutzen, zumal ihr Standort gerade unter dem Aspekt der Luftsicherheit Vorteile bot[26]. Die größtmögliche Einbindung aller besetzten Gebiete in die deutsche Kriegswirtschaft im Allgemeinen und in die Rüstungsproduktion im Speziellen, die in Ansätzen durch die rüstungswirtschaftlichen Instanzen aller seit 1939 besetzten Gebiete in Angriff genommen worden war, erklärte schließlich ein Erlass Görings vom Spätsommer 1940 zur generellen wirtschaftspolitischen Leitlinie[27].

Allerdings betonte Göring kurze Zeit später, dass die Verlagerung ziviler Güter Vorrang haben sollte, weil komplexe Rüstungsgüter eine längere Anlaufzeit benötigten. Außerdem befürchtete man bei der Produktion von Rüstungsgütern in besetzten Gebieten eher Sabotageakte, eine erhöhte Gefährdung der Geheimhaltung technischer Details von Kriegsgerät und eine geringe Motivation der Beschäftigten[28]. Daher sollten seit Herbst 1940 zum Zweck der Produktionssteigerung von Rüstungsgut Unternehmen im Reich von der gesamten verlagerungsfähigen *zivilwirtschaftlichen* Fertigung entlastet werden und deren Auslagerung „im größtmöglichen Umfang" durchgeführt werden[29]. Dabei waren generell lediglich Betriebe in den besetzten Gebieten heranzuziehen, die die Produktion von auftragsverlagerten Gütern in einem nennenswerten Umfang ohne Investitionen aufnehmen konnten[30]. Zudem sollte es sich aus Effizienzgründen nur um solche Unternehmen handeln, die bereits Erfahrung in der Produktion von Gütern hatten, die denen der verlagerten Ware ähnlich waren. Wenn auch die zivilwirtschaftliche Verlagerung im Vordergrund stehen sollte, ging man in der Praxis dann doch,

[25] Vgl. z.B. BArch 8135/7828, Prüfungsbericht der Deutschen Revisions- und Treuhand AG über den Jahresabschluß 1942 der „Pionier" Werkzeugmaschinenfabrik GmbH, Warschau. Dieser Betrieb wurde bereits im Oktober 1939 von der Wehrwirtschaftsstelle Lodz „sichergestellt", um ihn vor der Ausplünderung zu schützen. Am 18.3.1940 wurde er zum Wehrmachtbetrieb erklärt und unterstand später der Verwaltungsgesellschaft für heereseigene Betriebe, der MONTAN GmbH. Zur MONTAN, vgl. *Barbara Hopmann*, Von der Montan zur Industrieverwaltungsgesellschaft (IVG) 1916–1951 (Stuttgart 1996). Im März 1940 waren bereits 3000 Arbeitskräfte in drei Werken für die deutsche Luftwaffenrüstung tätig. BA-MA RL 3/2638, Gefolgschaftsbewegung der gesamten statistisch erfassbaren Luftwaffenindustrie.

[26] *Thomas*, Geschichte der deutschen Wehr- und Rüstungswirtschaft 164f.

[27] BA-MA RW 35/774, Reichsmarschall Göring, Planmäßige Ausnutzung der Wirtschaft der besetzten Gebiete für die deutsche Kriegswirtschaft, 26.8.1940.

[28] BA-MA RW 35/774, Göring an den Reichswirtschaftsminister, 7.10.1940, Betr. Auftragsverlagerung an die Industrie in den bes. Westgebieten; *Overy*, The Economy of the German „New Order" 16.

[29] BA-MA RW 35/774, Reichswirtschaftsminister an den Mobbeauftragten der Wirtschaftsgruppe der Eisen und Metall verarbeitenden Industrie in den besetzten Gebieten.

[30] BArch R 3101/32257, Reichswirtschaftsminister an die Mobbeauftragten der Wirtschaftsgruppen der Eisen und Metall verarbeitenden Industrie, 18.10.1940, Bl.21. Zum Prozedere der Auftragsverlagerung und zur Feststellung der Verlagerungswürdigkeit, vgl. ebd. sowie BArch R 2/265, OKW und Reichswirtschaftsminister, Ausführungsbestimmungen zu der Anordnung des Reichsmarschalls des Grossdeutschen Reiches über planmässige Ausnutzung der Wirtschaft der besetzten westlichen Gebiete für die deutsche Kriegswirtschaft vom 28.8.1940 – V.P. 14395, 30.4. 1941, Bl.145–147.

wie an späterer Stelle gezeigt wird, dazu über, in den besetzten Gebieten in zunehmendem Maß Rüstungsgüter fertigen zu lassen. Wohl um die erwähnten Probleme der Anlaufzeit und der Geheimhaltungsgefährdung zu entschärfen, wurden aber in großem Umfang Teile und nicht Endprodukte hergestellt.

Die Auftragsvergabe in die westlichen Besatzungsgebiete wurde über in den jeweiligen Ländern neu eingerichtete Zentralauftragsstellen (ZAST) gelenkt, wobei Aufträge für die Wehrmacht Vorrang hatten[31]. Die Möglichkeit der Erfüllung größerer Aufträge wurde – gerade was die Verfügbarkeit der notwendigen Rohstoffe anbelangt – durch die ZAST geprüft. Die ZAST erfasste keine Rohstoff-, Forst- und Ernährungskäufe und generell nur Aufträge, die ein Volumen von mehr als 5000 RM hatten[32]. Allerdings erfolgte die Auftragsverlagerung auch in den westlichen Besatzungsgebieten nicht immer über die ZAST[33]. Im Protektorat und im Generalgouvernement dagegen gab es keine ZAST, was wohl auf den unterschiedlichen Charakter der Besatzungsregimes in diesen Ländern im Vergleich zu den west- und nordeuropäischen Staaten zurückzuführen war, die sich ja bereits in ihren Bezeichnungen zeigte[34].

Im Laufe des Jahres 1942 wurden die Zentralauftragsstellen dem Reichsministerium für Bewaffnung und Munition unterstellt, dem im Frühjahr 1943 praktisch die gesamte Verantwortung für die Rüstungsproduktion in den besetzten Gebieten übertragen wurde[35]. Von diesem Zeitpunkt an sollte die Auftragsvergabe an die ZAST nur noch entweder durch von Ausschüssen und Ringen damit betraute Firmen oder direkt durch militärische Dienststellen erfolgen[36]. Mit einem Erlass Speers vom Dezember 1943 wurde eine weitere Zentralisierung der Auftragsverlagerung in die besetzten Gebiete angestrebt. Denn jetzt sollten nur noch die Ringe und Ausschüsse, nicht aber mehr die Wehrmachtsstellen als

[31] BA-MA RW 35/774, Reichsmarschall Göring, Planmäßige Ausnutzung der Wirtschaft der besetzten Gebiete für die deutsche Kriegswirtschaft, 26.8.1940; BArch R 3/3029, Deutsche Aufträge nach Frankreich, herausgegeben von der Zentralauftragsstelle Frankreich, 1.10.1943.

[32] BArch R 3/3029, Bl. 11.

[33] Teilweise beauftragten die Wehrmacht oder Unternehmen direkt ausländische Firmen. Vgl. z.B. BArch R 3101/32261, Deutsche Wirtschaftspolitik in Frankreich, 10.7.1943, Bl. 3; BA-MA RW 25/116, ZAST Belgien und Nordfrankreich, Tätigkeitsbericht Januar 1941, Bl. 8–10.

[34] Vgl. z.B. für das Protektorat, BArch R 3/504, Besprechungsnotiz, 30.1.1943. So sprach die Forschungsstelle für Wehrwirtschaft von dem Protektorat als einer faktischen „Provinz" und vom Generalgouvernement als einem „Nebenland" des Reichs. *Christoph Buchheim*, Die besetzten Länder im Dienste der deutschen Kriegswirtschaft während des Zweiten Weltkriegs. Ein Bericht der Forschungsstelle für Wehrwirtschaft, in: Vierteljahrshefte für Zeitgeschichte 34 (1986) 117–145, hier 126f. Zur rüstungswirtschaftlichen Organisation in den Westgebieten, vgl. z.B. *Hans Umbreit*, Der Militärbefehlshaber in Frankreich 1940–1944 (Boppard 1968) 34–36.

[35] BA-MA RW 35/774, Aktenvermerk 25.7.1942; *Bernd Zielinski*, Die deutsche Arbeitseinsatzpolitik in Frankreich 1940–1944, in: *Overy*, *Otto*, *Houwink ten Cate*, „Neuordnung" 109–132, hier: 124.

[36] BArch R 3101/32261, Einschaltung der Ausschüsse und Ringe bei der rüstungswirtschaftlichen Nutzbarmachung Frankreichs, 1.6.1943, Bl. 23ff.

direkte Auftraggeber fungieren[37]. Überwachungsinstanz wurde das neu geschaffene Planungsamt im Rüstungsministerium[38]. Mit der Einbindung von Ringen und Ausschüssen ist somit, allerdings mit einiger zeitlicher Verzögerung, das so genannte Prinzip der Selbstverantwortung der Industrie vollständig auf die besetzten Gebiete übertragen worden[39], wenn es auch in der Praxis nicht immer konsequent eingehalten wurde[40]. Mithilfe von Patenfirmen sollte die Produktivität ausländischer Firmen, an die Aufträge gegeben wurden, gesteigert werden. Eine Patenfirma war ein ausgewählter deutscher Rüstungsproduzent, der ein oder mehrere ausländische Unternehmen beriet. Diese Unterstützung sollte u.a. bei der Arbeitsvorbereitung und bei der Rationalisierung – durch technischen Erfahrungsaustausch – erfolgen[41]. Daneben gab es noch die Institution der Leitfirmen, die sämtliche Unternehmen eines bestimmten Fertigungsbereichs betreuten. Hauptausschüsse und Ringe benannten darüber hinaus Länderbeauftragte, welche die in ihrem Bereich vorhandenen Kapazitäten zu ermitteln und Produktionspläne auszuarbeiten hatten, wobei Größenvorteile auszuschöpfen waren[42].

An der im Laufe des Jahres 1940 eingeleiteten Politik – weitgehende Ausnutzung der besetzten Gebiete, Fertigung standardisierter Rüstungsgüter bzw. von Teilen und zivile Produktionen – hielt im Grundsatz auch das Rüstungsministerium fest, nachdem es die Kompetenzen über die Auftragsverlagerung erhalten hatte. Ja, es versuchte Ende 1943 aus Gründen der Risikostreuung und der Luftsicherheit sogar eine Forcierung der Auftragsverlagerung zu erreichen, da Unternehmen in den besetzten Gebiete in einem geringeren Maß als die Produktionsstätten im Reich Luftangriffen ausgesetzt waren[43]. Dazu wurde im Fall Frankreichs das nach dem französischen Industrie- und dem deutschen Rüstungsminister benannte Bichelonne-Speer-Abkommen geschlossen. Dort sagte die deutsche Seite einen weitgehenden Stopp der Zwangsrekrutierung französischer Arbeitskräfte für den Reichseinsatz zu, falls im Gegenzug die industrielle Produktion Frankreichs für deutsche Zwecke, insbesondere Konsumgüter und Vorleistungen für

[37] BArch R 8 IX/19, Erlass über Auftragsverlagerung in die besetzten Westgebiete des Reichsministeriums für Rüstung und Kriegsproduktion, 3.12.1943.

[38] BArch R 3/470, Planungsamt, Aktenvermerk, 22.12.1943.

[39] *Milward*, The New Order 138–140.

[40] BArch R 8 IX/19, ZAST Frankreich an Reichsstelle für technische Erzeugnisse, 19.3.1944.

[41] Vgl. z.B. BArch R 3/3152, Rüstungsobmann in Frankreich an Carl Zeiss Jena, 30.9.1943, Bl.2–5. Ähnliches galt auch im Fall der Auftragsverlagerung in verbündete Länder. Vgl. z.B. BArch R 3/1645, Ungarische Wirtschaftseindrücke, 27.5.–3.7.1944, Bl.140.

[42] BArch R 3101/32261, Einschaltung der Ausschüsse und Ringe bei der rüstungswirtschaftlichen Nutzbarmachung Frankreichs, 1.6.1943, Bl.26f.

[43] BA-MA RW 35/774, Reichsminister für Rüstung und Kriegsproduktion, Erlass über Auftragsverlagerung in die besetzten Westgebiete. Vom 3.Dezember 1943; BArch R 3/470, Planungsamt, Aktenvermerk, 22.12.1943; *Hans Umbreit*, Die deutsche Herrschaft in den besetzten Gebieten 1942–1945, in: *Militärgeschichtliches Forschungsamt* (Hrsg.), Das Deutsche Reich und der Zweite Weltkrieg 5/2 (Stuttgart 1999) 3–274, hier: 188.

Kriegsgerät, gesteigert würde[44]. Angesichts der stagnierenden französischen Verlagerungsproduktion wurde insbesondere entschieden, dass der Abzug von Arbeitskräften aus rüstungswichtigen Unternehmen gestoppt werden sollte[45]. Kriegswichtige Unternehmen in den westlichen Besatzungsgebieten einschließlich Italiens wurden zu so genannten S(perr)-betrieben erklärt[46]. Zum gleichen Zweck der Steigerung der Verlagerungsproduktion wurde Anfang 1944 das im März 1943 auch für die besetzten Gebiete eingeführte, bis dahin grundsätzlich nur für die Konsumgütereinfuhr geltende Preisausgleichsverfahren generell auf den Import von Rohstoffen, Halb- und Fertigwaren aus den Westgebieten ausgedehnt[47]. Das Preisausgleichsverfahren führte zu einer Verbilligung der eingeführten Waren. Ziel dieses Verfahrens war, die Preise im Reich für die privaten Verbraucher konstant zu halten. Dementsprechend waren Lieferungen an öffentliche Bedarfsträger, also auch an die Wehrmacht, von dem Preisausgleich seit seiner Einführung ausgenommen[48]. Dabei blieb es auch im Folgenden[49]. Allerdings wurden seit Februar 1944 Zulieferungen und Zubehör für Kriegsgerät doch in einem beschränkten Umfang in den Preisausgleich einbezogen[50]. Im Fall der besetzten Gebiete kam neben der Preisniveaustabilität für private Verbraucher noch eine zweite Zielsetzung hinzu, die durch den Preisausgleich erreicht werden sollte, denn man wollte die stark zunehmende deutsche Clearingverschuldung mit diesen Ländern eindämmen. Da-

[44] *Bernd Zielinski*, Die deutsche Arbeitseinsatzpolitik in Frankreich 1940–1944 126f; BArch R 3/470, Anweisung des Rüstungsministers an alle Ausschüsse und Ringe und mit der Produktionssteigerung beauftragten Gruppen, Betr.: Kriegswirtschaftliche Nutzbarmachung der besetzten Westgebiete, 14.12.1943; *Umbreit*, Die deutsche Herrschaft 188.

[45] BA-MA RW 35/774, Reichsminister für Rüstung und Kriegsproduktion, Erlass über Auftragsverlagerung in die besetzten Westgebiete. Vom 3. Dezember 1943.

[46] BArch R 3/470, Anweisung des Rüstungsministers an alle Ausschüsse und Ringe und mit der Produktionssteigerung beauftragten Gruppen, Betr.: Kriegswirtschaftliche Nutzbarmachung der besetzten Westgebiete, 14.12.1943. Für Italien vgl. BArch R 3/393, Speer an die Hauptausschüsse, Hauptringe, mit der Produktionssteuerung beauftragten Gruppen, Betr.: Nutzbarmachung der italienischen Rüstung und Kriegsproduktion, 9.2.1944.

[47] BArch R 3/470, Hans Kehrl an verschiedene Stellen, Betr.: Auftragsverlagerung, Preisausgleich bei der Einfuhr ausländischer Waren, 10.2.1944; Reichswirtschaftsminister an Reichsstellen, Betr.: Preisausgleich für Einfuhrwaren, 11.2.1944; Reichswirtschaftsminister an Reichsstellen, Betr.: Verbilligung aus den besetzten Gebieten, 17.9.1943; BArch R 3/3040, Der Beauftragte für den Vierjahresplan an den Reichskommissar für die Preisbildung, 15.9.1943, Bl. 81–82. Punktuell wurde bereits vor Ende 1942 bei einigen Rohstoffen und bei Waren, die auf Schwarzmärkten erworben worden waren, ein Preisausgleich durchgeführt, der entweder aus öffentlichen Mitteln oder aus Beiträgen der Wirtschaft finanziert wurde. BArch NS 6/671, Reichswirtschaftsminister an den Reichskommissar für die Preisbildung, 8.8.1942, Bl. 79; BArch R 2/19538, Reichsfinanzministerium, Vermerk Dezember 1941. Generell zu Genese des Preisausgleichsverfahrens und seinen Hintergründe, vgl. BArch NS 6/671.

[48] BArch R 43 II/333, Reichswirtschaftsminister an alle Reichsstellen, 14.12.1942, Bl. 109.

[49] BArch R 3/1367, Reichsminister für Rüstung und Kriegsproduktion, 29.6.1944, 6; BArch R 3/3040, Der Staatssekretär des Beauftragten für den Vierjahresplan an den Reichskommissar für die Preisbildung, 26.3.1943, Bl. 81f.; BArch R 3/495, Vermerk betreffend Preisausgleich bei der Einfuhr ausländischer Waren.

[50] Vgl. z. B. BArch R 2/ 21716, Der Reichsminister für Rüstung und Kriegsproduktion, Merkblatt über Finanzierungshilfen für die Rüstungswirtschaft, 20.8.1944, 14.

her hatten die besetzten Gebiete den Verbilligungsbetrag zu tragen, kamen also für die Subventionierung der deutschen Verbraucher auf[51]. Die Clearingverschuldung konnte aber dadurch nur unwesentlich verringert werden. Im Jahr 1943 wurden bei einer Gesamteinfuhr von ca. 3 Mrd. RM aus Frankreich gerade einmal 15,3 Mio. RM für den Preisausgleich aufgewendet[52].

Bei der militärischen Auftragsverlagerung in die besetzten Gebiete galten die gleichen Herstellungs- und Verwendungsverbote wie im Reich[53]. Auch wurden den Unternehmen, wie im Reich, die Rohstoffe durch die entsprechenden staatlichen Stellen zugeteilt[54]. Ebenso wurde das deutsche Preisrecht angewendet[55]. Grundsätzliche Prämisse der Preisbildung war, dass für marktgängige Produkte die deutschen Preise nicht überschritten und Aufträge zu Festpreisen vergeben werden sollten[56]. Bei nicht marktgängigen Produkten, wie das bei den meisten Gütern der militärischen Auftragsverlagerung der Fall war, sollten Festpreis- und nur in der Anlaufzeit Selbstkostenverträge abgeschlossen werden[57]. Die Genehmigung der Preise für die jeweiligen Aufträge oblag dabei deutschen Preisstellen in den besetzten Gebieten, im Fall der Luftrüstung der Preisstelle des Reichsluftfahrtministeriums in Berlin.

3. Umfang und Struktur der Rüstungsproduktion in den besetzten Gebieten

Die Zahl der für die deutsche Wehrwirtschaft arbeitenden Firmen in den in der Frühphase des Krieges besetzten Ländern (ohne Protektorat) stieg zwischen Oktober 1940 und Oktober 1941 rasant an – von 2707 Betrieben im Oktober 1940 auf 6889 ein Jahr später[58]. Bis März 1944 erhöhte sich diese Zahl dann nur noch

[51] Vgl. BArch R 3/3040, Der Staatssekretär des Beauftragten für den Vierjahresplan an den Reichskommissar für die Preisbildung, 26.3.1943, Bl. 83; der Beauftragte für den Vierjahresplan an den Reichskommissar für die Preisbildung, 15.9.1943, Bl. 81–82. Normalerweise wurde das Preisausgleichsverfahren mit deutschen Steuermitteln finanziert. BArch R 3/1626a, Eidesstattliches Gutachten von Kurt Hunscha als Beweismaterial für den Militärgerichtshof IV in Nürnberg, 17.7.1948, Bl. 30f.

[52] BArch R 3101/32287, Sechster Tätigkeits- und Abschlussbericht der deutschen Waffenstillstands-Delegation für Wirtschaft und des Delegierten der Reichsregierung für Wirtschafts- und Finanzfragen bei der französischen Regierung für die Zeit vom 1. Juli 1943 bis 17. August 1944, Salzburg, 15. Dezember 1944, 58.

[53] BArch R 3/3029, Bl. 30.

[54] Vgl. z. B. *Umbreit*, Der Militärbefehlshaber in Frankreich 266.

[55] Zum deutschen Preisrecht und seiner Anwendung, vgl. *Jonas Scherner*, Die Logik der Industriepolitik im Dritten Reich. Die Investitionen in die Autarkie- und Rüstungsindustrie und ihre staatliche Förderung (Stuttgart 2008) 37ff.

[56] BArch R 3/3029, Bl. 20ff.

[57] BArch R 3/1367, Richtlinien für die Preisbildung und Zahlungsabwicklung in den außerdeutschen Gebieten, 29.6.1944.

[58] BArch R 3/503.

vergleichsweise geringfügig, nämlich auf 7637 Unternehmen[59]. Diese Entwicklung lief im allgemeinen in den einzelnen Ländern so ähnlich ab, wie in Tabelle 1 am Beispiel Frankreichs verdeutlicht. Daher kann gesagt werden, dass bereits vor dem Amtsantritt Albert Speers die Grundlage für einen bedeutenden Beitrag des besetzten Auslandes an die deutsche Rüstungswirtschaft geschaffen war. Auch in verbündete Staaten wurden spätestens seit 1941 Rüstungsaufträge verlagert[60].

Tabelle 1: Zahl der Rüstungsproduzenten im besetzten Frankreich (ohne Norddepartments)

Oktober 1940	375
Juli 1941	2600
Juni 1942	2638
August 1943	3056
April 1944	3302

Quelle: Ludwig Nestler, Europa unter dem Hakenkreuz. Die faschistische Okkupationspolitik in Frankreich (1940–1944) (Berlin 1990) 71.

Die weitgehende Einbindung der besetzten Gebiete in die deutsche Rüstungswirtschaft vor dem Amtsantritt Speers lässt sich ebenfalls an der Entwicklung des Auftragsbestands nachweisen, der mit der Vorbereitung des Russland-Feldzuges massiv anstieg.

Tabelle 2: Auftragsbestand in den besetzten Gebieten (ohne Protektorat) zwischen Oktober 1940 und Oktober 1941 (Mio. RM)

Oktober 1940	1852
Januar 1941	1919
April 1941	3317
Juli 1941	4612
Oktober 1941	5180

Quelle: BArch R 3/503.

Die tatsächlich in den besetzten Gebieten ausgeführten Rüstungsaufträge stiegen ebenfalls ihrer nominalen Höhe nach, wie Tabelle 3 zeigt, während des Krieges stark an, und zwar – anders als etwa Milward für Frankreich behauptet – bereits vor 1942[61] und insbesondere bevor Speer im Jahr 1943 die Verantwortung für die Auftragsverlagerung übernahm. Vergleichsweise unbedeutend blieben hingegen die Lieferungen befreundeter Staaten. Angaben zur Wehrmachtsverlagerungsproduktion für die meisten besetzten Gebiete wurden vom Wehrwirtschafts- und Rüstungsamt, später vom Rüstungsministerium monatlich in einer speziellen, im Herbst 1940 begonnenen Statistik erfasst und liegen nach Ländern unterteilt fast vollständig vor. Allerdings kam es bereits vor Oktober 1940 zu Verlagerungen in die west- und nordeuropäischen Länder, so dass der in Tabelle 3 für 1940 angege-

[59] BA-MA RW 19/1790, Übersicht über die verlagerten Wehrmachtaufträge, Bl. 5.
[60] Vgl. z. B. *György Ránki*, The Economics of the Second World War (Wien, Köln, Weimar 1993) 322.
[61] *Milward*, The New Order 82.

bene Wert nur eine Untergrenze darstellt[62]. In dieser Statistik bestehen zudem zwischen Oktober 1940 und Sommer 1944 im Fall einiger der erfassten Gebiete Lücken von wenigen Monaten, die aber durch Inter- bzw. Extrapolation behoben wurden. Nach dem Sommer 1944 dürfte die Rüstungsgüterproduktion zugunsten des Reichs in den von dieser Statistik erfassten Ländern keine große Rolle mehr gespielt haben, da die meisten Gebiete befreit worden waren, insbesondere die, die in hohem Maß Rüstungsgüter hergestellt hatten (Frankreich, Belgien und das Generalgouvernement). Die Rüstungsproduktion des Protektorats, Italiens und Ungarns für das Reich sind in der erwähnten Statistik zur Wehrmachtsverlagerungsproduktion nicht enthalten. Aus anderen Quellen lässt sich allerdings der jeweilige Produktionswert auch hier, aufgeschlüsselt für die verschiedenen Jahre, ermitteln.

Die Statistiken zur Wehrmachtsverlagerungsproduktion umfassten, wie bereits erwähnt, nach einer Anweisung des Wehrwirtschaft- und Rüstungsamts lediglich solche industriellen Aufträge, die nicht von den Besatzungstruppen vor Ort verbraucht wurden[63]. Kriegsgerät im eigentlichen Sinn und ihre Teile, also Güter, die im deutschen Rüstungsindex erfasst wurden, wie Waffen, Munition, Panzerketten, Tragflächen etc., machten am Wert der verlagerten Wehrmachtsaufträge allerdings nur knapp zwei Drittel aus. Das verbleibende Drittel bestand aus anderen von der Wehrmacht verwendeten industriellen Gütern, wie Maschinen, Bekleidung, „Allgemeines Heeres-Gerät" (Stahlhelme, Panjewagen, Sanitätsgeräte etc.) oder so genanntes „handelsübliches Gerät" (Benzinfässer, Glühbirnen, Farbe, Möbel etc.)[64]. Zu beobachten ist, dass im Zeitablauf die Rangfolge unter den Produktgruppen in den jeweiligen besetzten Gebieten weitgehend unverändert blieb. So hatte die Munitionsfertigung im Generalgouvernement in jedem Jahr einen wertmäßigen Anteil von ca. 30% an der dortigen Verlagerungsproduktion, während in den Niederlanden z.B. der Schiffbau immer an erster oder an zweiter Stelle stand. In Frankreich wiederum spielte die Kfz- und die Flugzeugproduktion eine wichtige Rolle. Offensichtlich beherzigte man die oben erwähnte Vorgabe des Reichswirtschaftsministeriums aus dem Jahr 1940, Rüstungsaufträge nur an solche Firmen zu verlagern, die bereits Erfahrungen bei der Produktion ähnlicher Güter hatten. Insofern kam es in dieser Hinsicht zu einer durchaus rationalen Ausbeutung. Diese Spezialisierung scheint sich innerhalb der einzelnen Produktkategorien fortge-

[62] Vgl. z.B. R 11/88, Zentralauftragsstelle in Belgien und Nordfrankreich, 14.10.1941, Die bisherige Verlagerung von Fertigungsaufträgen nach Belgien und Nordfrankreich, Bl. 149.

[63] BArch R 3/503, Rüstungsinspektion Belgien an den Reichsminister für Bewaffnung und Munition, 22.8.1942, Betr.: Ausnutzung der besetzten Gebiete; BArch R 3/1769, Der Leiter des Planungsamtes an Speer, 31.7.1944, Bl. 21. Allerdings ist die Herausrechnung der Reparaturen von Flugzeugen, Schiffen und Kfz, die auch in diesen Werten enthalten sind, nicht möglich. Diese spielten aber keine große Rolle. Vgl. z.B. BArch R 3/1007, Ausnutzung der besetzten Gebiete, Rü. In. Niederlande, Meldemonat August 1942.

[64] Zur Definition dieser Begriffe, vgl. z.B. BArch R 3/1007, Ausnutzung der besetzten Gebiete, Rü. In. Niederlande, Meldemonat August 1942.

Tabelle 3: Wehrmachtsverlagerungsproduktion (Mio. RM) in besetzten Gebieten und in verbündeten Staaten, 1940–1944

	Frankreich	Belgien	Niederlande	Protektorat	Generalgouvernement	Dänemark	Norwegen	Serbien	Griechenland	Rumänien	Ungarn	Slowakei	Italien	Kroatien	Bulgarien	**Summe**
1940	>48	>186	>109	308	>52	>7	>46									**>756**
1941	915	1014	411	1253	272	65	113	10			21		152			**4226**
1942	1649	1327	534	2165	414	75	127	19	671	40	119		152	48	11	**7351**
1943	1651	1039	711	3231	628	128	126	8	1099	177	203		152	113	13	**9279**
1944	929	597	570	3901	342	120	108	18	772	12	264	91	3673	71	29	**11497**
Summe	**5192**	4163	2335	10858	1708	395	520	55	2542	229	607	91	4129	232	53	33109

Quellen: Für das Generalgouvernement, vgl. BArch R 3/506; für Italien 1944, vgl. BArch R 3/3026, Übersicht über die monatlichen Zahlungen für Käufe und Bestellungen als Nachweis der Ausnutzung der bestehenden Programme (in Millionen Lt.), 10.12.1944, Bl. 118. Als Umrechnungskurs wurde der zu dieser Zeit gültige verwendet, nämlich 1 RM = 10 Lt. Der Monat Dezember 1944, der in der Quelle noch nicht aufgeführt wurde, ist eine Fortschreibung des Novemberwerts. Die Werte 1941 bis 1943 ergeben sich aus der genannten Quelle und BA-MA RW 32/6, Deutscher Wehrwirtschaftsoffizier in Italien, 30.4.1943, Monatsbericht Nr. 23, Bl. 92. Die Gesamtsumme wurde in gleichen Teilen auf die betreffenden Jahre aufgeteilt. Für Ungarn vgl. für 1941–1943 BArch R 3/1645, Deutsche Industriekommission Ungarn, 26.3.1944, Bl. 34. Der Wert für 1944 ist extrapoliert auf der Grundlage der durchschnittlichen Auslieferung im Januar, Februar und Juli 1944. Ebd., Bl. 35; Deutsche Industriekommission Ungarn, Bl. 178. Für das Protektorat, vgl. H. Kadern, Europa unterm Hakenkreuz. Die faschistische Okkupationspolitik in Österreich und der Tschechoslowakei (1938–1945) (Berlin [Ost] 1988) 274, Tafel 5 (Angaben in tschechischen Kronen wurden mithilfe des gültigen Wechselkurses in RM umgerechnet). Für alle anderen Länder, vgl. BArch R 3/503, Lieferungen der besetzten Gebiete zuzüglich Bulgarien, Griechenland, Kroatien und Rumänien, Quartalsdaten Oktober 1940–März 1943; BA-MA RW 19/1790, Lieferungen der besetzten Gebiete usw., Oktober 1940–Oktober 1943, Bl. 15; BArch R 3/503, Lieferungen der besetzten Gebiete usw., Januar bis Juni 1944. In letzterem Dokument sind die Frankreichwerte nicht enthalten. Werte für das letzte Quartal 1943 sind interpoliert für all diese Länder außer im Fall der Niederlande und Belgiens, für die in anderen Quellen die entsprechenden Werte aufgeführt sind (vgl. BArch R 3/1007; BA-MA RW 25/13, Zusammenfassende Darstellung der wehrwirtschaftlichen Ereignisse für das IV. Quartal 1943, Bl. 73). Im Fall Frankreichs sind die Werte interpoliert bis Februar 1944. Die Frankreichwerte für März bis Juni 1944 finden sich in BA-MA RW 19/1790, Lieferungen der besetzten Gebiete usw., März 1944, Bl. 8; Lieferungen der besetzten Gebiete usw., April 1944, Bl. 9; BA-MA RW 19/3166, Lieferungen der besetzten Gebiete usw., Mai 1944, Bl. 223; BArch R 3/1769, Der Leiter des Planungsamtes an Speer, 31.7.1944, Bl. 21. Die Werte für die Niederlande wurden aufgrund des Juliwertes (BArch R 3/1007) bis Oktober 1944 extrapoliert. Die Werte für Dänemark und Norwegen wurden auf der Basis der Auslieferungen des ersten Halbjahres 1944 bis Ende 1944 fortgeschrieben.

setzt zu haben. So wurden Anfang 1944 47% der gesamten Panzerkettenfertigung für die Wehrmacht in Frankreich hergestellt[65].

Überwiegend, wie es immer wieder in den Quellen heißt, wurde bei eigentlichem Kriegsgerät die Teile-, nicht aber die Endfertigung verlagert[66]. Der Verzicht auf Endfertigung ging so weit, dass selbst bei unkomplizierten Rüstungsgütern, wie Munition, Teile gefertigt wurden[67]. Das hatte mit den bereits erwähnten Sicherheitserwägungen, aber auch mit Effizienzgründen zu tun, da häufige Typenwechsel in der Endproduktion den Einsatz neuer Werkzeugmaschinen nach sich zogen und bei Endprodukten ein enger Kontakt zwischen Besteller und Hersteller notwendig war. Außerdem glaubten die deutschen Stellen, wie erwähnt, dass gerade bei der Endfertigung die Motivation der Beschäftigten, für die Besatzer zu produzieren, in den unterworfenen Gebieten besonders gering sei. Dafür aber, dass am ehesten Effizienzgründe für den hohen Anteil der Teileverlagerung ausschlaggebend waren, spricht erstens, dass auch in Bereichen militärischer Auftragsverlagerung außerhalb der eigentlichen Kriegsgerätefertigung, wie nachweislich im Maschinenbau zwischen Juni 1940 und Ende 1942, zu 43% Teile, nicht aber Endprodukte gefertigt wurden[68]. Zweitens hatte in verbündeten Ländern die Teilefertigung ebenfalls einen hohen Anteil an der Verlagerungsproduktion, wie in Ungarn im Februar 1944 mit mindestens 30%[69]. Und schließlich ist zu bedenken, dass deutsche Unternehmen, die sich ja in der Frühphase des Krieges oft selbst Verlagerungspartner suchten und später über die Ringe und Ausschüsse bei der Auftragsvergabe beteiligt waren, eher ein Interesse an einer Teileverlagerung gehabt haben dürften. Denn sie gingen davon aus, dass in absehbarer Zeit eine generelle Normalisierung der Wirtschaftspolitik eintreten würde, und damit auch ein Ende der rüstungswirtschaftlich induzierten Auftragsverlagerung[70]. Aus diesem

[65] BArch R 3/1769, Rüstungsobmann in Frankreich an Hans Kehrl, 22.1.1944, Bl. 71.

[66] Vgl. z.B. BA-MA RW 19/1332, Wehrwirtschaftliche Folgen einer angenommenen Räumung von Frankreich und Belgien bis zur Reichsgrenze von 1914, Bl. 311; Feldwirtschaftsamt Inland, Wehrwirtschaftliche Lage bei Fortfall folgender Länder, 1.9.1944, Bl. 263–9; BArch N 1340/474, Interrogation vom 21. Juni 1945; Interrogation vom 8. August 1945; BArch R 3/1082, Aktennotiz, Besuch des Herrn Weissenborn – Hauptausschuss Waffen beim Ruk-Stab Mailand und OKH Wa in Como, 3.12.1943; Universität Hohenheim, Nachlass Wagenführ, Band 1, Aktenvermerk, Arbeitsproduktivität. Statistik über Arbeitseinsatz, Fritz Grotius, Kiel, den 8.10.1946; Organisation des maschinellen Berichtswesens des Reichsministers für Rüstung und Kriegsproduktion, S. 17.

[67] Vgl. z.B. BArch R 3/1007, Ausnutzung der besetzten Gebiete, Rü. In. Niederlande, Meldemonat August 1942.

[68] BArch R 3/1404a, Auftragsverlagerung nach Produktionsgruppen, 26.3.1943.

[69] BArch R 3/1645, Auftragsbestand Februar 1944, Bl. 25. In diesem Dokument ist von direkten und indirekten Aufträgen für die einzelnen Waffengattungen die Rede. Allerdings konnten direkte Lieferungen an eine der Waffengattungen ebenfalls Teile umfassen, wenn z.B. diese an wehrmachtseigene Betriebe geliefert wurden. Neben diesen Lieferungskategorien ist noch vom „gemeinsamen Luftwaffenprogramm" die Rede. Dieses umfasste aber keineswegs nur die Endfertigung der He 210 und der Bf 109, sondern zu 20% des ausgelieferten Wertes auch Motoren-, und damit Teilefertigung. BArch R 3/1645, Deutsche Industriekommission Ungarn, 26.3.1944, Bl. 32–3.

[70] Generell zur Normalisierungserwartung in der deutschen Industrie während der NS-Zeit, vgl. *Scherner*, Logik der Industriepolitik im Dritten Reich.

Grund dürfte es für die Unternehmen naheliegend gewesen sein, möglichst wenig von ihrem Know-how zukünftigen Konkurrenten auf mehr oder weniger liberalisierten Märkten preiszugeben, was natürlich durch eine Verlagerung von Teilen eher als durch die von Endprodukten erreicht werden konnte. Dass derartige langfristige Überlegungen bei der selbstständigen Auftragsverlagerung eine Rolle spielten und dass man zudem mögliche Verlagerungspartner auch unter dem Aspekt langfristiger Kooperationsmöglichkeiten auswählte, zeigt das Beispiel der Robert Bosch GmbH, für die außerhalb der Reichsgrenzen im Jahr 1943 etwa 7000 Beschäftigte in 120 Firmen – etwa Peugeot in Frankreich[71] – meist Teile produzierten: „Wir haben, soweit kriegswirtschaftliche Erwägungen allein für die Wahl einer bestimmten Fertigungsstätte noch nicht ausreichten, auch Erwägungen, die sich auf die Nachkriegszeit beziehen, berücksichtigt. Bei einem Teil der als verlängerte Werkbänke oder Nachbauer zugezogenen Firmen scheinen die Voraussetzungen für eine dauernde, also über den Kriege hinausgehende Zusammenarbeit gegeben zu sein."[72] Auch machte sich die Robert Bosch GmbH in diesem Schreiben Gedanken darüber, dass in manchen Fällen Verlagerungsfirmen, die das Unternehmen technisch beriet, nach dem Krieg zu neuen Wettbewerbern werden könnten; man glaubte allerdings, dass dieses Risiko dadurch aufgewogen werden würde, dass man aufgrund der Verlagerung keine Investitionen tätigen musste und die Arbeitsproduktivität höher war, als wenn man die ausländischen Beschäftigten zwingen würde, im Reich zu arbeiten.

Tabelle 4: Vorleistungsanteil an den Wehrmachtsverlagerungsaufträgen in verschiedenen besetzten Gebieten (%)

Land	Monat/Quartal	Vorleistungsanteil an der gesamten Wehrmachts-verlagerungs-produktion	Vorleistungsanteil an der eigentlichen Kriegsgerät-verlagerungs-produktion
Dänemark	August 1941	43	53
Generalgouvernement	Dezember 1941	>37	>56
Niederlande	IV. Quartal 1943	34	40
Niederlande	Februar 1943	34	41
Niederlande	September 1942	46	63

Eigene Berechnungen. Quellen: Für Dänemark, vgl. BArch R 3/507, für das Generalgouvernement, vgl. BArch R 3/506. Die Mindestangabe im Fall des Generalgouvernements ergibt sich daraus, dass bei manchen Warenkategorien nicht ersichtlich ist, welchen Anteil die Teilefertigung hatte. Das gilt insbesondere für die Kategorie „Waffen u. Teile" sowie „Kampfwagen u. Teile", die zusammen einen Anteil von annährend 10% an der Gesamtverlagerung des Stichmonats hatten. Aus Vorsichtsgründen wurden die unter diese Kategorien fallenden Aufträge als Endfertigung betrachtet. Für die Niederlande, vgl. BArch R 3/1007.

[71] BA-MA RW 20-5/1, Kriegstagebuch der Rüstungsinspektion V, 3. Quartal 1943, Robert Bosch GmbH, 17.7.1943, Betr.: Nutzbarmachung fremder Werkstätten durch Fertigungsverlagerung; BA-MA RW 20-5/2, Kriegstagebuch der Rüstungsinspektion V, 4. Quartal 1943, Robert Bosch GmbH an RüIn V, 29.11.1943, Bl. 43ff.

[72] BA-MA RW 20-5/1, Kriegstagebuch der Rüstungsinspektion V, 3. Quartal 1943, Robert Bosch GmbH, 17.7.1943, Betr.: Nutzbarmachung fremder Werkstätten durch Fertigungsverlagerung.

Aufgrund der Tatsache, dass die Kriegsgeräteherstellung zusammen mit der Maschinenproduktion über die gesamte Kriegszeit hinweg etwa einen Anteil von 70 bis 75% an der militärischen Auftragsverlagerung hatte, und angesichts des Umstandes, dass oft die Produktion von Teilen verlagert wurde, kann man folgern, dass 30 bis 50% der gesamten Auftragsverlagerung keine Endprodukte betraf, sondern Vorleistungen des metallverarbeitenden Sektors. Diese Größenordnung kann für einige besetzte Länder auch klar bestätigt werden, wie Tabelle 4 zeigt. Für diese Gebiete sind nämlich in manchen Monaten exakte Daten über die Zusammensetzung der Wehrmachtsverlagerungsfertigung überliefert, aus denen sich der Anteil der Teilefertigung genau bestimmen lässt.

4. Die Bedeutung der verlagerten Wehrmachtaufträge für Deutschlands Rüstung

Welche Bedeutung hatten die verlagerten Wehrmachtaufträge für die deutsche Rüstungsproduktion? Zur Beantwortung dieser Frage müssen mehrere Probleme gelöst werden. Ein erstes ist, dass sich mit Kriegsbeginn das ohnehin vorhandene Preisgefälle zwischen dem Reich und den besetzten Gebieten, das aus der Überbewertung der Reichsmark seit dem Beginn der 1930er Jahre resultierte, erneut erhöhte, da die Besatzungsmacht die Reichsmark gegenüber den Währungen der besetzten Gebiete weiter aufwertete[73]. Ein zweites Problem ergibt sich daraus, dass in den Ländern, die Wehrmachtsaufträge ausführten, während des Kriegs in unterschiedlicher Intensität Inflationstendenzen auftraten, die sich darin äußerten, dass bei festen Wechselkursen die Kaufkraft der Reichsmark in diesen Gebieten zurückging.

Für die meisten besetzten Gebiete hat die Forschungsstelle für Wehrwirtschaft, eine der Vierjahresplanbehörde angeschlossene Institution, diese Bewertungsprobleme gelöst. Sie ging bei ihren Berechnungen zu Recht davon aus, dass die Wechselkurse vor der Weltwirtschaftskrise letztmalig in etwa die tatsächlichen Kaufkraftparitäten widerspiegelten[74]. Von dieser Basis aus schrieb sie den Kurs in dem Verhältnis fort, in dem sich die Großhandelspreise in Deutschland und den jeweiligen besetzten Gebieten entwickelten, um die tatsächliche Kaufkraft der Reichsmark zu bestimmen[75]. Für Länder, in die Deutschland Aufträge verlagerte und die

[73] BArch R 3101/32287, Sechster Tätigkeits- und Abschlussbericht der Deutschen Waffenstillstands-Delegation für Wirtschaft und des Delegierten der Reichsregierung für Wirtschafts- und Finanzfragen bei der Französischen Regierung für die Zeit vom 1. Juli 1943 bis 17. August 1944, Salzburg, 15. 12. 1944, S. 58; BArch R 2501/15098, Deutsche Reichsbank, Volkswirtschaftliche Abteilung, Stellungnahme zu den Vorschlägen des Auswärtigen Amtes zum Clearingproblem, 15. 3. 1943, Bl. 22f.; *John Gillingham*, Belgian Business in the Nazi New Order (Gent 1977) 189; *Buchheim*, Die besetzten Länder.

[74] *Buchheim*, Die besetzten Länder.

[75] Wie erwähnt, kam es seit Februar 1944 zu einem beschränkten Preisausgleich bei Zubehör und Zulieferungen für Kriegsgerät. Allerdings gibt es keinen Hinweis in den Quellen, dass in den hier

nicht in der Studie der Forschungsstelle für Wehrwirtschaft erfasst sind, wurde grundsätzlich analog vorgegangen, um die Wehrmachtsverlagerungsproduktion in Kaufkraftkursen zu bestimmen[76]. Lediglich Griechenland, wo sich seit 1942 eine Hyperinflation entwickelte, sowie Rumänien, die Slowakei und Kroatien, die nur geringe Beiträge leisteten, und in denen es zum Teil zu erheblicher Inflation kam, sind unberücksichtigt geblieben[77].

Tabelle 5: Wehrmachtsverlagerungsproduktion der besetzten Gebiete und verbündeten Staaten, 1940–1944 (Mill. RM; Kaufkraftkurse)

	Frankreich	Belgien	Niederlande	Protektorat	Generalgouvernement	Dänemark	Norwegen	Serbien	Ungarn	Italien	*Summe*
1940	>95	>200	>114	269	>26	>7	>52				*>763*
1941	1409	1090	394	1031	136	63	116	8	17	320	*4584*
1942	2111	1327	492	1747	207	69	118	12	79	286	*6448*
1943	1651	1000	645	2569	314	116	117	3	100	190	*6705*
1944	929	574	521	3101	171	110	100	4	96	901	*6507*
Summe	*6195*	*3191*	*2166*	*8717*	*1354*	*365*	*503*	*27*	*292*	*1697*	25007

Zur Methode, vgl. Text. Quellen: Buchheim, Die besetzten Länder; Statistisches Jahrbuch für das Deutsche Reich 1941/42, S. 478; BArch R 3101/33012, Statistisches Reichsamt an Reichswirtschaftsministerium, Betr.: Verrechnungskurse und sonstige intervalutarische Umrechnungssätze des Deutschen Reichs sowie des Auslands, Bl. 14–20; B. Mitchell, International Historical Statistics: Europe 1750–1988 (London 1992) 840ff. Bei Dänemark, Norwegen, Serbien, für welche die Forschungsstelle für Wehrwirtschaft die Kaufkraftparitäten nicht in Kalenderjahren, sondern für überlappende Jahre angegeben hat, wurden die Werte entsprechend umgerechnet. Für das Generalgouvernement wurde in Anlehnung an die Forschungsstelle für Wehrwirtschaft unterstellt, dass die Kaufkraft für Rüstungsgüter nur der Hälfte des Wechselkurses entsprach.

Die in Tabelle 5 ermittelten, auf Kaufkraftparitäten beruhenden Werte der Wehrmachtsverlagerungsproduktion müssen nun in einem zweiten Schritt in realen Größen in Preisen von 1943 ausgedrückt werden, um sie zum deutschen Rüstungsindex in Bezug setzen zu können, der ebenfalls in Preisen von 1943 berechnet wurde. Man kann davon ausgehen, dass es bei der ausländischen Fertigung von oft komplexem Kriegsgerät wie im Reich zu Lerneffekten kommen konnte.

verwendeten Verlagerungsstatistiken der Preisausgleich in die RM-Beträge bereits einbezogen worden wäre. Daher wird auch für 1944 die beschriebene Methode angewendet.

[76] Diese Methode impliziert, dass Rüstungsgüter gleicher Beschaffenheit nach Überwindung der Anlaufzeit in Ländern, deren Währung stark unterbewertet war, zunächst grundsätzlich billiger gewesen sein müssen als im Reich, da ja die Verlagerung, wie bereits an anderer Stelle erörtert, im allgemeinen nur an effiziente und erfahrene ausländische Firmen erfolgte. Deren realer Wert, gerechnet in Reichsmark, war demnach anfangs höher als der nominale. Der ehemalige Chef des Wehrwirtschafts- und Rüstungsamtes, der für die Verlagerung zuständig war, spricht jedenfalls auch davon, dass im allgemeinen die Preise für Rüstungsgüter unter denen im Reich gehalten werden konnten. Vgl. *Thomas*, Geschichte der deutschen Wehr- und Rüstungswirtschaft 140.

[77] In diesen Ländern lagen die Preise für Kriegsgerät massiv über den deutschen. Vgl. z. B. BArch R 3/3200, Auszug aus dem Prüfungsbericht über die Firmen: Waggon-, Maschinen- und Brückenbau AG, Slov. Brod., Staatliches Arsenal Sarajevo und Kroatische Berg- und Hüttenwerke AG, Zenica-Sarajevo.

Das bedeutet, dass die Preisentwicklung von Rüstungsgütern sich im Zeitablauf zunehmend unterproportional zum allgemeinen Preisindex im betreffenden Land bewegt haben dürfte[78]. Und in der Tat lassen sich für Unternehmen aus verschiedenen besetzten Gebieten, für die Preisprüfungs- oder Wirtschaftsprüfungsakten überliefert sind, Lerneffekte nachweisen, die sich bei bestimmten Produkten in ähnlichen Größenordnungen bewegten wie im Reich[79]. Dementsprechend wurde zur Deflationierung der einzig bekannte Preisindex für die Rüstungsproduktion verwendet, nämlich ein Preisindex, den Karl Hettlage, Leiter des Generalreferats Wirtschaft und Finanzen im Rüstungsministerium, das zuständig für die Preisprüfung war, im Sommer 1945 für den *United States Strategic Bombing Survey* erstellt hat.

Es ist klar, dass die hier vorgeschlagene Methode zur Berechnung der realen Verlagerungsproduktion nur eine grobe Approximation der Wirklichkeit darstellen kann. Angesichts des bruchstückhaft überlieferten Quellenmaterials hinsichtlich des relativen Preisniveaus der Rüstungsgüterproduktion in verschiedenen ausländischen Territorien erscheint aber eine bessere Annäherung an die Realität ausgeschlossen. Der auf diese Weise berechneten realen ausländischen Rüstungsproduktion wird einmal der gesamte reale Industrieabsatz an die Wehrmacht und zum anderen der reale Absatz von Kriegsgerät im engeren Sinn (entsprechend der Klassifikation des vom Rüstungsministerium erstellten Rüstungsindex) gegenübergestellt. Zudem wird der Anteil der Wehrmachtsverlagerungsaufträge an den Einfuhren des Reichs ermittelt, um die Frage zu beantworten, wer Hauptprofiteur des eingangs beschriebenen Importbooms während des Krieges war.

Der gesamte Industrieabsatz an die Wehrmacht ist als die Summe des deutschen Fertigwarenabsatzes der Industrie an die Wehrmacht und der Hälfte der Wehrmachtsverlagerungsproduktion in Kaufkraftkursen berechnet. Damit soll dem

[78] Im Fall der deutschen Rüstungsindustrie im Zweiten Weltkrieg, vgl. z. B. *Lutz Budraß*, *Jonas Scherner*, *Jochen Streb*, Fixed-price Contracts, Learning and Outsourcing: Explaining the Continuous Growth of Output and Labour Productivity in the German Aircraft Industry during World War II, in: Economic History Review 63,1 (2010) 107–136; *Jonas Scherner*, *Jochen Streb*, Wissenstransfer, Lerneffekte oder Kapazitätsausbau? Die Ursachen des Wachstums der Arbeitsproduktivität in den Werken der Deutschen Sprengchemie GmbH, 1937–1943, in: Zeitschrift für Unternehmensgeschichte 53 (2008) 100–122.

[79] Vgl. z. B. BArch R 8135/5470, Kostenprüfung der Deutschen Revisions- und Treuhand AG bei der SECM und der SNCA-SO, 1944. Für weitere Beispiele, siehe BArch R 8135/5587, Prüfungsbericht der Deutschen Revisions- und Treuhand AG über den Jahresabschluß 1941 der Societe des Moteurs Salmson; Prüfungsbericht der Deutschen Revisions- und Treuhand AG über den Jahresabschluß 1942 der Societe des Moteurs Salmson; BArch R 8135/7390, Prüfungsbericht der Deutschen Revisions- und Treuhand AG über den Jahresabschluß des Rumpfgeschäftsjahrs vom 1. 1. bis 31. 3. 1941 der Flugzeugwerke Mielec; Prüfungsbericht der Deutschen Revisions- und Treuhand AG über den Jahresabschluß 1942/43 der Flugzeugwerke Mielec; BArch R 8135/7942, Prüfungsbericht der Deutschen Revisions- und Treuhand AG über den Jahresabschluß 1941 der AG vorm. Skodawerke in Pilsen; BArch R 3/3200, Aktennotiz, Betr.: Preisprüfung bei der Firma Nordböhmische Elektrizitätszähler Tschakowitz bei Prag, 4. 9. 1944; Aktennotiz, Betr.: Preisprüfung bei der Fa. Bartos & Co, Hedwigsthal b. Tschaslau am 31. 8. und 31. 9. 1944.

Umstand Rechnung getragen werden, dass die andere Hälfte der Wehrmachtsverlagerungsproduktion Vorleistungen umfasste, die an deutsche Produzenten gingen[80]. Diese Vorgehensweise dient dem Ausschluss von Doppelzählungen.

Aus der Berechnung der realen kaufkraftbereinigten ausländischen Rüstungsproduktion folgt, wie in Tabelle 6 gezeigt, dass diese relativ stärker wuchs, bevor die Blitzkriegsphase beendet war, ein Befund, der sich schon aus den „rohen" nominalen Werten, die auf den offiziellen Wechselkursen beruhen, ergeben hatte. Es zeigt sich weiterhin, dass bereits vor Speers Amtsantritt die besetzten Gebiete einen bedeutenden Anteil an der deutschen Rüstungsproduktion innehatten. Die vom Rüstungsministerium seit 1943 angestrebte Ausweitung der Verlagerung bewirkte im ersten Halbjahr des darauf folgenden Jahres, also bevor sich das für Deutschland produzierende ausländische Gebiet aufgrund des Vorrückens der Alliierten stark verkleinerte, zwar real einen Anstieg gegenüber der durchschnittlichen halbjährlichen Produktion des Vorjahres. Allerdings ist dieser Zuwachs hauptsächlich auf die Einbeziehung Italiens in die deutsche Rüstungsproduktion zurückzuführen. Da aber die gesamte Rüstungsherstellung für die Wehrmacht in Deutschland fast in gleichem Umfang wie die Verlagerungsproduktion wuchs, stieg der relative Beitrag des Auslandes im ersten Halbjahr 1944 gegenüber dem Vorjahr nur unwesentlich an.

Es ist weiterhin festzustellen, dass sich die Relation der eigentlichen Kriegsgeräteproduktion und der industriellen Produktion für die Wehrmacht im Reich und im Ausland offensichtlich nicht stark unterschied; die Anteile der ausländischen Produktion an der jeweiligen Kategorie waren während der gesamten Dauer des Krieges ähnlich. Und schließlich kann man sehen, dass der Anteil der industriellen Wehrmachtsverlagerungsproduktion an der deutschen Einfuhr im Kriegsverlauf massiv anstieg. Berücksichtigt man zudem, dass ja wohl auch ein beträchtlicher Teil des Nahrungsmittel-, Rohstoff- und Halbwarenimports des Reichs mittel- oder unmittelbar für die Wehrmacht bestimmt war, so zeigt sich, dass die Ausbeutung der besetzten Gebiete nur in geringem Umfang den deutschen Konsumenten zugute gekommen sein konnte.

Eine Analyse der realen Werte der Rüstungsproduktion der einzelnen Länder zeigt, dass mit Ausnahme Italiens die westeuropäische Produktion ab 1942/43 stagnierte, während sie in den beiden osteuropäischen Staaten und im Reich weiter anstieg. Dafür gab es mehrere Gründe[81]: Erstens traf die 1942 einsetzende, im weiteren Verlauf sich verschärfende Zwangsrekrutierung von Arbeitskräften in

[80] Es wurde also die Obergrenze der anteiligen Vorleistungsfertigung an der Verlagerungsproduktion unterstellt. Nimmt man die Untergrenze an, so sind die in Tabelle 6, Spalte II, berechneten Werte geringfügig höher. Nicht berücksichtigt bei dieser Berechnung wurde der deutsche Export von Vorerzeugnissen in diese Länder, da dieser nach den verfügbaren Informationen nicht sonderlich ins Gewicht fiel.

[81] Vgl. BArch R 3/1404a, Die Auftragsverlagerung im Lenkungsbereich Maschinenbau seit Juni 1940, 4. Bericht, S. 3.

Tabelle 6: Europas Beitrag zur Befriedigung der industriellen Wehrmachtsnachfrage 1940 bis 1944

	(I) Wehrmachtverlagerungsproduktion des Auslands (in Preisen von 1943; Mio. RM)[1]	(II) Wehrmachtverlagerungsproduktion des Auslands[2] in Prozent des gesamten industriellen Absatzes an die Wehrmacht[3]	(III) Anteil der ausländischen Kriegsgeräteproduktion[4] am Rüstungsindex	(IV) Wehrmachtverlagerungsproduktion[6] in Prozent der tatsächlichen Importe
1940	> 908	> 5	> 5,2	> 9
1941	5042	21	28	33
1942	5997	25	24	37
1943	6705	21	17	39
1944	8264	(23)[5]	17 (19)[5]	53

1) Kaufkraftkurswerte aus Tabelle 5 deflationiert mit dem Hettlage-Preisindex.
2) Kaufkraftkurswerte aus Tabelle 5.
3) Der gesamte industrielle Absatz an die Wehrmacht ist definiert als der direkte deutsche Absatz an die Wehrmacht zuzüglich 50% der ausländischen Rüstungsproduktion.
4) Nur der Anteil an der ausländischen Rüstungsproduktion gemäß Tabelle 5, die der Güterklassifikation des deutschen Rüstungsindex entspricht. Vgl. dazu und zu den Prozentsätzen Abschnitt 3. Diese Werte wurden mit dem Hettlage-Preisindex deflationiert.
5) Der eingeklammerte Wert für das Jahr 1944 in Spalte (III) stellt den Anteil im ersten Halbjahr 1944 dar.
6) Vgl. Tab. 3 letzte Spalte.

Eigene Berechnung. Zur Methode, vgl. Text. Quellen: Für den direkten Absatz der deutschen Industrie an die Wehrmacht, vgl. National Archives at College Park (im Folgenden NARA) RG 243 (Records of the United States Strategic Bombing Survey), European Survey, Box No 12, 134a, Special Paper No 8, Industrial Sales, Output, and Productivity. Prewar Area of Germany, 1939–44, March 15, 1946, S. 15; für den Hettlage-Preisindex, vgl. NARA RG 243, United States Strategic Bombing Survey, Overall Economic Effects Division, Special Paper No 1, The Gross National Product of Germany 1936–1944, S. 5–9; für den Wert der im Rüstungsindex erfassten Güter, ausgedrückt in Preisen von 1943, vgl. Jonas Scherner, Jochen Streb, Armament Production in the Third Reich (unveröffentlichtes Manuskript, 2008) sowie Rolf Wagenführ, Die deutsche Industrie im Kriege 1939–1945 (Berlin 1954) S. 73, 114; für die Importe vgl. Scherner, Der deutsche Importboom; für die Rüstungsproduktion des Auslands (in laufenden Preisen), vgl. Tabelle 3 und Tabelle 5 (Kaufkraftwerte).

besonders starkem Maß die Industrie der westeuropäischen Länder[82]. Im Generalgouvernement und im Protektorat standen die Rüstungsproduzenten hingegen unter der Kontrolle deutscher Firmen bzw. des Reichs[83], so dass sie vor einer Zwangsrekrutierung ihrer Arbeitskräfte geschützt waren. Seit 1942 stieg die Zahl der Beschäftigten in der Rüstungsindustrie im Protektorat sogar schneller als im Reich[84]. Möglicherweise spielten die faktischen Eigentumsverhältnisse auch insofern eine Rolle, als sich in diesen Gebieten die Rüstungskapazitäten durch deutsche Investitionen, die direkt oder indirekt vom Staat finanziert wurden, deutlich ausweiteten[85], während von entsprechenden Vorgängen in den westlichen besetz-

[82] Vgl. z. B. BA-MA RW 25/8, Lagebericht der Rüstungsinspektion Belgien, 1. 10. 1942, Bl. 95; *Umbreit*, Der Militärbefehlshaber in Frankreich 270; *Ránki*, The Economics of the Second World War 334.
[83] Vgl. etwa *Hopmann*, Von der MONTAN zur Industrieverwaltungsgesellschaft 287f.
[84] Vgl. BA-MA RW 46/492, Bl. 118f.
[85] Vgl. z. B. *Overy*, War and Economy 339 Tab. 10.1.

ten Gebieten nichts Nennenswertes bekannt ist. Auch werden immer wieder der sich verschärfende Rohstoff- und Energiemangel, Transportschwierigkeiten und die sich im Zuge der militärischen Rückschläge Deutschlands verstärkenden Sabotageakte als eine Barriere für eine weitere Ausweitung der Produktion in den westlichen Gebieten angeführt[86]. Außerdem tätigten die deutschen Behörden seit 1942 in hohem Umfang Käufe auf den französischen, belgischen und niederländischen Schwarzmärkten. Das führte – wie immer wieder in den Quellen hervorgehoben wird – zu einem nachlassenden Interesse der Unternehmen an der regulären und damit preisüberwachten Auftragsverlagerung, zumindest bis Frühjahr 1943, als die „offiziellen", also durch Behörden getätigten Schwarzmarktkäufe u. a. wegen dieser Anreizproblematik prinzipiell eingestellt wurden[87].

Schließlich kam hinzu, dass sowohl das Generalgouvernement als auch das Protektorat im Vergleich zu den westlichen besetzten Ländern als verhältnismäßig luftsicher galten und auch deshalb seitens deutscher Stellen eine verstärkte Produktion dort angestrebt wurde[88]. Im Fall von Belgien wurde die Verlagerung der Rüstungsproduktion noch dazu dadurch erschwert, dass es seit 1942 zu zunehmendem Widerstand der belgischen Behörden gegen die Rüstungsproduktion zugunsten des Besatzers kam, verstieß diese doch nicht nur gegen das Völkerrecht, sondern war durch das belgische Strafgesetzbuch ebenfalls verboten[89]. Die deutschen Besatzer hatten aber kein Interesse, sich zu offensichtlich über diese Widerstände hinwegzusetzen. Denn Rüstungsgüter, soweit sie im Clearingverkehr finanziert wurden, sollten nach ausdrücklicher Anweisung deutscher Behörden bei den entsprechenden Devisenanträgen getarnt sein, so dass den belgischen Clearingstellen der wahre Charakter der in Belgien für das Reich produzierten Güter und insbesondere der Umfang dieser Produktion möglichst verborgen blieb. Trotzdem kann aus dieser Entwicklung keineswegs geschlossen werden, dass die Bedeutung der westlichen Länder für die deutsche Kriegswirtschaft generell zurück ging. Zwar war seit 1942 der Anteil der Rüstungsproduktion an den Aus-

[86] Vgl. z. B. *Umbreit*, Militärbefehlshaber in Frankreich 270; BArch R 3/1404 a, Die Auftragsverlagerung im Lenkungsbereich Maschinenbau seit Juni 1940, 4. Bericht, S. 3; BArch R 3101/32287, Sechster Tätigkeits- und Abschlussbericht der deutschen Waffenstillstands-Delegation für Wirtschaft und des Delegierten der Reichsregierung für Wirtschafts- und Finanzfragen bei der französischen Regierung für die Zeit vom 1. Juli 1943 bis 17. August 1944, Salzburg, 15. Dezember 1944, Bl. 7.

[87] Vgl. z. B. BA-MA RW 35/824, Abschlussbericht der ZAST Belgien/Nordfrankreich, S. 55. Allerdings fanden auch noch danach „offizielle" Schwarzmarktkäufe statt, wenn auch der Umfang zurückgegangen zu sein scheint. Für ein Beispiel, vgl. BArch R 2 Anh./79, Aktenvermerk, Der Reichsminister für Finanzen, 30. 9. 1943, Bereitstellung von ffrs aus Besatzungskostenmitteln für Ankäufe der Firma Pimetex, Bl. 83.

[88] BArch R 3/1626a, Eidesstattliches Gutachten von Kurt Hunscha als Beweismaterial für den Militärgerichtshof IV in Nürnberg, 17. 7. 1948, Bl. 2.

[89] BA-MA RW 25/13, Zusammenfassende Darstellung der wehrwirtschaftlichen Ereignisse für das 4. Quartal 1943, Bl. 67; BArch R 8 IX/19, ZAST in Belgien und Nordfrankreich, Januar 1944.

fuhren dieser Länder in das Reich rückläufig, aber es ist weiterhin zu realen Exportzuwächsen gekommen[90].

Insgesamt bleibt festzuhalten, dass das Protektorat für die deutsche Rüstungsproduktion das wichtigste Land war und 1943/44 tatsächlich in etwa den Anteil erreichte, den die deutschen Behörden bereits vor seiner Schaffung prognostiziert hatten[91]. Zwar war die Rüstungsproduktion für die Wehrmacht zu Beginn des Kriegs noch gar nicht so hoch. Das lag aber daran, dass man das dortige Rüstungspotential zunächst zur Beschaffung von Devisen ausnutzte und noch Aufträge für spätere Feindstaaten, wie die Sowjetunion und Jugoslawien, ausgeführt wurden[92].

Den beträchtlichen deutschen Rüstungsimporten standen nur relativ geringe deutsche Ausfuhren von Kriegsgerät gegenüber, die seit 1941 überwiegend auf die verbündeten Staaten Rumänien, Italien und Bulgarien entfielen[93]. Für eine Gegenüberstellung der deutschen Rüstungsexporte und der realen, in RM ausgedrückten Rüstungsimporte muss allerdings berücksichtigt werden, dass Deutschland für seine Kriegsgeräteausfuhren überhöhte Preise verlangte[94]. Im Jahr 1943, für das exakte Angaben überliefert sind, machte die Verteuerung in etwa 100% des Inlandspreises aus[95]. Sie ist darauf zurückzuführen, dass die Reichsmark gegenüber den Währungen dieser Länder zunehmend unterbewertet war, man sich aus politischen Gründen aber auf deutscher Seite scheute, Druck zur Anpassung der Paritäten auszuüben[96]. Deshalb ging man von deutscher Seite seit Mitte des Krieges eben dazu über, die Preise deutscher Ausfuhrwaren den gestiegenen Preisen für Einfuhren aus diesen Ländern anzupassen[97]. Im Fall Rumäniens war bereits im so genannten Ölpakt festgelegt worden, dass die Preise deutscher Rüstungsexporte in gleichem Maß steigen sollten wie der Preis rumänischer Erdölexporte nach Deutschland, der sich zwischen 1940 und 1943 insgesamt um 157% erhöhte[98].

Wenn auch in anderen Jahren die deutschen Kriegsgeräteexporte in einem ähnlichen Ausmaß überteuert waren, wie für 1943 nachgewiesen, so ergibt sich, dass

[90] *Scherner*, Der deutsche Importboom.

[91] Für die Prognose vgl. BA-MA, RW 22/21, Geschichte der Rüstungsinspektionen, Bl. 5.

[92] Vgl. z. B. BA-MA RW 46/2; BArch R 8135/7942, Prüfungsbericht der Deutschen Revisions- und Treuhand AG über den Jahresabschluß 1941 der AG vorm. Skodawerke in Pilsen.

[93] BArch R 901/68585, Kriegsgerätabschlüsse in den Jahren 1939 bis 1943 nach Ländern und Ländergruppen, Bl. 128–131.

[94] Für die entsprechenden Vorschriften, vgl. BArch R 3/545.

[95] BArch R 3/1959, Kriegsgeräteausfuhr 1943, Bl. 54–56.

[96] Vgl. z. B. BArch NS 6/671, Der Reichskommissar für die Preisbildung an die Partei-Kanzlei, 27. 4. 1942, Bl. 3; *Andreas Hillgruber*, Hitler, König Carol und Marschall Antonescu. Die deutsch-rumänischen Beziehungen 1938–1944 (Wiesbaden 1965) 205.

[97] BArch R 3/1626a, Eidesstattliches Gutachten von Kurt Hunscha als Beweismaterial für den Militärgerichtshof IV in Nürnberg, 17. 7. 1948, Bl. 30.

[98] BArch R 3101/32275, Gesandter Carl Clodius an General Debre, Königlich Rumänischer Rüstungs- und Wirtschaftsminister, 11. 8. 1944, Bl. 12; BArch R 3102/3551, Forschungsstelle für Wehrwirtschaft, Belastung der deutschen Währung durch überhöhte Auslandspreise und Clearingschulden, 3. 11. 1942, Bl. 6f.

der Kriegsgeräteexport Deutschlands zwischen 1940 und 1943, in inländischen Preisen betrachtet, sich auf etwa 1,7 Mrd. RM und real, in Preisen von 1943, auf ca. 1,8 Mrd. RM belief[99]. Dieser Betrag ist aber nicht gleichzusetzen mit der realen deutschen *Rüstungsfertigung* für das Ausland. Nur etwa 50% der Exporte erfolgte aus direkten Lieferungen deutscher Rüstungsfirmen, ca. 25% aus Wehrmachts-, der Rest aber aus Beutebeständen.

5. Ergebnisse

Es scheint, dass der wirtschaftliche Beitrag Europas für die unmittelbare Kriegsführung Deutschlands im Zweiten Weltkrieg mindestens dem militärischen entsprach. Denn erstens rüsteten sich die verbündeten Truppen offensichtlich in großem Maß selbst aus, da die deutschen Rüstungsexporte relativ unbedeutend blieben. Zweitens produzierten in der Mitte des Krieges die besetzten Gebiete mindestens ein Viertel der gesamten, für die Wehrmacht bestimmten Waffen und Ausrüstungsgegenstände. Auch in diesem Bereich profitierte Speer von der Basis, die in den Jahren zuvor geschaffen worden war. Offensichtlich hat das so oft geschmähte, angeblich „ineffizient" agierende Wehrwirtschafts- und Rüstungsamt die Grundlagen dafür gelegt, dass Deutschland die Niederlage so lange hinauszögern konnte. Von Kriegsbeginn an spannte Deutschland Unternehmen in den besetzten Gebieten systematisch und nach Effizienzgesichtspunkten für die Rüstungsproduktion ein – ein klarer Beleg gegen die Blitzkriegshypothese. Gegen diese spricht ebenfalls, dass von einer neuen Dimension der realisierten Ausbeutung nach 1942, also nachdem das Rüstungsministerium für die besetzten Gebiete zuständig geworden war, nicht die Rede sein kann. Auch der von Speer Ende 1943 eingeleitete Versuch, die militärische Auftragsverlagerung in die besetzten Westgebieten zu forcieren, führte zu keiner bemerkenswerten realen Steigerung, wahrscheinlich besonders weil es unterlassen worden war, in den westlichen Besatzungsgebieten hinreichend in die entsprechenden Unternehmen zu investieren. Angesichts des Umstandes massiver Rüstungsinvestitionen im Reich und in Anbetracht der Tatsache, dass die deutschen Kapazitäten im allgemeinen nicht voll ausgelastet waren, entbehrt jedoch der Verzicht auf Investitionen in diesen Ländern, die im Unterschied zum Protektorat und zum Generalgouvernement nicht faktisch zum Reich gehörten und wesentlich luftgefährdeter waren, nicht einer gewissen Logik.

Ob man die vom Reich verfolgte Ausbeutungskonzeption als „optimal" bezeichnen kann, bleibt allerdings deshalb fragwürdig, weil es in den einzelnen Ländern offensichtlich zu keiner Ausbeutungspolitik „aus einem Guss" kam, was sich z.B an der bekannten Kontroverse zwischen Sauckel und Speer über die Zwangs-

[99] Für den Export (einschließlich Wehrmachtsabgaben, allerdings ohne direkte Frontabgaben) vgl. BArch R 901/68585, Geschäftsberichte der Ausfuhrgemeinschaft für Kriegsgerät, 1940/41, 1941/42, 1942/43, 1943/44, Bl. 75–126.

rekrutierung von Arbeitskräften zeigt. Kontraproduktiv waren auch die durch die Ausbeutungspolitik letztendlich verursachten Inflationstendenzen in manchen Ländern[100]. Sie führten nicht nur dazu, dass Deutschland mehr für seine Importe zahlen musste, sondern verursachten wohl auch – jedenfalls bei beschleunigter Inflation – reale Produktivitätseinbußen. Denn rasche Geldentwertung verringerte die Leistungsanreize in den besetzten Ländern[101]. Kontraproduktiv für eine Erhöhung der militärischen Auftragsverlagerung waren auch die „offiziellen" Schwarzmarktkäufe in den besetzten Westgebieten, da sie es für viele Unternehmen lukrativer machten, Güter für den Schwarzmarkt anstelle für den preisüberwachten Wehrmachtssektor zu produzieren.

Summary

This paper examines how industrial orders placed by the Wehrmacht throughout Europe contributed to the German war effort. For the first time the focus is not only on the administrative way these orders were placed, but also their quantitative volume in the respective countries, especially relative to the total German war effort. It can be shown that Europe's contribution to the munitions the Wehrmacht needed was significant, approximately matching the share foreign troops had on the Eastern front. At least one quarter of the weapons and equipment used by the Germans was produced abroad. Moreover, it can be demonstrated that Albert Speer, appointed armaments minister at the beginning of 1942, also benefitted from previous achievements in this respect: from the start of World War II onwards, Nazi Germany systematically expanded the proportion of occupied Europe's industrial base that was used for German industrial orders. This research outcome provides further evidence against the Blitzkrieg-Hypothesis.

[100] BArch R 2501/15098, Deutsche Reichsbank, Volkswirtschaftliche Abteilung, Stellungnahme zu den Vorschlägen des Auswärtigen Amtes zum Clearingproblem, 15.3.1943, Bl. 22f. Die Ursachen der Inflation, etwa die von Deutschland erzwungene Vergabe großer Clearingkredite, war den deutschen Stellen durchaus bewusst. Vgl. z.B. PA AA R 106483, Protokoll über die erste ordentliche Sitzung des Verwaltungsrats der DVK im Jahr 1943, 7.1.1943.

[101] Darüber waren sich die deutschen Stellen durchaus im Klaren. BArch R 2/13502, Bericht über die Sitzung des Verwaltungsrats der Reichskreditkassen am 5. Oktober 1942, Bl. 89.

Kim Oosterlinck

Sovereign Debts and War Finance in Belgium, France and the Netherlands

Introduction

The First World War led to the development and emergence of various theories on optimal war finance. Whereas these theories were aimed at financing the war while fighting, many European governments were soon confronted with another issue during World War II: how to optimally finance their own occupation. None of these governments had forecasted the Nazi armies' rapid victories and were left unprepared to tackle this issue.

This paper tracks how the Belgian, Dutch and French governments approached the task of covering occupation costs. Several reasons explain this choice. First, these countries had many elements in common before the outbreak of the war. Established democracies; they were industrialized, had a well-functioning stock exchange and represented interesting economic targets for the Germans. However, the rulers set into place by the occupying forces differed largely across these countries. Indeed, the rulers of the occupied country were of very different statuses: official government in France, government of the "Secrétaires généraux" in Belgium and the Nazi-led Seyss-Inquart government in the Netherlands. Despite these differences, all the governments would eventually come to rely on sovereign debts to cover the occupation costs imposed by the Germans.

After reviewing the theoretical positions held by the different actors, the paper describes the policies that were introduced in the three countries. The paper further investigates the role played by sovereign debts in war finance for occupied countries. Section II presents a critical review of the use of sovereign bond prices in order to assess the beliefs of bondholders during the war. Section III presents some conclusions.

I. Pre-War and war finance

Continuity and issues at stake

Before the outbreak of the war Belgium, France and the Netherlands had taken various preventive measures aimed at securing the best possible outcome for their country if the war were to start[1]. For example, in September 1939, the French government passed a series of laws related to war finance. A convention allowing larger advances from the *Banque de France* was adopted, as well as measures guaranteeing a strict control of foreign exchange and the suspension of gold exports. The main idea behind these measures was to ensure that France would keep all financial means (capital, foreign currencies, gold) at home to wage the war. The stock exchange remained untouched, however, and no moratorium on bank withdrawals was imposed[2]. In February 1940, the amount the Banque de France was authorized to advance was once again increased. In Belgium, capital exports were not viewed as a major problem up until the German invasion. For security reasons, however, the National Bank of Belgium's gold had been shipped to friendly countries. The invasion of May 10, 1940 would lead the Belgian government to pass a series of monetary laws imposing the suspension of bills' convertibility, the suspension of any limit on advances from the National Bank of Belgium, and the control of foreign exchange[3].

As a matter of fact, for the three countries under consideration, none of the Finance Ministers in charge in 1939 would take on the full burden of financing the occupation. Following a plan devised before the war, Oscar Plisnier, the administrative head of the finance ministry, remained to guarantee a Belgian presence under the occupation. The Belgian Finance Minister, Camille Gutt[4], would, on the other hand, continue to hold his position in the framework of the Belgian government in exile. Thus, in the Belgian case a form of continuity existed before and during the war. However, Camille Gutt criticized some of the decisions taken by Oscar Plisnier as early on as July 1941, considering that his actions were exhibiting an increasingly pro-German stance[5].

At first, the Dutch situation seemed to closely resemble the Belgian one. As in Belgium, the government had fled to the United Kingdom and the German forces were left to deal with the permanent secretaries of the ministries. In terms of finance, this position was held by Leonardus Trip[6], who at the time was also President of the Dutch National Bank. In terms of public finance, he considered a budget in equilibrium and gold standard adherence as two pillars of monetary policy. These views would prove incompatible with the German exploitation of

[1] See for instance: *René Sédillot*, Histoire du franc (Paris 1979), *Valery Janssens*, Le franc belge. Un siècle et demi d'histoire monétaire (Bruxelles 1975), *Folkert De Roos*, *Wiert Jan Wieringa*, Een halve eeuw rente in Nederland (Schiedam 1953) and *Hein A. M. Klemann*, Nederland 1938–1948. Economie en samenleving in jaren van oorlog en bezetting (Amsterdam 2002).

[2] *Michel Mitzakis,* Principaux aspects de l'évolution financière de la France 1936–1944 (Paris 1945).

[3] *Valery Janssens*, Le franc belge. Un siècle et demi d'histoire monétaire (Bruxelles 1975) 277.

[4] On Camille Gutt see *Jean-François Crombois*, Camille Gutt: les finances et la guerre (1940–1945) (Gerpinnes 1999).

[5] Ibid.

[6] On Leonardus Trip see *Hein A. M. Klemann*, Nederland 1938–1948. Economie en samenleving in jaren van oorlog en bezetting (Amsterdam 2002).

the Dutch economy. When the occupying forces decided in early 1941 to remove all exchange controls between the Mark and the guilder, he resigned[7]. He was replaced by Meinoud Rost van Tonningen, a major figure from the Dutch National-Socialist party.

In France, Lucien Lamoureux would remain Finance Minister up until June 5th 1940. Yves Bouthillier would replace him at the very end of the Third Republic and remain in charge of finance during the first years of the Vichy regime. In April 1942, Pierre Cathala, a close follower of Pierre Laval, would take over his position as head of the French finance ministry.

Thus, apart from Belgium, the persons in charge of finance during most of the war had not been at the core of the financial decisions made before the war. Changes in Finance Ministers occurred as early as 1941 in The Netherlands and 1942 in France. Furthermore, these actors were facing a relatively new problem: whereas in most previous wars the Finance Ministers were concerned about raising money to wage the war, their objective during World War II was to find the funds required to maintain a more or less equilibrated budget and to cover the demands made by the Germans. The next section shortly describes these demands, whereas the following one shows to what extent previous war examples were referred to in order to set monetary policies, and this despite major differences between WW1 and WW2.

Occupation costs

The rapid conquest of Belgium, Denmark, France, Norway, Poland and the Netherlands left the Germans with potentially huge resources capable of helping their war effort. This also raised the question of optimal occupation policies in terms of economic exploitation. Several approaches could be devised: looting, convincing or forcing the local population to work for the German war effort (directly or indirectly) or transferring either the industrial apparatus and/or the workers to Germany. Even today, economists disagree on the efficiency of these approaches[8].

Obviously, looting played an important role in the exploitation of the occupied countries at first. However, the heaviest period of looting coincided with the invasion of the countries or with the seizure of Jewish assets. Unable to reach a consensus on the best way to plunder the occupied countries, the Germans ended up using most of the existing approaches. Three tools (overvaluation of the mark, the introduction of a clearing agreement and occupation costs) allowed the Germans

[7] *Jaap Barendregt*, The Dutch money purge. The monetary consequences of German occupation and their redress after Liberation, 1940–1952 (Amsterdam 1993) 23.

[8] *Peter Liberman*, Does conquest pay? The exploitation of occupied industrial societies (Princeton 1998) 3.

to almost freely purchase goods in the occupied territories[9]. All these tools had to be financed by the governments in the occupied countries[10].

The exchange rates imposed by the occupier largely favored the mark. In France, the Reichsmark was declared to be worth 20 francs. Depending on the reference used, this exchange rate represented an overvaluation of at least 40% (with higher estimates at 63%)[11]. In Belgium, the newly imposed exchange rate set one mark equal to 12.5 Belgian francs, which approximately represented a 5% overvaluation compared to pre-war exchange rates. In the Netherlands, the military rulers at first imposed an exchange rate favoring the guilder, which led to almost immediate complaints from their compatriots[12].

The second tool to extract resources from occupied countries was the imposition of a clearing system. Such a system existed in several countries and had already been developed before the war with some Eastern European countries[13]. It would be further introduced in the occupied countries. The clearing agreements provided that exporters from each country would be paid thanks to advances from their own national bank and that the difference between exports and imports would eventually be settled. Compensation from the German authorities would very quickly no longer match the value of the goods exported to sustain the German war effort. In this respect, the clearing mechanism became a tool to plunder[14].

On top of the clearing and mark overvaluation, the Germans imposed occupation costs in all countries. In theory these amounts were charged to cover the costs the German troops incurred occupying the countries. In practice, the required amounts largely exceeded even the most extreme estimations of these costs. In France, Germans required at first a daily payment of 20 million Reichsmark per day. This amount was reduced to 15 million in May 1941 but increased to 25 million once Germany invaded the so-called "Free-zone". In Belgium, the required amount soon reached 1.5 billion francs per month, whereas in the Nether-

[9] Besides these tools, the imposition of the draft would in practice transfer a large part of the workforce to Germany.

[10] Even though looting and the transfer of a large part of the workforce seriously hit these countries, they only altered public finances in an indirect way. For an evaluation of the respective impact of these measures see *Filippo Occhino*, *Kim Oosterlinck*, *Eugene N. White*, How occupied France financed its own exploitation during WW2, in: The American Economic Review 97 (2007) 295–299 and *Filippo Occhino*, *Kim Oosterlinck*, *Eugene N. White*, How much can a victor force the vanquished to pay?, in: Journal of Economic History 68 (2008) 1–45.

[11] See for instance, *Claire Andrieu*, La banque sous l'Occupation. Paradoxes de l'histoire d'une profession 1936–1946 (Paris 1990) 148; *Michel Margairaz*, L'Etat, les finances et l'économie. Histoire d'une conversion 1932–1952 (Paris 1991); *Alan S. Milward*, The New Order and the French Economy (Oxford 1970).

[12] *Hein A. M. Klemann*, Nederland 1938–1948. Economie en samenleving in jaren van oorlog en bezetting (Amsterdam 2002).

[13] *Larry Neal*, The economics and finance of bilateral clearing agreements: Germany, 1934–8, in: Economic History Review 32 (1979) 391–404.

[14] See for example, *Mark van den Wijngaert*, L'économie belge sous l'occupation (Paris 1990).

lands the cumulated amount would exceed 7 billion Reichsmarks at the end of the war.

The relative importance of occupation costs and clearing varied from one country to the other. As shown by Table 1, and without taking into account the impact of the mark overvaluation, France paid a very large part of its charges as occupation costs. By contrast, in Belgium the clearing represented almost 43% of the transfers of financial resources to Germany.

Table 1: Occupation costs versus Clearing

	Occupation costs (through March 1944, Billion marks)	Clearing (through March 1944, Billion marks)	Total
Belgium	5 311 (57.15%)	3 982[15] (42.85%)	9 293
France	27 935 (79.67%)	7 128 (20.33%)	35 063
The Netherlands	7 767 (64.58%)	4 260 (35.42%)	12 027

Source: *Peter Liberman*, Does conquest pay? The exploitation of occupied industrial societies (Princeton 1998) 42.

Whatever the measure, financing the war proved extremely costly for the occupied countries. In the three countries, the budget related to the occupation costs alone would soon exceed the ordinary budget[16].

War finance: the influence of historical examples

In view of the huge amounts needed to cover German demands, the persons in charge of finance had to devise a solution quickly. To equilibrate the budget, three tools could theoretically be used: taxation, bond emission and money printing. In order to find the optimal mix between them, an attempt was made to find a historical point of reference. At the time, the most logical one was the World War I experience.

The question of optimal war finance had already been addressed at the end of the 19th century. More precisely, economists had been trying to figure out which

[15] For the period up to September 1944, Janssens estimates the total amount obtained through clearing at 57 426 billion BEF. *Valery Janssens*, Le franc belge. Un siècle et demi d'histoire monétaire (Bruxelles 1975) 292. This figure is also the one presented by *Herman Van der Wee and Monique Verbreyt*, De Nationale Bank van België 1939–1971. Oorlog en monetaire politiek: de Nationale Bank van België, de Emissiebank te Brussel en de Belgische regering, 1939–1945 (Bruxelles 2005).

[16] See for instance: *Jaap Barendregt*, The Dutch money purge. The monetary consequences of German occupation and their redress after Liberation, 1940–1952 (Amsterdam 1993); *Fernand Baudhuin*, L'économie belge sous l'occupation 1940–1944 (Bruxelles 1945); *Michel Mitzakis*, Principaux aspects de l'évolution financière de la France 1936–1944 (Paris 1945).

proportion of the war effort should be financed by money creation, by bond emission or by taxation. Before and during World War I, a broad consensus had been reached among economists regarding money printing. This was viewed as the most harmful option since it would create inflation and should therefore be minimized. However, no consensus had been reached regarding the other tools and as stated by Kang and Rockoff[17], "the choice between taxes and borrowing was far from obvious". Relying on taxes was often viewed as the best approach for several reasons: borrowing would hide the true costs of the war and would create a form of social injustice. Tugan-Baranovsky as one of the leading Russian economists during WW1 adopted a very pragmatic approach and did not immediately reject the option of money printing. In his eyes, money creation might be a necessity if capital was too limited, as was the case in Russia during WW1[18]. Despite this statement he still considered money printing as one of the most dangerous ways to fund the war. In other words, money printing could be both dangerous and unavoidable. Tugan-Baranovsky further came to favor bonds since no coercion was imbedded in them. According to him taxation would, on the other hand, exact an excessive burden on the economy and should be solely limited to luxury items[19].

History provided decision-makers with facts and figures. Bouthillier, the French Finance Minister from June 5 1940 to April 1942 explicitly mentions the influence of WW1 on his decisions. In one of his notes dated December 1939, he sums up the experience of the First World War when 15% of the war had been financed by taxes, 15% by short term bonds, 50% by long term bonds and the remaining 20% by money creation[20]. Regarding the Netherlands, Trip feared that the occupation would lead to a monetary chaos, as had been the case in occupied Belgium during WW1, when two currencies had circulated in the country during the war[21].

Occupation finance

Even though the First World War would become the main point of reference for decision-makers, they would not be able to make use of as many financial options as their predecessors. Indeed, the international capital market could not be tapped because of the ongoing war. Furthermore, it was impossible to rely on advances

[17] *Sung Won Kang, Hugh Rockhoff*, Capitalizing patriotism: The liberty loans of World War I, in: NBER working paper No. 11919 (2006) 55.

[18] *Vincent Barnett*, Calling up the reserves: Keynes, Tugan-Baranovsky and Russian war finance, in: Europe-Asia Studies 53 (2001) 151–169.

[19] *Vincent Barnett*, Calling up the reserves: Keynes, Tugan-Baranovsky and Russian war finance, in: Europe-Asia Studies 53/1 (2001) 151–169.

[20] *Michel Margairaz*, L'Etat, les finances et l'économie histoire d'une conversion 1932–1952 (Paris 1991).

[21] *Hein A. M. Klemann*, Nederland 1938–1948. Economie en samenleving in jaren van oorlog en bezetting (Amsterdam 2002).

made by Allied countries as had been the case during the First World War[22]. Even if it had been possible, this solution would probably not have been considered because of the protracted negotiations concerning the amounts to be paid which had followed World War I[23].

Despite the difference in regime, and despite country specific issues related to banking and finance (such as, for example, the creation of the *Banque d'émission* in Belgium), successive Finance Ministers would eventually all have to rely on money creation and debt issues. Indeed, the attempts made to cover the occupation costs by taxation would prove insufficient. In the Netherlands, Trip attempted to limit the use of short term loans and advances from the Nederlandsche Bank to cover occupation costs. In view of the huge amounts to be financed, and despite several tax increases, he was nonetheless forced to rely partially on money creation to finance the war[24]. Even though tax revenues eventually increased, they remained minute in comparison to expenditure. Whereas the uncovered deficit increased fivefold from 1940 to 1941, income from taxes merely doubled. In 1943, the situation was even worse: the uncovered deficit stood almost seven times higher than its 1940 level while revenues from taxes were still at their 1941 level[25]. The same holds for Belgium and France: in neither case did the increase in tax revenues come close to matching the burden of the occupation[26].

In France, Yves Bouthillier would describe the monetary operations under the term "politique du circuit". To our knowledge, only the French Finance Minister would provide a "theoretical" foundation for his actions; Belgian and Dutch Finance Ministers, who adopted very similar policies, did not present it as such. Bouthillier's system relied mainly on short term bonds. It aimed at sterilizing the monetary emissions stemming from war finance by issuing short term bonds. In his eyes, as long as money could be brought back to the state either through taxes or through bond issues, then the impact of inflation could be kept at a minimum. In his memoirs[27], Bouthillier described his duty: to save the Franc. His successor, Pierre Cathala, would pursue the same objective even though he claims in his memoirs to have considered letting inflation go loose to repay the Germans with a highly depreciated currency[28]. Sovereign debt also quickly became the crucial tool used to finance the war in Belgium and the Netherlands. As a consequence,

[22] See *Dan P. Silverman*, Reconstructing Europe after the great war (Cambridge 1982).

[23] *Denise Artaud*, La question des dettes interalliées et la reconstruction de l'Europe (1917–1929) (Lille 1978).

[24] *Hein A. M. Klemann*, Nederland 1938–1948. Economie en samenleving in jaren van oorlog en bezetting (Amsterdam 2002).

[25] *Folkert De Roos*, *Wiert Jan Wieringa*, Een halve eeuw rente in Nederland (Schiedam 1953).

[26] *Fernand Baudhuin*, L'économie belge sous l'occupation 1940–1944 (Bruxelles 1945) 324–325; *Michel Mitzakis,* Principaux aspects de l'évolution financière de la France 1936–1944 (Paris 1945).

[27] *Yves Bouthillier*, Le drame de Vichy: Face à l'ennemi, face à l'allié et Finances sous la contrainte (Paris 1951).

[28] *Pierre Cathala*, Face aux réalités. La direction des finances françaises sous l'Occupation (Paris 1948).

and as shown in Table 2, the amount of outstanding sovereign debts experienced a dramatic increase during the war. Despite this increase, the "politique du circuit" would experience leakages which would put an inflationary pressure on the economies of these occupied countries. Had the "circuit" been perfectly tight, then the amounts of outstanding debt would have been even higher.

Table 2 : Evolution of sovereign debts (in billions of local currency), end of year figures[29]

	Belgium		France		The Netherlands	
	Short and medium term	Long term	Short and medium term	Long term	Short term	Long term
1939[30]	4 791	35 188	106.6	290.1	1 078	3 140
1940	19 485	36 070	NA	NA	1 742	3 588
1941	35 472	39 491	320.5	319.8	2 394	4 463
1942	56 535	38 938	241.1	350.1	3 177	5 332
1943	77 423	41 987	518.6	402.1	4 180	6 123
1944[31]	91 969	41 789	655	445	6 739	5 879

Sources: *Folkert De Roos, Wiert Jan Wieringa*, Een halve eeuw rente in Nederland (Schiedam 1953); *Fernand Baudhuin*, L'économie belge sous l'occupation 1940–1944 (Bruxelles 1945); *Michel Mitzakis,* Principaux aspects de l'évolution financière de la France 1936–1944 (Paris 1945).

As shown in Table 2 most of these countries relied on bond issuing to sterilize monetary emissions. Sovereign bonds therefore became a crucial tool to effectively cover the occupation costs imposed by the German occupier. In all cases, the State financed the war mostly with short term bonds. Most of these bonds eventually ended up being held by banks.

Even though there are many similarities between the approaches devised by the three countries, some difference must be highlighted. The role of the stock exchange to float the bonds as well as the regulations concerning these bond issues was by no means identical. Central to events in France and Belgium, the stock market played only a limited role in the Netherlands, especially after 1943. On the other hand, the Netherlands was the only country actually imposing a monetary clean-up during the war, whereas Belgium and France postponed this drastic measure (a measure only effectively carried out in Belgium in 1944 and relegated to an undetermined future by France).

II. Financial theory and bond prices

One may wonder whether bond prices can convey information regarding perceived war outcomes. Since the capacity of a state to repay its debt is intuitively

29 This does not take into account the external debts which declined during the war for all three countries since reimbursements were made but new foreign issues impossible to set up.
30 France, June 1939.
31 For Belgium: June 1944, for France: August 1944.

linked to its military situation, one may assume that bond prices would reflect perceived probabilities of victory. For instance, bond prices have been used to determine the perceived probabilities of victory of the Confederacy during the US civil war[32]. Bond prices have also been extensively used to figure out which events were perceived as major when they occurred[33].

As a historical source bond prices have both advantages and drawbacks. Advantages include that they were collected at the time of the events and not altered afterwards; they were published on a daily basis and thus allow a refined analysis. Furthermore, since money is at stake it is likely that people acted on their beliefs: they put their money were they thought it was worth doing so! Drawbacks of bond prices as a historical source include that even if bond prices provide an approximation of peoples' beliefs, they only reflect the beliefs of people in a position to buy bonds and do not, therefore, provide information about the beliefs of the population at large. Furthermore, the prices may have been altered by elements related to the market microstructure (thin trades or changes in trading practices) or manipulated by one group or the other. It is therefore crucial that results derived from bond prices analysis should be put into historical perspective.

Three approaches have been devised to analyze the evolution of bond prices: an analysis of the bond prices trend, a methodology based on breakpoints (in order to determine which events were at the time perceived as major) and a methodology based on bond prices differentials to determine the perceived probabilities of the default of bonds issued before in contrast to during the war.

This paper will focus on the first and third methodologies. The second methodology has been extensively used to analyze bond prices reactions during wars. For the Second World War, analyses were concentrated on bonds traded in neutral[34] or warring countries[35] but rarely in occupied ones[36].

[32] *Kim Oosterlinck, Marc D. Weidenmier*, Victory or Repudiation? The Probability of the Southern Confederacy Winning the Civil War, in: NBER Working Paper No. W13567 (2007) 29.
[33] See for example: *Kristen Willard, Timothy W. Guinnane, Harvey S. Rosen*, Turning points in the Civil War: Views from the Greenback market, in: The American Economic Review 86 (1996) 1001–1018.
[34] *Bruno Frey, Marcel Kucher*, History as reflected in capital markets: the case of World War II, in: Journal of Economic History 60 (2000) 468–496; *Bruno Frey, Marcel Kucher*, Wars and markets: How bond values reflect the Second World War, in: Economica 68 (2001) 317–333; *Daniel Waldenström, Bruno Frey*, Markets work in war: World War II reflected in Zurich and Stockholm bond markets, in: Financial History Review 11 (2004) 51–67.
[35] *William Brown, Richard Burdekin*, German Debt traded in London During World War II: a British Perspective on Hitler, in: Economica 69 (2002) 655–669.
[36] For a recent survey on the use of bond markets to analyze WW2, see *Bruno Frey, Daniel Waldenström*, Using financial markets to analyze history: the case of the Second World War, in: Historical Social Research 32 (2007) 330–350.

Bond price evolution

In many financial models, sovereign bonds are often considered as the safest (or even riskless) assets. In practice, however, states have been known to renege on their debt and to default. In financial theory, bond prices should be directly influenced by the perceived quality of the issuer and thus by its probability of default. A higher probability of default should lower the perceived credit and as a consequence the bond price. In view of these elements, and since occupied countries should be perceived as extremely risky, one should expect bond prices to experience a large drop once the issuing country is invaded. Furthermore, one would expect bond prices to react to major war news: the war outcome playing an obvious role for each occupied country's capacity to repay its debts.

Thus, in view of the Belgian and French war experiences, one would therefore expect bond prices to experience a severe drop during the occupation and to show large swings reflecting the war events. Graph 1 provides the bond price evolution of two representative Belgian and French bonds[37] respectively traded in Brussels and Paris.

In fact, bond prices in occupied countries during World War II reacted in the opposite way because of the economic specificities of the occupation[38]. This positive trend actually reflects the monetary consequences of the occupation. To finance occupation costs, the state at first relied on money creation. To sterilize the potential inflation stemming from this money creation, the state issued a large quantity of bonds. In order for these issues to be successful, measures had to be devised to make bonds as attractive as possible to investors. The war situation rendered this task easier: rationing prevented potential investors from buying real assets and control on foreign exchanges prohibited investments abroad. Most investors were soon left with no alternative than buying securities if they wanted to invest at all[39]. As a consequence stock markets experienced a general boom in most occupied countries and certainly in Belgium, France and the Netherlands[40]. To redirect funds towards state bonds strict regulations on the stock exchange were put in place. Among the three countries considered here[41] the Netherlands

[37] The French bond is a consol (the 3% rente, issued in the 19th century, this was one of the most liquid bonds on the French market and a reference in financial history in view of its longevity), the Belgian bond considered here is also a consol (the 3.5% rente issued on February 13, 1937).

[38] *Kim Oosterlinck*, Les anticipations des marchés obligataires belges de 1939 à 1944, in: Cahiers d'Histoire du Temps présent 6 (1999) 151–182; *Kim Oosterlinck*, The Bond Market and the Legitimacy of Vichy France, in: Explorations in Economic History 40 (2003) 327–345.

[39] Less traditional investments such as the art market or stamps apparently exhibited a bullish trend too.

[40] Early records from the German occupation forces show that this phenomenon was not limited to Western stock exchanges but was, for example, also evident on the Prague stock exchange. The author thanks Jaromir Balcar for generously sharing copies of these archives.

[41] Many similarities may be found with the German case, see for example *Friedrich-Wilhelm Henning*, Börsenkrisen und Börsengesetzgebung von 1914 bis 1945 in Deutschland, in: Deutsche Börsengeschichte, ed. by *Hans Pohl* (Frankfurt a. M. 1992) 211–292 and *Andrea Erben*, Die Börse im Dritten Reich (unpublished Diplomarbeit, Universität Mannheim 2001).

Graph 1: Belgian and French bond price evolution

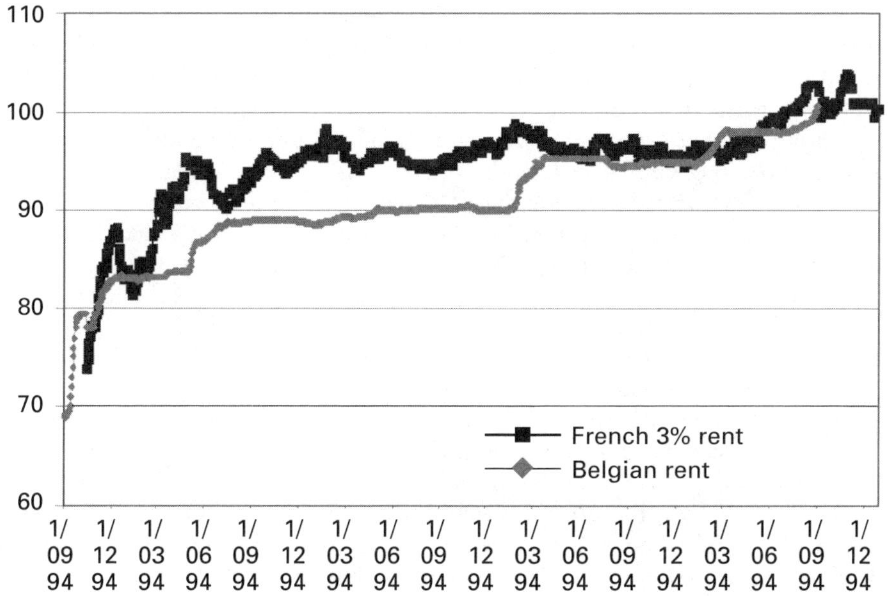

experienced the most severe form of financial repression[42]. Belgian and French stock exchanges also experienced drastic changes in their functioning[43]. Measures to render stock less and less attractive than bonds were numerous. Stocks were not always readmitted immediately on the exchange. Dividends were taxed more and more heavily, sometimes capped or even suppressed. Security price rises were often restricted and looted securities sold to limit price increases. By March 1943, these measures had suppressed the *raison d'être* of the Amsterdam stock exchange which lost all relevance[44].

[42] For a description of the financial repression see *Hein A. M. Klemann*, Nederland 1938–1948. Economie en samenleving in jaren van oorlog en bezetting (Amsterdam 2002) and *Johannes de Vries*, Een eeuw vol effecten, Historische schets van de Vereniging voor de Effectenhandel en de Amsterdamse Effectenbeurs 1876–1976 (Leiden 1976).

[43] For Belgium, see *Frans Buelens* and *Hans Willems*, De Tweede wereldoorlog en de Belgische Beurzen, in: Thuisfront. Oorlog en economie in de twintigste eeuw, ed. by *Nederlands Instituut voor Oorlogsdocumentatie* (Zutphen 2003) 149–162. For France, see *René Guillorit*, La réglementation des bourses de valeurs en France depuis 1940: transition ou parenthèse (Paris 1946) and *Kim Oosterlinck*, French Stock Exchanges and Regulation during World War II, in: Financial History Review 17 (2010) 211–237.

[44] *Johannes de Vries*, Een eeuw vol effecten, Historische schets van de Vereniging voor de Effectenhandel en de Amsterdamse Effectenbeurs 1876–1976 (Leiden 1976).

A premium

In view of the large restrictions, one may wonder whether bond prices may be used to assess market participants' expectations regarding the war. For the Netherlands, and in view of the very limited volume of traded assets, bond markets are probably a weak indicator of agents' expectations. For Belgium and France, however, it is possible to compute the premium required to hold bonds issued during versus before the war. Indeed, both countries issued very similar bonds before and during the war: for Belgium, the 3.5% rente issued on February 13, 1937 and the 3.5% rente issued on April 8, 1943, for France the 3% rente issued during the 19th century and the 60-year term bond, issued on February 25th 1942 with a 3% coupon rate. In financial terms, these bonds are more or less the same but for very minor differences and should therefore be traded at a very close value[45]. The main difference between these bonds is the issuer's nature (French Third Republic versus Vichy France, Belgian pre-war government versus Belgian *Secrétaires généraux* government). Graph 2 exhibits the price difference[46] for the two pairs of bonds.

Graph 2 shows that for both countries a positive premium existed from June 1st 1943 to the end August 1944. However, the changes in this premium differ markedly. In France, the premium exhibits large swings almost from the beginning of the sample. Furthermore, the size of the premium is much higher than in Belgium. Eventually, however, the premium declines in June 1944.

Breakpoint analysis on the Frech series has shown that major changes in the French premium were related to the perceived legitimacy of de Gaulle's government[47]. More precisely, peaks were linked to the Soviet statement recognizing the *Comité National Français* as the only legitimate organization to represent France among the Allies and the creation of the Comité Français de Libération Nationale (CFLN) on September 28th, 1942, and de Gaulle's success in ruling this government instead of Giraud on June 3rd, 1943. In the Belgian case, there is almost no major change occurring before February 1944. This element reinforces the importance of the legitimacy argument suggested for France. Since the legitimacy of the Belgian government was never questioned, the premium should not move because of changes in perception of legitimacy. For the whole sample, the Belgian premium shows an overall upward slope. Up until October 1943 the premium remains fairly small. It shows a slow increase between November 1943 and January 1944. At the end of February a much sharper trend is noticeable.

The comparison of the two premiums brings new insights into how the war outcome was perceived by all participants. It is likely that victory was perceived

[45] *Kim Oosterlinck*, Les anticipations des marchés obligataires belges de 1939 à 1944, in: Cahiers d'Histoire du Temps présent 6 (1999) 151–182 and *Kim Oosterlinck*, The Bond Market and the Legitimacy of Vichy France, Explorations in: Economic History 40 (2003) 327–345.

[46] This premium is computed as the difference between the bonds issued before the war minus the price of the bonds issued during the war.

[47] *Kim Oosterlinck*, The Bond Market and the Legitimacy of Vichy France, in: Explorations in Economic History 40 (2003).

Graph 2: Belgian and French "premiums" (respectively in Belgian and French francs)

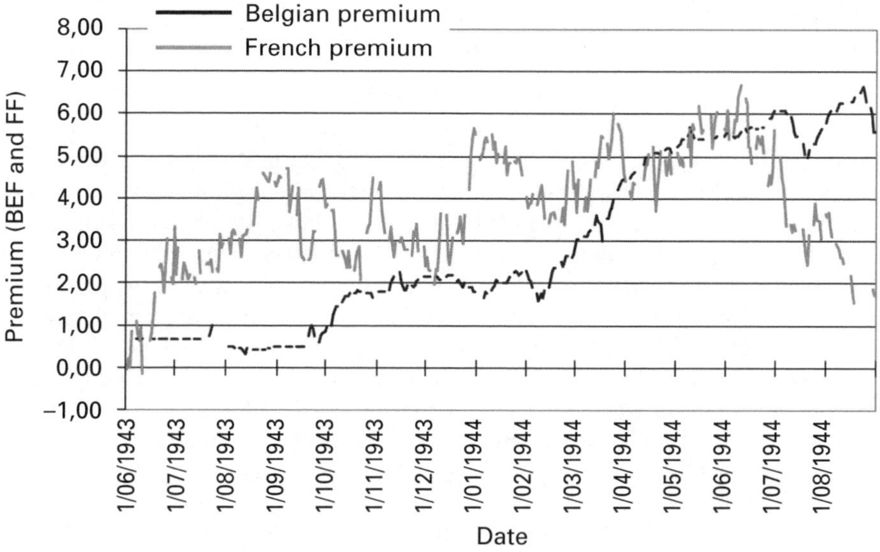

as likely in the beginning of the period in both countries. The analysis further suggests that bondholders did not expect the same treatment in France and Belgium. Four potential outcomes might have been expected by the French public: a German victory, an Allied victory with an Allied occupation force, an Allied victory with a government headed by de Gaulle or an Allied victory leading to a communist take over. The first increases in the premium are most probably linked to the changes in perception regarding the war outcome, that is the increased likelihood of an Allied victory, which would in any scenario be bad for the Vichy bonds. At the end of 1944, the likelihood of having either an Allied occupation force or a communist coup had largely increased. The high value of the French premium was thus probably linked to fears of the imposition of an Allied occupation force (AMGOT) or of the imposition of a communist government. Both cases would have been dramatic for holders of the Vichy bonds. However, once de Gaulle was perceived as having been able to remove these threats, the premium diminishes. In Belgium on the other hand, fear of a different treatment remained limited before February 1944. However, as the war went on the premium experienced a huge increase. This increase is probably linked to fears related to the monetary clean-up plans which had been discussed in London and would materialize at the Liberation under the supervision of Camille Gutt (hence its name of Plan Gutt). In this framework, a premium was required to hold bonds issued by the *secrétaires généraux* but a distinction was also made between bills printed before and during the war. As mentioned by Baudhuin[48], bills bearing the signature of

[48] *Fernand Baudhuin*, L'économie belge sous l'occupation 1940–1944 (Bruxelles 1945) 360.

Louis Franck, the governor of the National Bank of Belgium before the war, could be exchanged with a 10% premium.

III. Conclusion

The question of optimal war finance, i.e. the proportion of the war effort which should be financed thanks to taxation, money creation or bond issues was widely debated in academic circles during the First World War. Even though no clear consensus emerged from these discussions, all commentators grappled with trying to determine how to fund an ongoing war. Rulers in occupied Europe during WW2 were confronted with another question: how to best finance their own occupation. Despite large differences in terms of occupation policies, Belgium, France and the Netherlands all relied heavily on bond issues to finance their ordinary budget as well as the financial consequences of the defeat.

Being occupied, and in view of the traditional risk return theory, issuing bonds should have been both difficult and costly. In practice, however, Belgium, France and the Netherlands managed to float massive amounts of state bonds. Even more striking, they were able to convert older bonds and thus lower the burden of debts issued during the 1930s. This apparent miracle can only be explained by the financial repression put in place in these countries. Alternative investments were made as unattractive as possible; in some instances bond subscription could even be viewed as forced sales.

In view of these extreme measures one may wonder whether bond prices are able to convey information about the agents' expectations regarding the war outcome. Providing that the market remained liquid enough, as was the case in Belgium and France, one may compute the premium required by bondholders to hold a bond issued before the war instead of a bond issued by a collaborationist government. The analysis of this premium's evolution provides insights on several elements: expectations regarding the war outcome, the legitimacy of competing governments or eventually the monetary policies which would be put in place after the war.

Summary

The ability to successfully finance wars has played a crucial role in the outcome of many wars. This paper tracks the approach of the Belgian, Dutch and French governments during the Second World War. In all these countries, sovereign debt played a central role in covering occupation costs. This paper focuses on these financial instruments and shows their impact on war finance and more broadly on stock markets. The paper further highlights how sovereign bond prices may be used to assess how contemporary actors viewed the impact of war events or the war outcome. Notably, it compares the required premium asked to hold Belgian or French bonds issued during the war versus those issued before the war.

III. Wirtschaftslenkung und Unternehmen in den besetzten Gebieten

Marcel Boldorf

Die gelenkte Kriegswirtschaft im besetzten Frankreich (1940–1944)

Vergleichende Untersuchungen haben gezeigt, dass in keinem anderen von Deutschland während des Zweiten Weltkrieges besetzten Land – mit Ausnahme von Dänemark – das Zahlenverhältnis zwischen Besatzern und Besetzten so niedrig war wie in Frankreich[1]. Den notorischen Mangel an Personal bemerkte bereits Werner Best, der Chef der Zivilverwaltung beim Militärbefehlshaber in Frankreich (MBF). In Ländern wie Frankreich hielt er es deshalb für notwendig, dass die Wehrmacht zwar die Kontrolle über das jeweilige besetzte Gebiet ausüben, aber nicht die dortige Verwaltung ersetzen sollte[2]. Allerdings wird damit die Frage nach der Durchsetzbarkeit der deutschen, die Wirtschaftslenkung betreffenden Anweisungen aufgeworfen. Da Zwang und Überwachung nicht allgegenwärtig sein konnten[3], war die Mitwirkung der französischen Verwaltung und der Unternehmen unerlässlich, um die deutschen kriegswirtschaftlichen Ziele zu erreichen. In dem folgenden Beitrag stehen daher die Institutionen und Instrumente im Blickpunkt, die den deutschen Besatzern angesichts dieser Situation dennoch die wirtschaftliche Einflussnahme auf das besetzte Gebiet ermöglichten. Nur am Rande werden hingegen die Strategien der wirtschaftlich Handelnden in Unternehmen und Verwaltungen auf französischer und deutscher Seite betrachtet[4].

Strategischen Erwägungen folgend wurde das französische Staatsgebiet nach dem Waffenstillstand in sechs Territorien unterteilt: die besetzte Zone (zone occupée) im Norden, die bis November 1942 nicht besetzte Zone (zone non occupée) im Süden, die dem Brüsseler Kommando unterstellten Departements Nord und Pas-de-Calais, von denen die so genannte verbotene Zone (zone interdite) unterschieden wurde, Elsass-Lothringen (Alsace-Moselle) sowie ein vorgelagerter Streifen, die so genannte reservierte Zone (zone reservée). Die besetzte Zone umfasste zwei Drittel des französischen Staatsgebietes und einen ebenso hohen Anteil der Einwohner des Landes. Sie erzeugte den größten Teil der Industrie-

[1] *Ulrich Herbert*, Best. Biographische Studien über Radikalismus, Weltanschauung und Vernunft 1903–1989 (Bonn ²1996) 290.
[2] *Werner Best*, Großraumordnung und Großraumverwaltung, in: Zeitschrift für Politik 32 (1942) 406–412.
[3] Vgl. dazu auch Balcar, Kučera in diesem Band.
[4] Zu den Führungskräften in Unternehmen vgl. Joly in diesem Band.

und Agrarprodukte[5]. Paris blieb nicht nur ihr wirtschaftliches Zentrum, sondern auch der Ort der Kollaboration, denn hier fanden die konkreten Verhandlungen zwischen dem Wirtschaftsstab des MBF und den verbliebenen Mitarbeitern des französischen Industrie- sowie des Finanzministeriums statt[6]. Bezüglich der Wirtschaftslenkung in Frankreich waren nämlich sowohl die diplomatischen Verhandlungen in Wiesbaden als auch die Einflussnahme der Vichy-Regierung von untergeordneter Bedeutung. Im September 1941 existierten 38 Feld- und 142 Kreiskommandanturen, deren Wirtschaftsreferate jedoch keineswegs für eine flächendeckende Kontrolle der besetzten Zone sorgen konnten[7]. An vielen Orten war lediglich eine Handvoll Militärs präsent, und die Rüstungsinspektionen konnten höchstens einige rüstungsrelevante Fabriken sporadisch überprüfen. Noch weniger war zunächst der französische Süden zu überwachen, auch wenn er selbst vor dem deutschen Einmarsch keineswegs als „frei“ zu bezeichnen ist. Die deutsche Rüstungsinspektion Bourges unterhielt Unterabteilungen in Clermont-Ferrand, Lyon, Avignon und Toulouse. Zunächst überwachten diese Stellen die französische Entwaffnung, bemühten sich aber später, ihren Einfluss auch auf die Wirtschaft auszudehnen[8].

Eine stärkere Position hatte die deutsche Wirtschaftsverwaltung in den kleinen Randgebieten des zerstückelten französischen Territoriums. Die Montanregion Nord/Pas-de-Calais wurde direkt von Brüssel aus, d.h. allein mit Rückgriff auf die Verwaltung, aber ohne kollaborierende Regierung, administriert und war damit sowohl der Einflussnahme Vichys als auch dem unmittelbaren Zugriff der Wirtschaftsabteilung des Pariser MBF entzogen. Noch mehr standen das Elsass und ein Teil Lothringens (das Departement Moselle) außerhalb der Kontrolle der französischen Regierung. Nach dem deutschen Einmarsch wurden die beiden Gebiete zwar nicht de jure, aber de facto annektiert und ihre Wirtschaftsverwaltung den angrenzenden Reichsgauen unterstellt. Die in der nördlichen Grenzregion als „verboten“ bzw. „reserviert“ bezeichneten Gebiete waren dagegen Teile der besetzten Zone mit besonderem Rechtsstatus. Während sich dies bei der erstgenannten auf Flüchtlingsfragen bezog, deutete die Bezeichnung als „reservierte Zone“ auf künftige Annektionsabsichten im Sinne der Herstellung eines großgermanischen Reiches hin. Die Sonderbehandlung während des Krieges bezog sich auf die Ansiedlung von Neubauern durch die deutsche Ostland-Gesellschaft. Wirtschaftlich unterstanden beide Gebiete aber dem Pariser MBF. Die Kollaborationsstrategie der französischen Teilregierungen in Vichy und Paris richtete sich darauf, das

[5] *Hervé Joly*, Introduction, in: L’économie de la zone non occupée 1940–1942, hrsg. v. *dems.* (Paris 2007) 16; im Folgenden zitiert: *Joly*, Introduction.

[6] Vgl. die Verhandlungsprotokolle in: Archives Nationales de Paris (ANP), F 37/3 und F 37/4.

[7] Bundesarchiv-Militärabteilung (BArch-MA), RW 35/8. Militärbefehlshaber in Frankreich (MBF), Abt.I a Kommandostab. Lagebericht August/September 1941 vom 30.September 1941. BArch Berlin R 3101/32261. Bericht des Reichswirtschaftsministeriums über die deutsche Wirtschaftspolitik in Frankreich vom 10.Juli 1943.

[8] *Joly*, Introduction 21f.

gesamte Staatsgebiet als wirtschaftliche Einheit zu behandeln, um die nationale Souveränität zu behaupten[9].

1. Eingriffe in die Eigentumsordnung

Das erste Halbjahr der deutschen Besatzung war von Requisitionen geprägt. Nach deutscher Auffassung der Haager Landkriegsordnung war das Eigentum des französischen Militärs legitime Kriegsbeute und daher entschädigungslos einzuziehen[10]. Darüber hinaus wurden Fertigwaren und Rohstoffe unter Missachtung völkerrechtlicher Konventionen ins Reichsgebiet verbracht. Die Wirtschaftstrupps der Frontverbände beschlagnahmten Rohstoffe, darunter so genannte Mangel- und Spargüter, z.B. die in den französischen Häfen lagernde Baumwolle oder die Vorräte der Textilbetriebe[11]. Besonders gefragt waren Metalle, die im Reich zur Neige gingen, wie etwa Kupfer, das bis Ende 1940 in einer Menge von ca. 135000 Tonnen nach Deutschland abtransportiert wurde[12]. Sofern es sich nicht um Eigentum des französischen Staates handelte, war eine Requisition „auf rein privatwirtschaftlicher Basis"[13] vorgesehen. Als formaler Käufer, d.h. Buchungs- bzw. Durchgangsstelle, trat die „Wirtschaftliche Forschungsgesellschaft" auf. Über sie gelangten die Produkte an verschiedene Reichsstellen bzw. deutsche Unternehmen. In den Waffenstillstandsverhandlungen konnten die deutsche und französische Seite keine Einigung über die Finanzierung der Requisitionen erzielen. In der Praxis blieben Geschädigte deshalb, sofern ihnen eine Empfangsbescheinigung ausgehändigt worden war, auf den Gang zu den örtlichen französischen Behörden angewiesen[14].

Im November 1940 gestand das Oberkommando der Wehrmacht ein, dass „ein Ausschöpfen des Beuterechts [...] Frankreich aller Mittel berauben" würde, „die zur ordnungsmässigen Verwaltung erforderlich sind, insbesondere die Zahlung der geforderten Besatzungskosten unmöglich machen" würde[15]. Die Besatzer verletzten punktuell und teilweise willkürlich die Eigentumsrechte französischer Un-

[9] *Henry Rousso*, Le régime de Vichy (Paris 2007) 31; im Folgenden zitiert: *Rousso*, Régime de Vichy.

[10] *Hans Umbreit*, Les politiques économiques allemandes en France, in: L'occupation, l'Etat français et les entreprises, hrsg. v. *Olivier Dard*, *Jean-Claude Daumas*, *François Marcot* (Paris 2000) 25–28.

[11] *Michel Margairaz*, L'état, les finances et l'économie. Histoire d'une conversion 1932–1952, Bd. 1 (Paris 1991) 609; im Folgenden zitiert: *Margairaz*, L'état, les finances et l'économie.

[12] *Alan S. Milward*, The New Order and the French Economy (Oxford 1970) 80; im Folgenden zitiert: *Milward*, The New Order.

[13] BArch-MA, RW 35/10. MBF-Abt. I a Kommandostab. Lagebericht für den Monat August 1940 vom 2. September 1940.

[14] *Hans Umbreit*, Der Militärbefehlshaber in Frankreich 1940–1944 (Boppard 1968) 213f. Im Folgenden zitiert: *Umbreit*, Militärbefehlshaber in Frankreich.

[15] ANP, AJ 40/443. MBF-Abt. I a Kommandostab. Lagebericht für den Monat November 1940 vom 3. Dezember 1940.

ternehmer, doch eine dauerhafte Beschlagnahmung von Anlagen und Vermögen unterblieb zumeist. Als die deutsche Besatzungsverwaltung durch die fortlaufende Erhebung von Besatzungskosten finanziell besser ausgestattet war, holte sie bis Ende Oktober 1942 Zahlungen in Höhe von 540 Millionen Francs an französische Stellen nach[16].

Gleichwohl gab es schmerzliche Eingriffe in die Eigentumsverfassung, die zuvorderst die „Arisierung" jüdischer Unternehmen betrafen. Philippe Verheyde untersuchte die Ergebnisse dieser verbrecherischen Politik in 175 Fällen, vor allem im Einzelhandel und in der Konsumgüterindustrie[17]. Nur ausnahmsweise waren die Pläne deutscher Unternehmer, Anteil an den beschlagnahmten und enteigneten Firmen zu erhalten, erfolgreich. Gleichzeitig weisen Fallbeispiele aus der unbesetzten Zone darauf hin, dass es nicht erst des deutschen Einmarsches bedurfte, um den Angriff auf das jüdische Eigentum zu beginnen[18]. Die Etappen der Arisierungspolitik können hier nicht nachgezeichnet werden. Für unsere Zwecke bleibt als Ergebnis aber festzuhalten, dass sie weder zu einer massiven Ausweitung der deutschen Kontrolle über französisches Eigentum noch zu Verstaatlichungen führte, d. h. das Kapital der arisierten Unternehmen verblieb fast immer in privater französischer Hand.

Überhaupt befand sich nur ein kleiner Teil der französischen Wirtschaft in staatlichem Besitz. Unter der Volksfront-Regierung waren mehrere Privatbahnen in die staatliche Société des Chemins de Fer Français (SNCF) überführt worden. Daneben hatte man seit 1936/37 einige kriegswichtige Betriebe, insbesondere in der Munitionsproduktion sowie im Flugzeugbau, nationalisiert[19]. Nach dem Einmarsch stellten die deutschen Besatzer die Unternehmen des Bergbaus sowie des Eisen- und Stahlsektors unter Sequester. Diese Betriebe lagen in den meisten Fällen in Nord/Pas-de-Calais bzw. im nordostfranzösischen Montanrevier, das in die besetzte Zone hineinreichte. Die Stahlwerke Lothringens unterstanden ab Juli 1940 dem Saarindustriellen Hermann Röchling, und ab 1941 wurde das gesamte Revier, einschließlich der Werke im Departement Meurthe-et-Moselle, in die Treuhandschaft reichsdeutscher Großkonzerne überführt[20]. Die Kriegs- und Rüstungsrelevanz des Montansektors, der sich auf die nördlichen Grenzgebiete konzentrierte, hatte im übrigen schon bei der Ziehung der Demarkationslinie Berücksichtigung gefunden.

[16] *Umbreit*, Militärbefehlshaber in Frankreich 214.

[17] *Philippe Verheyde*, Vichy, die deutsche Besatzungsmacht und ihre wirtschaftlichen Beziehungen im Rahmen der „Arisierung" der großen jüdischen Unternehmen, in: Zeitschrift für Unternehmensgeschichte (ZUG) 50 (2005) 218–231. Vgl. auch Joly in diesem Band.

[18] Vgl. die Beispiele im Kapitel „Aryanisation des entreprises en ZNO", in: *Joly*, Économie de la zone non occupée 301–363.

[19] *Georges Ribeill*, Y a-t-il eu des nationalisations avant la guerre?, in: Les Nationalisations de la libération. De l'utopie au compromis, hrsg. v. *Claire Andrieu u.* a. (Paris 1987) 40–52.

[20] Vgl. als Überblick: *Françoise Berger*, Die Beziehungen zwischen der französischen und der deutschen Eisen- und Stahlindustrie während des Krieges, in: ZUG 50 (2005) 159–180.

Von dem Zugriff auf einzelne Branchen und den Arisierungen abgesehen, blieb das Privateigentum an Produktionsmitteln im größten Teil der französischen Wirtschaft erhalten[21]. Auch hieraus ergab sich, wie bereits angedeutet, für die deutschen Besatzer die Notwendigkeit, geeignete Organe für die Lenkung der Wirtschaft zu installieren. Zum Teil hatte der französische Staat jedoch entsprechende institutionelle Regelungen bei der Mobilisierung für den Krieg bereits eingerichtet, sodass sie der MBF nur noch für seine Zwecke umfunktionieren musste.

2. Die Organisationskomitees und der Umbau der Wirtschaft

Dass der Beginn der Besatzungszeit keineswegs ausschließlich von Beutemachen gekennzeichnet war, belegt die frühe Kontaktaufnahme des Leiters der Wirtschaftsverwaltung des MBF Elmar Michel mit kollaborationsbereiten französischen Kreisen[22]. Die Ansprechpartner des MBF gehörten fast alle einer Gruppe von Technokraten an, auch synarchistes genannt, die in den 1930er-Jahren einflussreiche Positionen in der Wirtschaft bekleidet hatten und im Zuge der Umstellung auf die Kriegswirtschaft in hohe Regierungsämter vorgerückt waren. Mit den deutschen Besatzern verband sie die Deckungsgleichheit ihrer Interessen hinsichtlich einer autoritären, korporativen Reorganisation des französischen Staates[23]. Seit August 1940 konkretisierten die französischen Fachleute die Planungen für den institutionellen Umbau der Wirtschaft. Neben einer gewissen ideologischen Affinität zu den deutschen Besatzern scheinen die Motive der Kollaborateure in pragmatischer Interessenswahrung Frankreichs gelegen zu haben. Nach Eintritt des Waffenstillstands war ihr Primärziel, die Produktion von Konsumgütern und Nahrungsmitteln, aber auch von Investitionsgütern wieder in Gang zu setzen, damit Frankreich vor Hunger und materieller Not bewahrt bliebe. Man wollte den deutschen Plünderungen etwas entgegensetzen, um die Wirtschaft wieder in geordnete und kontrollierbare Bahnen zu lenken. Unter dem Schock der Niederlage gingen die französischen Kollaborateure davon aus, dass Deutschland den Krieg siegreich beenden werde und dies Frankreich als erstem Land Gelegenheit gebe, sich seinen Platz in einer europäischen Nachkriegsordnung unter deutscher Hegemonie zu sichern.

Die frühesten Maßnahmen zur Neugliederung der französischen Wirtschaft gingen auf das Gesetz zur vorläufigen Organisation der Industrieproduktion vom

[21] In dieser Hinsicht unterschied sich die französische Situation kaum von derjenigen im Deutschen Reich, vgl. *Christoph Buchheim*, *Jonas Scherner*, Anmerkungen zum Wirtschaftssystem des „Dritten Reichs“, in: Wirtschaftsordnung, Staat und Unternehmen. Neue Forschungen zur Wirtschaftsgeschichte des Nationalsozialismus, hrsg. v. *Werner Abelshauser*, *Jan-Otmar Hesse*, *Werner Plumpe* (Festschrift für Dietmar Petzina, Essen 2003) 81.

[22] ANP, AJ 41/397. Schreiben von Léon Noël, Generaldelegierter der französischen Regierung in den besetzten Gebieten, an die Staatsregierung vom 9. August 1940.

[23] *Margairaz*, L'état, les finances et l'économie 560f.

16. August 1940 zurück[24]. Mit den Organisationskomitees (Comités d'organisation) wurde eine korporative Gliederung der Wirtschaft eingeführt, die mit den Wirtschaftsgruppen im Reich vergleichbar war. Der Gesetzestext, der in manchen Bestimmungen an das französische Kriegswirtschaftsgesetz vom 11. Juli 1938 anknüpfte, entstammte dem von René Belin geleiteten Industrieministerium. Abgefasst wurde er vom Kabinettschef des Ministers Jacques Barnaud, einem Vertreter jener erwähnten Gruppe von Technokraten, dem die gleichgesinnten Jean Bichelonne und Henri Lafond zur Seite standen[25]. Die Ausarbeitung wurde hastig erledigt, sodass sich dem organisierten Unternehmertum wenig Möglichkeiten zur Einflussnahme boten[26]. Zu fragen bleibt aber, ob die Organisationskomitees in der Praxis tatsächlich die entscheidenden Organe zur Lenkung der Wirtschaft wurden.

Frühere Forschungen zum Wirtschaftssystem Vichy-Frankreichs hoben stark auf die Rolle jener korporativen Organe ab[27]. Das erste Organisationskomitee entstand Ende September 1940 in der Automobilindustrie, ihm folgten bis Jahresende ca. 30 weitere Gründungen[28]. Anfang 1942 betrug ihre Zahl 110, bis 1944 erhöhte sie sich auf schließlich über 200[29]. Hinsichtlich der inneren Organisation konnte man zwei Arten unterscheiden[30]: Die Mehrzahl der Komitees umfasste fünf bis sechs Mitglieder unter dem Vorsitz eines gewählten Präsidenten und fasste seine Beschlüsse als kollegiales Organ. Dieser Typus, der für die wichtigen Industriebranchen kennzeichnend war, knüpfte sowohl organisatorisch als auch personell an existierende Strukturen an. Eine zweite, eher autoritäre Form legte die alleinige Machtbefugnis in die Hand eines verantwortlichen Direktors, dem nur eine konsultative Kommission zur Seite stand. Dies entsprach dem Führerprinzip in den deutschen Wirtschaftsgruppen; es fand in Frankreich vor allem in Branchen Anwendung, deren Organisationsgrad auf nationaler Ebene vorher nur schwach ausgeprägt war[31]. Um eine rasche Umsetzung des Gesetzes zu gewährleisten, lehnte sich die Gründung der Komitees eng an die bestehenden Arbeitgebervereinigungen an, sodass die Führungspersönlichkeiten großer Industrieunternehmen in den Spitzenpositionen verblieben. Fälle von Ämterhäufungen waren hierbei nicht selten, wobei Mitglieder der Gruppe der *synarchistes* mehrfach ins vordere Glied rückten. Zwei markante Beispiele für solche Karrieren waren François

24 Journal officiel Nr. 205 vom 18. August 1940.

25 *Margairaz*, L'état, les finances et l'économie 512.

26 *Richard Vinen*, The Politics of French Business 1936–1945 (Cambridge 1991) 103; im Folgenden zitiert: *Vinen*, Politics of French Business.

27 *Henry Rousso*, L'organisation industrielle de Vichy, in: Revue d'histoire de la deuxième guerre mondiale 116 (1979) 27–44.

28 ANP AJ 41/397. Synthese der Berichte der französischen Präfekte in der besetzten Zone vom 6. Dezember 1940.

29 *Margairaz*, L'état, les finances et l'économie 522.

30 Ebd. 513.

31 *Hervé Joly*, Les comités d'organisation: un ensemble vaste et disparate, in: Les comités d'organisation et l'économie dirigée du régime de Vichy, hrsg. v. *dems.* (Caen 2004) 88; im Folgenden zitiert: *Joly*, Comités d'organisation.

Lehideux und Pierre Pucheu. Lehideux, der Neffe Louis Renaults mit einer leitenden Funktion im Familienkonzern, stieg zum Vorsitzenden des Organisationskomitees der Automobilindustrie auf. Zugleich hatte er eine Funktion in den Bewirtschaftungsabteilungen für Eisen und Stahl sowie für Treibstoffe inne. Der Stahlindustrielle Pucheu wurde Vorsitzender des Organisationskomitees der Maschinenbauindustrie und wirkte gleichzeitig in der Bewirtschaftung der Zulieferbranchen Eisen und Stahl sowie Kohlenbergbau mit[32]. Die Machtfülle dieser beiden herausragenden Vichy-Kollaborateure verstärkte sich dadurch, dass sie im Laufe des Jahres 1941 wichtige Regierungsämter einnahmen[33].

Detailliertere Forschungen zeigen jedoch, dass die Organisationskomitees nur auf dem Papier über weit reichende Kompetenzen verfügten[34]: Zwar sah das Gesetz vom August 1940 Aufgaben wie die statistische Erfassung der Betriebe, die Festlegung der Produktionsprogramme, die Organisation von Rohstofferwerb und -verteilung sowie die Erstellung eines Verteilungsschlüssels vor. Doch in der Realität vermochten sie diese Kompetenzen niemals wahrzunehmen, insbesondere nachdem im Folgemonat ein zentrales Bewirtschaftungsamt ins Leben gerufen worden war, das *Office central de Répartition des Produits industriels* (OCRPI), das über die Verteilung von Input-Faktoren an die einzelnen Branchen bestimmte[35]. Diese generelle Verteilung von Rohstoffen wie Kohle, Roheisen, Treibstoff usw. auf die Industriezweige erwies sich aber als die entscheidende Bewirtschaftungsstufe. Die Organisationskomitees konnten, sofern die Besatzungsmacht nicht eingriff, lediglich die Weiterverteilung an die Betriebe übernehmen[36].

Besonders deutlich wurde die Unterordnung der Organisationskomitees im Frühjahr 1941, als François Lehideux' Versuch scheiterte, sie im Mittelpunkt des wirtschaftlichen Lenkungsverfahrens zu platzieren. Mit einem Schreiben an verschiedene Unternehmen wollte er den Durchführungsmodus hinsichtlich der Bearbeitung der deutschen Aufträge in Erinnerung bringen[37]. Jeder Betrieb, der eine Bestellung erhielt, sollte dem Organisationskomitee über die Ordnungsnummer, den Namen des deutschen Geschäftspartners, Liefermenge und -preis sowie den Zahlungsmodus Meldung erstatten. Damit pochte er auf die Rechte, die den Komitees bei ihrer Einrichtung zugestanden worden waren. Der für die Rüstungsinspektion zuständige Wehrwirtschafts- und Rüstungsstab verwahrte sich allerdings gegen „unerlaubte Eingriffe französischer Organisationen in die Verlagerung

[32] *Margairaz*, L'état, les finances et l'économie 523. Vgl. auch: *Dominique Barjot*, Introduction, in: *Joly*, Comités d'organisation 9.

[33] ANP, AJ 40/443. MBF, Abt. I a Kommandostab. Lagebericht zum März 1941 vom 31. Mai 1941. Lehideux wurde als „Generaldelegierter für den Zehnjahresplan" bezeichnet (im Französischen *Délégué général à l'équipement national*); Pucheu war von 1941 bis 1942 Innenminister.

[34] *Margairaz*, L'état, les finances et l'économie 512.

[35] Gesetz vom 10. September 1940.

[36] *Margairaz*, L'état, les finances et l'économie 571.

[37] ANP, AJ 40/776. Rundschreiben des Vorsitzenden des Organisationskomitees Automobilbau François Lehideux vom 4. März 1941.

deutscher Wehrmachtsaufträge nach dem besetzten Gebiet Frankreichs"[38]. Die neben dem MBF stehende Stelle befürchtete, dass von französischer Seite Junktims formuliert werden könnten, etwa hinsichtlich der Freigabe beschlagnahmter Rohstofflager. Die Wirtschaftsabteilung des MBF reagierte sogleich, indem sie den Leiter des zentralen Bewirtschaftungsamtes Bichelonne nachdrücklich anwies, dass Fertigungs- und Bearbeitungsaufträge sowie Lieferverträge grundsätzlich unmittelbar zwischen den beteiligten deutschen und französischen Firmen abzuschließen seien[39]. Den Organisationskomitees wurden die Möglichkeiten zur Beeinflussung der Verhandlungen hinsichtlich der Lieferbedingungen, Preise und Rohstoffzuteilungen endgültig aberkannt. Eine formelle Übereinkunft, in die Bichelonne im Alleingang einwilligte, besiegelte diese Verfahrensweise. Als Generalsekretär des französischen Industrieministeriums betonte er in einem Rundschreiben an die Unternehmen sowie in einer Presseveröffentlichung, dass die Organisationskomitees nicht als Kontrollgremien agieren dürften[40].

Zu einer praktisch wirksamen Machtkonzentration kam es nur, wenn die Komiteedirektoren gleichzeitig eine Funktion im zentralen Bewirtschaftungsamt einnahmen. Neben den oben angeführten Regierungsvertretern war hierfür Aimé Lepercq ein Beispiel, weil er als Direktor des Organisationskomitees Kohle gleichzeitig in mehreren Sektionen des zentralen Bewirtschaftungsamtes vertreten war[41]. In einem anderen Fall entwickelte sich jedoch ein Konflikt: Robert Carmichaël war zum einen Direktor des Organisationskomitees Textil und zum anderen für die Rohstoffbewirtschaftung in dieser Branche verantwortlich. Nach der Ernennung zum Industrieminister wirkte Lehideux massiv auf Carmichaëls Absetzung hin, weil er ihm eine Vernachlässigung der Interessen der großen Textilkonzerne vorwarf. Allerdings galt Carmichaël wegen seines exzellenten Kollaborationsverhaltens bei der Umsetzung des Kehrl-Plans, der die französischen Textillieferungen ins Deutsche Reich festlegte, als Günstling der deutschen Administration[42]. Im November 1941 stimmte der MBF der Entlassung daher nur unter der Bedingung zu, dass Carmichaël in die deutsch-französischen Textilverhandlungen einbezogen blieb.

3. Die Schlüsselfunktion des zentralen Bewirtschaftungsamtes (OCRPI)

Als das Gesetz vom 10. September 1940 die Pariser Bewirtschaftungsbehörde ins Leben rief, übernahm mit Jean Bichelonne ein Wirtschaftskollaborateur die Lei-

[38] ANP, AJ 40/776. Schreiben an den MBF in Paris vom 11. März 1941. Zur Funktion des Wehrwirtschafsstabes vgl. *Umbreit*, Militärbefehlshaber in Frankreich 34–36.

[39] ANP, AJ 40/776. Schreiben des MBF, Abt. II Wirtschaft, an Bichelonne, Generalsekretär des Industrieministeriums.

[40] ANP, AJ 40/776. MBF, Abt. II Wirtschaft. Aktenvermerk über die Besprechung mit Bichelonne und Pannié vom 30. Mai 1941.

[41] *Vinen*, Politics of French Business 142. Zum Sturz Lepercqs vgl. Joly in diesem Bd.

[42] Vgl. *Margairaz*, L'état, les finances et l'économie 562 u. 609.

tung, der über die gesamte Besatzungszeit tonangebend blieb. Trotz einer gewissen Skepsis innerhalb des französischen Industrieministeriums[43] wurde die Behörde mit anfangs zehn Sektionen errichtet, die für verschiedene Rohstoff- und Produktgruppen zuständig waren. Von der Wirtschaftsabteilung des MBF wurden sie analog zur Behördenbezeichnung im Reich auch als Verteilungs-, Überwachungs- oder Warenstellen bezeichnet[44]. Im Einzelnen umfassten sie folgende Gruppen bewirtschafteter Waren: Textilien, Eisen und Stahl, Nichteisenmetalle, Kohle, Erdöl, industrielle Fette, chemische Produkte, Papier und Verpackung, Leder sowie Kautschuk. 1941 kamen auf französischen Vorschlag Sektionen für Holzverarbeitung und für Devisenbewirtschaftung hinzu[45]. Seit Dezember 1940 waren den Sektionen des französischen Bewirtschaftungsamtes deutsche Beauftragte übergeordnet[46]. Diese kontrollierten die französische Geschäftsführung und konnten sich bei Bedarf in deren Dienstbetrieb einschalten. Sie hatten auf eine Sachbearbeitung entsprechend den Belangen der deutschen Kriegswirtschaft zu achten.

Bichelonne stellte seit Januar 1941 vierteljährliche Pläne auf, in denen er die Rohstoffkontingente für die französische Wirtschaft festlegte[47]. Das diesem Gesetz folgende Verfahren dafür steckte den angestrebten Rahmen für die Verteilung ab. Hiernach sollten die Organisationskomitees einen Produktionsplan für ihre Branchen unter Angabe der dafür nötigen Inputs erstellen. Das zentrale Bewirtschaftungsamt fasste diese Angaben zu einem Verteilungsplan für die französische Industrie zusammen, der von den Rohstoffen bis zu den Fertigprodukten reichen und alle dazwischen gelagerten Produktionsschritte erfassen würde. Die Behörde hatte einerseits dafür Sorge zu tragen, dass alle Industriezweige ihre Vorgaben einhielten, andererseits verschiedene Produktionen zu stoppen, wenn Lücken und Engpässe auftraten. Jedoch bezeichnete Bichelonne die Datengrundlage für die Erfassung der Betriebe als schlecht. Daher ordnete die MBF-Wirtschaftsabteilung im Oktober 1940 eine statistische Neuerfassung der Betriebe an, was zunächst als Aufgabe an die Präfekten, dann an die Organisationskomitees weitergegeben wurde[48].

[43] ANP, F 37/2. Ausarbeitung eines Entwurfs zur Güterbewirtschaftung gemäß den deutschen Vorstellungen, Aktennotiz Jacques Barnauds vom 5. September 1940.

[44] ANP, AN AJ 40/444. Chef des Verwaltungsstabes, Lagebericht Monat September 1940 vom 2. Oktober 1940.

[45] ANP, AN F 37/3. Schreiben Barnauds an Secrétariat d'État à la Production Industrielle, Secrétariat Général à l'Energie über die Majestic-Besprechung betr. Holzbewirtschaftung vom 2. Mai 1941.

[46] ANP, AJ 40/408. MBF-Abt. Wirtschaft. Wirtschaftsanordnung betr. Rohstoffbewirtschaftung in Frankreich vom 20. Dezember 1940.

[47] *Margairaz*, L'état, les finances et l'économie 517.

[48] ANP, AJ 40/408. Besondere Wirtschaftsanordnung des MBF zur statistischen Erhebung vom 15. Oktober 1940. ANP, AJ 40/444. MBF, Chef des Verwaltungsstabes, Lagebericht Oktober 1940 vom 1. November 1940. Vgl. auch: *Adam Tooze*, Die Erfassung der wirtschaftlichen Tätigkeit: Zur Geschichte der Wirtschaftsstatistik in Frankreich und Deutschland 1914–1950, in: Arbeit und Nationalstaat. Frankreich und Deutschland in europäischer Perspektive, hrsg. v. *Peter Wagner*, *Claude Didry*, *Bénédicte Zimmermann* (Frankfurt a. M. 2000) 75–99.

Nach den Ausführungen Bichelonnes kannte die Bewirtschaftungspraxis zwei Verfahrensweisen: (a) die auf der Wertschöpfungskette absteigende Methode: Auf jeder Produktionsstufe wurden mithilfe von Einkaufslizenzen (licences d'achat) oder Berechtigungsscheinen (bons-matières) Anrechte für den Erwerb von Vorprodukten bei bestimmten Lieferanten zugeteilt. Die entsprechenden Stellen des Industrieministeriums verfügten somit über die Möglichkeit zur direkten Verteilung von Input-Faktoren, (b) die aufsteigende Methode: Die Bewirtschaftung setzte beim Endproduzenten an. Zur Produktion einer Fertigware wurden Bezugsscheine zum Erwerb von Vorleistungen erteilt, die bis zum Rohstofferzeuger reichten. Dies erlaubte den Unternehmern, ihre jeweiligen Lieferanten selbst auszuwählen. Die zweitgenannte Methode war nur in wenigen Industriezweigen, wie etwa der Eisen- und Stahlindustrie, relativ problemlos anzuwenden[49]. Denn es mussten zwei Bedingungen erfüllt sein, damit sie Erfolg haben konnte: a) Die Bewirtschaftungsbehörden mussten genaue Kenntnisse über die Inputnachfrage des Endproduzenten haben, was die Fertigung relativ homogener Produkte voraussetzte, b) es mussten noch in ausreichender Menge entsprechende Ressourcen zur Verfügung stehen. Als Praktiker schätzte Bichelonne, dass die Vorräte ungefähr der Hälfte des Normalverbrauchs entsprechen mussten. Die erste Methode erlaubte der zentralen Bewirtschaftungsbehörde hingegen jederzeit eine flexible Steuerung auf allen Ebenen des Produktionsprozesses.

Die Unterordnung der Organisationskomitees unter das zentrale Bewirtschaftungsamt wird ebenfalls durch einzelne Schilderungen über Konfliktsituationen belegt[50]. Beispielsweise dokumentieren zahlreiche Akten harsche Anfragen der Leiter der Komitees, aber auch einzelne Unternehmen legten immer wieder Einsprüche gegen mangelnde Zuteilungen ein[51]. Besonders mittlere und kleinere Betriebe führten Klage über Benachteiligungen. Daneben traten die typischen Erscheinungen einer Engpasswirtschaft auf: Mit den Berechtigungsscheinen wurde Handel getrieben, und es kam immer wieder zur Warenhortung[52]. Dass sich die Bewirtschaftung keineswegs, wie gedacht, als ein gutes Zusammenspiel des zentralen Bewirtschaftungsamts mit den Organisationskomitees gestaltete, lag an den Engpässen der Kriegswirtschaft und den deutschen Eingriffen in das Verteilungssystem. Die Balance zwischen der Aufrechterhaltung einer ausgewogenen Basisversorgung der französischen Wirtschaftsbranchen und der Durchsetzung kurzfristiger deutscher Rüstungsproduktionsziele wurde regelmäßig zugunsten von letzteren verschoben.

Auch Produktionsverbote wurden bereits früh erlassen. Im September 1940 verlangte die MBF-Wirtschaftsabteilung von der Metall verarbeitenden Industrie,

[49] *Margairaz*, L'état, les finances et l'économie 575.

[50] *Philippe Verheyde*, Comité d'organisation des industries du bois et aryanisation économique, in: *Joly*, Comités d'organisation 250. Vgl. auch verschiedene Protokolle der deutsch-französischen Wirtschaftsverhandlungen in: ANP, F 37/3.

[51] *Margairaz*, L'état, les finances et l'économie 578.

[52] *Vinen*, Politics of French Business 142.

dass sie ihre Produktpalette mit den „im Reich bewährten Herstellungsverboten in Einklang“ bringe[53]. Zur Konkretisierung wurden Listen von Gütern erstellt, deren Produktion unter Verwendung von Eisen untersagt war[54]. Einen markanten Einschnitt setzte die Verordnung zur Neuordnung der Wirtschaft vom 17. Dezember 1941, denn sie wurde von der Besatzungsmacht zur Durchsetzung von kriegsbedingten Betriebsschließungen genutzt[55]. Zwar dauerte es einige Monate, bis die Realisierung erfolgte, doch im Mai 1942 legte das französische Industrieministerium auf deutschen Druck hin eine Liste mit fast 2000 zur Schließung bestimmten Betrieben vor[56]. Ganz oben auf der Agenda stand die Einsparung von Kohle und NE-Metallen, sodass 16 Glasereien, 40 Konservendosenfabriken und 50 Gießereien betroffen waren. Dass in dieser Periode aber auch die Freisetzung von Arbeitskräften ein zunehmend wichtiges Anliegen wurde, belegt die Schließung zahlreicher Betriebe, die Verbrauchsgüter herstellten, darunter 300 pharmazeutische Unternehmen, 154 Textilbetriebe, 135 Seifenhersteller und jeweils rund 100 Fabriken in den Bereichen Farben, Kunsthandwerk und Spielzeugproduktion. Die Betriebsschließungen führten der kollaborierenden französischen Verwaltung klar vor Augen, was die Deutschen mit kriegswirtschaftlicher Konzentration meinten und dass keine dauerhaften Entwicklungskonzepte für die französische Wirtschaft zu erwarten waren.

4. Die Außenhandelslenkung durch die Zentralauftragsstelle West (Zast)

Zur gleichen Zeit wie die bisher beschriebenen Institutionen entstand auf Anordnung von Hermann Göring die Zentralauftragsstelle West, die im September 1940 ihre Arbeit aufnahm[57]. Wie in anderen besetzten Territorien diente die Pariser Dienststelle zur „planmäßigen Ausnutzung“ der französischen Wirtschaft für die Kriegsführung. Deutsche Bestellungen ab einem Volumen von mehr als 5000 Reichsmark mussten von der Zast genehmigt werden, bevor sie den französischen

[53] ANP, AJ 40/444. MBF, Chef des Verwaltungsstabes. Lagebericht für den Monat September 1940 vom 2. Oktober 1940.

[54] ANP, AJ 40/408. MBF-Abt. Wirtschaft. Besondere Wirtschaftsanordnung zur Eisen- und Stahlbewirtschaftung vom 22. Juli 1941.

[55] Vgl. Journal Officiel vom 23. Dezember 1941, S. 5500. Loi du 17 décembre 1941 relative à l'établissement d'un plan d'aménagement de la production.

[56] ANP, F 37/4. Ministère de la Production Industrielle. Erste Liste zu den Betriebsschließungen gemäß der Verordnung vom 17. Dezember 1941, erstellt am 21. Mai 1942.

[57] *Hans Umbreit*, Auf dem Weg zur Kontinentalherrschaft, in: Das Deutsche Reich und der Zweite Weltkrieg, Bd. 5: Organisation und Mobilisierung des deutschen Machtbereichs, Halbbd. 1: Kriegsverwaltung, Wirtschaft und personelle Ressourcen, hrsg. v. *Bernhard Kroener*, *Rolf-Dieter Müller*, *Hans Umbreit* (Stuttgart 1988) 234; im Folgenden zitiert: *Umbreit*, Auf dem Weg zur Kontinentalherrschaft. Zur Auftragsverlagerung vgl. auch Scherner in diesem Bd.

Betrieben zugeleitet wurden[58]. Unter ihrer Aufsicht stand das Verfahren der so genannten Auftragsverlagerung, das zu einer bevorzugten Belieferung ausgesuchter Nachfrager im Deutschen Reich sowie der deutschen Wehrmacht führte.

Für die Lenkung der deutschen Bestellungen setzte die Zast bei der Bewirtschaftung an, d.h. der Schlüsselstelle für die industrielle Produktion[59]. Sie teilte dem Auftrag die benötigte Menge von Rohstoffen und Halbfertigwaren zu und leitete ihn sodann an das interessierte französische Unternehmen weiter. Dieses wurde nach Vorlage des so genannten Zast-Scheins bei der zuständigen Sektion des zentralen Bewirtschaftungsamts gegenüber dem regulären Verteilungsmodus bevorzugt. Der Exporteur stellte einen speziellen Zahlungsschein aus, den der deutsche Lieferungsempfänger beglich.

Aus dem Blickwinkel der französischen Unternehmen war die Entgegennahme deutscher Aufträge in dreifacher Hinsicht von Vorteil:

a) Angesichts der Engpässe an Inputs eröffnete die Annahme der Verlagerungsaufträge vielfach erst die Möglichkeit, die Produktion überhaupt aufrecht zu erhalten und das betriebliche Überleben zu sichern[60].

b) Finanziell versprach das angebotene Geschäft einen Gewinn. Das exportierende Unternehmen erhielt die Rohstoffe zu den französischen Inlandspreisen und war gehalten, die Rechnung auf Basis der 1939 festgelegten Preise zuzüglich eines Inflationszuschlags (z.B. von 23 Prozent im Oktober 1941) auszustellen. Als Alternative akzeptierte die deutsche Preiskontrolle die Fakturierung in Kostenpreisen unter Berücksichtigung angemessener Gewinnaufschläge (ökonomisch gerechtfertigter Preis)[61]. Nach der zweiten Variante erreichten die Exportpreise meist das deutsche Preisniveau, teilweise überschritten sie es ab 1942 sogar[62].

c) Die Setzung positiver Anreize verband sich im Verlauf des Krieges immer mehr mit Zwängen, die die Betriebe je nach Branchenzugehörigkeit in unterschiedlicher Intensität betrafen. So leistete seit 1942 die Aufrechterhaltung der Exportproduktion z.B. auch einen Schutz vor der Zwangsverschickung der Arbeitskräfte nach Deutschland[63].

Um den unter Punkt b) genannten Gewinnspielraum der Unternehmen teilweise abzuschöpfen, versuchte sich der französische Staat mit einer Produktionssteuer (taxe de péréquation) einzuschalten. Diese Abgabe floss in eine Ausgleichskasse, mit der die Einfuhr von Waren aus Deutschland subventioniert werden sollte. 1941 geriet das Verfahren in die Kritik der MBF-Wirtschaftsabteilung, weil

[58] ANP, AN AJ 40/444. Chef des Verwaltungsstabes, Lagebericht Monat Oktober 1940 vom 1. November 1940.

[59] *Margairaz*, L'état, les finances et l'économie 596.

[60] Vgl. ebd. 597.

[61] ANP, F 37/8. Sitzungsprotokoll interner Verhandlungen der Délégation Générale des relations économiques (DGRE) vom 6. Oktober 1941.

[62] ANP, AJ 40/444. MBF-Abt. I a Kommandostab. Lagebericht Monate Juni-September 1942 vom 9. November 1942.

[63] Vgl. unten Abschnitt 5.

es den vom französischen Exporteur zu erzielenden Gewinn schmälerte[64]. Die französische Seite konnte sich jedoch gegen die deutsche Forderung nach einer völligen Abschaffung zumindest partiell behaupten. Eine Vereinbarung vom 14. April 1942 legte fest, dass die Steuer nur von dem Unterschiedsbetrag zwischen dem französischen Inlandspreis und dem vereinbarten Ausfuhrpreis zu erheben sei und dass sie weder zu einer nachträglichen Erhöhung des Exportpreises noch zu einer sonstigen Behinderung der Kaufabschlüsse führen durfte[65]. Um den ungehinderten Warenverkehr nicht zu beeinträchtigen, verzichtete das Deutsche Reich seinerseits auf die Erhebung von Importzöllen.

Das dem französischen Industrieministerium zugesagte Verfahren des gegenseitigen Rohstoffaustauschs blieb in den meisten Fällen Theorie. Um durch den Export entstehende inländische Versorgungslücken auszugleichen, sollte das französische Bewirtschaftungsamt bevorzugt Importe aus Deutschland erhalten. Zahlreiche Einsprüche in den Pariser Wirtschaftsverhandlungen machten indes deutlich, dass die deutsche Seite diese Vereinbarung kaum einhielt. Beispielsweise mahnte Bichelonne zugesagte Weißblechlieferungen an, fand aber beim MBF lange Zeit kein Gehör[66]. Deutsche Lieferungen im Bereich der NE-Metalle trafen erstmals im Juli/August 1941 ein[67]. Die für Frankreich negative Bilanz des Außenhandels lässt sich an der Entwicklung des Clearing-Kontos ablesen, das der bilateralen Verrechnung diente. Die Clearing-Neuverschuldung des Deutschen Reiches wuchs im monatlichen Mittel von 65 Millionen RM im Jahr 1941 über 160 Millionen RM (1942) auf 260 Millionen RM (1943) und 342 Millionen (erstes Halbjahr 1944), so dass die Gesamtsumme, inklusive der Salden von 1940, im Juni 1944 die Acht-Milliarden-Grenze überschritt[68].

Die Festlegung so genannter V(orzugs)- und Rü(stungs)-Betriebe im März 1941 war eine Konsequenz des installierten Lenkungssystems[69]. Als V-Betriebe galten alle Versorgungsbetriebe (Gas-, Wasser- und Elektrizitätswerke), alle Werke der Urproduktion (z.B. Kohlen- und Erzbergbau) sowie die Betriebe, deren Produktion im gesamtwirtschaftlichen oder im deutschen Interesse lag. Sie durften mit bevorzugten Input-Lieferungen rechnen, und unvermeidliche Einschränkungen betrafen sie zuletzt. Die Verschärfung der Versorgungslage, insbesondere im Bereich von Kohle und anderen Energieträgern, führte Anfang 1942 zu einer weite-

[64] BArch-MA, RW 35/8. MBF-Abt. I a Kommandostab. Lagebericht August/September 1941 vom 30. September 1941.

[65] ANP, F 37/8. Sitzungsprotokoll der Verhandlung innerhalb der DGRE vom 28. Januar 1942. ANP, AJ 40/444. MBF-Abt. I a Kommandostab. Lagebericht April-Mai 1942 vom 31. Mai 1942.

[66] ANP, AN F 37/3. Protokoll der deutsch-französischen Wirtschaftsverhandlung im Hotel Majestic vom 11. August 1941.

[67] *Margairaz*, L'état, les finances et l'économie 602.

[68] ANP, AJ 40/444. MBF Zentralabteilung. Lagebericht über Verwaltung und Wirtschaft für Juni 1944 vom 13. Juli 1944 sowie weitere Monatsberichte (1942, 1943) über den auswärtigen Waren- und Zahlungsverkehr. Vgl. auch *Umbreit*, Militärbefehlshaber in Frankreich 216.

[69] ANP, AJ 40/443. MBF-Abt. I a Kommandostab. Lagebericht März 1941 vom 5. April 1941. ANP, AJ 408. MBF-Abt. Wirtschaft. Wirtschaftsanordnung betr. bevorzugte Versorgung von Betrieben mit Roh- und Betriebsstoffen vom 1. April 1941.

ren Differenzierung unter den V-Betrieben[70]. Eine engere Gruppe der VA-Betriebe wurde für die Kriegswirtschaft als so bedeutend eingestuft, dass man sie den Rüstungsbetrieben gleichstellte. Dagegen konnten für die VB-Betriebe gewisse betriebliche Einschränkungen angeordnet werden. Die Schwelle zur Anerkennung als VA-Betrieb wurde von einem 40-prozentigen Anteil rüstungs- und exportrelevanter Aufträge auf einen 80-prozentigen Anteil erhöht. Diese Verschärfung der Kriterien für eine positive Selektion folgte zeitlich unmittelbar auf die negative Auslese durch die Verordnung zu den Betriebsschließungen.

Um eine enge Verbindung der Lenkungsinstitutionen zu sichern, sollten die deutschen Ausschüsse und Ringe weisungsgebundene Frankreich-Beauftragte benennen[71]. Ab Juni 1943 überwachten die Beauftragten die Bildung so genannter Verlagerungsgemeinschaften, in denen die deutschen Vertragspartner als Paten- und Leitfirmen bezeichnet wurden[72]. Diese Firmenzusammenschlüsse richteten wiederum Stellen ein, deren Fachpersonal zum einen in Kontakt mit den Warenstellen für die Inputs sorgte und zum anderen die Umsetzung der auferlegten Fertigungsprogramme kontrollierte[73]. Mit Einverständnis Bichelonnes wurde das System der direkten betrieblichen Verbindungen auch im Süden Frankreichs eingeführt.

Trotz des Ziels der wirtschaftlichen Gleichbehandlung des gesamten französischen Staatsgebietes gelang die Einbindung der unbesetzten Zone zunächst weniger umfassend, sodass die Vichy-Regierung dort deutsche Lieferungsanforderungen abzuwehren vermochte[74]. Erst mit dem Einmarsch im November 1942 und den Maßnahmen des Jahres 1943 erfasste das System der Auftragsverlagerung den französischen Süden wirkungsvoller. Stichproben für zwei Monate zeigen, wie stark der Umfang der Lieferungen Gesamtfrankreichs anwuchs: 250 Millionen RM im März 1941 standen 430 Millionen RM im April 1943 gegenüber[75]. Einer Bilanz der Zentralauftragstelle Frankreich zufolge wurden die deutschen Aufträge während der Besatzungszeit zu 62 Prozent erfüllt[76]. Ein Vergleich der offiziell für

[70] ANP, AJ 40/409. MBF-Abt. Wirtschaft. Wirtschaftsanordnung zur Aufteilung der V-Betriebe in VA- und VB-Betriebe vom 16. Januar 1942.

[71] BArch Berlin R 3101/32261. Schreiben des Rüstungsministers Speer an die deutschen Ausschüsse und Ringe betr. der rüstungswirtschaftlichen Nutzbarmachung Frankreichs vom 1. Juni 1943.

[72] *Arne Radtke-Delacor*, Produire pour le Reich. Les commandes allemandes à l'industrie française (1940–1944), in: Vingtième siècle. Revue d'histoire 70 (2001) 109; im Folgenden zitiert: *Radtke-Delacor*, Produire pour le Reich. Vgl. auch: ANP, AJ 72/1929. Reichsminister für Rüstung und Kriegsproduktion/Generalbevollmächtigter für Rüstungsaufgaben im Vierjahresplan, Erlass über die Auftragsverlagerung in die besetzten Westgebiete vom 3. Dezember 1943.

[73] *Margairaz*, L'état, les finances et l'économie 703.

[74] ANP, F 37/4. Gesprächsprotokoll der Verhandlung von Jacques Barnaud mit Elmar Michel (Leiter der Abt. Wirtschaft des MBF) vom 29. Januar 1942.

[75] ANP, AJ 40/443. MBF, Abt. I a Kommandostab. Lagebericht zum März 1941 vom 31. Mai 1941. ANP, AJ 40/444. MBF Zentralabteilung. Lagebericht über Verwaltung und Wirtschaft April-Juni 1943 vom 21. Juli 1943.

[76] *Radtke-Delacor*, Produire pour le Reich 114f.

die Wehrmacht erfassten Verlagerungen ins besetzte Frankreich (2,6 Milliarden RM bis zum 1. Oktober 1943) mit der bis zu diesem Zeitpunkt erreichten Clearingverschuldung von rund fünf Milliarden RM lässt erkennen, dass fast die Hälfte der Lieferungen nicht zur Deckung des unmittelbaren Wehrmachtbedarfs diente[77]. Die ins Reich gelangten Lieferungen, die in Vertragswerken wie dem genannten Kehrl-Plan zusammengefasst waren, reichten von Rohstoffen und Investitionsgütern bis zu Konsumgütern, z. B. 1,2 Millionen Kinderschuhen und 2,2 Millionen Damenschuhen im Jahr 1941[78]. Frankreich gehörte zu den europäischen Ländern mit dem höchsten Volumen an Verlagerungsaufträgen, lieferte aber nicht die Hälfte des Wehrmachtverbrauchs, wie manche Statistiken ausweisen[79].

5. Geldschöpfung und Preispolitik

Wollte die Wehrmacht auf Plünderung und unbezahlte Requisitionen verzichten, benötigte sie große Geldsummen, um die Lieferungen der französischen Unternehmen zu bezahlen. Der Weg zu flüssigen Geldmitteln führte über die Auferlegung unverhältnismäßig hoher Besatzungskosten von 20 Millionen Reichsmark pro Tag[80]. Nach der Abwertung der französischen Währung im Verhältnis zur Reichsmark von 17:1 in der unmittelbaren Vorkriegszeit auf 20:1 seit Beginn der Besatzungszeit entsprach dies einer Summe von 400 Millionen Francs, die täglich auf das Besatzungskonto flossen.

Die Höhe der Besatzungskosten stellte 1940/41 einen ständigen Zankapfel in den Wiesbadener Verhandlungen der deutschen und der französischen Waffenstillstandskommission dar. Schließlich gelang es der französischen Delegation auf dem Verhandlungswege, die Summe auf 300 Millionen Franc pro Tag zu drücken[81]. Von deutscher Seite aus wurde dieses Zugeständnis mit einem Junktim verbunden. Denn im Gegenzug musste sich die französische Regierung verpflichten, der Einsetzung von drei Kommissaren zuzustimmen: einem in der französi-

[77] *Hans Umbreit*, Die deutsche Herrschaft in den besetzten Gebieten 1942–1945, in: Das Deutsche Reich und der Zweite Weltkrieg, Bd. 5: Organisation und Mobilisierung des deutschen Machtbereichs, 2. Halbbd.: Kriegsverwaltung, Wirtschaft und personelle Ressourcen 1942–1944/45, hrsg. v. *Militärgeschichtlichen Forschungsamt* (Stuttgart 1999) 186; im Folgenden zitiert: *Umbreit*, Herrschaft in den besetzten Gebieten. ANP, AJ 40/444. MBF Zentralabteilung. Lagebericht über Verwaltung und Wirtschaft Oktober-Dezember 1943 vom 27. Januar 1944.

[78] *Margairaz*, L'état, les finances et l'économie 613–629.

[79] Jonas Scherner in diesem Bd. im Gegensatz zu *Umbreit*, Herrschaft in den besetzten Gebieten 186f. Umbreits Aufstellung zum 1. Oktober 1943 weist weder Italien noch das Reichsprotektorat aus.

[80] Zur Problematik ausführlich: *Marcel Boldorf*, *Jonas Scherner*, France's Occupation Costs and the War in the East. The Contribution to the German War Economy, 1940–1944, erscheint in: Journal of Contemporary History (2012). Im Folgenden zitiert: *Boldorf*, *Scherner*, France's Occupation Costs.

[81] ANP, F 37/3. Protokoll des Treffens der deutschen und französischen Delegation vom 9. Mai 1941.

schen Nationalbank, zwei weiteren für die Aufsicht über den Devisenverkehr und den Außenhandel. Das deutsche Einlenken wird allerdings verständlicher, wenn man berücksichtigt, dass sich zu dieser Zeit, d.h. im Mai 1941, auf dem Besatzungskonto ein Überschuss von 2,9 Milliarden Reichsmark angehäuft hatte, also nur rund 55 Prozent der in den ersten elf Besatzungsmonaten von französischer Seite bezahlten Summen tatsächlich ausgegeben worden waren[82]. Danach wurde das Geldpolster allmählich abgebaut, sodass die deutschen Besatzer die Okkupation der unbesetzten Zone im November 1942 zum Anlass nahmen, die Besatzungskosten auf 25 Millionen RM bzw. 500 Millionen Francs heraufzusetzen.

Noch früher als die übrigen Lenkungsinstitutionen ließ sich am 24. Juni 1940 die Reichskreditkasse in der französischen Hauptstadt nieder[83]. Diese Besatzungsbank gab so genannte Reichskreditkassenscheine aus, die vor allem der Wehrmacht als Zahlungsmittel für ihre Einkäufe bei französischen Unternehmen dienten. Somit konnten die Rüstungs- und Ausstattungsgüter bezahlt werden, ohne dass stimulationsfeindliche Requisitionsmaßnahmen angewandt wurden. Der französische Lieferant tauschte den Schein bei seiner Bank gegen Francs ein. Es bestand ein Annahmezwang, und die Bank löste den Kreditkassenschein bei der Zentralbank ein. Die ausgegebenen Beträge wurden schließlich auf dem Besatzungskonto verbucht. Dieses System wurde bis Ende 1943 aufrecht erhalten, obwohl die Reichskreditkassenscheine auch aus anderen europäischen Besatzungsgebieten nach Frankreich einströmten[84]. Um die finanziellen Forderungen zu bedienen, musste der französische Staat die Steuern erhöhen und die Notenpresse einschalten. Die Aufblähung der in Umlauf gebrachten Menge französischen Geldes führte unweigerlich zur Inflation[85].

Infolge dieses Systems herrschte zu Beginn der Besatzungsherrschaft kein Mangel an flüssigen Mitteln zur Deckung des deutschen Bedarfs. Erst mit zunehmender Verknappung der Mittel drängte die Besatzungspolitik auf Preisstabilität, was den ursprünglich auf Währungsstabilität gerichteten Interessen der französischen Kollaborateure entgegenzukommen schien[86]. Die fortschreitende Geldentwertung drohte die Leistungsanreize im besetzten Frankreich zu verringern[87]. Zu Beginn der Besatzungszeit lag das Preisniveau, gerechnet in Reichsmark, erheblich niedriger als im Deutschen Reich, weil Frankreich schon 1936 seine Währung einmal abgewertet und die vom Besatzer verordnete erneute 15-prozentige Zwangsabwertung des Franc zu einer zusätzlichen Verschlechterung der französischen Position gegenüber Deutschland geführt hatte.

[82] ANP, AJ 40/443. MBF-Kommandostab Abteilung Ia. Lagebericht April/Mai 1941 vom 31. Mai 1941.
[83] ANP, AJ 40/578. MBF Abt. Wirtschaftsorganisation (Westphal). Sechste Tagesmeldung an das Oberkommando der Wehrmacht nach der Besetzung Frankreichs vom 24. Juni 1940.
[84] *Umbreit*, Militärbefehlshaber in Frankreich 216.
[85] *Michel Margairaz*, La Banque de France et l'occupation, in: Banques, Banque de France et Seconde Guerre mondiale, hrsg. v. *dems.* (Paris 2002) 38–41.
[86] *Margairaz*, L'état, les finances et l'économie 543–547.
[87] Vgl. *Boldorf*, *Scherner*, France's Occupation Costs.

Das deutsche Interesse, dieses Gefälle aufrecht zu erhalten, lässt sich auf drei Gründe zurückführen: a) Es beförderte den Export ins Deutsche Reich. Die Preisdifferenz ermöglichte den französischen Unternehmen, bei der Lieferung nach Deutschland höhere Gewinne als beim Verkauf im Inland zu erzielen. b) Ein Importsog in das besetzte Territorium wurde vermieden. Wäre das französische über das deutsche Preisniveau gestiegen, hätte ein Abfluss von Konsumgütern aus Deutschland befürchtet werden müssen. c) Hinzu kamen preispolitische Gründe, die denen im Deutschen Reich entsprachen. Die Eindämmung inflationärer Tendenzen diente dazu, das Niveau des Konsums bei gleichbleibenden Löhnen nach Möglichkeit zu stabilisieren.

Folgerichtig bemühte sich die deutsche Besatzung schon 1940 um die Effektivierung der bereits vorher installierten Preisüberwachung. Die Preiskontrollstelle des *Comité National de la Surveillance des Prix* existierte seit August 1936 und untergliederte sich in ein Comité Interministeriel sowie *Comités Départementaux*. Letztere verloren ihre Preisbildungskompetenz und nahmen nunmehr eine reine Überwachungsfunktion ein. Als Nachfolger des *Comité National* wurde eine *Sous-direction des prix* im Finanzministerium gebildet, die als oberste Preisbehörde für das besetzte und unbesetzte Gebiet fungierte. Sie stellte die allgemeinen Richtlinien für das materielle Preisrecht auf. Um Verstöße gegen Preisbestimmungen besser verfolgen zu können, ordnete der MBF die Einbeziehung der Zöllner, die an den Außengrenzen nicht mehr gebraucht wurden, in die Überwachung an[88].

Die Gründe für den Preisauftrieb in Frankreich entsprachen weitgehend denen, die für das Deutsche Reich festgestellt werden können. Die zunehmende Abkopplung vom internationalen Marktgeschehen, d.h. die erzwungene Wirtschaftsautarkie, führte zu einer Verknappung von ausländischen Inputs, zumal Deutschland den vertraglich eingegangenen Lieferungsverpflichtungen nicht nachkam. Dies hatte einen Rückgang der Produktion zur Folge. Substanzverluste entstanden zunächst durch die Requisitionen und dann durch laufende Lieferungen an die Wehrmacht bzw. an deutsche Reichsstellen, denen keine Gegenlieferungen entsprachen. Insbesondere die Erzeugungs- und Lieferengpässe im Winter 1940/41 erhöhten die Kosten, sodass die französische Seite Abweichungen vom starren Preisgefüge forderte[89].

Preiserhöhungen sollten Anreize zur Ankurbelung der unzureichenden landwirtschaftlichen und industriellen Produktion setzen. Allerdings gab die deutsche Preisstelle den französischen Forderungen erst ab Mitte 1941, als Erhöhungen der Industriearbeiterlöhne akzeptiert worden waren, häufiger nach[90]. Um einen Anstieg der Lebenshaltungskosten zu vermeiden, hielt die MBF-Wirtschaftsabteilung

[88] ANP, AJ 40/443. MBF-Kommandostab Abteilung Ia. Lagebericht Monat Oktober/November 1941 vom 30. November 1941.

[89] *Margairaz*, L'état, les finances et l'économie 551.

[90] ANP, F 37/3. Protokolle der deutsch-französischen Wirtschaftsverhandlungen vom 27. Mai 1941, 10. und 19. Juni 1941, 5. November 1941.

den französischen Staat zu einer hohen Subventionierung des Grundverbrauchs an. Wegen der hartnäckigen Weigerung der deutschen Preisstelle erfolgte bis November 1941 keine Anhebung des Verbraucherpreises für Brot. Erst im Winter 1941/42 gab es zwei rasch aufeinander folgende Erhöhungen, danach stagnierte der Preis wieder bis 1944. Über den Brotpreis führten französische und deutsche Delegationen langwierige Verhandlungen, doch schließlich musste der französische Fiskus den Brotpreis 1941 mit 2,5 Milliarden Francs (125 000 RM) und 1942 mit 3,2 Milliarden Francs (160 000 RM) stützen[91]. Gleichzeitig leistete der französische Staat einen direkten Beitrag zur Kriegsfinanzierung, indem er die Produktionskosten in der Kohleförderung und in der Eisenindustrie mit hohen Summen subventionierte.

6. Die Arbeitskräftelenkung

Die Aktivitäten zur Wirtschaftsförderung wurden durch die Zwangsrekrutierung von Arbeitskräften konterkariert. Die Anfänge der Arbeitskräfteanwerbung ins Deutsche Reich konzentrierten sich auf das Departement de la Seine, d.h. den Raum Paris, weil dort nach dem Einmarsch eine besonders hohe Arbeitslosigkeit zu verzeichnen war[92]. Die Vermittlung beruhte auf dem Prinzip des *volontariat*, auch wenn die Forschung häufig von einer „gelenkten Freiwilligkeit" ausgeht[93]. In einzelnen Regionen, z.B. Nord/Pas-de-Calais, fanden schon 1940 gewaltsame Rekrutierungen statt. Durch die Betriebsstilllegungen und andere Kriegsmaßnahmen gerieten die Arbeiter in eine materielle Zwangslage. Unter Mithilfe der kollaborierenden französischen Technokraten gelangten bis September 1941 im Zuge des so genannten Reichseinsatzes 48 500 französische Arbeitskräfte ins Deutsche Reich. Das waren aber lediglich drei Prozent der damals bereits eingesetzten ausländischen Arbeitskräfte, die zu diesem Zeitpunkt in der Mehrzahl polnischer Herkunft waren[94].

An die Umsetzung der Betriebsschließungen im Frühjahr 1942 schloss sich die Phase vermehrter Zwangsverpflichtungen von Arbeitskräften an. Die französischen Kollaborateure erfüllten die deutsche Forderung nach Ausarbeitung von Konzepten; zum Beispiel erwog François Lehideux bereits im Januar 1942 die Möglichkeit der Errichtung eines Arbeitsdienstes[95]. Der Übergang zur Zwangsverschickung von Arbeitskräften nach Deutschland ist mit dem Namen des thüringischen Gauleiters Fritz Sauckel verbunden. Ultimativ forderte dieser im März

[91] ANP, AJ 40/443. MBF-Abt.I a Kommandostab. Lagebericht für Oktober/November 1941 vom 30.November 1941.
[92] BArch-MA, RW 35/10. MBF-Abt.I a Kommandostab. Lagebericht für den Monat August 1940 vom 2.September 1940.
[93] *Bernd Zielinski*, Staatskollaboration. Vichy und der Arbeitseinsatz im Dritten Reich (Münster 1995) 81; im Folgenden zitiert: *Zielinski*, Staatskollaboration.
[94] *Umbreit*, Auf dem Weg zur Kontinentalherrschaft 262.
[95] *Rousso*, Régime de Vichy 96.

1942 eine halben Million französische Arbeitskräfte. Die neue französische Regierung unter Pierre Laval beantwortete dies mit dem Vorschlag eines Systems der „Ablösung“ (Relève), d.h. des Austauschs im Reich inhaftierter französischer Kriegsgefangener gegen Arbeiter, die sich freiwillig für den Arbeitseinsatz in Deutschland meldeten. Da sich auf diesem Wege nur 20000 Arbeitskräfte rekrutieren ließen, verfügte der französische Gesetzgeber am 4. September 1942, dass die Arbeitskraft in den Dienst der Nation zu stellen sei. Auf der Basis dieses Dienstpflichtgesetzes setzten während der folgenden Monate die Zwangsverschickungen ein[96]. In vier so genannten Sauckel-Aktionen zwischen Juni 1942 und Dezember 1943 gingen die Besatzungsbehörden mit französischer Hilfe zur offenen Dienstverpflichtung über. Der Zwangsarbeitsdienst des *Service du Travail Obligatoire (STO)* führte zur Verschickung ganzer Geburtsjahrgänge, z.B. bei seiner Einführung im Februar 1943 der 1920, 1921 und 1922 Geborenen[97]. Für den zum Industrieminister aufgestiegenen Jean Bichelonne stellte der Arbeitsdienst die logische Konsequenz der seiner Meinung nach notwendigen autoritären Arbeitskräftebewirtschaftung dar.

Die von Bichelonne vertretene Kollaborationspolitik manövrierte sich in eine Sackgasse, wie sein Berliner Treffen mit Albert Speer im September 1943 zeigte[98]. Alleiniger Verhandlungsgegenstand war die stärkere Einbeziehung Frankreichs in die deutsche Kriegswirtschaft. Die Verhandlungspartner einigten sich unter anderem auf die Definition rüstungsrelevanter Sperrbetriebe (S-Betriebe) aus denen keine Arbeitskräfte abgezogen werden durften[99]. Diese Vereinbarung stand aber Sauckels Vorstellungen zur „Reichsnutzung“ der Arbeitskräfte entgegen, denn die deutschen Anwerber suchten bevorzugt nach gelernten Industriearbeitern. Die Bestrebungen der französischen Regierung richteten sich nun darauf, die Arbeitskräfte in Frankreich unentbehrlich zu machen. Dementsprechend bemühte sich das Industrieministerium, dass a) die Rüstungsbetriebe gute Produktionsergebnisse erzielten, um der Gefahr der Schließung zu entgehen, b) andere Betriebe ihre Produktpalette um rüstungsrelevante Güter erweiterten, damit sie in die Liste der Sperrbetriebe Aufnahme fanden, c) den S-Betrieben die Arbeitskräfte erhalten blieben[100]. Die Logik der Kollaboration verschob sich in der Weise, dass die französischen Technokraten zu Verteidigern der Speer-Planungen wurden, um die Sauckel-Forderungen abzuwehren. Die Bilanz der französischen Zwangsarbeit liest sich wie folgt: 200000 so genannte Freiwillige und 650000 Dienstverpflichte-

[96] Ebd.

[97] *Zielinski*, Staatskollaboration 140. Dort ausführlich zu den Sauckel-Aktionen: 106–175.

[98] ANP, AJ 72/1926. Delegation des französischen Industrieministeriums (Bichelonne, Cosmi u.a.). Protokoll des Treffens mit Albert Speer und dessen Stab vom 20. September 1943.

[99] ANP, AJ 40/444. MBF Zentralabteilung. Lagebericht über Verwaltung und Wirtschaft Oktober-Dezember 1943 vom 27. Januar 1944. Vgl. auch: *Milward*, New Order 157–159.

[100] ANP, AJ 72/1929. Kabinettsleiter des französischen Industrieministeriums Pierre Cosmi. Protokolle der Verhandlungen vom 2. Februar und 28. März 1944 mit Sauckels Frankreich-Beauftragtem SS-Brigadeführer Alfons Glatzl (seit Nov. 1943 Leiter der HA Arbeit des MBF), vgl. auch *Umbreit*, Militärbefehlshaber in Frankreich 328.

te arbeiteten im Deutschen Reich; hinzu kam rund eine Million arbeitsverpflichteter Kriegsgefangener[101].

7. Schlussüberlegungen

Reflektiert man die wirtschaftliche Ausbeutung der besetzten Gebiete, stellt sich die Frage nach der Semantik dieses Begriffs. Offensichtlich ist es verfehlt, ihn auf Zwangsmaßnahmen wie „Plünderung“, „Beutemachen“ oder „Auskämmaktionen“ zu beschränken. Solche meist punktuellen Eingriffe, die sich stark in das kollektive Gedächtnis eingeprägt haben, sind unbestreitbar. Fälle dieser Art konzentrierten sich in Frankreich auf das erste halbe Jahr sowie das Ende der Besatzungszeit, ohne in der dazwischen liegenden Periode völlig an Bedeutung zu verlieren. Manche Autoren schlagen vor, von den zwei Phasen der Plünderung eine mittlere Periode der Jahre 1941 und 1942 zu unterscheiden, in der die deutsche Besatzungsmacht eine langfristige Ausnutzung (exploitation à long terme) der französischen Volkswirtschaft angestrebt habe[102]. Eine solche Argumentation, die auf der Vorstellung einer nach NS-Maßgaben umgebauten europäischen Nachkriegswirtschaft fußt, führt jedoch in die Irre. Sie verkennt, dass einige reine Ausbeutungsentscheidungen, die allein der Kriegsführung dienten, in der identifizierten mittleren Periode lagen, darunter vor allem die Schließung von Betrieben, die für den normalen wirtschaftlichen Kreislauf unentbehrlich waren, sowie die Sauckel-Forderungen, die schon im Frühjahr 1942 formuliert wurden. Eine gewisse Häufung für Frankreich wirtschaftlich negativer Entscheidungen fiel mit der Abdankung Pétains und der Bildung der Laval-Regierung zusammen, was mit dem Diktum vom „second Vichy“[103] übereinstimmt. Vielfach wurden allerdings nach jener Zäsur bereits gefällte Entscheidungen nur mit größerer Konsequenz umgesetzt.

Anfang 1944 formulierte die Zentralabteilung des MBF folgende rückblickende Charakterisierung: „Die Umwandlung einer freihändlerischen, kolonial ausgerichteten, mit Weltmarktpreis arbeitenden Vorkriegswirtschaft in eine autarke, binnenstaatliche, nach übergeordneten Gesichtspunkten gelenkte Kriegswirtschaft ist ohne erhebliche Preisveränderungen nicht durchführbar.“[104] Die Textstelle, die mit apologetischer Absicht für übergeordnete Wehrmachtkommandos geschrieben wurde, befasst sich vordergründig mit Versäumnissen der Preispolitik, wobei

[101] *Rousso*, Régime de Vichy 98.

[102] *Hans Umbreit*, Die Verlockung der französischen Ressourcen: Pläne und Methoden zur Ausbeutung Frankreichs für die kriegsbedingten Bedürfnisse und die langfristigen Ziele des Reichs, in: La France et l'Allemagne en guerre. Septembre 1939–novembre 1942, hrsg. v. *Claude Carlier*, *Stefan Martens* (Paris 1990) 437. *Radtke-Delacor*, Produire pour le Reich 103. *Margairaz*, L'état, les finances et l'économie 593.

[103] *Margairaz*, L'état, les finances et l'économie 671.

[104] ANP, AJ 40/444. MBF Zentralabteilung. Lagebericht über Verwaltung und Wirtschaft Oktober-Dezember 1943 vom 27. Januar 1944.

die MBF-Abteilung Wirtschaft relativ spät auf Geheiß des Berliner Reichsfinanzministeriums den Weg einer antiinflationären Politik einschlug. In zweiter Linie lenkt sie den Blick auf die grundlegende Umorientierung der französischen Volkswirtschaft, die gleich nach der deutschen Besetzung eingeleitet wurde und sich subtiler Mittel bediente. Als wesentliche Merkmale der gelenkten Kriegswirtschaft lassen sich nennen: a) die Installierung von Institutionen zur Input-Lenkung, insbesondere die zentrale Bewirtschaftungsbehörde und die Zentralauftragsstelle, b) die Konservierung ungleicher Handelsverhältnisse durch die Auftragsverlagerung, mit der die Rohstoffzuteilung immer enger verknüpft wurde. Die Ausbeutungsabsicht zeigt das Clearing-Konto, das ständig ein deutsches Defizit aufwies, c) die Geldschöpfung infolge überzogener Besatzungskostenforderungen sowie das Flüssigmachen der Mittel für die Wehrmacht und die Besatzungsverwaltung u.a. durch die Ausgabe von Reichskreditkassenscheinen, d) die Abwälzung der Kosten der unausweichlichen Inflation auf den französischen Staat. Von den Rohstoffen bis zur Lebensmittelerzeugung musste die Staatskasse Zuschüsse leisten, damit die Verkaufspreise niedrig gehalten werden konnten, e) die spärliche Anwendung von Zwang gegenüber Unternehmen. Während kriegswichtige Unternehmen mit einer Sonderstellung (Rüstungs-, Vorzugs- und Sperr-Betriebe) rechnen durften, wurden konsumorientierte Betriebe geschlossen und deren Arbeiter zur Zwangsarbeit ins Deutsche Reich verschleppt.

Diese Punkte machen deutlich, dass die Formulierung der „häufig gebrauchten Redewendung die ‚Kuh' schlachten und auf einmal zu konsumieren, oder sie über einen längeren Zeitraum hinweg zu melken" auf die falsche Fährte führt[105]. Das System der deutschen Kriegswirtschaft beruhte darauf, Frankreich auszubeuten und zugleich an entscheidenden Punkten anreizfeindliche Strukturen zu vermeiden. Im Gegenteil stimulierte das Lenkungssystem der Kriegswirtschaft auf verschiedenen Ebenen die Zusammenarbeit geradezu: a) Die kollaborierenden Verwaltungen waren angesichts der offenkundigen Möglichkeit eines Raub- und Plünderungskriegs bestrebt, die französische Wirtschaft zunächst als Ganzes, später zumindest in Teilen funktionsfähig zu halten. b) Den Unternehmern blieben die Gewinnmöglichkeiten erhalten. Trotz ihres späteren Verweises auf ihre angebliche Zwangslage sicherten sich manche unter ihnen erkleckliche Kriegsgewinne. Die Rechnung in Form von Subventionen, Besatzungskosten usw. bezahlte der Staat. c) Das System selektiver Anreizsetzungen zielte auch auf gewisse Gruppen der Arbeiterschaft. Im letzten Jahr vor der Befreiung funktionierte es in den französischen Sperrbetrieben nach einer eigentümlichen Logik: Durch Leistungsorientierung versuchte man, dem drohenden Schicksal des Arbeitseinsatzes in Deutschland zu entgehen.

[105] Vgl. *Umbreit*, Herrschaft in den besetzten Gebieten 184.

Summary

Immediately after the invasion of June 1940, the Economic Division of the German Military Command began to cultivate contacts with French officials who had stayed in the Paris ministries. This occurred in a period which former research has designated as being exclusively characterised by looting and requisitions. With the help of French collaborators, Nazi occupiers installed central institutions in order to control the French economy: the central rationing office, the Central Contracts Office for the supervision of foreign trade, money creation by demanding exorbitant occupation costs, and the control of the mobility of labour. The main aim of these regulations and institutions was to completely orientate the French economy around the needs of German warfare. This paper shows that it was mostly incentive-compatible measures that were taken to organisize the exploitation of the largest and most diversified European economy under Nazi control.

Hervé Joly

Französische Unternehmen unter deutscher Besatzung

Bei einer Untersuchung der Frage, welchen Beitrag die besetzten Länder zur deutschen Kriegswirtschaft im Zweiten Weltkrieg leisteten, ist Frankreich von ganz wesentlicher Bedeutung. Seit langem war Frankreich in großen Teilen kein reines Agrarland mehr, sondern verfügte über zahlreiche Industriebranchen, die nach 1918, u.a. gestützt auf die Märkte und Ressourcen des großen Kolonialreichs und die für Frankreich vorteilhaften Friedensverträge, in Europa eine führende Rolle spielten. Ein Konzern wie zum Beispiel Schneider hatte sich während der Zwischenkriegszeit im ehemaligen Österreich-Ungarn und hier besonders stark in der Tschechoslowakei engagiert. Nach dem überraschend schnellen Sieg der Wehrmacht im Juni 1940 war die Kontrolle der internationalen und inländischen Aktivitäten der französischen Wirtschaft für die deutschen Besatzer von überragender Bedeutung. War es zunächst ein wichtiges Ziel, den französischen Einfluss auf ausländischen Märkten zurückzudrängen, wurde Frankreich im Zuge der weiteren Entwicklung zu einem bedeutenden Lieferanten von Waren und Arbeitskräften für die deutsche Kriegswirtschaft.

Das besiegte Frankreich war anfangs nicht vollständig von deutschen Truppen besetzt, die südlichen Landesteile mit Ausnahme der Atlantikküste blieben „freie Zone“ (*zone libre*). Offiziell wurde Frankreich vom Regime in Vichy (Allier) regiert, das formal die Regierungsgeschäfte für das ganze Land, also einschließlich aller besetzten Gebiete[1], aber ohne das faktisch annektierte Elsass-Lothringen, weiterführte. Für fast das gesamte Land galten also immer noch französische Gesetze, wobei die neu erlassenen Gesetze nicht vom Parlament verabschiedet wurden. Daneben gab es deutsche Verordnungen, die nur für die von der deutschen Wehrmacht besetzten Gebiete galten. Die „zone libre“ lag trotzdem nicht völlig außerhalb des deutschen Einflussbereichs, weil deutsche Militärinspektoren sie ständig betreten konnten, um strategisch wichtige Produktionsstätten zu kontrollieren. Nach dem Einmarsch von deutschen und italienischen Truppen im November 1942 wurde die „zone libre“ liquidiert. Die beiden verbündeten Länder

[1] Es handelte sich um mehrere besetzte Zonen: die Region Nord, die von deutschen Truppen unter Führung des deutschen Militärbefehlshabers in Brüssel besetzt war; eine weitere „zone interdite“ mit besonderem Status lag im Nordosten und unterstand, wie das restliche besetzte französische Gebiet, dem deutschen Militärbefehlshaber in Paris. Außerdem waren einige Grenzgebiete in den Alpen italienisch okkupiert.

teilten sie in zwei ungleich große Gebiete mit der Rhône als Grenze auf. Nach dem Sturz Mussolinis im September 1943 besetzte Deutschland die gesamte ehemals „freie“ Zone, doch blieb die Regierung in Vichy bis zur Befreiung im Amt.

In diesem Beitrag werden zunächst einige allgemeine Fragen behandelt: Was wurde aus den französischen Unternehmen während der deutschen Besatzung? Inwieweit wurden Unternehmensstrukturen geändert, und welche Rolle spielten dabei die deutschen Besatzer? Wie arrangierten sich die französischen Konzerne mit der Aufteilung des Landes in die verschiedenen Zonen? Was geschah mit den bisherigen Unternehmensleitungen? Fand etwa ein politisch bedingter Personalwechsel statt? Kam es im Laufe der Besatzung zu Konflikten zwischen Regime und französischen Unternehmen? Verhafteten und deportierten die deutschen Behörden führende Unternehmerpersönlichkeiten? Welche Wirkung hatte die Arisierungspolitik auf die französische Wirtschaft, und wer zeichnete für ihre Umsetzung verantwortlich?

Am Beispiel der Chemieindustrie werden danach spezielle Formen der wirtschaftlichen Kollaboration illustriert, z.B. die deutschen Kapitalbeteiligungen in gemischten Vertriebs- und Produktionsgesellschaften sowie gemeinsame Investitionen in neue Syntheseprodukte. Zweifellos nutzte die deutsche Industrie die durch die Besatzung entstandenen Kräfteverhältnisse und übte entsprechenden Druck aus. Aber wie groß war daneben die Kollaborationsbereitschaft der französischen Industrie? Wie wurden gemeinsame Projekte im einzelnen umgesetzt, und welche Resultate erbrachten sie?

Die Effekte der deutschen Besatzung auf Struktur und Management französischer Unternehmen

Kontinuität in den Unternehmensstrukturen

Die Unternehmenslandschaft blieb in der Besatzungszeit erstaunlich stabil. Es gab weder Verstaatlichungen noch Privatisierungen, keinen großen Konkurs und kaum Fusionen[2]. Die Verstaatlichungen der Jahre 1936/37 unter der linken Volksfrontregierung, die die Eisenbahngesellschaften, Flugzeugbauer und Waffenfabriken betroffen hatten, stellte das ansonsten reaktionäre Vichy-Regime nicht in Frage. Weitergehende Verstaatlichungspläne sah allerdings nur das erst März 1944 verabschiedete Programm der Résistance vor. Die wenigen Konkurse einiger in der Wirtschaftskrise geschwächten Firmen lagen schon Anfang der dreißiger

[2] Der einzige wichtige Fall war 1943 die Bildung der Compagnie générale du cuivre et du duralumin (Cegedur), in der sich die elektrometallurgischen Betriebszweige der Konzerne Alais-Froges & Camargue (AFC, später Pechiney) und der Compagnie générale d'électricité (CGE) zusammenschlossen zu einem Konzern mit zehn Werken und mehreren Tausend Beschäftigten (über 5000 im November 1947). Jedoch spielten die deutschen Besatzer bei dieser internen Reorganisation der französischen Industrie keine Rolle.

Jahre. Die letzten großen Fusionen in der französischen Wirtschaft fanden während der zwanziger Jahre statt[3], als fiskalische Anreize dafür bestanden. Selbst die von den Technokraten des Vichy-Regimes favorisierte Schließung von kleinen „unnötigen" Unternehmen der Konsumgüterindustrie mit dem Ziel der Rationalisierung der Wirtschaft wurde kaum umgesetzt. Sie widersprach auch dem anderen Ziel Vichys, „unabhängige" Unternehmen zu unterstützen. So gelang es vielen Firmen, sich durch eine Neuorientierung ihrer Produktion zu retten[4].

Hinsichtlich der Unternehmensleitungen wird häufig das durch das Vichy-Regime geänderte Aktiengesetz von 1940, das die Macht in Aktiengesellschaften formell in den Händen des *Président-directeur général* (PDG) konzentrierte, übertrieben als Einführung des Führerprinzips in französischen Firmen dargestellt[5]. Das französische Aktiengesetz beließ es aber bei dem bereits traditionellen monistischen Leitungsmodell französischer Aktiengesellschaften – im Gegensatz zum deutschen dualistischen Modell, bestehend aus Vorstand und Aufsichtsrat. Durch das neue Gesetz wurde tatsächlich nur die Fiktion der im Aktiengesetz von 1867 vorgesehenen kollektiven Führung durch die *administrateurs* beseitigt, die aber in der Realität ohnehin nicht existierte. Nun wurde der Vorsitzende des *conseil d'administration*, den es bisher nur in der Praxis gegeben hatte, in seiner Funktion gesetzlich anerkannt. Ihm wurde im Normalfall auch die Geschäftsführung anvertraut, allerdings mit der Möglichkeit, sie an einen ihm persönlich unterstellten Generaldirektor zu delegieren. Die Gesetzesreform[6] änderte an den bisherigen Verhältnissen wenig. In manchen Fällen hatte der Vorsitzende des *conseil d'aministration* bereits als PDG fungiert. Meistens aber war der *Président* eine Art Aufsichtsratsvorsitzender gewesen, neben dem es einen oder zwei *administrateurs délégués* gab, die zusammen mit ihm den engeren Vorstand bildeten. Nach dem geänderten Gesetz blieb also alles in etwa so, wie es vorher war, d. h. es gab weiterhin einen *Président*, der dem vormaligen *Président du conseil d'administration* entsprach, und einen *administrateur délégué*, nun umbenannt in *directeur général*, oder der bisherige *Président du conseil d'administration* zog sich zurück und einer der *administrateurs délégués* wurde *PDG*[7].

[3] Z. B. hat 1921 Alais & Camargue mit der Société d'électro-métallurgie française fusioniert, wobei AFC entstand; 1922 wurden die Société d'électro-chimie mit den Aciéries Paul Girod Ugine, 1928 die Société des usines chimiques du Rhône mit den Établissements Poulenc Frères Rhône-Poulenc vereinigt.

[4] Vgl. *Sabine Effosse, Marc de Ferrière le Vayer, Hervé Joly* (Hrsg.), Les Entreprises de biens de consommation sous l'Occupation (Tours 2010).

[5] Z. B. die juristische Dissertation von *Louis Czulowski*, La Notion de direction dans les sociétés anonymes et la législation de 1940 (Toulouse 1943) 133.

[6] „Loi relative aux sociétés anonymes", 16. November 1940, Journal officiel de la République française (JORF), 26 novembre 1940, 5828–5829, leicht geändert durch das „Loi n 145 relative aux sociétés par actions", 4. März 1943, Journal officiel de l'État français, 6. März 1943, 642–643.

[7] S. *Hervé Joly*, La direction des sociétés anonymes depuis la fin du XIXe siècle: le droit entretient la confusion des pratiques, in: Entreprises et histoire 57 (2009) 111–125.

Gründe für den eventuellen Rückzug des *Président du conseil d'administration* waren: a) die durch das neue Gesetz eingeführte Antikumulierungsvorschrift, wonach eine Person gleichzeitig nur noch in zwei *conseils d'administration* den Vorsitz innehaben durfte, b) die neue gesetzliche Altersgrenze, denn ab einem Alter von 70 Jahren durfte man jetzt nur noch in zwei *conseils d'administration* Mitglied sein anstatt in acht (bei einem geringeren Lebensalter). Man kann zwar für den Fall, dass sich der bisherige *Président du conseil d'administration* zurückziehen musste, von einer stärkeren Konzentration persönlicher Macht sprechen, denn nun führte das Unternehmen nur ein einziger PDG, der oft in Personalunion auch *directeur général* war, anstatt mehrerer *administrateurs délégués*. Allerdings war eine Reform des Aktiengesetztes in Frankreich schon in den dreißiger Jahren angedacht gewesen und lediglich im Parlament blockiert worden. Dagegen haben die deutschen Besatzungsbehörden keine erkennbare Rolle in dieser Hinsicht gespielt, weil sie derartigen internen Fragen eher gleichgültig gegenüber standen.

Traditionell befanden sich die Zentralen der meisten französischen Großunternehmen in Paris, während die einzelnen Werke oft auf unterschiedliche Regionen verteilt waren. Das bedeutete unter der deutschen Besatzung, dass sich Werke und Unternehmenszentralen in verschiedenen Zonen befinden konnten. Zwar hatten die Unternehmen vor dem Krieg Ausweichmöglichkeiten außerhalb von Paris vorbereitet, wohin einzelne Verwaltungsabteilungen nach der Niederlage der französischen Truppen auch verlegt worden sind, aber spätestens im Herbst 1940 wurden alle Verwaltungsabteilungen nach Paris zurückgeführt. Vichy, der Regierungssitz, erlangte nie die Stellung eines wirtschaftlichen Zentrums. Zumindest bis Mai 1941, als die Demarkationslinie durchlässiger wurde, war die Kommunikation zwischen den Pariser Zentralen und den Werken in der unbesetzten Zone aber erschwert, weil für den Warenverkehr und das Passieren der Demarkationslinie Sondergenehmigungen erforderlich waren. Konzerne wie die CGE, AFC, Saint-Gobain oder Crédit Lyonnais, die wichtige Firmenstandorte südlich dieser Linie besaßen, werteten deshalb ihre Niederlassungen in Lyon – in wirtschaftlicher Hinsicht faktisch die Hauptstadt der unbesetzten Zone – auf und setzten dort oftmals einen Beauftragten ein[8]. Nur die Kontakte mit den Werken in Elsass-Lothringen waren völlig unterbrochen, was besonders die Kohlegruben und Stahlwerke des lothringischen Reviers betraf. Im Elsass gab es jedoch viele Familienunternehmen – vor allem in der Mühlhausener Textilbranche –, die ohnehin selbständig waren. Dagegen hatten die französischen Großkonzerne damals im Elsass nur relativ wenige Betriebsteile.

[8] Über das Funktionieren von Großunternehmen auf beiden Seiten der Demarkationslinie, s. *Yves Bouvier*, De l'intérêt d'une gestion décentralisée: la Compagnie générale d'électricité en zone non occupée, sowie *Alain Plessis*, Le Crédit lyonnais: une grande entreprise entre siège parisien et activités en zone non occupée, in: *Hervé Joly* (Hrsg.), L'Économie de la zone non occupée 1940–1942 (Paris 2007) 167–182 und 183–203.

Kontinuität im Management der Unternehmen[9]

„Meine Herren, ich habe niemanden von Ihnen in London gesehen“, soll de Gaulle nach der Befreiung 1944 zu führenden Unternehmern gesagt haben[10]. Tatsächlich ist nur der Fall eines bedeutenden Unternehmers bekannt, der sich nach London absetzte. Aristide Antoine, Leiter einer der französischen Stromgesellschaften der belgischen Empain Gruppe, war ein Offizier, der nach der französischen Niederlage nach England fliehen konnte. Er spielte u. a. als Delegierter de Gaulles in Syrien eine wichtige Rolle in der *France libre*. Nach der Befreiung erhielt er jedoch, entgegen seiner Bedeutung während des Krieges, nur eine zweitrangige Position bei dem neuen staatlichen Strommonopolisten EDF[11], was sich möglicherweise mit seinen schlechten Beziehungen zu de Gaulle erklären lässt.

Außerdem sind zwei Fälle bekannt, in denen Manager die Zeit der Besatzung in den Vereinigten Staaten verbrachten. Diese Exilaufenthalte wurden aber nie ausdrücklich politisch begründet und nach dem Krieg auch nicht entsprechend honoriert. Zum einen handelte es sich um Eugène Gentil, Generaldirektor der Glasbranche von Saint-Gobain, der sich ab September 1939 auf Dienstreise in den USA befand, die wohl von vornherein für eine längere Zeit geplant sein musste, weil man eine Vertretung für ihn einsetzte. Ende 1940 zog Gentil sich dann offiziell von seinem Posten als Generaldirektor zurück, blieb aber während des gesamten Krieges als beratender Ingenieur im Dienst des Unternehmens. Nach seiner Rückkehr aus den USA bekleidete er erst ab August 1945 wieder seine alte Position. Ein entsprechender Beschluss wurde vom Verwaltungsrat getroffen, ohne dass es in dem entsprechenden Protokoll eine spezielle Begründung hierfür gab[12]. Sicher ist nur, dass es während des Krieges zu keinem Bruch zwischen dem Unternehmen und Gentil kam und alle Entscheidungen in gegenseitigem Einvernehmen fielen.

Anders ist der Fall von Louis Marlio gelagert, dem *Président délégué* von AFC. Im Juni 1940 informierte er den Verwaltungsrat seines Unternehmens, dass er sich „in offiziellem Auftrag“ der französischen Regierung in den Vereinigten Staaten

[9] Der folgende Teil stützt sich auf eine umfangreiche Studie zur Rekrutierung der Leiter von 21 Industriekonzernen zwischen 1914 und 1966, die im Rahmen meiner Habilitationsschrift entstand, vgl. „Diriger une grande entreprise française au XXe siècle: modes de gouvernance, trajectoires et recrutement“ (École des hautes études en sciences sociales, Paris 2008, erscheint als Buch 2011 in Paris). Weitere Forschungen gibt es u. a. für den Bankensektor.

[10] Bei einem Treffen mit Unternehmensvertretern in Paris am 4. Oktober 1944, zitiert nach: *Henry W. Ehrmann*, Organized Business in France (Princeton 1957) 103. Dieser Satz wurde allerdings danach von keinem der Teilnehmer des Treffens bestätigt. Siehe hierzu *Jean Noël Jeanneney*, L'Argent caché (Paris 1984) 290–293. Auch wenn de Gaulle wahrscheinlich diesen Satz nie gesagt hat, reflektiert er doch die kühle Atmosphäre bei besagtem Treffen.

[11] Als „inspecteur général“, eine Funktion, die nicht unmittelbar zur Generaldirektion gehörte. 1945/46 war er auch treuhänderischer Leiter des staatlichen Office professionnel des combustibles liquides.

[12] Archives Saint-Gobain, procès-verbal du conseil d'administration, 31. 8. 1939, 2B29, 9. 1. 1941, 2B30, 28. 9. 1944, 2B31 und 26. 7. 1945, 2B32.

befinde[13]. Staatschef Pétain hatte ihm schon am 2. Juni 1940 eine außerordentliche und ehrenamtliche Mission bei der französischen Botschaft in Washington übertragen. Er sollte Kontakt mit Persönlichkeiten der amerikanischen Wirtschaft halten, die zugunsten französischer Interessen direkt oder indirekt Einfluss auf die Politik der Republikanischen Partei nehmen konnten[14]. Auch soll er sich in Washington um Wirtschafts- und Nahrungshilfe für Frankreich bemüht haben. Obwohl der Verwaltungsrat von AFC seine baldige Rückkehr wünschte, erklärte Marlio im September 1940, dass sich sein USA-Aufenthalt im „nationalen Interesse" verlängere. Im November 1940 erfuhr der AFC-Verwaltungsrat, dass Marlio mittlerweile eine Tätigkeit als Berater für das amerikanische Unternehmen Reynolds übernommen hatte, was er dann auch selbst bestätigte. Angeblich hatte er sich wegen der Gesetze der Vichy-Regierung zur Reorganisation der Wirtschaft und wegen der von ihm missbilligten Auflösung der Gewerkschaften entschieden, nicht nach Frankreich zurückzukehren. Der Verwaltungsrat traf die Feststellung, dass Marlios Tätigkeit bei der Firma Reynolds wegen deren geschäftlichen Beziehungen zu AFC mit seiner Funktion als *Président* bei AFC unvereinbar sei. Daraufhin wurde ein neuer *Président* ernannt. Bis zum Ende seiner Amtszeit 1943 blieb Marlio jedoch formell Mitglied des Verwaltungsrats, hatte aber angeblich nach Mai 1941 keinen Kontakt mehr zu AFC und Vichy. Sein ständiger Aufenthaltsort blieb in den Vereinigten Staaten, wobei bei seiner Entscheidung sicherlich eine Rolle spielte, dass seine Frau jüdischer Herkunft war. Als Berater des Reynolds-Konzerns soll er am Aufbau der amerikanischen Aluminiumproduktion mitgewirkt haben und auch als offizieller Mitarbeiter der Brookings Institution in amerikanischen Waffenprogrammen tätig gewesen sein. Erst im Januar 1945 trat er wieder mit AFC in Verbindung und wurde in Anerkennung seiner langjährigen Verdienste für das Unternehmen im September desselben Jahres zum Ehrenvorsitzenden ernannt. In eine Leitungsfunktion oder ein Verwaltungsratsmandat rückte er indessen nicht wieder auf.

Abgesehen von diesen beiden Ausnahmefällen, in denen private, berufliche und bei Marlio auch politische Motive ein unklares Geflecht von Gründen bildeten, behielten alle Manager in den Großkonzernen ihre Positionen. Sie erfüllten „ihre Pflichten gegenüber Aktionären, Belegschaft usw.", wie es später rechtfertigend hieß. Festzustellen ist aber auch, dass die überwiegende Mehrheit nach dem „Trauma" der Volksfrontregierung von 1936 mit der politischen Richtung des Vichy-Regimes relativ zufrieden war. Der Kommunisten, Gewerkschaften und Streikgefahr hatte man sich entledigt und war im Gegenzug zur wirtschaftlichen Kollaboration mit den deutschen Besatzern bereit.

[13] Archives Pechiney, Institut pour l'histoire de l'aluminium, procès-verbal du conseil d'administration, 072-13-29963, registre no 22, 29.7.1940, 23.9.1940, 18.11.1940 et registre no. 25, 22.1.1945, 25.6.1945 et 25.9.1945.

[14] Anordnung vom 22.6.1940, zitiert von *Henri Morsel*, Position idéologique et comportement politique d'un dirigeant d'une grande entreprise dans la première moitié du XXe siècle: Louis Marlio, in: *Association française des historiens économistes. Congrès national* (Hrsg.), Entreprises et entrepreneurs XIX-XXe siècles (Paris 1983) 339–387, hier 347–348 und Fußnote 387.

Allerdings wurden weder in privaten, noch in öffentlichen Unternehmen aus politischen Gründen Vertrauensleute des Vichy-Regimes eingesetzt. Die unternehmerischen Spielräume waren zwar, ähnlich wie in Deutschland, durch die Schaffung der *comités d'organisation* und der Sektionen des *Office central de répartition des produits industriels* stark eingeschränkt worden, aber diese Institutionen wurden meistens von den Unternehmern selbst geleitet, d. h. von den führenden Leuten aus den einzelnen Branchen und den alten Verbänden[15].

Mehrere Unternehmer engagierten sich in der Résistance oder unterstützten sie zumindest durch Tolerierungen entsprechender Aktivitäten in ihren Unternehmen, wobei man natürlich mit nach dem Krieg gemachten Aussagen über eine aktive Mitgliedschaft vorsichtig sein muss. Nur in wenigen Fällen war das Engagement im Widerstand jedoch so offenkundig, dass es zum Rückzug von Unternehmensleitungen oder öffentlichen Funktionen in der gelenkten Wirtschaft führte. Aîmé Lepercq, ehemaliger Generaldirektor der Schneider-Holding *Union européenne industrielle et financière* und der Skoda-Werke in der Tschechoslowakei, der seit 1940 Leiter des wichtigen *comité d'organisation* für Kohle war, wurde erst im Juni 1943 suspendiert und im folgenden August abberufen, nachdem er die Politik der Zwangsverschickung französischer Arbeitskräfte nach Deutschland, die Vichy betrieb, öffentlich kritisiert hatte. Als Mitglied der Bewegung der *Organisation civile et militaire* (OCM)[16] war er danach bis zu seiner Verhaftung durch die Gestapo im März 1944 Chef der *Forces françaises de l'intérieur* (FFI) von Paris. Er wurde nicht deportiert und im Chaos des deutschen Rückzugs am 17. August 1944 aus der Haft entlassen.

Sein Nachfolger als FFI-Chef in Paris wurde Pierre Lefaucheux, Generaldirektor der *Compagnie générale de constructions de fours* mit 1200 Beschäftigten und einem Stammwerk in Montrouge bei Paris. Er war ab 1940 in der Résistance aktiv und Mitglied der OCM. Zumindest formell war er bis zu seiner Verhaftung durch den Sicherheitsdienst der SS am 3. Juni 1944 Leiter einer Sektion des *comité d'organisation* für die Bauwirtschaft gewesen[17]. Diese beiden einzigen Großindustriellen unter den 1036 *Compagnons de la Libération*[18] wurden nach der Befreiung entsprechend befördert: Lepercq wurde de Gaulles erster Finanzminister, starb

[15] *Hervé Joly*, Prosopographie des dirigeants des comités d'organisation industriels, in: *Olivier Dard*, *Jean-Claude Daumas*, *François Marcot* (Hrsg.), L'Occupation, l'État français et les entreprises (Paris 2000) 245–260. Vgl. auch den Beitrag von Boldorf in diesem Band.

[16] Die OCM war eine relativ elitäre Widerstandsbewegung, die ihre Mitglieder besonders aus bürgerlichen Kreisen (Industrielle, Kaufleute, hohe Beamte, Freiberufler, Akademiker etc.) rekrutierte.

[17] Er wurde am 15. 8. 1944 nach Buchenwald deportiert, dann jedoch, nachdem sich seine Frau für ihn eingesetzt hatte, am 3. September 1944 überraschend entlassen.

[18] Diese Ehrenbezeichnung wurde nur bis zum Januar 1946 verliehen. Drei Viertel der *Compagnons* gehörten zur *France libre*, nur ein Viertel entstammte der inländischen Widerstandsbewegung. Vgl. die Liste der Biographien auf: http://www.ordredelaliberation.fr/fr_doc/liste_biographie.html.

aber schon im November 1944 bei einem Autounfall. Pierre Lefaucheux war der erste PDG des verstaatlichen Renault-Konzerns[19].

Einige andere Unternehmer wurden durch die deutschen Behörden verhaftet und deportiert, ohne jedoch notwendigerweise aktives Mitglied einer Gruppierung der Résistance gewesen zu sein. Ab 1943 reichte es dafür schon aus, wenn man sich durch eine abweichende Meinung unbeliebt und unerwünscht gemacht hatte. Anlässlich der Verhaftung von etwa 40 hohen Beamten im August 1943[20] wurde auch der Generaldirektor der *Compagnie française des Pétroles* Jules Mény festgenommen und deportiert, weil er sich der deutschen Politik in der Ölwirtschaft widersetzt hatte. Er starb im April 1945 bei der Verlegung von Buchenwald nach Dachau[21]. Pierre Angot, Generaldirektor der *Société nationale des Pétroles d'Aquitaine*, wurde im Juni 1944 verhaftet. Nach Buchenwald deportiert, starb er im Februar 1945, völlig erschöpft durch die Zwangsarbeit in einer Salzgrube[22]. Zu erwähnen ist auch der Fall von Georges Villiers, Industrieller aus Lyon und Vorsitzender des lokalen Berufsverbandes der metallverarbeitenden Industrie, den die Vichy-Regierung 1941 zum Bürgermeister von Lyon ernannte. Später wurde er wegen seiner Beziehungen zur Résistance verhaftet und deportiert[23]. Er überlebte und stieg nach seiner Rückkehr zum Vorsitzenden der neuen Dachorganisation der Unternehmerverbände (*Conseil national du patronat français* – CNPF) auf.

Gegen Ende des Krieges geriet auch die Leitung von Peugeot in Montbéliard (Doubs) wegen ihrer ablehnenden Haltung zur Kollaboration mit der Patenfirma Volkswagen sowie wegen der Duldung von Sabotage in Schwierigkeiten. Fünf Direktoren wurden verhaftet, und der Generaldirektor Jean-Pierre Peugeot floh im Oktober 1944 in die Schweiz[24]. Beim Reifenhersteller Michelin nahm die Konzernleitung, gestützt auf ihre dominante Stellung in der Branche, zur Kollaboration eine eher ablehnende Haltung ein, die aber nie so weit ging, dass für sie eine wirkliche Gefährdung bestand. Zwar gab es in der Gründerfamilie aktive Wi-

[19] *Cyrille Sardais*, Pierre Lefaucheux. Patrons de Renault (1944–1955) (Paris 2009). Er verstarb 1955 ebenfalls bei einem Autounfall.

[20] Anlass hierfür soll die Flucht von Maurice Couve de Murville im März 1943 nach Algerien gewesen sein. Er war als Leiter der Außenwirtschaftsabteilung im Finanzministerium ein wichtiger Gesprächspartner für die deutschen Besatzer. Zu diesen Verhaftungen und zum Fall Mény siehe *Renaud de Rochebrune*, *Jean-Claude Hazéra*, Les Patrons sous l'Occupation (Paris 1995) 401–428. Im Folgenden zitiert: *Rochebrune*, *Hazéra*, Les Patrons. Was die Deutschen Mény im einzelnen vorwarfen sowie die Intensität seines Engagements in der Résistance, sind jedoch unklar.

[21] Nachrufe, nachzulesen auf der Webseite Annales des mines, www.annales.org/archives/x/julesmeny.html.

[22] Nachrufe nachzulesen auf www.annales.org/archives/x/angot.html.

[23] Villiers' Engagement in der Résistance wird allerdings bei allen Autoren nur mit seinen eigenen Angaben in den 1978 veröffentlichten Erinnerungen belegt, die aber genügend Einzelheiten enthalten, um glaubwürdig zu wirken, s. *Rochebrune*, *Hazéra*, Les Patrons 386–388.

[24] *François Marcot*, La direction de Peugeot sous l'Occupation: pétainisme, réticence, opposition et résistance, in: Le Mouvement social 189 (1999) 27–46. Siehe auch: *Hans Mommsen, Manfred Grieger*, Das Volkswagenwerk und seine Arbeiter im Dritten Reich (Düsseldorf 1996) 650–676.

derstandskämpfer, doch handelte es sich dabei um das persönliche Engagement von Erben, die im Unternehmen selbst keine führende Position innehatten[25].

Der Beitrag von Unternehmern zur Résistance ist nicht völlig unbedeutend, aber die Zahl der aktiven Mitglieder blieb, wie in anderen sozialen Schichten im Grunde auch, eine kleine Minderheit. Wie die übrige Bevölkerung dürften sich im Laufe der Zeit auch die meisten Unternehmer vom Vichy-Regime und von der aktiven Kollaboration immer mehr distanziert haben, verblieben aber dennoch bis zum Schluss in ihren Funktionen und öffentlichen Ämtern. Nur den jüdischen Unternehmern bot sich diese Möglichkeit nicht.

Arisierung französischer Unternehmen als Ausnahme von der Regel

Von den deutschen Besatzern initiiert und von Vichy unmittelbar in eigene Regie übernommen, wurden ab Herbst 1940 französische Firmen arisiert. Vichy handelte dabei nach dem Grundsatz, dies besser selbst zu erledigen, als es den Deutschen zu überlassen, um eine Überführung der betroffenen Unternehmen in ausländisches Eigentum zu vermeiden. In der unbesetzten Zone wurde die Arisierung daher von Vichy durchgeführt, ohne dass von deutscher Seite Zwangsmaßnahmen ergriffen werden mussten. Dabei spielte der in weiten Kreisen der französischen Gesellschaft vorhandene Antisemitismus ebenfalls eine entscheidende Rolle.

Gemäß einer deutschen Verordnung vom 18. Oktober 1940 wurde ein Unternehmen dann als jüdisch eingestuft, wenn (a) über ein Drittel des Kapitals jüdischen Aktionären gehörte, (b) ein Gesellschafter in einer Personengesellschaft, ein Geschäftsführer in einer Gesellschaft mit beschränkter Haftung, der Vorsitzende bzw. über ein Drittel der Mitglieder des Verwaltungsrats einer Aktiengesellschaft als jüdisch galten[26]. Die Auswirkung der Arisierung auf große Unternehmen war jedoch eng begrenzt, da der Anteil der Juden in der französischen Wirtschaft insgesamt gering war. Nur in einigen Branchen, etwa der Schmuck-, der Leder-, Kleidungs- und Möbelindustrie, sowie bei Warenhäusern, war er höher. Selbst in den Führungsetagen der Großbanken gab es nur wenige Juden. Jüdisch waren dagegen die Eigentümer berühmter Privatbanken wie Rothschild oder Lazard, wobei anzumerken ist, dass im katholischen Frankreich Privatbanken eher im Besitz von Protestanten wie Hottinguer, Neuflize, Schlumberger, Mallet und Vernes als von Juden waren.

Was die Großindustrie betrifft, sind die Fälle von zwei *administrateurs délégués* besonders hervorzuheben[27]. Es handelt sich dabei um Alexis Aron vom Eisenkonzern Nord-Est und Raymond Berr vom Chemiekonzern Kuhlmann. Aron zog sich Ende 1940 offiziell von seiner Leitungsposition zurück, blieb aber im

[25] S. *Rochebrune*, *Hazéra*, Les Patrons 392–393.

[26] S. *Philippe Verheyde*, Les Mauvais Comptes de Vichy. L'aryanisation des entreprises juives (Paris 1999) 27–28. Im Folgenden zitiert: *Verheyde*, Mauvais Comptes.

[27] Siehe o.g. Studie zur Rekrutierung der Leiter von 21 Industriekonzernen zwischen 1914 und 1966.

Hintergrund als Berater tätig. Berr durfte nach dem Aktiengesetz von 1940 nicht mehr Mitglied des Verwaltungsrats sein, verblieb aber praktisch in seiner Stellung als Generaldirektor. Im Juni 1942 wurde er jedoch in seinem Büro verhaftet und in das Transitlager Drancy bei Paris gebracht[28]. Im September kam er gegen eine von Kuhlmann geleistete Bürgschaft frei; jetzt durfte er seine leitende Tätigkeit aber nur noch von seiner Privatwohnung aus, ohne Kontakt zur Öffentlichkeit, weiterführen. Da er es jedoch ablehnte, Paris zu verlassen oder sich zu verstecken, kam es im März 1944 zur erneuten Verhaftung, dieses Mal mit der gesamten Familie, und der sofortigen Deportation nach Auschwitz. Seine Frau wurde gleich nach der Ankunft ins Gas geschickt, Berr selbst starb infolge Erschöpfung und Krankheit im September 1944. Die Tochter überlebte bis April 1945, verstarb aber nach der Verlegung nach Bergen-Belsen kurz vor der Befreiung des Lagers. Unter der jüdischen Wirtschaftselite Frankreichs kann dieses tragische Schicksal jedoch fast als Einzelfall gelten, denn diese Schicht besaß bessere Möglichkeiten zur Flucht oder zum Exil als jüdische Handwerker oder Kleinhändler. Zu nennen ist ferner noch der Rücktritt der Leitung des größten französischen Werftunternehmens, den Chantiers de l'Atlantique Penhoët. Dort schieden die Großaktionäre René Fould als *Président* und André Lévy als *Directeur général* aus und nahmen bis Anfang 1942 nur noch beratende Funktionen wahr.

Die Verordnung der deutschen Besatzer zur Arisierung wurde, anscheinend aus Vorsichtsgründen, von den Unternehmen recht weit ausgelegt. Anfang 1941 gab es in großen Unternehmen praktisch kein jüdisches Verwaltungsratsmitglied mehr, obwohl nach der Verordnung theoretisch bis zu einem Drittel der Mitglieder hätte jüdisch sein können. Bereits Ende 1940, mit dem Inkrafttreten des neuen Aktiengesetzes und der dadurch erzwungenen Reduktion der Zahl der Verwaltungsratsmitglieder bzw. der Mandate, die eine Person wahrnehmen durfte, fand eine diskrete Entfernung der meisten Juden statt. Zum Beispiel zog sich Mathieu Goudchaux (geboren 1880) aus dem Verwaltungsrat der Nord-Est zurück[29]. Goudchaux gehörte als Bankier zu einer der Gründerfamilien von Nord-Est und hatte als Nachfolger seines Vaters seit 1908 dem Verwaltungsrat des Konzerns angehört. Marcel Cahen verließ zusammen mit vier anderen Personen zum 31. Dezember 1940 diskret den Verwaltungsrat von Thomson-Houston, in dem er seit 1938 gesessen hatte, um die neue gesetzlich vorgeschriebene Grenze von zwölf Mitgliedern einzuhalten[30]. Im Fall von Charles Mannheimer von Rhône-Poulenc, der dort seit 1910 Verwaltungsratsmitglied war, fiel schon am 20. September 1940 eine Entscheidung: „Nach einem Gespräch mit C. Mannheimer wurde der Gene-

[28] Über das Schicksal von R. Berr, siehe das kürzlich veröffentlichte Tagebuch seiner Tochter, *Hélène Berr*, Journal 1942–1944 (Paris 2007).

[29] Im Geschäftsbericht (Ausgabe 1939/40) gibt es keine Angaben zu den Gründen: Archives historiques du Crédit agricole, fonds Crédit lyonnais (jetzt ACL), DEEF 45640/2.

[30] Erklärung im Geschäftsbericht, Hauptversammlung 24. Juli 1941, ACL, DEEF 52416. Cahen kehrte im Juni 1945 zurück.

ralversammlung die Erneuerung seines Mandats nicht angeboten."[31] Offensichtlich übertraf die Selbstregulierung in manchen Fällen sogar die Erwartungen der deutschen Besatzer und des Vichy-Regimes.

Während viele kleine jüdische Geschäfte häufig schnell liquidiert oder verkauft wurden, verlief die Arisierung des Kapitals bei den wenigen großen Unternehmen sehr langsam. Das zuweilen von den Deutschen vorgebrachte Interesse an einer Übernahme blieb allerdings in der Regel folgenlos. Beim Schuhkonzern Chaussures André gab es sechs Arisierungsversuche, die bis 1943 alle scheiterten, so dass das Unternehmen während der gesamten Besatzungszeit unter provisorischer Verwaltung blieb. Beim Werftkonzern Penhoët wurde das Aktienkapital lediglich reorganisiert, damit kein jüdisches (Minderheits-) Paket mehr existierte. Zu einer der wenigen deutschen Minderheitsbeteiligungen kam es hingegen beim Kaufhaus Galeries Lafayette[32].

Formen der deutsch-französischen wirtschaftlichen Zusammenarbeit mit besonderer Berücksichtigung der Chemieindustrie

Die französische Industrie leistete einen bedeutenden Beitrag zur deutschen Kriegswirtschaft, wobei der Anteil der nach Deutschland exportierten Produktion je nach Branche recht unterschiedlich ausfiel. In der Luftfahrtindustrie belief er sich auf nahezu 100 Prozent, in der Automobil- und Aluminiumindustrie lag er ebenfalls sehr hoch. Die Bauindustrie arbeitete in einem großen Umfang für die Besatzungsbehörden, v. a. bei der Errichtung des Atlantikwalls. Aber auch Konsumgüterindustrien, z. B. die Textilbranche, waren teilweise stark involviert[33].

Auf beiden Seiten wollten die Behörden die Geschäfte kontrollieren, jedoch waren Kontakte auf rein privater Basis ebenfalls nicht ausgeschlossen. Die Deutschen „bezahlten" vorwiegend über das Clearing oder aus den Einnahmen aus Besatzungskosten, d. h. letztlich finanzierte der französische Staat die Lieferungen[34]. Die rechtliche Basis waren Verträge, meist bestehend aus einer Kombination privater und staatlicher Abmachungen. Das war schon deshalb notwendig, weil die Produktion für Deutschland oft überhaupt nur möglich war, wenn es von Seiten der Deutschen entsprechende Lieferungen bzw. Zuteilungen von Rohmaterialien gab. Bedeutsam für die Firmen war auch, dass deutsche Aufträge es ihnen erlaubten, ihre Arbeiter zu behalten, anstatt sie nach Deutschland schicken zu müssen.

[31] Archives départementales du Rhône, 146J9, procès-verbal du conseil d'administration. Mannheimer wurde am 6. September 1944, einige Tage nach der Befreiung von Paris, wieder ernannt.
[32] Über diese und andere Fälle, siehe *Verheyde*, Mauvais Comptes.
[33] Für allgemeine Zahlen, siehe *Arne Radtke-Delacor*, Produire pour le Reich. Les commandes allemandes à l'industrie française (1940–1944), in: Vingtième siècle 70 (2001) 99–115.
[34] Vgl. die Beiträge von Oosterlinck und Boldorf in diesem Band.

Besonders in der Chemieindustrie etablierten sich jedoch darüber hinausgehende Formen wirtschaftlicher Kollaboration. Zwar kann man keinen massiven Druck deutscher Firmen oder Behörden auf Übernahme der Kontrolle des Kapitals an französischen Unternehmen konstatieren. Solche Übernahmen waren für die deutsche Industrie auch nicht besonders erstrebenswert. Außer den Juden behielten die französischen Unternehmer ihre Eigentumsrechte, so dass die deutschen Firmen eventuelle Investitionen finanzieren mussten[35]. Außerdem war man nach dem Verlust der vor dem Ersten Weltkrieg existierenden Auslandsvermögen als Folge des Versailler Vertrags gegenüber neuerlichen Auslandsinvestitionen eher misstrauisch. So engagierten sich deutsche Unternehmen nur in bestimmten Fällen, meistens weil sie mit früheren Formen der Kooperation unzufrieden waren. Dabei handelte es sich, zumindest bis Anfang 1942, weniger darum, bestimmte kriegswichtige Produktionen für das Reich zu erweitern, als vielmehr darum, Marktpositionen zu wahren und zu verbessern. Man wollte etwa die französische Industrie auf internationalen Märkten zurückdrängen, d.h. sie nach Möglichkeit auf den französischen Inlandsmarkt begrenzen – wie im Francolor-Abkommen zwischen der IG Farben AG und der Kuhlmann-Gruppe in der Farbenindustrie[36]. Oder das Ziel war es, bessere Renditen für deutsche Lizenzen zu erzielen, nicht zuletzt wenn die deutschen Produkte entweder ohne Lizenz kopiert worden waren[37] oder die französischen Firmen zu geringe Gewinne damit erzielten[38].

In der Chemieindustrie wurden auch gemeinsame Investitionen in beiderseitigem Interesse geplant. Auf französischer Seite lag es darin, von den deutschen Erfahrungen bei der Herstellung von Ersatzprodukten zu profitieren. Das betraf nach dem Ausfall von Baumwoll- bzw. von Naturkautschukimporten zum einen die Herstellung von Zellwolle, wofür die deutsch-französische Gesellschaft France-Rayonne geschaffen und eine große Fabrik errichtet wurde, und zum anderen den Bau einer Bunafabrik, der unter Beteiligung der IG Farben AG von Ugine und Rhône-Poulenc beabsichtigt war[39]. Bei diesen Gemeinschaftsprojekten sollte die deutsche Industrie die Verfahren und zum Teil auch die Rohstoffe lie-

[35] Für jüdischen Besitz musste man allerdings auch bezahlen, selbst wenn die jüdischen Besitzer das Geld nicht erhielten.

[36] Zum Francolor-Abkommen siehe u.a. *Peter Hayes*, Industry and Ideology. IG Farben in the Nazi Era (Cambridge 1987) 278–285, und *Hervé Joly*, La conclusion d'un accord franco-allemand dans l'industrie des colorants en 1940–1941, rapports de force et formes juridiques, in: *Johannes Bähr*, *Ralf Banken* (Hrsg.): Das Europa des „Dritten Reichs". Recht, Wirtschaft, Besatzung (Frankfurt a.M. 2005) 141–175.

[37] Vgl. das Théraplix-Abkommen zwischen IG-Farben/Bayer und Rhône-Poulenc in der Pharmaindustrie. Siehe dazu *Hayes*, Industrie and Ideology 285–289 und *Pierre Cayez*, Négocier et survivre: la stratégie de Rhône-Polenc pendant la Seconde Guerre mondiale, in: Histoire économie et société 11 (1992) 479–492.

[38] Z.B. das Durferrit-Sofumi-Abkommen zwischen Degussa und Ugine bei den Cyanderivaten. Siehe hierzu *Hervé Joly*, L'implication de l'industrie chimique allemande dans la Shoah: le cas du Zyklon B, in: Revue d'histoire moderne et contemporaine 47 (2000) 368–400.

[39] Zu dem gescheiterten Buna-Projekt s. *Michel Margairaz*, L'état, les finances et l'économie. Histoire d'une conversion 1932–1952, Bd.1 (Paris 1991) 665f.

fern, wohingegen die französische Industrie im Gegenzug eine ausländische Beteiligung akzeptierte.

Selbst wenn in einigen Fällen Druck ausgeübt wurde, verliefen die Verhandlungen im allgemeinen in relativ gutem Einvernehmen[40]. Entweder aus Resignation oder wegen der grundsätzlichen Bereitschaft zur Kollaboration fanden sich die französischen Industriellen mit den neuen Rahmenbedingungen mehr oder weniger ab. Jede Seite verteidigte zwar ihre Interessen, aber zwischen Geschäftspartnern, die sich oft seit Jahrzehnten kannten und schätzten, begegnete man sich doch mit Respekt. Die Politik scheint keine große Rolle gespielt zu haben. Die Behörden standen den Unternehmen zur Seite und halfen nötigenfalls weiter, z. B. mit steuerlichen Sondergenehmigungen bzw. einem Sondergesetz wie seitens Vichy im Fall Francolor. Die prinzipiell ablehnende Haltung Vichys gegenüber deutschen (Mehrheits-) Beteiligungen gestaltete manches zwar komplizierter, dennoch wurden aber Lösungen auch hier gefunden, zumal der Anschein für Vichy manchmal mehr zählte als die tatsächlichen Machtverhältnisse. So hielt beispielsweise im Fall Théraplix (Pharma) die IG Farben AG offiziell nur 49 Prozent des Aktienkapitals; allerdings wurden zwei weitere Prozent diskret von einem französischen Vertrauensmann des deutschen Konzerns treuhänderisch verwaltet. Auf der anderen Seite war Vichy bereit, beim Buna-Projekt alle finanziellen Risiken selbst zu tragen. Der französische Staat wollte die Investitionen komplett finanzieren; die deutsche und französische Privatindustrie, die einen Rückgang des Bedarfs an Buna nach einer in der Nachkriegszeit zu erwartenden Liberalisierung des Welthandels mit Naturkautschuk fürchtete, hätte die Fabrik nur betrieben.

Es ist wichtig festzustellen, dass diese Kooperationen und gemeinsamen Projekte bis November 1942 zum großen Teil in der unbesetzten Zone stattfanden. Offenbar waren auch hier keine großen Hindernisse zu überwinden, was eher die These von der Kollaborationsbereitschaft der französischen Unternehmer als die einseitigen deutschen Drucks bestätigt. Die Verträge über die für Deutschland wichtigen Bauxit- und Aluminiumlieferungen wurden von Firmen abgeschlossen, die sich allesamt in Südfrankreich befanden. Die Zellwollfabrik von France-Rayonne wurde an der Loire in Roanne zwischen den Städten Vichy und Lyon errichtet. Das südlich von Lyon liegende Werk der französischen Farbenindustrie wurde genau wie die anderen drei Fabriken in die gemeinsame Gesellschaft Francolor integriert. Viele der Pharmaprodukte von Rhône-Poulenc, die über die deutsch-französische Vertriebsgesellschaft Théraplix verkauft wurden, wurden in der Gegend von Lyon hergestellt. Die Mittel für die Investitionen in die Bunaherstellung sollten in einen Ausbau des Werks in Saint-Fons südlich von Lyon sowie in einen Neubau am linken Ufer des Rhône-Tals zwischen Lyon und Genf fließen. Nicht nur waren, wie schon erwähnt, deutsche Inspektoren für die Kontrolle der Rüstungswerke jederzeit in der unbesetzten Zone zugelassen, auch private Geschäfts-

[40] Vgl. die oben zitierte Literatur zu den verschiedenen Abkommen.

reisen waren immer möglich[41]. Nur die zeitweilige Zugehörigkeit des zweiten Standorts zwischen Lyon und Genf zur italienischen Besatzungszone (November 1942 bis September 1943) verzögerte dieses Projekt, auch wenn die Beteiligten schon im Frühjahr 1943 festgestellt hatten, dass die Italiener kaum einen Einfluss darauf nehmen würden.

Diese Projekte und gemeinsamen Unternehmungen führten zu einer engen Kollaboration. Deutsche Unternehmensvertreter kamen regelmäßig zu Verwaltungsratssitzungen nach Frankreich, oft auch zu Sonderkomiteesitzungen, in denen die wirklichen Entscheidungen getroffen wurden und die Kräfteverhältnisse eher die deutsche Seite begünstigten[42]. Deutsche Chemiker und Ingenieure arbeiteten in manchen Fällen dauerhaft bei französischen Firmen, um deren Mitarbeiter auszubilden. Selbst wenn man auf deutscher Seite immer Angst vor Industriespionage hatte, besuchten doch französische Techniker auch deutsche Werke. Der finanzielle Gewinn aus den Kooperationen, sei es aus Dividenden, Lizenzgebühren oder aus Verkäufen, fiel für die deutsche Seite relativ gering aus, zumal die französischen Firmen wesentlich kleiner waren. Dennoch sind die gemeinsamen Unternehmungen offenbar für wichtig erachtet worden. Hochrangige deutsche Manager wie Fritz ter Meer oder Otto Ambros reisten regelmäßig für mehrere Tage nach Frankreich – zwischen 1941 und 1944 mindestens zwölf- bzw. vierzehnmal. Mit Blick auf die Nachkriegszeit ging es ihnen vor allem um die Beherrschung eines wichtigen Marktes und weniger um aktuelle Lieferungen und kurzfristige Profite. Nach zeitgenössischen deutschen Quellen[43] lief die wirtschaftliche Kollaboration im Großen und Ganzen in gegenseitigem Einvernehmen und Vertrauen ab. Verdacht auf passiven Widerstand oder gar Sabotage wurde von den Deutschen selten geäußert, dies vielleicht aber auch deshalb, weil man die Situation in Frankreich den eigenen Vorgesetzten besser darstellen wollte, als sie war. Das größte Produktionshemmnis lag in Rohstoff- und Energieengpässen, vor allem in Bezug auf Kohle. Im Hinblick auf Neuinvestitionen mangelte es zum einen an der nötigen Zeit, zum anderen an Baumaterialien wie Zement und Eisen, um alle geplanten Fabriken fertigzustellen. Bemerkenswert ist jedoch, dass beide Seiten bis Ende 1943 und sogar noch Anfang 1944 an gemeinsamen langfristigen Projekten arbeiteten.

[41] Die Erteilung eines Visums konnte allerdings Schwierigkeiten bereiten, wie etwa die Verzögerung der geplanten Reise von ter Meer und Ambros (Vorstandsmitglieder der IG Farben AG) nach Lyon im Januar 1942 zeigte; Hoechst-Archiv, TEA 1508, Brief ter Meer an Marcel Bô, stellvertretender Generaldirektor Rhône-Poulenc, 10. 1. 1942.

[42] Zum Fall Francolor s. *Hervé Joly*, La contribution de l'industrie chimique française à l'effort de guerre allemand: le cas de Francolor, in: *Stefan Martens*, *Maurice Vaïsse* (Hrsg.), Frankreich und Deutschland im Krieg (November 1942–Herbst 1944). Okkupation, Kollaboration, Résistance (Bonn 2000) 297–316.

[43] An französischen Quellen stehen meistens nur wenig glaubwürdige Verlautbarungen aus der Nachkriegszeit zur Verfügung. In mehreren Fällen (Kuhlmann, Ugine, Rhône-Poulenc usw.) sind die Unternehmensarchive verschwunden oder nicht zugänglich.

Zusammenfassend sind folgende Punkte besonders hervorzuheben:

- Die überwiegende Mehrheit der französischen Unternehmer arrangierte sich von Beginn an mit dem Vichy-Regime. Viele Firmen waren bereit, für deutsche Interessen zu produzieren.
- Es war vielfach das Misstrauen der Deutschen, das die Kollaboration anfangs bremste.
- Im Laufe des Krieges distanzierten sich viele Unternehmer – genauso wie die große Mehrheit der französischen Bevölkerung – vom Vichy-Regime und der politischen Kollaboration. Dennoch wurde die wirtschaftliche Zusammenarbeit häufig bis zum Ende der Besatzung fortgeführt. Auf französischer Seite waren ihr eher durch mangelnde Rohstoffe und fehlende Energie Grenzen gesetzt als durch eine politisch motivierte Ablehnung.

Summary

What happened to French firms and their managers during the German occupation? How far did their governance structures change? And what influence did the Germans have in these processes? How did French firms deal with the division of the country into different zones? What happened to the managers? Were there politically constrained personal changes? Did some managers break with the Vichy Regime during the occupation period? Were some of them fired, arrested or deported by the German authorities? What was the impact of the „aryanisation“ policy on the economy and what was the German influence in this policy? This paper takes the particular example of the chemical industry to describe special forms of economic collaboration: German capital participation in mixed commercial and industrial companies, and joint investment projects for the production of sythetics. Of course, the German industry was able to benefit from the new military and political situation, but was the French industry willing to collaborate? How far were those projects realized? What were their results in practice?

Jaromír Balcar und *Jaroslav Kučera*

Nationalsozialistische Wirtschaftslenkung und unternehmerische Handlungsspielräume im Protektorat Böhmen und Mähren (1939–1945)

Staatlicher Druck, Zwangslagen und betriebswirtschaftliches Kalkül

Einleitung

„Mit diesen teils positiven Massnahmen, teils negativen Entscheidungen haben Sie [...] in einem über das durch die kriegswirtschaftliche Lenkung bedingten Ausmass hinaus unmittelbar in die Führung des Unternehmens eingegriffen", schrieb Wilhelm Zangen im Januar 1943 vorwurfsvoll an den Minister für Wirtschaft und Arbeit des Protektorats Böhmen und Mähren, Walter Bertsch[1]. Konkret ging es im Streit zwischen dem mächtigen Generaldirektor des Mannesmann-Konzerns, der gleichzeitig als Chef der Reichsgruppe Industrie fungierte, und der Besatzungsverwaltung im Protektorat um die Besetzung des Generaldirektorenpostens der Prager Eisen-Industrie-Gesellschaft (PEIG), an der Mannesmann eine wesentliche Kapitalbeteiligung, nicht jedoch die Aktienmehrheit hielt. Zangen wollte die Gunst der Stunde nutzen, um einen eigenen Mann als Chef von Prager Eisen durchzusetzen – und zwar gegen den Willen des zweiten Großaktionärs, der Prager Živnostenská banka. Obwohl ein tschechisches Geldinstitut, erhielt die Gewerbebank Rückendeckung von der deutschen Protektoratsverwaltung, die ihrerseits verhindern wollte, dass der reichsdeutsche Mannesmann-Konzern zu starken direkten Einfluss auf die Protektoratsindustrie gewann und dadurch ihre eigenen Kompetenzen schmälerte. Dank dieser unerwarteten Schützenhilfe konnte sich die Gewerbebank zunächst behaupten und einen Kompromisskandidaten durchsetzen. Nachdem sich dieser jedoch relativ rasch als unfähig erwies, das schwer angeschlagene Unternehmen zu sanieren, bekam Zangen doch noch seinen Willen: Im Herbst 1943 bestellte der Verwaltungsrat einen Topmanager von Mannesmann zum Generaldirektor der PEIG. Die lähmenden Querelen zwischen den beiden Großaktionären und der deutschen Protektoratsverwaltung führten

[1] Wilhelm Zangen an Walter Bertsch vom 27.1.1943, in: Bundesarchiv Berlin [im Folgenden: BArch Berlin] R 8119/6959, Bl. 220.

schließlich jedoch dazu, dass die letzte Chance zur Sanierung von Prager Eisen ungenutzt verstrich[2].

Ungeachtet ihres konkreten Ausgangs stellt diese Streitigkeit einen Beleg für die in der Forschung mittlerweile weit verbreitete These dar, dass insbesondere die Großunternehmen im Nationalsozialismus keine reinen Befehlsempfänger, sondern selbstbewusste ökonomische Akteure und Entscheidungsträger waren, die ihre Selbständigkeit und unternehmerischen Handlungsspielräume im Konfliktfall hartnäckig gegen den staatlichen Lenkungsanspruch zu verteidigen verstanden[3]. Doch während sich die Forschung bisher relativ intensiv mit der staatlichen Lenkung im „Altreich" sowie den Handlungsspielräumen der reichsdeutschen Industrie bzw. einzelner reichsdeutscher Unternehmen beschäftigt hat, blieb die Ausgestaltung dieses vielschichtigen und wechselhaften Verhältnisses in den vom NS-Regime besetzten Gebieten bislang stark unterbelichtet. Unser Beitrag soll diese Forschungslücke wenigstens ansatzweise schließen, indem wir am Beispiel des Protektorats die unternehmerischen Handlungsspielräume der Industrieunternehmen in einem für die Rüstungsproduktion besonders wichtigen Gebiet des NS-Herrschaftsbereichs untersuchen.

Ausgehend von den Ergebnissen der neueren unternehmensgeschichtlichen Forschung zum Nationalsozialismus[4] fragen wir nach dem Ausmaß der ökonomischen Selbständigkeit bzw. der Handlungsspielräume von Industrieunternehmen in einem besetzten Gebiet mit einer nichtdeutschen Bevölkerungsmehrheit. Im Kern geht es dabei um die Frage, ob und inwieweit der Staat direkten Zwang anwenden musste oder inwieweit es ihm – wie im Reich – gelang, durch die Festlegung des ordnungspolitischen Handlungsrahmens das unternehmerische Verhalten in seinem Sinn zu beeinflussen. Im Folgenden gilt es zunächst, die ordnungspolitischen Rahmenbedingungen im Protektorat, die das Besatzungsregime während der Kriegszeit schuf, zu analysieren (I) und die Forschungsprobleme, die sich aus der spezifischen Situation Böhmens und Mährens ergeben, zu umreißen (II). Vor diesem Hintergrund sollen die Verhaltensweisen der dortigen Unternehmen an einem konkreten Beispiel schlaglichtartig beleuchtet werden (III).

[2] Vgl. *Jaromír Balcar*, Unternehmen und ihre Belegschaften in gelenkten Wirtschaften. Die böhmisch-mährische Industrie unter der NS-Besatzungsherrschaft und in der Volksdemokratie 1938/39–1953 (Habilitationsschrift Bremen 2010) 60–65; im Folgenden zitiert: *Balcar*, Unternehmen.

[3] Vgl. die konzise Zusammenfassung des Forschungsstandes bei *Christoph Buchheim*, Unternehmen in Deutschland und NS-Regime 1933–1945. Versuch einer Synthese, in: HZ 282 (2006) 351–390; im Folgenden zitiert: *Buchheim*, Unternehmen.

[4] Vgl. *Ralf Banken*, Kurzfristiger Boom oder langfristiger Forschungsschwerpunkt? Die neuere deutsche Unternehmensgeschichte und die Zeit des Nationalsozialismus, in: GWU 56 (2005) 183–196, hier 194; im Folgenden zitiert: *Banken*, Boom. *Werner Plumpe*, Unternehmen im Nationalsozialismus. Eine Zwischenbilanz, in: Wirtschaftsordnung, Staat und Unternehmen. Neue Forschungen zur Wirtschaftsgeschichte des Nationalsozialismus. Festschrift für Dietmar Petzina zum 65. Geburtstag, hrsg. v. *Werner Abelshauser*, *Jan-Otmar Hesse* und *Werner Plumpe* (Essen 2003) 243–266, hier 264 und 266; im Folgenden zitiert: *Plumpe*, Unternehmen. *Buchheim*, Unternehmen.

An dieser Stelle ist allerdings eine Einschränkung notwendig. Der Begriff der unternehmerischen Handlungsspielräume kann die unterschiedlichsten Bereiche des betriebswirtschaftlichen Alltags betreffen. So untersuchte beispielsweise Josef Winschuh, ein deutscher Nationalökonom und Wirtschaftsjournalist, Ende der 1930er Jahre die unternehmerischen Spielräume in insgesamt 21 Handlungsbereichen, und zwar von den Investitionen über die Gewinnbildung und Abschreibungen bis hin zur Werbung[5]. Eine derart breite Palette kann der vorliegende Beitrag freilich schon aus Platzgründen nicht bewältigen, weswegen wir uns im Folgenden auf einen einzigen Bereich konzentrieren, nämlich auf die Investitionspolitik. Damit gerät zwar eines der zentralen betriebswirtschaftlichen Handlungsfelder in den Blick, das über die Zukunft und die Behauptungschancen eines Unternehmens wesentlich mitentscheidet, doch gleichzeitig bleiben viele andere wichtige Bereiche ausgeklammert.

Hinzu kommt, dass die Regulierungsdichte und somit auch die verbliebenen unternehmerischen Spielräume in den einzelnen Bereichen sehr unterschiedlich ausfielen. Dementsprechend wählte auch Winschuh unterschiedliche Begriffe, um die jeweiligen staatlichen Eingriffe zu charakterisieren: So bezeichnete er einige Bereiche als „gelenkt" oder „teilweise gelenkt", andere als „geregelt", „gebunden" oder „bewirtschaftet", in wieder anderen habe Genehmigungs- und Bewilligungspflicht bestanden. Erst vor dem Hintergrund der modernen unternehmensgeschichtlichen Forschung, die auch die alltäglichen Handlungsweisen der Unternehmen in ihre Untersuchung einbezieht[6], sind wir – zumindest teilweise – in der Lage, Winschuhs nuancierte Ausdrucksweise richtiger zu lesen oder auch begründet in Frage zu stellen. So meint etwa Adam Tooze mit Blick auf die Investitionen – die nach Winschuh zum „gelenkten" Bereich gehörten –, den Nationalsozialisten sei es selbst 1944 nicht gelungen, das private Investitionsverhalten effektiv zu steuern[7]. Und auch die preispolitischen Handlungsspielräume, die Winschuh zum „gebunden" Bereich zählte, gestalteten sich aus dem Blick der Industrie, wie jüngst etwa Daniela Kahn betonte, doch günstiger, als man angesichts der Preisvorschriften zu wissen glaubte[8]. Mit anderen Worten: Die hier am Beispiel der Handlungsspielräume im Investitionsbereich erarbeiteten Ergebnisse lassen sich nicht automatisch auf andere Bereiche übertragen. Insofern stellt der vorliegende Beitrag nicht mehr dar als ein Steinchen im bunten Mosaik der unternehmerischen Handlungsweisen, das durch weitere Forschungen ergänzt werden muss[9].

[5] *Josef Winschuh,* Gerüstete Wirtschaft (Berlin 1940) 6.

[6] Vgl. die in Anm. 4 genannten Titel.

[7] *Adam Tooze*, Punktuelle Modernisierung. Die Akkumulation von Werkzeugmaschinen im Dritten Reich, in: Jahrbuch für Wirtschaftsgeschichte (2003/1) 79–98, hier 98.

[8] Vgl. *Daniela Kahn*, Die Steuerung der Wirtschaft durch Recht im nationalsozialistischen Deutschland. Das Beispiel der Reichsgruppe Industrie (Frankfurt a. M. 2006) 414f.

[9] Genau damit beschäftigt sich ein von der DFG gefördertes Forschungsprojekt, das seit August 2005 am Historischen Seminar der LMU München durchgeführt wird. Vgl. *Jaromír Balcar*, Staat, Unternehmen und Arbeiterschaft in gelenkten Wirtschaften. Die böhmisch-mährische Industrie zwischen Nationalsozialismus und Volksdemokratie (1938/39–1951), in: Akkumulation. In-

I.

Das Protektorat Böhmen und Mähren stellt eine bemerkenswerte, in mancherlei Hinsicht einzigartige Untersuchungsregion innerhalb des NS-Herrschaftsbereichs dar. Drei Charakteristika prägten die Nah- und Fernziele des NS-Regimes, die – abhängig vom Kriegsverlauf – unterschiedlich gewichtet waren, wie auch seine Wirtschaftspolitik gegenüber dem Protektorat: die geographische Lage der böhmischen Länder, ihr industrielles Entwicklungsniveau und ihre tschechische Bevölkerungsmehrheit.

Der besondere Wert des Protektoratsgebiets für die Nationalsozialisten ergab sich in erster Linie aus seiner Lage inmitten des deutschen Siedlungsraumes in Mitteleuropa. Aus dieser Tatsache leitete sich das strategische Grundziel ab, nämlich dieses Gebiet als integralen Bestandteil in das „Dritte Reich" und seine Wirtschaft einzugliedern[10]. Dank des für mitteleuropäische Verhältnisse hohen Industrialisierungsgrades des Protektorats sowie der traditionell leistungsstarken Rüstungsindustrie[11] avancierten Böhmen und Mähren zu einem der kriegswirtschaftlich besonders wichtigen Gebiete des deutschen Herrschaftsbereichs, ja zur „Rüstkammer des Reiches", wie die böhmischen Länder des öfteren in der Presse apostrophiert wurden[12]. Den Besatzern ging es bei der Nutzbarmachung des Protektorats für die deutsche Kriegswirtschaft nicht so sehr um einen Transfer von Ressourcen, sondern um die Sicherung einer möglichst hohen Leistungsfähigkeit der böhmisch-mährischen Industrie. Anders als in manchen anderen slawisch besiedelten Regionen Ostmittel- und Osteuropas erwogen die Nationalsozialisten in Böhmen und Mähren keine Deindustrialisierung, sondern umgekehrt: Das Protektorat sollte künftig zur hochindustrialisierten Kernzone des Reiches gehören[13].

Um die „Konkursmasse" der vormaligen Tschechoslowakei nicht herunterzuwirtschaften, ergriff die nationalsozialistische Wirtschaftspolitik im Protektorat

formationen des Arbeitskreises für kritische Unternehmens- und Industriegeschichte 24 (2007) 10–16. Die Ergebnisse des Projekts werden demnächst zusammengefasst in: *Jaromír Balcar* und *Jaroslav Kučera*, Von der „Rüstkammer des Reiches" zum „Maschinenwerk des Sozialismus". Wirtschaftslenkung in Böhmen und Mähren 1938 bis 1953 (erscheint 2011).

[10] Konstantin v. Neurath an Hans Heinrich Lammers vom 31.8.1940, Anlage 1: Aufzeichnung über die Frage der zukünftigen Gestaltung des böhmisch-mährischen Raumes, in: Die Vergangenheit warnt. Dokumente über die Germanisierungs- und Austilgungspolitik der Naziokkupanten in der Tschechoslowakei, hrsg. v. *Karel Fremund* und *Václav Král* (Prag 1962) Dokument Nr. 6, 59; im Folgenden zitiert: Vergangenheit.

[11] Vgl. *Walter Hummelberger*, Die Rüstungsindustrie der Tschechoslowakei 1933 bis 1938, in: Wirtschaft und Rüstung am Vorabend des Zweiten Weltkrieges, hrsg. v. *Friedrich Forstmeier* und *Hans-Erich Volkmann* (Düsseldorf 1975) 308–330.

[12] Zitiert nach einem Artikel der Brüsseler Zeitung vom 14.3.1943: „Wieder Rüstkammer des Reiches. Neue Wirtschaftsordnung jetzt vier Jahre im Protektorat gültig." Dieses Bild wurde wiederholt verwendet, so etwa von der Neuen Zürcher Zeitung vom 29.1.1943.

[13] Vgl. *Ludolf Herbst*, Nationalsozialistische Wirtschafts- und Beschäftigungspolitik, in: Der Nationalsozialismus und die deutsche Gesellschaft. Einführung und Überblick, hrsg. v. *Bernd Sösemann* (Stuttgart, München 2002) 172–187, hier 186.

insbesondere in den Anfangsjahren der Besatzung eine Reihe von Maßnahmen, die die Protektoratswirtschaft vor der überlegenen reichsdeutschen Konkurrenz schützen und ihr gleichzeitig eine Atempause zum Aufholen des technologischen Rückstands gewähren sollten. Leitend war hierbei der Gedanke, die allgemeinen Produktions- und Arbeitsbedingungen in der Protektoratswirtschaft, insbesondere das niedrigere Preis- und Lohnniveau, in geregelten Bahnen an die im Reich anzugleichen[14] – eine Aufgabe allerdings, mit der die vornehmlich auf Stabilisierungsziele ausgerichtete NS-Wirtschaftspolitik kaum Erfahrung besaß. Erst ab 1942/43 räumten die Besatzer infolge des ungünstigen Kriegsverlaufs dem unmittelbaren kriegswirtschaftlichen Nutzen klaren Vorrang vor dem langfristigen Integrationsziel ein. Hervorzuheben ist freilich die Interdependenz dieser beiden wirtschaftspolitischen Zielsetzungen: Die kriegswirtschaftliche Nutzbarmachung und die Eingliederungspolitik bedingten sich im Prinzip gegenseitig[15].

Den hochgesteckten Zielen stand jedoch die für die Nationalsozialisten ausgesprochen ungünstige Bevölkerungsstruktur des Protektorats entgegen: Die nur etwas über 220000 „Volksdeutschen“ stellten im März 1939 gegenüber den rund sieben Millionen Tschechen eine verschwindend kleine Minderheit dar[16]. Die als „rassisch minderwertig“ angesehenen Tschechen, die der NS-Fremdherrschaft mehrheitlich ablehnend bis feindlich gegenüberstanden, verkörperten in der Perspektive der deutschen Besatzer ein sicherheitspolitisches Risiko und ein Hindernis für die schnelle und reibungslose Eingliederung des Protektoratsgebiets in das Reich. Aus diesem Grund behielt das Protektorat innerhalb des „Dritten Reiches“ eine politische und rechtliche Zwitterstellung: Einerseits wurde es zum Bestandteil des Reiches erklärt, andererseits betrieb das NS-Regime hier jedoch de facto Besatzungspolitik – um dies zu kaschieren, hielt man vorläufig auch an der Fiktion der „staatsrechtlichen Selbständigkeit“ des Protektorats fest[17].

Das bevölkerungspolitische Ziel der NS-Besatzungspolitik in Böhmen und Mähren bestand in der „restlose[n] Germanisierung von Raum und Menschen“[18]. Dieses Ziel sollte teilweise auf dem Weg der Aussiedlung oder „Sonderbehandlung“ der tschechischen Bevölkerung erreicht werden. Das „rassische Bild“ der Tschechen ermöglichte es in den Augen des Regimes immerhin, „einen grösseren Teil“ von ihnen – gelegentlich war von 40 bis 60 Prozent die Rede – einer „Assi-

[14] Vgl. Stellungnahme der Abt. 2 des Amts des Reichsprotektors zur Frage der Einbeziehung des Protektorats in das deutsche Zollgebiet und Zollrecht vom 24. 10. 1939, in: BArch Berlin, R 2501/6960, Bl. 220.

[15] Vgl. *Erich von Wedelstädt*, Rationalisierungsfragen, in: Der Neue Tag vom 31. 1. 1941.

[16] *Václav Sekera*, Soupisy Němců v tzv. protektorátu [Aufstellungen der Deutschen im sog. Protektorat], in: Statistický zpravodaj [Statistische Nachrichten] 8 (1945) 83.

[17] Anlage zum Protokoll einer Staatssekretärbesprechung vom 25. März 1939 über die Stellung der okkupierten tschechischen Länder im deutschen Machtbereich, in: Nacht über Europa, Bd. 1: Die faschistische Okkupationspolitik in Österreich und der Tschechoslowakei (1938–1945) (Köln 1988) Dokument Nr. 36, 110.

[18] Konstantin v. Neurath an Hans Heinrich Lammers vom 31. 8. 1940, Anlage 2: Denkschrift Franks über die Behandlung des Tschechen-Problems und die zukünftige Gestaltung des böhmischen Raumes vom 28. 8. 1940, in: Vergangenheit, Dokument Nr. 6, 67.

milations- bzw. Umvolkungspolitik“ zu unterziehen[19]. Allerdings war das Regime in der Kriegszeit nie in der Lage, für diesen Teil der tschechischen Bevölkerung eine eigenständige Politik zu formulieren. Außerdem zeigte sich bald, dass dem über ganz Kontinentaleuropa herrschenden NS-Regime die personellen Ressourcen für eine durchgreifende „Germanisierung“ des Protektorats fehlten. Der deutsche Anteil an der Gesamtbevölkerung stieg zwar während des Krieges an, übertraf jedoch kaum die 8-Prozent-Marke[20]. Dies zeitigte Folgen auch für die Wirtschaft, in der die Tschechen nach wie vor wichtige Positionen innehatten. Den Deutschen gelang es zwar relativ schnell, auf verschiedenen Wegen insbesondere die kriegswichtige Großindustrie unter ihre Kontrolle zu bringen[21]. Ein wirksames Vehikel hierfür stellte die „Arisierung“ dar, die im Protektorat, wie tschechische Behörden bereits im Oktober 1939 klagten, zu einem Deckmantel der „Germanisierung“ der tschechischen Wirtschaft geriet[22]. Doch auch in Unternehmen in deutschem Besitz oder unter deutschem Kapitaleinfluss blieben nicht wenige tschechische Spitzenmanager auf ihren ursprünglichen Posten, und die aus den Werks- und Betriebsleitern bestehende mittlere Leitungsebene war, wie der Präsident der Zentralverbandes der Industrie im Protektorat, Bernhard Adolf, 1943 eingestehen musste, fast ausnahmslos tschechisch[23]. Die mittleren und kleinen Industriebetriebe befanden sich ohnehin „durchweg“ in tschechischer Hand, und bereits Ende 1941 kamen in Wirtschaftskreisen Zweifel auf, ob es überhaupt das

[19] Ansprache Reinhard Heydrichs in Prag am 4.2.1942, in: Vergangenheit, Dokument Nr. 22, 144.

[20] Die Zahl der ständig im Protektorat wohnhaften Deutschen wurde 1941 mit 261 000 angegeben, hinzukam eine nicht näher bekannte Zahl deutscher Beamter, Militärs sowie ihrer Familienangehörigen. In der Forschungsliteratur wird die Gesamtzahl der Deutschen im Protektorat auf höchstens 600 000 geschätzt. Vgl. *Wilhelm Fischer*, Die Bevölkerungsstruktur des Protektorats Böhmen und Mähren (Prag 1941) 15; *Alfred Bohmann*, Menschen und Grenzen 4: Bevölkerung und Nationalität in der Tschechoslowakei (Köln 1974) 342.

[21] Aus der Fülle an Belegen sei hier verwiesen auf Bernhard Adolf an Max Jlgner vom 9.12.1941, in: Národní archív, Praha [Nationalarchiv Prag; im Folgenden: NA], Chemický spolek [Chemischer Verein, im Folgenden: ChS], Kart. 1498; Reichsprotektor für Böhmen und Mähren, Monatsbericht für April 1941 vom 15.5.1941, Anlage: Der deutsche Einfluß in der Protektoratswirtschaft, undatiert, in: NA, Úřad říšského protektora [Amt des Reichsprotektors, im Folgenden: ÚŘP], Kart. 279.

[22] Innenministerium: Elaborát o zásazích nacistů do autonomie tzv. protektorátu [Ausarbeitung über die Eingriffe der Nazis in die Autonomie des sog. Protektorats] vom 14.10.1939, in: Dokumenty z historie československé politiky 1939–1943 [Dokumente aus der Geschichte der tschechoslowakischen Politik 1939–1943], hrsg. v. *Libuše Otáhalová* und *Milada Červinková* (Prag 1966) Dokument Nr. 365, 464f. Dass das Innenministerium der Protektoratsregierung mit dieser Einschätzung richtig lag, zeigt beispielsweise der Monatsbericht des Reichsprotektors für Böhmen und Mähren für April 1941 vom 15.5.1941, in: NA, ÚŘP, Kart. 279. Zur „Arisierung“ im Protektorat vgl. auch *Christoph Kreutzmüller* und *Jaroslav Kučera*, Die Commerzbank und die Vernichtung der jüdischen Gewerbetätigkeit in den böhmischen Ländern und den Niederlanden, in: Die Commerzbank und die Juden 1933–1945, hrsg. v. *Ludolf Herbst* und *Thomas Weihe* (München 2004) 173–222, hier 207ff.

[23] Entwurf einer Rede Bernhard Adolfs in Reichenberg am 14.4.1943, in: NA, Německé státní ministerstvo [Deutsches Staatsministerium, im Folgenden: NSM], Kart. 79, Sign. 110-9-7, Bl. 11.

Ziel der Protektoratspolitik sein könne, diese Firmen unter deutschen Einfluss zu bringen[24].

Eine durchgreifende „Germanisierung" des Protektorats musste während des Krieges ausbleiben, selbst wenn das Besatzungsregime die bevölkerungspolitischen Zielsetzungen nie vollkommen aus dem Blick verlor. In der praktischen Besatzungspolitik gewann das Interesse an der Aufrechterhaltung von Ruhe und Ordnung und eines möglichst ungestörten Produktionsablaufs in Böhmen und Mähren die Oberhand[25]. Das Bild der nationalsozialistischen Besatzungspolitik im Protektorat war daher geprägt von partiellen Repressionen gegen erklärte Gegner des NS-Regimes, der „Entpolitisierung" der Arbeiterschaft durch sozialpolitische Angebote (die diese zwar grundsätzlich entgegennahm, aber nicht mit entsprechender Dankbarkeit honorierte[26]) und der Kooperation mit den für die Rüstungsproduktion unentbehrlichen tschechischen Wirtschaftseliten[27].

In formeller Hinsicht schuf das Besatzungsregime im Protektorat denselben wirtschaftsordnungspolitischen Rahmen wie im Reich. Die privatkapitalistische Eigentumsordnung blieb unangetastet, und das dortige Wirtschaftsrecht glich, so das zeitgenössische Urteil von Anfang 1945, einem „Spiegelbild" des reichsdeutschen Wirtschaftsrechts[28]. Weitgehend identisch waren auch der organisatorische Aufbau der Wirtschaftsverwaltung, die Marktordnung und die grundlegenden Instrumente der Produktionslenkung sowie der Preis-, Lohn- und Arbeitsmarktpolitik[29]. Eine bemerkenswerte ordnungspolitische Maßnahme des NS-Regimes stellte die Einrichtung der Zentralverbände der gewerblichen Wirtschaft im Protektorat dar. Ihr Aufbau wurde bereits im April 1939 in Angriff genommen[30], und es liegen keine Belege vor, dass Bedenken gegen diese Organisationsform erhoben worden wären, die zwar ein wichtiges und eigenständiges Merkmal der NS-Wirtschaftslenkung darstellte, aber dennoch ein gewisses Loyalitätsverhältnis der Privatwirtschaft zum Staat – in diesem Fall der Besatzungsmacht – sowie eine beider-

[24] *Hans Radandt*, Beteiligungen deutscher Konzerne an Unternehmungen in der Tschechoslowakei 1938 bis 1945, in: Jahrbuch für Wirtschaftsgeschichte (1969/2) 157–201, hier 167; im Folgenden zitiert: *Radandt*, Beteiligungen. Radandt bezieht sich dabei auf ein Schreiben der Deutschen Bank (gez. Rösler) an die Böhmische Union-Bank vom 9.12.1941.

[25] Eckoldt an Ministerialdirigent Fuchs, Amt des Reichsprotektors, vom 15.2.1941 betr. Assimilierung, in: NA, ÚŘP, Kart. 279.

[26] Vgl. *Jaromír Balcar* und *Jaroslav Kučera*, Les syndicats tchèques sous l'Occupation allemande (1939–1945). Entre intérêts nationaux et sociaux, in: Travailler dans les entreprises sous l'Occupation, hrsg. v. *Christian Chevandier* und *Jean-Claude Daumas* (Besançon 2007) 483–499.

[27] Vgl. *Jaromír Balcar* und *Jaroslav Kučera*, Von der Fremdbesatzung zur kommunistischen Diktatur. Die personellen Umbrüche in der tschechoslowakischen Wirtschaft nach dem Zweiten Weltkrieg, in: Jahrbuch für Wirtschaftsgeschichte (2010/2) 71–94, hier 75–78.

[28] *Gustav von Schmoller*, Das Wirtschaftsrecht in Böhmen und Mähren. Eine Einführung in Rechtsgrundlagen und Methoden der Wirtschaftslenkung im Bereich der gewerblichen Wirtschaft (Brünn 1945) 17.

[29] Vgl. den Beitrag Boldorf in diesem Band.

[30] Vgl. Vermerk des Reichswirtschaftsministeriums vom 11.4.1939, in: Rossijskij Gosudarstvennyj Voennyj Archiv, Moskau [Russländisches Staatliches Militärarchiv, im Folgenden: RGVA] 1458-10-13, Bl. 53f.

seitige Kooperationsbereitschaft voraussetzte. Insgesamt gesehen verfehlten die Deutschen ihr Ziel nicht: Mit einem relativ geringen Personalaufwand – der Anteil der deutschen Angestellten in den Zentralverbänden der gewerblichen Wirtschaft lag 1944 nur bei knapp zwölf Prozent[31] – schufen sie ein Lenkungs- und Kontrollinstrument, das ihnen im Zusammenspiel mit der staatlichen Wirtschaftsverwaltung eine durchgreifende und dauerhafte Einflussnahme auf die Wirtschaft sicherte.

Die Implementierung der nationalsozialistischen „gelenkten Wirtschaft" im Protektorat verlief rasch und erreichte mit der Aufhebung der Zoll- und Devisengrenze zwischen dem Reich und dem Protektorat zum 1. Oktober 1940 ihren vorläufigen Höhepunkt. Ungeachtet der Anläufe, den staatlichen Lenkungsanspruch in der Wirtschaft der „Zweiten" Tschechoslowakischen Republik zwischen Oktober 1938 und März 1939 durchzusetzen, bewirkte sie einen deutlichen systemischen Bruch mit dem ordnungspolitischen Zustand der Zwischenkriegszeit. Trotz der Schnelligkeit und des Umbruchscharakters verlief die Einbeziehung der Protektoratswirtschaft in den „großdeutschen Wirtschaftsraum" weitgehend störungsfrei, was teils auf das relativ behutsame Vorgehen der Besatzungsmacht und teils auf die Anpassungsfähigkeit der böhmisch-mährischen Wirtschaft zurückzuführen ist – die zeitgenössische offizielle Fachpublizistik durfte darin zurecht einen Erfolg erblicken[32].

II.

Der weitgehend identische Aufbau der Wirtschaftslenkung im Reich und im Protektorat wirft die Frage auf, inwieweit auch die unternehmerischen Handlungsspielräume bzw. die Dosierung von Zwang und materiellen Anreizen im Verhältnis zwischen dem Staat und der Privatwirtschaft übereinstimmten. Eine mechanische Gleichstellung des Protektorats mit dem Reich wäre jedoch insofern irreführend, als der Staat hier in einer anderen Beschaffenheit als im Reich – nämlich als Besatzungsherrschaft – auftrat, was seine Funktionsweise sowie das wechselseitige Verhältnis zwischen ihm und der Wirtschaft wesentlich beeinflusste.

Im Herrschaftsgefüge des „Dritten Reiches" nahm die Besatzungsverwaltung im Protektorat eine Sonderstellung ein. An ihrer Spitze stand der Reichsprotektor als Vertreter Hitlers, der gleichzeitig eine Art Territorialminister war – seit 1943 gingen seine exekutiven Kompetenzen auf den Deutschen Staatsminister für Böh-

[31] Vertretung des Zentralverbands der Industrie für Böhmen und Mähren in Berlin an das Reichswirtschaftsministerium betr. Organisation der gewerblichen Wirtschaft im Protektorat, hier: Zahl der beschäftigten Deutschen und Tschechen vom 11. 4. 1944, in: RGVA, 1458-10-13, Bl. 234. Von insgesamt 3 310 Angestellten waren 388 Deutsche. Ihre „strategische" Platzierung belegt die Tatsache, dass ihr Anteil in den oberen Rängen deutlich zunahm. Im Zentralverband der Industrie selbst betrug er 19 Prozent, in seiner Zentrale sogar 27 Prozent.

[32] Vgl. *Václav Naxera*, Ein Jahr Zolleinheit des Protektorats mit dem Reich, in: Preisberichte der Obersten Preisbehörde 2 (1941) Nr. 40 vom 6. 10. 1941, 1248–1251.

men und Mähren über. Die zentralen Reichsbehörden waren bis auf wenige Ausnahmen, die zunächst nur die Wehrmacht bzw. die SS und die Polizei betrafen, nicht mit eigenen Dienststellen im Protektorat vertreten und hatten gegenüber seinen Organen keine direkten Weisungsbefugnisse[33]. Auch die NSDAP war als eigenständiger Machtfaktor im Protektorat weitgehend ausgeschaltet, da ihre Parteiorganisation hier auf die benachbarten Gaue zersplittert war. Die für die NS-Herrschaft auch in anderen besetzten Gebieten typischen polykratischen Strukturelemente waren somit im Protektorat nur schwach ausgebildet, so dass das Amt des Reichsprotektors bzw. das Deutsche Staatsministerium die ganze Kriegszeit hindurch eine für den NS-Staat eher ungewöhnliche machtpolitische Konzentration auf Regionalebene verkörperte. Diese vergleichsweise prominente Stellung der deutschen Besatzungsverwaltung im Protektorat verhinderte zwar keineswegs Konflikte mit den Zentralbehörden des Reiches. Wie das wiederholte Tauziehen mit reichsdeutschen Wirtschaftslenkern wie Göring, Speer oder Sauckel belegt, waren nicht alle Machtzentren des „Dritten Reiches" mit dieser relativ eigenständigen Stellung des Protektorats im Verwaltungsaufbau des Reiches einverstanden. Jedoch gelang es der Besatzungsverwaltung in Prag, mit dem Hinweis auf die Notwendigkeit eines einheitlichen Vorgehens den Tschechen gegenüber alle Vorstöße weitgehend abzuwehren[34]. In Berlin wurde sogar der Vorwurf laut, das Protektorat „schliesse sich zu sehr ab, treibe seine eigene Wirtschaftspolitik"[35]. Diese Kritik war in ihrer Schärfe wohl vorgeschoben, die regionalen Machthaber an der Moldau besaßen jedoch in der Tat Einfluss und Selbstbewusstsein genug, um eigene wirtschaftspolitische Ziele zu formulieren und die Interessen der deutschen Wirtschaft des Protektorats nachdrücklich zu vertreten: So forderte man in Prag, beim Südostgeschäft gebührend berücksichtigt zu werden, und konkurrierte mit Wien um die Rolle des „Ausfallstors" nach dem Balkan[36].

[33] Anlage zum Protokoll einer Staatssekretärbesprechung vom 25. März 1939 über die Stellung der okkupierten tschechischen Länder im deutschen Machtbereich, in: Nacht über Europa 1: Die faschistische Okkupationspolitik in Österreich und der Tschechoslowakei 1938–1945 (Köln 1988) Dokument Nr. 36, 111. Vgl. *Dieter Rebentisch*, Führerstaat und Verwaltung im Zweiten Weltkrieg. Verfassungsentwicklung und Verwaltungspolitik 1939–1945 (Stuttgart 1989) 200f. und 294ff.

[34] Vgl. beispielsweise Kurt Daluege an Hans Heinrich Lammers vom 16. 11. 1942, in: NA, Úřad říšského protektora – státní tajemník (Amt des Reichsprotektors – Staatssekretär, im Folgenden: ÚŘP-ST) Kart. 80, Sign. 109-4-1327, Bl. 115–118. Karl Hermann Frank an Albert Speer vom 23. 3. 1944, in: NA, NSM, Kart. 39, 110-4-427, Bl. 24f.

[35] Vermerk des Amts des Reichsprotektors (gez. Bertsch) über ein Gespräch mit Schubert, Wirtschaftspolitischer Dienst, vom 26. 6. 1943, in: NA, ÚŘP-ST, Kart. 85, Sign. 109-4-1383, Bl. 15.

[36] Aus der Fülle von Belegen vgl. *Karl Hermann Frank*, Die Wirtschaft des Protektorats im grossdeutschen und kontinental-europäischen Wirtschaftsraum, in: Deutsche Wirtschaftszeitung 37 (1940) 1014; Der Neue Tag (Prag) vom 12. 9. 1940: „Südost-Aufgaben der Wirtschaft des Protektorats"; Die Wirtschaftsbeziehungen des Protektorates Böhmen und Mähren zu Südslawien. Vortrag Bernhard Adolfs auf der erweiterten Vorstandssitzung und Generalversammlung der Deutschen Handelskammer für Südslawien am 5. 12. 1940 in Berlin, in: NA, Fond 71 Kart. 6; *Bernhard Adolf*, Die Wirtschaft des Protektorates Böhmen und Mähren und ihre Beziehungen zum Südosten, undatiert, in: ebenda.

Der zentralistische Aufbau der Protektoratsverwaltung engte zwar die Möglichkeiten der Unternehmen tendenziell ein, Kompetenzüberschneidungen und -streitigkeiten in der Staatsverwaltung zur Erweiterung ihrer Handlungsoptionen zu nutzen[37], verschaffte aber denjenigen Unternehmen, die enge Kontakte zu den deutschen Wirtschaftslenkern im Protektorat unterhielten, wertvolle Rückendeckung bei der Verfolgung eigener Interessen in Berlin – für die Entfaltung wirtschaftlicher Aktivitäten im Protektorat war eine Zusage aus Prag in Berlin von zentraler Bedeutung, eine Zusage aus Berlin versprach dagegen in Prag bei weitem nicht immer Erfolg[38].

Ein weiterer gravierender Unterschied zwischen Reich und Protektorat lag in der Konstellation der Akteure: Während das Verhältnis zwischen Staat und Wirtschaft im Reich eine bipolare Gestalt hatte, existierte im Protektorat – idealtypisch gesehen – ein Dreieck, in dem der Staat, die deutsche und die tschechische Wirtschaft in einem komplizierten Wechselverhältnis zueinander standen. Dabei, das sei an dieser Stelle betont, ist die Unterscheidung zwischen einer „deutschen" und einer „tschechischen" Wirtschaft nicht trennscharf, ganz gleich, welches Unterscheidungskriterium – die Nationalität der Kapitaleigentümer, der Manager oder der Belegschaft – man auch heranzieht[39]. In der Regel verlief die Scheidelinie nicht zwischen einzelnen Unternehmen oder Lenkungsstellen, sondern quer durch sie hindurch. So abstrakt und diffus diese Zuordnung somit auch erscheint, konnte die Zugehörigkeit zu einem der beiden nationalen Lager für die Betroffenen doch in hohem Maße handlungsrelevant sein.

Das gilt insbesondere für das Maß an Kooperationsbereitschaft bzw. Konfliktpotential zwischen dem Staat und der deutschen bzw. der tschechischen Wirtschaft. So ließen gemeinsame Expansionsinteressen die Besatzungsmacht und die deutsche Privatwirtschaft näher aneinanderrücken. Verstärkt wurde diese Tendenz wohl auch durch die Tatsache, dass die deutsche Wirtschaftselite im Protektorat, von wenigen Ausnahmen abgesehen, nicht aus Angehörigen etablierter Unternehmerfamilien, sondern aus „Karriereindustriellen" bestand, die für den Nationalsozialismus anfälliger waren – sei es aus Dankbarkeit oder als unentbehrliche

[37] Vgl. *Buchheim*, Unternehmen 370.

[38] Vgl. *Jaromír Balcar*, Bernhard Adolf (1908–1977). NS-Rüstungspolitik im Protektorat Böhmen und Mähren zwischen Ökonomie und „Germanisierung", in: Gesichter der Zeitgeschichte. Deutsche Lebensläufe im 20. Jahrhundert, hrsg. v. *Theresia Bauer*, *Elisabeth Kraus*, *Christiane Kuller* und *Winfried Süß* (München 2009) 69–84, hier 72f.; im Folgenden zitiert: *Balcar*, Bernhard Adolf.

[39] Dennoch wurde in der Besatzungszeit offiziell zwischen tschechischen, deutschen und „gemischten" Unternehmen unterschieden. Theoretisch ließe sich darüber hinaus zwischen einer reichsdeutschen und einer autochtonen „protektoratsdeutschen" Industrie differenzieren, was jedoch praktisch noch größere Probleme aufwirft, da diese Unterscheidung in den Quellen nicht vorgenommen wird. Angesichts ihrer geringen Zahl, ihrer Kapitalschwäche sowie ihrer engen Verbindungen zur reichsdeutschen Industrie ist zudem fraglich, ob es eine „protektoratsdeutsche" Industrie – abgesehen von Klein- und Kleinstbetrieben – überhaupt gegeben hat. Wenn im Folgenden von der „deutschen" Industrie die Rede ist, sind damit – bis auf besonders gekennzeichnete Ausnahmen – sowohl die reichsdeutsche als auch die protektoratsdeutsche Industrie gemeint.

Voraussetzung für den eigenen Aufstieg[40]. Doch auch hier gab es neben der Zusammenarbeit zahlreiche Konflikte, die sich trotz grundlegenden beiderseitigen Kooperationswillens notgedrungen aus den unterschiedlichen Interessenlagen der Politik und der gewinnorientierten Privatwirtschaft ergaben. Das galt etwa für die unterschiedlichen Vorstellungen von der Beteiligung des Staates am unternehmerischen Risiko bei der staatlich geförderten ökonomischen Expansion. So machte beispielsweise die Deutsche Bank bei der geplanten Durchdringung des tschechoslowakischen Bankwesens noch vor der Errichtung des Protektorats im März 1939 so viele Vorbehalte geltend, dass bei den Reichsbehörden der Eindruck entstand, sie wolle zwar die „Früchte" ernten, nicht jedoch die Lasten tragen[41]. Erst als der Staat erklärte, sich bei der Sanierung der zu übernehmenden, stark angeschlagenen Böhmischen Union-Bank finanziell zu beteiligen, war das Berliner Kreditinstitut zur Übernahme bereit[42]. Zurückhaltung konnte auch langanhaltende Folgen zeitigen: 1943 warfen die Prager Besatzungsbehörden der Commerzbank vor, sie sei „sehr spät" ins Protektorat gekommen und habe dort „keinerlei Risiko" übernommen, weshalb sie sich dagegen sträubten, einem Engagement der Bank im Protektorat zuzustimmen[43]. Für weiteren Konfliktstoff sorgte die staatliche Forderung nach einem einheitlichen Vorgehen der deutschen Wirtschaft im besetzten Gebiet. Die reichsdeutschen Großbanken waren nämlich lediglich bereit, „einvernehmlich" vorzugehen, solange es sich um das Vordringen in tschechische Wirtschaftspositionen handelte, ansonsten freilich beharrten sie in ihren Beziehungen untereinander auf dem Recht „auf ehrlichen Konkurrenzkampf"[44].

Weitgehend einig waren sich der Staat und die deutsche Wirtschaft, was die Eroberung und die schnelle wirtschaftliche Eingliederung des Protektorats in den reichsdeutschen Wirtschaftsraum betraf[45]. Dagegen dürfte die reichsdeutsche In-

40 Vgl. *Plumpe*, Unternehmen 248f.

41 Aufzeichnung von Hermann Josef Abs (Deutsche Bank) über die Besprechung mit Hans Kehrl am 7.2.1939 vom 7.2.1939, in: Historisches Archiv der Deutschen Bank, Frankfurt am Main, Deutsche Bank Berlin (Altbank), B 153.

42 Ebenda.

43 Vermerk der Commerzbank über den Anruf von Hafenbraedl vom 18.5.1943, in: Historisches Archiv der Commerzbank, Frankfurt am Main, 1/279 I. Vgl. *Jaroslav Kučera*, Der zögerliche Expansionist. Die Commerzbank in den böhmischen Ländern 1938–1945, in: Bankhistorisches Archiv 31 (2005) H. 1, 33–56.

44 Aufzeichnung des Amts des Reichsprotektors über die Verhandlungen betr. die Prager Creditbank am 26.11.1940 vom 26.11.1940, in: NA, Úřad československého delegáta v komisi pro stíhání válečných zločinců [Amt des tschechoslowakischen Delegierten in der Kommission für die Verfolgung von Kriegsverbrechern] Kart. 34, Document Book Nr. 144 B, Doc. No. NID-13394.

45 Vgl. *Kreutzmüller*, *Kučera*, Commerzbank 179–180. Zur Beteiligung insbesondere der reichsdeutschen Großbanken an der Vorbereitung der Zerschlagung und wirtschaftlichen Eroberung der Tschechoslowakei 1938/39 vgl. *Christopher Kopper*, Zwischen Marktwirtschaft und Dirigismus. Bankenpolitik im „Dritten Reich" 1933–1939 (Bonn 1995) 315–348; im Folgenden zitiert: *Kopper*, Marktwirtschaft. *Harald Wixforth*, Auftakt zur Ostexpansion. Die Dresdner Bank und die Umgestaltung des Bankwesens im Sudetenland 1938/39 (Berichte und Studien des Hannah-Arendt-Instituts für Totalitarismusforschung 31, Dresden 2001); *Harald Wixforth*, Die Expansion der Dresdner Bank in Europa (Die Dresdner Bank im Dritten Reich 3, München 2006); im Folgenden zitiert: *Wixforth*, Expansion.

dustrie den Bestrebungen des Staates, die Protektoratsindustrie vorübergehend vor der starken Konkurrenz aus dem Reich abzuschirmen, eher ambivalent gegenübergestanden haben. Indem der Staat seine Hand über die teilweise angeschlagenen Protektoratsfirmen hielt, etwa wenn sie nach der hastigen „Arisierung" durch unerfahrene „arische" Unternehmer in Schieflage geraten waren, schützte er damit zwar einerseits zugleich die Investitionen etlicher reichsdeutscher Unternehmen. Andererseits jedoch stellte die Protektoratswirtschaft in der Zukunftsplanung der Industrie des „Altreichs" – zumindest potentiell – eine durchaus ernstzunehmende Konkurrenz dar, so dass reichsdeutschen Unternehmern dieser Schutz möglicherweise zu weit ging. In diesem Zusammenhang sei daran erinnert, dass auch bei der Einführung der Einheits- und Gruppenpreise im Protektorat im Jahre 1942 die einheimische Industrie zumindest potentiell begünstigt wurde: Um ihnen den Übergang auf die neue Preisbildung zu erleichtern, konnten Protektoratsfirmen auf Antrag höhere Gruppenpreise oder gar Ausnahmepreise erzielen[46].

Weiteres Konfliktpotential lag in der Divergenz zwischen wirtschafts- und nationalitätenpolitischen Motiven, die im Protektorat stets virulent waren. So war die Besatzungsverwaltung bestrebt, deutsche Investitionen in „volkspolitischen Interessenzonen" zu verhindern, falls dadurch eine Störung des empfindlichen nationalen Gleichgewichts zuungunsten der Deutschen drohte[47]. Selbst die Hermann-Göring-Werke mussten wegen des befürchteten Zuzugs tschechischer Arbeitskräfte vom Bau eines Flugmotorenwerks in der Nähe der südböhmischen Stadt České Budějovice (Budweis) absehen, deren vorwiegend tschechische Umgebung für eine „Rückgermanisierung" vorgesehen war. Den von Göring geforderten Grundsatz, demgemäß bevölkerungs- oder rassenpolitische Bedenken bei der Forcierung der Rüstung (so etwa beim Einsatz ausländischer Arbeiter) vorübergehend in den Hintergrund treten sollten, wollte Karl Hermann Frank, Staatssekretär im Amt des Reichsprotektorats, für das Protektorat nicht gelten lassen und verlangte, rüstungswichtige Neubauten mit tschechischer Belegschaft – soweit sie überhaupt im Protektorat errichtet werden sollten – lediglich im Binnenland vorzunehmen[48]. Die Berücksichtigung bevölkerungspolitischer Belange konnte sich freilich für deutsche Unternehmer auch vorteilhaft auswirken. So wurden die kriegsbedingten Stilllegungen im Protektorat nicht nur zur „Rationalisierung" der Produktion genutzt, sondern auch zur „ansehnlichen" Stärkung des deutschen

[46] *Richardt*, Die Einheits- und Gruppenpreise. Besonderheiten zur Einführung in Böhmen-Mähren, in: Die Wirtschaft (Prag) vom 6.6.1942.

[47] Monatsbericht des Reichsprotektors für Böhmen und Mähren für August 1940 vom 5.9.1940, in: NA, ÚŘP Kart. 279.

[48] Karl Hermann Frank an Martin Bormann vom 10.5.1941, in: NA, ÚŘP-ST, Sign. 109-5-8, Bl. 9–12. Franks Standpunkt schloss sich auch Hitler an. Vgl. Hans Heinrich Lammers an Hermann Göring vom 1.6.1941, in: Anatomie okupační politiky hitlerovského Německa v „Protektorátu Čechy a Morava" [Anatomie der Besatzungspolitik von Hitler-Deutschland im „Protektorat Böhmen und Mähren"], hrsg. v. *Miloslav Kárný* und *Jaroslava Milotová*, in: Sborník k dějinám imperialismu [Sammelband zur Geschichte des Imperialismus] 21 (Prag 1987) Dokument Nr. 75, 200.

Anteils in manchen Branchen bzw. zur Auflockerung „nationalpolitischer Zusammenballungen" in den traditionellen tschechischen Industriezentren[49].

Dagegen war das Verhältnis der tschechischen Wirtschaft zum Staat ganz anderer Natur, denn der tschechischen Wirtschaftselite trat das NS-Regime in Gestalt einer „doppelte[n] Diktatur" entgegen[50]: Der Staat erhob aus ihrer Perspektive nicht nur den Anspruch, die Wirtschaft durch entsprechende Eingriffe den eigenen politisch-ideologischen Zielen dienstbar zu machen, sondern erschien zugleich als eine fremdnationale und ausbeuterische Besatzungsmacht. Insofern blickten die tschechischen Manager und Unternehmer in eine höchst unsichere Zukunft, mussten sie doch befürchten, im Zuge der fortschreitenden „Germanisierung" der Protektoratswirtschaft die ihnen noch verbliebenen Positionen und Verfügungsrechte in der Industrie zu verlieren. Diese Furcht war alles andere als unbegründet, denn über die langfristigen Ziele der deutschen Besatzungspolitik konnten kaum Zweifel bestehen. Zudem hatten die tschechischen Wirtschaftskapitäne bereits unmittelbar nach der Besetzung Böhmens und Mährens erfahren müssen, mit welch brachialen Mitteln reichsdeutsche Großkonzerne eine Reihe von tschechischen Unternehmen unter ihre Kontrolle brachten[51]. Daher war zum einen die Schnittmenge der Interessen zwischen dem Staat und der tschechischen Wirtschaft wesentlich geringer, zum anderen das Drohpotential des Staates gegenüber der tschechischen Wirtschaft wesentlich größer als im Reich.

Dennoch lief die Rüstungsproduktion im Protektorat buchstäblich bis zum letzten Kriegstag auf Hochtouren[52], was ohne ein hohes Maß an Kooperationsbereitschaft des – zahlenmäßig immer noch dominierenden – tschechischen Managements kaum möglich gewesen wäre. Ausschlaggebend dafür, so unsere These, waren nicht staatlicher Druck und auch nicht so sehr kurzfristige Profitinteressen, sondern vielmehr mittel- und langfristige betriebswirtschaftliche Überlegungen

[49] *Bernhard Adolf*, Volkspolitische Auswirkungen der Konzentration in der Industrie des Protektorats vom 9.4.1942, in: NA, ÚŘP-ST, Sign. 109-4-1262; Parteiverbindungsstelle beim Reichsprotektor an Karl Hermann Frank betr. Auswirkungen der Stillegungs- und Konzentrierungsaktion in volkspolitischer Hinsicht vom 13.3.1942, in: NA, ÚŘP-ST, Sign. 109-4-1302, Bl. 13.

[50] *Johannes Bähr* und *Ralf Banken*, Ausbeutung durch Recht. Einleitende Bemerkungen zum Einsatz des Wirtschaftsrechts in der deutschen Besatzungspolitik 1939–1945, in: Das Europa des „Dritten Reichs". Recht, Wirtschaft, Besatzung, hrsg. v. *Johannes Bähr* und *Ralf Banken* (Frankfurt a.M. 2005) 2f.; im Folgenden zitiert: *Bähr*, *Banken*, Ausbeutung.

[51] Ein in der Literatur häufig angeführtes Beispiel ist die erzwungene Übernahme der Wittkowitzer Berg- und Eisenhütten-Gewerkschaft durch die Hermann-Göring-Werke. Vgl. *Hans Radandt*, Die Vitkovicer Berg- und Eisenhütten-Gewerkschaft als Organisationszentrum der Reichswerke AG „Hermann Göring" für die Beherrschung der Eisen- und Stahlwirtschaft südosteuropäischer Länder, in: Jahrbuch für Wirtschaftsgeschichte (1973/2) 17–41. Vgl. auch *Kopper*, Marktwirtschaft 335ff.

[52] Vgl. *Alice Teichová*, The Protectorate of Bohemia and Moravia (1939–1945): The Economic Dimension, in: Bohemia in History, hrsg. v. *Mikuláš Teich* (Cambridge 1998) 267–305; *Detlef Brandes*, Tschechoslowakei – vom „Protektorat" zur „Volksdemokratie", in: Kriegsende in Europa. Vom Beginn des deutschen Machtzerfalls bis zur Stabilisierung der Nachkriegsordnung 1944–1948, hrsg. v. *Ulrich Herbert* und *Axel Schildt* (Essen 1998) 263–278, hier 265.

der böhmisch-mährischen Industrie. Die Perspektive der dauerhaften Eingliederung Böhmens und Mährens in den „großdeutschen Wirtschaftsraum“ manövrierte die Protektoratsindustrie in eine strategische Zwangslage: Wenn sie die Chancen, die der deutsch dominierte europäische „Großwirtschaftsraum“ etwa mit dem Südostgeschäft zu bieten versprach, nutzen wollte, musste sie mit der zumeist technologisch überlegenen reichsdeutschen Industrie auf Augenhöhe konkurrieren können. Zu dieser strategischen Zwangslage kam ein kurzfristig wirksamer Sachzwang hinzu. Im Zusammenhang mit der Aufhebung der Zoll- und Devisengrenze, die bereits in Hitlers Erlass vom März 1939 angekündigt worden war und schließlich zum 1. Oktober 1940 verwirklicht wurde, zielte das Besatzungsregime darauf ab, das Preis- und Lohnniveau im Protektorat soweit wie möglich an das im Reich anzugleichen. Dadurch drohte die Protektoratsindustrie einen im internationalen Vergleich wichtigen Vorteil zu verlieren, dem sie bis dahin weitgehend ihre Wettbewerbsfähigkeit auf den Weltmärkten verdankte, nämlich die relativ billige Arbeitskraft. Um dies zu kompensieren und die Rentabilität mittel- und langfristig zu sichern, musste die böhmisch-mährische Industrie ihre Produktionskosten senken und ihre Produktivität steigern. Daher galten massive Investitionen in die Erweiterung und Rationalisierung der Produktionsanlagen als betriebswirtschaftliches Gebot der Stunde[53].

An diesem Punkt deckten sich die Interessen der – tschechischen wie deutschen – Protektoratswirtschaft mit denen des Staates, der sich von Modernisierungsmaßnahmen und Kapazitätserweiterungen eine Steigerung der Rüstungsproduktion erhoffte und daher günstige Rahmenbedingungen für Investitionen schuf[54], den Unternehmen ansonsten jedoch – anders als im Reich[55] – nur in geringem Maße direkte Finanzspritzen zukommen ließ. Die Industrie im Protektorat finanzierte ihre massiven Erweiterungs- und Modernisierungsinvestitionen zum Großteil aus Rücklagen, mit Kapitalerhöhungen sowie durch die Aufnahme von Obligationsanleihen und Bankkrediten, was in manchen Fällen ein Einfallstor für reichsdeutsches Kapital öffnete[56], insgesamt jedoch nicht zum Vehikel einer massiven „Germanisierung“ wurde, weil der Kapitalmarkt des Protektorats bis zum Ende der Besatzungszeit ausreichend flüssig blieb[57]. Ohnehin erwies sich die Finanzierung von Investitionen als weit weniger problematisch als deren Realisie-

[53] Vgl. *Balcar*, Bernhard Adolf 75ff.

[54] Vgl. Donau-Zeitung (Belgrad) vom 4.12.1941: „Investitionen im Protektorat. Die großen Industriebilanzen als interessantes Spiegelbild der Wirtschaft.“

[55] Zu den verschiedenen Wegen, auf denen der NS-Staat die Investitionen von Unternehmen im „Altreich“ finanziell unterstützte und damit einen großen Teil des unternehmerischen Risikos übernahm, vgl. *Christoph Buchheim* und *Jonas Scherner*, Anmerkungen zum Wirtschaftssystem des „Dritten Reichs“, in: Wirtschaftsordnung, Staat und Unternehmen. Neue Forschungen zur Wirtschaftsgeschichte des Nationalsozialismus. Festschrift für Dietmar Petzina zum 65. Geburtstag, hrsg. v. *Werner Abelshauser*, *Jan-Otmar Hesse* und *Werner Plumpe* (Essen 2003) 81–97, hier 89–95.

[56] Vgl. *Radandt*, Beteiligungen 168–173.

[57] Vgl. dazu mit weiteren Belegen *Balcar*, Unternehmen 94.

rung unter den Bedingungen der NS-Kriegswirtschaft, denn infolge des permanenten Mangels an Rohstoffen und Arbeitskräften verhängten die Besatzer im Mai 1941 einen Baustopp, von dem lediglich kriegswichtige Projekte ausgenommen wurden. Das führte zum einen zu einer scharfen Investitionskonkurrenz zwischen den Protektoratsunternehmen[58], zum anderen dazu, dass diese ihre Produktpalette mehr oder weniger freiwillig auf Rüstungsproduktion umstellten, um ihre Investitionsvorhaben verwirklichen zu können – und selbst dann war die Realisierung von Aus- oder Neubauten keineswegs gesichert. Wie die damit verbundenen Motive und Probleme im Detail aussahen, soll ein Blick auf den in Prag ansässigen Verein für chemische und metallurgische Produktion zeigen, der die wohl ambitionierteste Investition im Protektorat in Angriff nahm: den Bau des Zellwollewerks Neratovice.

III.

Der Verein für chemische und metallurgische Produktion (Spolek pro chemickou a hutní výrobu), der größte Chemiekonzern der Tschechoslowakei, wurde von zwei Großaktionären beherrscht: dem in Brüssel ansässigen Chemiegiganten Solvay & Cie. und der mächtigen Prager Gewerbebank (Živnostenská banka)[59]. Zwar war der Konzern relativ glimpflich durch die Weltwirtschaftskrise hindurchgekommen, doch dafür trafen ihn die Folgen des Münchner Abkommens um so härter: Der Spolek verlor seine beiden mit Abstand wichtigsten Produktionsstätten in Aussig (Ústí nad Labem) und Falkenau (Sokolov), die 1937 rund zwei Drittel des Bruttogewinns erwirtschaftet hatten[60]; nach Beurteilung der Gewerbebank blieb der Prager Verein jedoch dank seiner Auslandsbeteiligungen vor allem in Südosteuropa weiterhin eine „gut fundierte Gesellschaft“[61]. In dieser Situation erhielt der Spolek im Sommer 1939 von den deutschen Behörden ein verlockendes Angebot: Er sollte im Protektorat eine Zellwollfabrik mit einer Jahreskapazität von zunächst 10000 Tonnen hochwertiger Textilfasern errichten, um die heimi-

[58] Siehe dazu Donau-Zeitung (Belgrad) vom 4.12.1941: „Investitionen im Protektorat. Die großen Industriebilanzen als interessantes Spiegelbild der Wirtschaft.“

[59] Vgl. *Alice Teichová*, An Economic Background to Munich. International Business and Czechoslovakia 1918–1938 (London, New York 1974) 279–294.

[60] Der Anteil der Werke Aussig und Falkenau am Reingewinn des Jahres 1937 belief sich auf 110 Millionen Kronen von insgesamt knapp 170 Millionen Kronen. Bericht für die Direktion [der Živnostenská banka] über die Sitzung von Vollzugsausschuss und Verwaltungsrat des Vereins für chemische und metallurgische Produktion vom 19.5.1938, in: Archív České národní banky, Praha [Archiv der Tschechischen Nationalbank, im Folgenden: AČNB], Živnostenská banka [Gewerbebank, im Folgenden: ŽB] S VIII/d-65/4, Kart. 163/1539. Zum erzwungenen Verkauf der Werke Aussig und Falkenau an die IG Farben und die Chemische Fabrik von Heyden vgl. *Wixforth*, Expansion 101–107.

[61] Bericht für die Direktion der Živnostenská banka über den Verein für chemische und metallurgische Produktion vom 11.11.1938, in: AČNB, ŽB-S VIII/d-65/4, Kart. 163/1539.

sche Textilindustrie mit Rohstoffen zu versorgen[62]. Das Projekt galt insofern als wichtig im Rahmen der Autarkiepolitik und später auch der Kriegsproduktion, als die Kapazitäten der Hersteller im Reich nicht genügten, um die Textilproduzenten im Reich und im Protektorat gleichzeitig zu beliefern[63]. Im Endausbau sollte das Werk rund 30 Prozent des Baumwollbedarfs des Protektorats in Friedenszeiten decken, wodurch die Textilindustrie Böhmens und Mährens „weitgehendst von den ausländischen Baumwollmärkten unabhängig gemacht" werde[64]. Zwar versprach die Herstellung von Zellwolle kurzfristig keinen großen Profit, da die Investitionskosten hoch und die Abnehmerpreise niedrig waren; mittel- und langfristig war die Konzernleitung jedoch von der Rentabilität der Zellwolleproduktion überzeugt, da Kunstfasern ihrer Meinung nach den Naturfasern mindestens ebenbürtig waren, was ihren dauerhaften Absatz in Kriegs- wie in Friedenszeiten gesichert erscheinen ließ[65]. Mehr noch: In der Zellwolle erblickte das Unternehmen die Chance, sich im „großdeutschen Wirtschaftsraum" neu und dauerhaft zu positionieren, zumal der Spolek den Großteil der zur Zellwolleproduktion nötigen Rohstoffe, Vorprodukte und Chemikalien selbst erzeugte[66].

Im Herbst 1939, kurz nach Kriegsbeginn, gab Hans Kehrl grünes Licht, nicht zuletzt dank des Einsatzes der IG Farben, die das Produktionsverfahren zur Verfügung stellte und die Projektierung der Anlage übernahm[67]. Zunächst kam das Vorhaben jedoch nur äußerst schleppend voran. Das änderte sich erst, als im Herbst 1941 mit dem Sudetendeutschen Bernhard Adolf einer der mächtigsten Männer in der Protektoratswirtschaft den Posten des Generaldirektors beim Spolek übernahm[68]. Der promovierte Jurist und Multifunktionär war als Präsident

[62] Angesichts des textilen Rohstoffmangels drohten der traditionsreichen Textilindustrie Böhmens und Mährens lukrative Wehrmachtsaufträge zu entgehen, weshalb nicht nur das Reichswirtschaftsministerium, sondern auch das Amt des Reichsprotektors auf den Bau der Zellwollefabrik in Neratovice drängte. Amt des Reichsprotektors an den Verein für chemische und metallurgische Produktion vom 2.12.1941 betr. vordringliche Fertigstellung der Zellwollefabrik in Neratowitz, in: NA, ChS, Kart. 641, und Aktenvermerk vom 26.11.1941 betr. Neratowitzer Zellwollefabrik, in: ebenda.

[63] Reichswirtschaftsminister an den Reichsprotektor für Böhmen und Mähren vom 18.10.1941 betr. textile Rohstoffversorgung des Protektorats, in: NA, ChS, Kart. 641, und Wirtschaftsgruppe Textilindustrie an den Verein für chemische und metallurgische Produktion vom 8.12.1941, in: ebenda.

[64] Dozent Škola: Technische Unterlagen für die Rede des Herrn Generaldirektor Adolf vom 18.11.1942, in: NA, ChS, Kart. 641.

[65] Ebenda. Zur Zellwolle vgl. *Jonas Scherner*, Zwischen Staat und Markt. Die deutsche halbsynthetische Chemiefaserindustrie in den 1930er Jahren, in: Vierteljahrschrift für Sozial- und Wirtschaftsgeschichte 89 (2002) 427–448.

[66] Vortrag des Generaldirektors Adolf anlässlich des Richtfestes in Neratowitz vom 18.11.1942, in: NA, ChS, Kart. 641.

[67] Karel Martínek an Fritz Gajewski (Direktor der IG Farbenindustrie AG, Frankfurt am Main) vom 23.10.1939, in: NA, ChS, Kart. 100.

[68] Bericht für die Direktion der Živnostenská banka über die Sitzung des Vollzugsausschusses und des Verwaltungsrats des Vereins für chemische und metallurgische Produktion am 14.7. und 15.12.1941, in: AČNB, ŽB-S VIII/d-65/4, Kart. 163/1539. Zu Bernhard Adolf und seiner Rolle

des Zentralverbands der Industrie für Böhmen und Mähren, Sonderbeauftragter der Industrie beim Reichsprotektor und später auch Vorsitzender der Rüstungskommission neben Walter Bertsch der wichtigste Wirtschaftslenker des Protektorats. Zudem verfügte Adolf über beste Beziehungen zu den Mächtigen in Prag und Berlin. Deswegen war er genau der richtige Mann, um ein derart ambitioniertes Projekt unter den extrem erschwerten Bedingungen der Kriegswirtschaft durchzusetzen. Denn in den Überlegungen des Unternehmens stellte die Vistra-Anlage zur Herstellung von Zellwolle nur den ersten Schritt zur Errichtung eines gigantischen Chemiezentrums dar, das den Verlust der Werke im Sudetenland kompensieren sollte[69]. Mittelfristig plante man, den Großteil der chemischen Produktion an diesem Standort zu konzentrieren, um so die hohen Transportkosten bei Produkten einzusparen, die in einem Konzernwerk hergestellt und in einem anderen weiterverarbeitet wurden. Nur vor diesem Hintergrund wird verständlich, warum sich der Konzern für den Standort auf der grünen Wiese von Neratovice entschieden hatte, was entsprechend hohe Erschließungskosten für Straßen, einen Gleisanschluss und einen eigenen Elbhafen mit sich brachte – dafür war jedoch genug Platz für spätere Erweiterungen, da die Viskose-Fabrik nicht einmal ein Drittel des erworbenen Areals einnahm. So erklärt sich auch, warum das Unternehmen Unsummen in die Elektrizitätsversorgung steckte: Neben einem eigenen Dampfkraftwerk sollte ebenfalls ein Wasserkraftwerk an der Elbe errichtet werden.

Vieles davon war Anfang der 1940er Jahre Zukunftsmusik. Doch bereits die erste Baustufe enthielt Komponenten, die unternehmensstrategisch sinnvoll, unter kriegswirtschaftlichen Aspekten hingegen überflüssig waren. Das galt in erster Linie für die Chlor-Elektrolyseanlage zur Erzeugung von Ätznatron, denn hier waren die Produktionskapazitäten der Chemischen Werke Aussig-Falkenau mehr als ausreichend, um den Bedarf des Spolek zu decken[70]. Doch während es den Wirtschaftslenkern in Berlin und Prag mit Blick auf die Anlage in Neratovice um Rohstoffautarkie ging, hatten die Manager des Spolek in erster Linie die Autarkie ihres Konzerns im Auge: Schließlich handelte es sich bei den Chemischen Werken Aussig-Falkenau um eben jene Produktionsstätten, die man nach dem Münchner Diktat an die IG Farben und die Chemische Fabrik von Heyden hatte verkaufen müssen. Um sich nicht in noch stärkere Abhängigkeit zu begeben, entschied sich die Konzernspitze daher zur Eigenproduktion, obwohl dies Kostennachteile

in der Protektoratswirtschaft vgl. *Lutz Hachmeister*, Schleyer. Eine deutsche Geschichte (München 2004) 190–224; *Balcar*, Bernhard Adolf, passim.

[69] Dies und das folgende nach Aktenvermerk Škola vom 13.12.1941 betr. Ausbau Neratowitz, in: NA, ChS Kart. 641.

[70] Die Chemischen Werke Aussig-Falkenau hatten sich auch bereiterklärt, die benötigte Menge Ätznatron zu einem überaus günstigen Preis zu liefern. Direktor Schäffler: Merkblatt über die Besprechung mit den Herren Direktor Scharnagl, Direktor Rußwurm und Prokurist Kolbe in Angelegenheit Aetznatron am 12.12.1941 vom 22.12.1941, in: NA, ChS, Kart. 641.

brachte[71]. Allerdings war diese Entscheidung konzernintern umstritten, wobei die Fronten nicht entlang der Nationalitätengrenzen verliefen: Während die tschechischen Direktoren Antonín Srba und Viktor Ettel mit Adolf aus unternehmensstrategischen und technischen Gründen für den sofortigen Bau der Elektrolyse-Anlage eintraten, plädierte der deutsche Direktor Carl Schäffler, der kaufmännische Experte des Spolek, mit kriegs- und betriebswirtschaftlichen Argumenten dafür, den Bau dieser Komponente auf einen späteren Zeitpunkt zu verschieben[72].

Die Entscheidung für den Bau zu treffen war das eine, sie unter den Bedingungen der Kriegswirtschaft in die Tat umzusetzen, stand dagegen auf einem ganz anderen Blatt. Drei Hindernisse galt es zu überwinden: den Mangel an Rohstoffen, den Mangel an Arbeitskräften und die Unzuverlässigkeit der Maschinenbauunternehmen bei der Einhaltung der Liefertermine für die benötigten Produktionsanlagen. Was die Rohstoffe angeht, fehlte es vor allem an Eisen und Zement. Zwar hatte das Management bereits frühzeitig eine Reihe von Maßnahmen getroffen, um die nötigen Rohstoffmengen sicherzustellen. Doch insbesondere Eisen blieb Mangelware, weil zugesagte Kontingente immer wieder gekürzt oder völlig gestrichen wurden, was den Bau stark beeinträchtigte und seine Fertigstellung verzögerte[73]. Hinzu kamen bürokratische Probleme der Rohstoffbewirtschaftung: So wurde etwa im Frühjahr 1942 das Bewirtschaftungssystem auf Kontrollmarken umgestellt, was zu „erhebliche[n] Komplikationen" führte, weil alte Kontingente und Zusagen plötzlich verfielen, während die neuen Kontrollmarken noch nicht zugeteilt waren[74].

Kaum besser war die Lage hinsichtlich der benötigten Arbeitskräfte. Im Grunde herrschte im Protektoratsgebiet seit August 1939 Vollbeschäftigung, die angesichts des enormen Arbeitskräftebedarfs der reichsdeutschen Wirtschaft und der kontinuierlich steigenden Nachfrage der einheimischen Industrie nach Arbeitskräften bald in einen dauerhaften Arbeitskräftemangel umschlug[75]. Da die Arbeitsämter sich nicht in der Lage sahen, die benötigten Bauarbeiter bereitzustellen,

[71] Aktennotiz über die Besprechung am 14.1.1942 betr. Elektrolyse Neratowitz vom 16.1.1942, in: NA, ChS, Kart. 641.

[72] Aktenvermerk Carl Schäfflers für Adolf vom 14.1.1942 betr. Bau der Elektrolyse Neratowitz, in: NA, ChS, Kart. 641; Aktennotiz über die Besprechung am 14.1.1942 betr. Elektrolyse Neratowitz vom 16.1.1942, in: ebenda. Schäffler, aber auch Ettel und Srba erklärten später, sie könnten nur in denjenigen Bereichen Verantwortung für das Projekt übernehmen, die in ihren Kompetenzbereich fielen. Aktenvermerk vom 12.2.1943 über die 2. Sitzung „Ausbau Neratowitz" am 2.2.1943, in: ebenda. Man mag darin den Versuch einiger Spitzenmanager sehen, sich aus der Verantwortung für ein befürchtetes Desaster zu stehlen.

[73] Beispielsweise Merkblatt Nr. 40 des Vereins für chemische und metallurgische Produktion vom 3.10.1942 betr. Materialzuteilung für Neratowitz, in: NA, ChS, Kart. 641.

[74] Bericht der Oberführung Neratowitz über den Aufbau Neratowitz Anfang Mai 1942 vom 7.5.1942, in: NA, ChS, Kart. 641.

[75] Ende August 1939 gab man die Zahl der Arbeitslosen lediglich mit 9000 Personen an. Vgl. *Miroslav Kárný*, Der „Reichsausgleich" in der deutschen Protektoratspolitik, in: Europa und der „Reichseinsatz". Ausländische Zivilarbeiter, Kriegsgefangene und KZ-Häftlinge in Deutschland 1938–1945, hrsg. v. *Ulrich Herbert* (Essen 1991) 26–50. Vgl. auch *Steffen Becker*, Von der Werbung zum „Totaleinsatz". Die Politik der Rekrutierung von Arbeitskräften im „Protektorat Böhmen

musste der Spolek den Großteil der rund 1500 Arbeiter für den Bau von Neratovice aus der Belegschaft der Konzernbetriebe rekrutieren, wobei selbst die Bediensteten der Konzernzentrale zum Arbeitseinsatz herangezogen wurden[76]. Im Gegenzug erhielten die Arbeitsämter vom Ministerium für Wirtschaft und Arbeit die Anweisung, den Spolek von allen Auskämmungsmaßnahmen auszunehmen, so dass der Konzern „einen einmaligen und weitgehenden Schutz seiner Arbeitskräfte" genoss[77]. Dennoch gab es immer wieder Engpässe, weil eingearbeitete Kräfte auf Geheiß lokaler Behörden urplötzlich zu anderen Arbeiten herangezogen wurden, beispielsweise im Herbst 1942 zur „Zuckerrübenkampagne", wodurch die Bauleitung „in grösste Verlegenheit" geriet[78].

Bei der Beschaffung der benötigten Maschinen und Einrichtungen war der Spolek von den Zulieferungen diverser Maschinenbauunternehmen abhängig, wobei er freilich selbst das benötigte Maschineneisen bereitstellen musste; Stockungen beim Eisenbezug hatten somit nicht nur unmittelbare Auswirkungen auf den Fortgang der Bauarbeiten, sondern auch auf die Herstellung der benötigten Produktionsanlagen. Bisweilen drohte sogar die Gefahr, dass noch nicht fertiggestellte Maschinen verschrottet würden, um das dadurch freiwerdende Eisen anderweitig zu verwenden[79]. Hinzu kam, dass gerade die Maschinenfabriken mit Rüstungsaufträgen eingedeckt waren, die bevorzugt bearbeitet werden mussten, so dass es auch deshalb immer wieder zu Verzögerungen kam.

Um in diesem Chaos den Überblick zu behalten, wurde eine eigene „Oberführung Neratowitz" ins Leben gerufen, die innerhalb des Konzerns weitgehende Vollmachten erhielt[80]. Dank der großen Kooperationsbereitschaft der Wirtschaftsverwaltung des Protektorats, insbesondere der Wirtschaftsgruppen, konnten auftretende Schwierigkeiten jedoch meist beseitigt werden. Halfen diese Kontakte nicht, musste Generaldirektor Adolf einmal mehr nach Berlin reisen, um dieses oder jenes Hindernis in persönlichen Gesprächen mit Albert Speer und Hans Kehrl aus dem Weg zu räumen. Das gelang zwar immer wieder, verzögerte die Fertigstellung jedoch um Jahre. Daher konnte der erste Bauabschnitt erst im Frühjahr 1945 fertiggestellt werden und kam vor Kriegsende nicht mehr über den Probebetrieb hinaus.

und Mähren" für die deutsche Kriegswirtschaft und der Aufenthalt tschechischer Zwangsarbeiter und -arbeiterinnen im Dritten Reich 1939–1945 (Berlin 2004) 82ff.

[76] Rundschreiben Bernhard Adolfs an die Leiter der Konzernwerke des Vereins für chemische und metallurgische Produktion vom 25.9.1942, in: NA, ChS, Kart. 641.

[77] Rundschreiben Leipolds vom 18.6.1943 an die Konzernwerke des Vereins für chemische und metallurgische Produktion, in: NA, ChS, Kart. 641.

[78] Verein für chemische und metallurgische Produktion an das Ministerium für Wirtschaft und Arbeit vom 15.10.1942 betr. Arbeitseinsatz für Neratowitz, in: NA, ChS, Kart. 641.

[79] Merkblatt Nr. 42 (gez. Šílený, Referat Gelenkte Wirtschaft des Vereins für chemische und metallurgische Produktion) vom 3.10.1942 betr. Materialzuteilung für Neratowitz, in: NA, ChS, Kart. 641.

[80] Vortrag des Herrn Generaldirektor Adolf anlässlich des Richtfestes in Neratowitz vom 18.11.1942, in: NA, ChS, Kart. 641, und Protokoll über die Besprechung am 8.1.1942 vom 11.1.1942, in: NA, CHS, Kart. 1504.

Die Kosten des Projekts, die sich in der Kalkulation auf 482 Millionen Kronen (48,2 Millionen RM nach dem offiziellen Wechselkurs der Kriegszeit) beliefen[81], schlugen schließlich mit knapp 511 Millionen Kronen zu Buche. 400 Millionen Kronen hatte der Spolek im Wege einer Obligationsanleihe aufgebracht, den Rest aus dem laufenden Gewinn. Mit der Begründung, dass die Produktion von Zellwolle allein der Versorgung der einheimischen Industrie, nicht jedoch dem lukrativen Exportgeschäft diene und der Konzern dafür große Opfer gebracht habe, forderten Adolf und Srba im Oktober 1944 einen Staatszuschuss von 100 Millionen Kronen, eine weitere einmalige Vergütung von knapp fünf Millionen Kronen für das zur Sicherstellung der Elektrolyse erworbene Quecksilber sowie einen dauerhaften Zuschuss von drei Kronen pro Kilogramm produzierter Zellwolle[82]. Die Protektoratsregierung war im April 1945 indes nur bereit, dem Unternehmen eine Staatsgarantie für einen Kredit von zunächst 50 Millionen Kronen und später, im Bedarfsfall, für weitere 50 Millionen Kronen zu geben[83]. Verständnisvoller zeigte sich kurz darauf die Regierung der wiedererrichteten Tschechoslowakei: Da das Werk auf Wunsch der zuständigen staatlichen Stellen errichtet worden sei, der Rohstoffversorgung der heimischen Textilindustrie diene und die Baukosten wegen der kriegsbedingten Umstände extrem hoch gewesen seien, gewährte sie dem Spolek Ende Mai einen zinslosen Kredit in Höhe von 100 Millionen Kronen[84].

Das Beispiel der Errichtung des Zellwollewerks in Neratovice durch den Verein für chemische und metallurgische Produktion weist auf einige Charakteristika im Verhältnis von Staat und Wirtschaft unter den Bedingungen der gelenkten NS-Wirtschaft in einem besetzten Gebiet hin. Es verdeutlicht erstens, wie schwer es den Unternehmen fiel, große Investitionsprogramme während des Krieges zu realisieren, selbst wenn diese als kriegswichtig galten. Zweitens veranschaulicht es, dass die Frontlinien bei strittigen betriebswirtschaftlichen Entscheidungen nicht immer entlang der Nationalitätengrenze verliefen. Drittens zeigt es, dass kriegswichtige Protektoratsunternehmen von der NS-Kriegswirtschaft nicht nur in Form lukrativer Wehrmachtsaufträge profitieren konnten, sondern auch durch den staatlich forcierten Transfer modernster Herstellungsverfahren, die von der reichsdeutschen Konkurrenz – wahrscheinlich nicht immer ganz freiwillig – zur Verfügung gestellt wurden. So konnte das eine oder andere in den böhmischen Ländern ansässige Unternehmen seinen technologischen Rückstand in relativ kurzer Zeit aufholen. Daher betonte Bernhard Adolf anlässlich des Richtfests des Neratovicer Werks auch die europäische Kooperation und insbesondere die

[81] Generaldirektion des Vereins für chemische und metallurgische Produktion (gez. Antonín Srba) an Bernhard Adolf vom 24.2.1943 betr. Investitionen des Werks Neratowitz, in: NA, ChS, Kart. 641.

[82] Verein für chemische und metallurgische Produktion an die Oberste Preisbehörde vom 9.10.1944 betr. Bohemia-Zellwolle aus dem Werk Neratowitz, in: NA, ChS, Kart. 641.

[83] Finanzminister Kalfus an den Verein für chemische und metallurgische Produktion vom 3.4.1945, in: NA, ChS, Kart. 642.

[84] Entwurf eines Übereinkommens zwischen der Tschechoslowakei und dem Verein für chemische und metallurgische Produktion vom 25.5.1945, in: NA, ChS, Kart. 642, Sign. GS 240/3.

reichsdeutsche Hilfe bei diesem Projekt, die dem Spolek lange und kostspielige Entwicklungsarbeiten erspart habe[85]. Viertens deutet das Beispiel auf relativ breite Handlungsspielräume der Protektoratsindustrie im Investitionsbereich hin, und zwar selbst dann, wenn dabei die unternehmerischen Interessen mit den kriegswirtschaftlichen Erfordernissen kollidierten. Dieser Befund lässt sich freilich nicht ohne weiteres verallgemeinern, er muss vielmehr in mehrfacher Hinsicht differenziert und relativiert werden: nach Branchen, unternehmerischen Handlungsfeldern sowie nach den Einflussmöglichkeiten der Spitzenmanager.

Es liegt auf der Hand, dass Unternehmen aus Branchen wie der chemischen Industrie, der Holzindustrie oder der eisenschaffenden Industrie, deren Erzeugnisse die Grundlage für die Produktion anderer Branchen bilden und damit zivilen Zwecken ebenso dienen können wie militärischen, in wesentlich geringerem Maße staatlichen Eingriffsversuchen ausgesetzt waren als Branchen, die Rüstungsgüter wie Panzer, Flugzeuge oder U-Boote herstellten. Letzteres galt in erster Linie für den Maschinen- und Fahrzeugbau. Hier waren die staatlichen Pressionen – insbesondere was die Veränderung des Produktionsprofils betraf – ungleich größer, und den Protektoratsunternehmen dieser Branche gelang es weit weniger als ihren reichsdeutschen Konkurrenten[86], sich diesem Druck zu entziehen. So mussten beispielsweise die Böhmisch-Mährischen Maschinenfabriken (BMM) Ende 1943 die Produktion von Eisenbahnlokomotiven im Zuge der neu eingeführten „direkten Auftragsregelung" einstellen, da nunmehr sämtliche zivilen Aufträge vorab von den zuständigen Behörden genehmigt werden mussten[87]. Stattdessen wurde das Unternehmen zur Errichtung eines Werks zur Herstellung von Flugzeugen und Flugmotoren gedrängt, wobei die Umstellung des Produktionsprofils hohe Kosten verursachte. Es waren freilich weniger die aktuell anfallenden Umstellungskosten, die den Managern Kopfzerbrechen bereiteten – sie wurden weitgehend durch lukrative Abnahmepreise ausgeglichen –, als vielmehr die Befürchtung, dass die neuen Produkte nach Kriegsende nicht mehr marktfähig sein würden. So betonte Generaldirektor Heinrich Richter-Brohm, „dass die Grundlagen, auf denen der Flugzeugbau bei den BMM auf- und ausgebaut ist, kaum die Hoffnung zulassen, dass ein solches Werk unter normalen wirtschaftlichen Verhältnissen konkurrenz- oder auch nur bei verschärften Preisbedingungen lebensfähig ist"[88].

[85] Vortrag des Herrn Generaldirektor Adolf anlässlich des Richtfestes in Neratowitz vom 18.11.1942, in: NA, ChS, Kart. 641.

[86] Zu den Handlungsspielräumen reichsdeutscher Maschinenbauunternehmen vgl. *Michael C. Schneider*, Unternehmensstrategien zwischen Weltwirtschaftskrise und Kriegswirtschaft. Chemnitzer Maschinenbauindustrie in der NS-Zeit 1933–1945 (Bochumer Schriften zur Unternehmens- und Industriegeschichte 14, Essen 2005).

[87] Geschäftsbericht von Generaldirektor Heinrich Richter-Brohm, vorgetragen auf der Ordentlichen Sitzung des Verwaltungsrats der Böhmisch-Mährischen Maschinenfabrik AG am 9.12.1943, in: Státní oblastní archiv Praha [Staatliches Bezirksarchiv Prag, im Folgenden: SOA Prag], Českomoravská-Kolben-Daněk-1 [Böhmisch-Mährische Maschinenfabriken Kolben-Daněk, im Folgenden: ČKD-1], Kart. 10, Sign. 18.

[88] Bericht zur Lage [der Böhmisch-Mährischen Maschinenfabrik AG] vom 12.8.1943, in: SOA Prag, ČKD-1, Kart. 10, Sign. 18.

Diese Sorgen plagten die Manager des Spolek nicht, denn Zellwolle versprach, auch unter Friedensbedingungen marktfähig zu sein, zumal die heimische Textilindustrie dringend auf diesen Werkstoff angewiesen war.

Ein weiterer wesentlicher Unterschied zu anderen Protektoratsunternehmen, die in der Besatzungszeit ehrgeizige Investitionen in Angriff nahmen, lag in der Person des Generaldirektors. Ohne die hervorragenden Kontakte Bernhard Adolfs wäre die Realisierung des Projekts unter den Bedingungen der Kriegswirtschaft undenkbar gewesen. Vergleicht man den Erfolg Adolfs mit den sehr viel bescheideneren Ergebnissen, die Wilhelm Zangen bei seinen Bemühungen um die Sanierung der Prager Eisen-Industrie-Gesellschaft erzielte, kann man die Schlussfolgerung ziehen, dass Netzwerke und Beziehungen zu den Mächtigen des „Dritten Reiches" allein nicht halfen, jedenfalls nicht im Protektorat. Wer hier Unternehmensinteressen durchsetzen wollte, musste die Klaviatur der Berliner Wirtschaftsbürokratie ebenso beherrschen wie die ihres Prager Pendants – und Adolf beherrschte beide Klaviaturen wie kein Zweiter. Insofern entbehrte die Umdeutung der betriebswirtschaftlichen Motivation für die Entscheidung zum Bau von Neratovice durch die neue Konzernleitung nach der Befreiung nicht einer gewissen Ironie: In einem ausführlichen Memorandum „Der Spolek in der Zeit von 1938 bis 1945" vom 27. Juni 1945 hieß es stolz, das Werk sei „gegen die Interessen der deutschen Kriegswirtschaft" durchgesetzt worden[89], gleichsam als Akt aktiven Widerstands. Die wesentliche Rolle, die der mittlerweile inhaftierte Bernhard Adolf dabei gespielt hatte, überging man geflissentlich.

Fazit

Böhmen und Mähren zählten zwar geographisch eindeutig zu jenen Gebieten, welche die Nationalsozialisten getreu ihrer Maxime vom „Lebensraum im Osten" erobern wollten. Aufgrund ihres für mitteleuropäische Verhältnisse relativ hohen Industrialisierungsgrades und dem daraus resultierenden Interesse des NS-Regimes, die dortige Kriegsproduktion frei von Störungen zu halten und nach Möglichkeit noch zu steigern, glich die wirtschaftliche Besatzungspolitik im Protektorat jedoch weit eher derjenigen, die in den okkupierten Regionen Westeuropas angewandt wurde. Anders als in der Sowjetunion oder in weiten Teilen Polens und Jugoslawiens, wo die NS-Besatzung auf eine rabiate, mit mörderischem Terror verbundene Ausplünderungspolitik hinauslief, wurde die industrielle Kapazität der böhmischen Länder nicht geschmälert, sondern im Gegenteil weiter ausgebaut – zumindest in der Rüstungsindustrie und anderen kriegswichtigen Branchen. Gegenüber den Protektoratsunternehmen dieser Pro-

[89] Verein für chemische und metallurgische Produktion an die Wirtschaftsgruppe Chemische Industrie vom 19.7.1945, Anlage: Der Verein für chemische und metallurgische Produktion in der Zeit von 1938 bis 1945 vom 27.6.1945, in: NA, Hospodářská skupina chemického průmyslu [Wirtschaftsgruppe Chemische Industrie], Kart. 10.

duktionszweige verfolgte die NS-Besatzungspolitik keinen reinen Ausbeutungskurs: Die Behörden setzten mehr auf Anreize als auf Zwang, um sie ihren Zielen dienstbar zu machen. Das gelang nicht zuletzt deswegen relativ gut, weil es auch im Protektorat – aufs Ganze gesehen – eine relativ große Schnittmenge zwischen den Interessen des Staates und den Interessen der Privatwirtschaft gab. So profitierten die Unternehmen in den böhmischen Ländern nicht nur von stattlichen Gewinnen aus dem Rüstungsgeschäft, sondern langfristig vor allem durch den Ausbau ihrer Produktionskapazitäten und dem Technologietransfer aus dem Reich.

Wie im Reich blieben die Unternehmen auch im Protektorat autonome Wirtschaftssubjekte, die grundsätzlich nach rationalen betriebswirtschaftlichen Kriterien agierten und ihrer ökonomischen Eigenlogik folgten[90]. Allerdings gab es spezifische Unterschiede zwischen deutschen und tschechischen Unternehmen, und vieles spricht dafür, dass die von Johannes Bähr und Ralf Banken vertretene These einer Dualität unternehmerischer Handlungsmöglichkeit zutrifft[91]: Deutsche Unternehmen und Manager agierten auch im Protektorat – zumindest im Investitionsbereich – grundsätzlich unter den Bedingungen einer „gelenkten Marktwirtschaft“, wenn auch das Primat der Politik hier deutlicher ausgeprägt und die Nähe der deutschen Manager zum Staat größer war als im Reich. Gegenüber tschechischen Unternehmen war das Drohpotential des Staates und auch das Maß an Zwangsmitteln, das er ihnen gegenüber anwandte, wesentlich größer, wenngleich der Staat – hierin dürfte ein weiterer Unterschied zu den anderen besetzten Gebieten im Osten liegen – sich nicht ausschließlich der Mittel einer „Kommandowirtschaft“ bediente, um die tschechische Wirtschaft in die gewünschte Richtung zu lenken. Die NS-Wirtschaftspolitik bot der tschechischen Industrie nicht nur materielle Anreize, sondern zumindest auch eine gewisse Hoffnung, die eigene wirtschaftliche Existenz im „großdeutschen Wirtschaftsraum“ künftig bewahren zu können. Insofern stand auch die Kooperation zwischen dem Staat und der tschechischen Wirtschaft auf einer relativ soliden Basis.

Die Ermittlung der konkreten Handlungsspielräume tschechischer Unternehmen im Protektorat stößt allerdings auf eine problematische Quellenlage, weil die Bestände der meist mittleren und kleinen Betriebe in den Archiven deutlich spärlicher überliefert sind als die der Großindustrie und weil das vorhandene Aktenmaterial in Kleinbetrieben aufgrund der anders gelagerten Entscheidungsstrukturen weit weniger aussagekräftig ist. Immerhin lassen sich bereits auf dem jetzigen Forschungsstand Merkmale benennen, die auf insgesamt geringere Handlungsspielräume der tschechischen Industrie schließen lassen. Infolge des ständigen subkutanen Germanisierungsdrucks standen tschechische Unternehmen und Manager vor einer viel ungewisseren Zukunft als ihre deutschen Pendants. Im Industriesektor war die Sicherheit der Verfügungsrechte deutlich geringer, denn der

[90] *Banken*, Boom 194.
[91] *Bähr, Banken*, Ausbeutung 24 und 28.

Staat und seine Justizorgane standen im Dienst eines diktatorischen Regimes, das in Böhmen und Mähren gleichzeitig als fremdnationale Besatzungsmacht auftrat. Tschechische Industrielle hatten wesentlich weniger intensive Kontakte zu den wirtschaftspolitischen Schaltstellen des Lenkungsapparats[92], deren leitende Positionen überwiegend mit Deutschen besetzt waren, zumal diese Organe nicht zuletzt mit dem Ziel eingesetzt worden waren, die als unsichere Kantonisten geltenden Tschechen im Wirtschaftsleben zu überwachen. Hinzu kam, dass die „tschechische" Industrie in der Kriegszeit eben ganz überwiegend aus kleinen und mittleren Betrieben bestand, die sich in der Regel als Zulieferer oder Abnehmer in starker ökonomischer Abhängigkeit von den Großunternehmen befanden. Diese Abhängigkeit wurde durch die großindustrielle Dominanz in der Selbstverwaltung der Wirtschaft noch verstärkt, weil Vertreter der Konzerne in der Regel die ehrenamtlichen Posten, beispielsweise im Zentralverband der Industrie und in seinen Wirtschaftsgruppen, bekleideten. Der Gegensatz zwischen der Großindustrie und den mittleren und kleineren Industriebetrieben wurde im Protektorat noch durch den nationalen Antagonismus zwischen Deutschen und Tschechen verstärkt, so dass die berufsständische Solidarität im Unternehmerlager über die Nationalitätengrenzen hinweg eher nur gering ausgeprägt war.

Schwerer wog, dass das mittel- und langfristige Kalkül der Manager in Bezug auf die Investitionspolitik nicht aufging. Zwar war es den Unternehmen gelungen, in der Besatzungszeit die Produktionsstätten zu modernisieren und die Produktionskapazitäten auszubauen, zugleich jedoch hatten sie die gewaltigen Investitionsanstrengungen finanziell ausgezehrt. Daher fehlte ihnen nach Kriegsende in der Regel das nötige Kapital, um die ganz auf Rüstungsgüter orientierten Produktpaletten rasch auf Friedensproduktion umstellen zu können. Darüber hinaus waren traditionelle Absatzbeziehungen durch die einseitige Ausrichtung des Exports auf das Deutsche Reich zerschnitten worden. Die Marktanteile zurückzuerobern, gelang nach 1945 weder der Schwerindustrie, noch der in der Besatzungszeit stark vernachlässigten Konsumgüterindustrie. So entwickelte sich die Außenhandelsbilanz mit den Industriestaaten des Westens bis Mitte 1948 dermaßen katastrophal, dass die Umorientierung des Außenhandels auf die UdSSR und die übrigen Volksdemokratien sowie die Anpassung der gesamten Struktur der tschechoslowakischen Wirtschaft an deren Bedürfnisse als ein durchaus rationaler Ausweg erschien. Das galt erst recht nach dem Februar 1948, als die kommunistische Partei das Machtmonopol in der Tschechoslowakei erlangte, denn nunmehr fielen auch die letzten politischen Bedenken gegen eine allseitige enge Anlehnung an die UdSSR weg. Die unter der NS-Besatzung entstandene Industriestruktur, die in der unmittelbaren Nachkriegszeit noch als „Deformation" angesehen worden

[92] Dieser Nachteil war umso gravierender, als im Zuge der Kriegswirtschaft „der Wettbewerb der Unternehmen vom Markt in die Bürokratie verlagert wurde". *Banken*, Boom 190. Vgl. dazu ausführlich *Neil Gregor*, Stern und Hakenkreuz. Daimler-Benz im Dritten Reich (Berlin 1997).

war[93], ebnete der Tschechoslowakei somit den Weg zum „Maschinenwerk Mittel- und Südosteuropas“[94].

Summary

This article explores the opportunities open to Bohemian and Moravian enterprises in the investment sector under Nazi occupation. Although geographically part of East Central Europe, which the Nazis claimed to conquer as "Lebensraum", as far as economics was concerned the Germans treated the Bohemian Lands similarly to how they treated countries occupied in Western Europe, rather than to how they treated those in the East. This was due to the extent of the Bohemian Lands' economic development. Similarly, the Nazis did not completely exploit Protectorate enterprises, but rather tried to offer them incentives to follow the German course. This worked astonishingly well, because of considerable intersections between the private enterprise interests and the occupying force's goals. Not only did Bohemian and Moravian enterprises benefit from the profitable armaments business, they also gained even greater advantages in the long run from the expansion of their production capacity and the introduction of modern technologies from Germany. But whilst Protectorate enterprises remained autonomous economic subjects under the occupation, there were significant differences between the attitude and treatment of German and Czech enterprises, resulting in each having different courses of action open to them.

[93] So beispielsweise der volkswirtschaftliche Experte der kommunistischen Partei, *Milan Reiman*, Problémy našeho průmyslu [Die Probleme unserer Industrie], in: Hospodářství ČSR na jaře 1946 [Die Wirtschaft der Tschechoslowakei im Frühjahr 1946] (Prag 1946) 27.

[94] *Zdeněk Půček* und *Libor Troch*, Pětiletka. Naše cesta k socialismu [Der Fünfjahresplan. Unser Weg zum Sozialismus] (Praha 1948) 12. Vgl. dazu *Jaromír Balcar* und *Jaroslav Kučera*, Von der Gestaltung der Zukunft zur Verwaltung des Mangels. Wirtschaftsplanung in der Tschechoslowakei von der Befreiung bis in die frühen 1950er Jahre, in: Zukunftsvorstellungen und staatliche Planung im Sozialismus: die Tschechoslowakei im ostmitteleuropäischen Kontext 1945–1989, hrsg. v. *Martin Schulze Wessel* und *Christiane Brenner* (Bad Wiesseer Tagungen des Collegium Carolinum 30, München 2010) 187–203.

Andrzej Wrzyszcz

Die Einmischung der deutschen Justizverwaltung in die Wirtschaft des polnischen Generalgouvernements (1939–1945)

Nach den Plänen der nationalsozialistischen Regierung war das polnische Generalgouvernement in eine Art wirtschaftliches Nebenland des Deutschen Reichs umzuwandeln[1]. Dieses Diktat implizierte die Vorstellung eines rechtlichen Raumes, der ausschließlich einer zentralen Befehls- und Kommandoverwaltung unterworfen war. Der folgende Beitrag leuchtet die rechtliche Umsetzung der deutschen Ausbeutungskonzepte im polnischen Generalgouvernement aus. In der Einschätzung, dass es sich um reine Ausbeutung handelte, stimmt die deutsche und polnische Forschung weitgehend überein[2]. Allein durch diese Feststellung ist der Weg zur Umsetzung des skizzierten Konzeptes noch nicht erklärt. Im Folgenden werden Fragen der Rechtsetzung in den zwei wirtschaftlich relevanten Bereichen des Patentwesens und der Vermögenskonfiskation untersucht. Ein einleitender Abschnitt analysiert zunächst den Aufbau des Verwaltungsapparates, um die administrativen Eingriffe in die Wirtschaft einordnen zu können.

1. Neuordnung der Besatzungsverwaltung

Die Besatzer errichteten einen umfassenden Verwaltungsapparat, dessen Organe den Rahmen für die wirtschaftliche Lenkung absteckten. Unmittelbar nach der Entstehung des Generalgouvernements entstand das Amt des Generalgouverneurs

[1] Vgl. zeitgenössisch: *C. H. von Wendorff*, Das Generalgouvernement als wirtschaftliches Nebenland des Deutschen Reichs, in: Ostwirtschaft 31 (1942) 31.

[2] *Czesław Madajczyk*, Polityka III Rzeszy w okupowanej Polsce (Politik des III. Reichs im besetzten Polen) Bd. I (Warszawa 1968) 510; *Czesław Łuczak*, Polityka ludnościowa i ekonomiczna hitlerowskich Niemiec w okupowanej Polsce (Die Bevölkerungs- und Wirtschaftspolitik von Hitler-Deutschland im besetzten Polen) (Poznań 1979) 36 (im Folgenden zitiert: *Łuczak*, Polityka ludnościowa); *Wacław Jarzębowski*, Gospodarka niemiecka w Polsce 1939–1944 (Die deutsche Wirtschaft in Polen 1939–1944) (Warszawa 1946) 126–134. Diese Meinung wird geteilt von: *Diemut Majer*, Fremdvölkische im Dritten Reich. Ein Beitrag zur nationalsozialistischen Rechtssetzung und Rechtspraxis in Verwaltung und Justiz unter besonderer Berücksichtigung der eingegliederten Ostgebiete und des Generalgouvernements (Warszawa 1989) 319 (im Folgenden zitiert: *Majer*, Fremdvölkische im Dritten Reich).

(AGG), das sich aus sechs Hauptabteilungen zusammensetzte: Gesetzgebung, Amtsverwaltung, Territorialreformen, Personalamt, Organisationsamt sowie die Kanzlei des Generalgouverneurs, die ursprünglich wegen des Sitzes im Krakauer Wawel als „Kanzlei Schloss“ bezeichnet wurde. Auf der nächsten Funktionsebene folgten 16 so genannte Fachabteilungen: Inneres, Justiz, Finanzen, Wirtschaft, Ernährungs- und Landwirtschaft, Forsten, Preisbildung, Arbeit, Devisen, Erziehung, Lehre und Volksausbildung, Volksbildung und Propaganda, Gesundheit, Bauwesen, Post, Eisenbahnen sowie die zu den Fachabteilungen gerechnete Treuhandstelle für das Generalgouvernement. Zum AGG gehörten außerdem das Amt der Bankenaufsicht, der Sachbearbeiter für den Straßenverkehr, das Amt für Bodenuntersuchung sowie der Bevollmächtigte für Sportangelegenheiten[3]. Auf Grund der Verordnung des Generalgouverneurs vom 1. Dezember 1940 wurde das AGG aufgelöst und an seine Stelle trat die Regierung des Generalgouvernements mit einem Staatssekretär an der Spitze. Nach einigen Monaten erlebte die Behörde eine bedeutende Binnenreorganisation, sodass sie seit dem 1. April 1941 folgende Struktur aufwies: Unter dem Vorsitz des Staatssekretärs und seines Stellvertreters bestanden das Staatssekretariat sowie die Hauptabteilungen. Zum Staatssekretariat gehörten die Kanzlei des Generalgouverneurs, die Regierungskanzlei, das Gesetzgebungsamt, das Preisbildungsamt, das Amt für Territorialreformen, das Personalamt, das Verwaltungsamt sowie die Archivdirektion des Generalgouvernements. Die übrigen Hauptabteilungen entsprachen weitgehend den oben genannten des ehemaligen AGG. Es wurde die Möglichkeit eingeräumt, aus der Struktur der Hauptabteilungen Abteilungen zu sondern, die wiederum in Sektionen und Referate aufgeteilt werden konnten[4].

Bereits im AGG befassten sich eine Reihe von Fachabteilungen mit wirtschaftlichen Fragen. Nach der Regierungsumbildung im Dezember 1940 wurden die wirtschaftlichen Angelegenheiten dem Amt für Preisbildung, dem zum Staatssekretariat gehörenden Amt für Raumordnung und den acht Hauptabteilungen (Finanzen, Wirtschaft, Ernährungs- und Landwirtschaft, Forsten, Arbeit, Bauwesen, Eisenbahnen, Post) übertragen. Den Hauptabteilungen unterstanden als weitere Organisationseinheiten die Ämter der Distriktchefs sowie der Kreis- und

[3] *Albert Weh* (Hrsg.), Das Recht des Generalgouvernements nach Sachgebieten geordnet mit Erläuterungen und einem Sachverzeichnis 1 (Kraków 1941) A 120 (im Folgenden zitiert: *Weh*, Recht des Generalgouvernements). Die erste Verordnung über den Aufbau der Verwaltung von besetzten polnischen Gebieten vom 26. Oktober 1939, Anm. 12.

[4] Die Ankündigung, das Amt des Generalgouverneurs in die Regierung des Generalgouvernements umzugestalten, erschien bereits im Rundschreiben Franks vom 12. August 1940, das an die höheren SS-Führer, die Polizei und die Leiter von Organen der deutschen Besatzungsverwaltung auf allen Ebenen (Städte, Kreise, Distrikte und auf zentraler Ebene) gerichtet wurde. Den Abteilungsleitern in der Regierung des GG wurde damals der Titel „Präsident“ verliehen. Bundesarchiv Berlin (im Folgenden zitiert: BArch), R 43-II/1430a (Bestand Neue Reichskanzlei), Bl. 2. *Weh*, Recht des Generalgouvernements A 121. Zweite Verordnung über den Aufbau der Verwaltung des Generalgouvernements (Verordnung über Verwaltungseinheitlichkeit) vom 1. Dezember 1940, §§ 1, 2; A 122. Dritte Verordnung über den Aufbau der Verwaltung des Generalgouvernements (Organisation der Regierung des Generalgouvernements vom 16. März 1941, §§ 1–3.

Stadthauptleute. Diese Struktur bot die Möglichkeit zu einer weitreichenden Reglementierung des Wirtschaftslebens.

Innerhalb der Zentralorgane wurden darüber hinaus spezialisierte Institutionen eingerichtet, die über wirtschaftliche Teilbereiche Aufsicht führten. Dazu zählten die Bankaufsichtsstelle, das Aufsichtsamt für das Versicherungswesen sowie die Treuhandstelle und die Abteilung für Sonderaufgaben (als Teil der Hauptabteilung Wirtschaft), das Zentralamt für Landwirtschaft, die Saatgutstelle, das Amt für Tierzucht und das Zentralgrundamt (als Teile der Hauptabteilung Ernährungs- und Landwirtschaft), das Amt für Devisen, die Verrechnungsstelle, die Hauptämter für Zollfragen (als Teile der Hauptabteilung Finanzen). Über Kompetenzen wirtschaftlichen Charakters verfügte auch der amtierende Leiter des Baudienstes, der innerhalb der Hauptabteilung Innere Angelegenheiten situiert war. Verschiedene wirtschaftliche Verwaltungsangelegenheiten lagen auch im Kompetenzbereich von Organen und Institutionen, die dem Generalgouverneur direkt unterstanden. Außer den oben erwähnten Institutionen errichtete man weitere Behörden, wie etwa das höhere Amt für Bergbau oder die Generaldirektion der Monopole, die u.a. die ehemaligen polnischen Staatsmonopole für Tabak, Spirituosen, Salz, Zündhölzer und Lotterien verwalteten. Daneben gab es Bewirtschaftungsbehörden für Eisen, Stahl, Kohle, Nichteisenmetalle, Leder und Pelze, Spinnrohstoffe und Spinnstoffwaren, Leder und Schuhwerk, chemische und ihnen verwandte Erzeugnisse, Mineralstoffe und Mineralöl[5]. Die meisten Organe der Wirtschaftsverwaltung entstanden bis Mitte 1941, jedoch gab es Ausnahmen, z.B. wurde die Bewirtschaftungsstelle für Mineralöl erst im Juli 1943 auf Geheiß des Generalgouverneurs gegründet[6].

Im Laufe der ersten Monate überlappten sich Kompetenzen und Handlungen verschiedener Reichsorgane. Insbesondere versuchten die Berliner Ministerien immer wieder, in die Angelegenheiten des Generalgouvernements einzugreifen. Nach Festigung seiner Macht war Generalgouverneur Hans Frank darum bemüht, diese Eingriffe zu unterbinden und das gesamte wirtschaftliche Leben des Generalgouvernements seiner Kontrolle zu unterstellen. In diesem Wettstreit hatte Frank insoweit Erfolg, als er die Ambitionen der Reichsminister bremsen konnte, wenngleich er weiterhin auf Hermann Görings außerordentliche Befugnisse – in seinen Ämtern als Vorsitzender des Ministerrates für die Reichsverteidigung und Beauftragter für den Vierjahresplan – Rücksicht zu nehmen hatte. Über einen direkten Einfluss auf die Wirtschaft des Generalgouvernements verfügte außerdem SS-Führer Heinrich Himmler im Bereich der Bevölkerungsdeportationen (Ver-

[5] *Andrzej Wrzyszcz*, Die deutsche „Wirtschafts-"Rechtsetzung im Generalgouvernement 1939–1945, in: Das Europa des „Dritten Reichs". Recht, Wirtschaft, Besatzung, hrsg. v. *Johannes Bähr* und *Ralf Banken* (Frankfurt a.M. 2005) 59–80 (im Folgenden zitiert: *Wrzyszcz*, Deutsche „Wirtschafts-"Rechtsetzung).

[6] Verordnung über Errichtung der Bewirtschaftungsstelle für Mineralöl vom 14. Juli 1943, Verordnungsblatt für das Generalgouvernement (bis zum 1. September 1940 wurde die Bezeichnung Verordnungsblatt des Generalgouverneurs für die okkupierten polnischen Gebiete benutzt; im vorliegenden Beitrag wird der einheitliche Kurzname: Dz. RGG gebraucht) 1943, Nr. 58, 379–392.

nichtung der Juden, Umsiedlungen der Deutschen, Aussiedlungen der Polen) wie auch seit 1942 Rüstungsminister Albert Speer in den Bereichen des Straßen- und Tiefbaus sowie der Wasser- und Energiewirtschaft. Im Einverständnis mit dem Generalgouverneur errichtete Speer in Krakau das Technische Zentralamt, das ihm direkt unterstellt war[7].

Im Vergleich mit diesem ausgebauten Apparat waren die Möglichkeiten der Justizverwaltung zum Eingriff in die Wirtschaft ausgesprochen gering, doch wurden sogar diesem Ressort eng begrenzte Kompetenzen zuerkannt. In diesem Kontext ist hervorzuheben, dass die Machthaber des Dritten Reichs die Konzeption erwogen, die Ordnung innerhalb des Generalgouvernements mit Hilfe von polizeilichen Zwangsmaßnahmen aufrechtzuerhalten und der einheimischen Bevölkerung jegliches Rechtssystem zu entziehen. Diese Möglichkeit wurde aber gerade aus wirtschaftlichen Gründen verworfen[8]. Das Generalgouvernement sollte für das Reich zum Ausbeutungsobjekt werden und für diesen Zweck erachtete das Besatzungsregime die ausschließliche Anwendung polizeilicher Maßnahmen als ungeeignet, weil ein solches Vorgehen ein normales Funktionieren des wirtschaftlichen Lebens verhindert hätte[9]. Letztlich entschied man sich für die Aufrechterhaltung der polnischen Vorkriegsordnung, wobei die Unterordnung der polnischen Gesetzgebung unter das deutsche Recht unterstrichen wurde. Im Generalgouvernement sollten nur die Vorschriften des polnischen Rechts gelten, die nicht mit der Machtausübung des Deutschen Reichs und den militärischen Obrigkeitsrechten im Widerspruch standen[10].

Die vorliegende Bearbeitung beschränkt sich auf die Darstellung der Zuständigkeit von Organen der Justizverwaltung im Bereich der Wirtschaft. Vollkommen außer Acht lässt sie hingegen den Einfluss der Rechtsprechung von deutschen und polnischen Gerichten auf die Lenkung der Wirtschaft. Über die hier zu betrachtenden Eingriffe der Justizverwaltung in Wirtschaftsangelegenheiten – die Aufsicht über das Patentamt und über die Vermögensverwaltung der dem Dritten Reich feindlich gesinnten Bürger – verfügte das zentrale Organ der Ressortverwaltung, d.h. die Justizabteilung beim Amt des Generalgouverneurs (ab 1. April 1941: Hauptabteilung Justiz in der Regierung des Generalgouverneurs). Über die gesamte Besatzungsdauer stand der Jurist Kurt Wille dieser Behörde vor[11].

[7] *Łuczak*, Polityka ludnościowa 42; Erste Ausführungsanordnung des Reichsministers Speer zum Erlass des Führers über die technische Verwaltung im Generalgouvernement vom 23. Oktober 1942 (15. Februar 1943), Dz. RGG 1943, Nr. 15, 101–103.

[8] *Wrzyszcz*, Deutsche „Wirtschafts-"Rechtsetzung 60–61.

[9] *Majer*, Fremdvölkische im Dritten Reich 319.

[10] Ebenda, 318; *Weh*, Recht des Generalgouvernements A 100, Erlass des Führers und des deutschen Reichskanzlers über die Verwaltung der besetzten polnischen Gebiete vom 12. Oktober 1939, § 4.

[11] *Andrzej Wrzyszcz*, Z badań nad administracją wymiaru sprawiedliwości w Generalnym Gubernatorstwie w latach 1939–1945 (Untersuchungen über die Justizverwaltung im Generalgouvernement in den Jahren 1939–1945), in: Czasopismo Prawno-Historyczne (Rechtsgeschichtliche Zeitschrift) 55 (2003) 292–294.

2. Das Patentwesen

Die 1940 besetzte Leitung des Patentamtes nahm Senatspräsident Kühnast ein, der innerhalb der Justizverwaltung zugleich zweiter Stellvertreter Kurt Willes war[12]. Das Gebäude des Patentamtes hatte an seinem traditionellen Sitz in Warschau durch die Kriegshandlungen im September 1939 nur geringfügige Schäden erlitten, doch befanden sich die Akten in großer Unordnung. Die Ordnungsarbeiten dauerten verhältnismäßig lange, so dass das Amt seine regulären Funktionen erst im April 1940 wieder aufnehmen konnte. In diesem Monat wurden 93 Patentanmeldungen, vier Anmeldungen industrieller Gebrauchsmuster und 81 Warenzeichenanmeldungen eingereicht, und im Folgemonat gingen erneut 93 Patentanmeldungen, zehn industrielle Gebrauchsmuster und 107 Warenzeichenanmeldungen ein. Die viel geringere Zahl an Meldungen industrieller Gebrauchsmuster im Vergleich zur Vorkriegszeit ließ sich darauf zurückführen, dass der Industriebezirk Łódź nicht dem Generalgouvernement angeschlossen worden war. Insgesamt war die Bilanz der Patentamtstätigkeit in Warschau bis Ende Mai 1940 vorteilhaft, denn die Ausgaben betrugen 144 043 Złoty und die Einnahmen 364 402 Złoty[13].

Die Kompetenzen des Leiters Kühnast bezogen sich auf die Aufsicht über das Amt und die Vertretung nach außen. Außer ihm waren in Warschau nur noch der Regierungsoberinspekteur Langenhan und ein weiterer deutscher Angestellter beschäftigt. Diese bescheidene Personalausstattung wich nicht vom vorgesehenen Stellenplan ab. Das Personal des Patentamts setzte sich fast ausschließlich aus polnischen Angestellten zusammen, die der polnischen Leitungsebene unterstanden. Im April 1941 gliederte es sich wie folgt auf: Dem Amtspräsidenten unterstanden sechs Abteilungsleiter (darunter ein stellvertretender Präsident), 29 technische Berater, fünf Rechtsberater, drei technische Angestellte, ein Bibliotheks-, Kanzlei- und Kassenleiter, drei Registraturleiter, ein Buchhaltungsleiter, ein Kanzleileiter der Abteilung für Musteranmeldung, zwei Sekretäre, 15 Oberregistratoren und vier Registratoren, sechs Annalisten, eine Maschinenschreiberin sowie 14 Bürodiener[14].

Das Patentamt führte seine Geschäfte auf der Basis der Vorkriegsvorschriften weiter[15]. Sämtliche Fristsetzungen wurden mit Rücksicht auf die kriegsbedingten

[12] Die Bekanntmachung betreffend die Aufsicht über das Patentamt in Warschau und dessen Vertretung vom 29. April 1940, Dz. RGG 1940, T. II, Nr. 40, 317; Erlass über Dienstbezeichnung „Dirigent für das Patentamt" vom 15. Oktober 1940, Dz. RGG, T. II, Nr. 71, 529; Bekanntmachung über Ernennung des Kommissars für die Behandlung feindlichen Vermögens im Generalgouvernement vom 28. Februar 1941, Dz. RGG 1941, Nr. 18, 90.

[13] BArch R 52-II/247, Bl. 56–57 (Bestand: Kanzlei des Generalgouverneurs). Auskünfte zu Haushaltsangelegenheiten in Warschau kann man in der Sammlung Regierung des Generalgouvernements (im Folgenden: RGG) aufbewahrt im Archiv für Neue Akten in Warschau (im Folgenden: AAN) unter den Signaturen 670, 747, 776, finden.

[14] Archiv des Instituts für das Nationale Gedenken in Warschau (im Folgenden: AIPN), Regierung des Generalgouvernements – Hauptabteilung Justiz (im Folgenden: RGG-HAJ) Sign. V/25, Bl. 82; BArch R 43/1395, Bl. 166.

[15] Vgl. Verordnung des Präsidenten der Republik Polen vom 22. März 1928 über Schutz von Erfindungen, Gebrauchsmustern und Warenzeichen – Amtsblatt Dz. URP 1928, Nr. 39, Pos. 384.

Behinderungen verlängert und das Verfahren der Fristwiedereinsetzung entsprechend erleichtert. Die Zuständigkeit des Amts erstreckte sich auf das gesamte Gebiet des Generalgouvernements. Außer der Aufsicht über die *de facto* polnische Institution fiel Kühnast die Aufgabe zu, für Zwecke der deutschen Wehrmacht Patente mit militärwirtschaftlicher Bedeutung in Anspruch zu nehmen. Er besaß das Recht, endgültige Anordnungen zu erlassen, kraft derer die Patente von Bürgern so genannter Feindstaaten übernommen werden durften. Diese Ermächtigung ging auf eine Anordnung Willes vom 16. Oktober 1940 zurück. Darin wurde die Maßnahme als Vergeltungshandlung gegenüber Großbritannien und verschiedenen Commonwealth-Staaten wie Kanada, Südafrika und Australien gerechtfertigt. Der Leiter wurde ermächtigt, die Anordnung sogar mit rückwirkender Kraft zu erlassen. Um die anhängigen Fälle aufzuklären, konnte er auch die Vernehmung von Zeugen und Sachverständigen veranlassen, Ermittlungsverfahren einleiten und die Rechtshilfe der deutschen Gerichte in Anspruch nehmen. Ferner hatte er über die Höhe von Geldleistungen zu entscheiden, die seinen Anordnungen folgend an die Kassen des Generalgouvernements zu entrichten waren[16]. Am 19. August 1941 wurden diese Beschränkungen auf die Bürger Neuseelands und schließlich am 6. März 1943 mit geringen Abweichungen auf die Vereinigten Staaten von Amerika ausgedehnt[17].

Eine Schlüsselfunktion für die Ausübung der deutschen Aufsicht über die Tätigkeit des Patentamtes hatte die Verordnung vom 27. Mai 1942. Sie stattete den Leiter mit der Befugnis aus, die Überprüfung rechtskräftiger Entscheidungen des Patentamts in die Wege zu leiten, „falls es durch das öffentliche Interesse verlangt" werde. Diese Möglichkeit bestand binnen eines Jahres nach Rechtskrafterlangung. Im Falle von Entscheidungen, die nach dem 31. Juli 1938 rechtskräftig wurden, lief diese Frist jedoch seit Inkrafttreten der Verordnung, d.h. dem 11. Juni 1942, ab. In besonders wichtigen Fällen war außerdem die Nachprüfung der vor August 1938 in Kraft getretenen Entscheidungen möglich. Als Voraussetzung galt die Verletzung des „Interesses des Deutschen Volkes". Spruchorgan war der am deutschen Obergericht in Warschau untergebrachte Patentgerichtshof. Dieser konnte die Entscheidung des Patentamtes genehmigen oder ein eigenes abweichendes Urteil fällen. Das Warschauer Obergericht war mit drei Personen besetzt: Den Vorsitz hatte der Leiter des Patentamtes inne, neben ihm wirkten zwei Schöffen, die Richter des deutschen Obergerichts Warschau oder vom Präsidenten des Reichspatentamtes benannte Vertreter sein konnten. Den Verfahrensablauf bestimmte

[16] Verordnung über Gewerberechtsschutz vom 23. April 1940, Dz. RGG 1940, T. I, Nr. 33, 158–159, § 1–5; Anordnung betreffend die Gewerbeschutzrechte und Urheberrechte der Bürger Großbritanniens und Nordirlands, Kanadas, der Südafrikanischen Union und Australiens vom 16. Oktober 1940, Dz. RGG 1940, T. II, Nr. 71, 529–532, § 7 u. 10–12.

[17] Anordnung betreffend die Gewerbeschutzrechte und Urheberrechte der Bürger Neuseelands vom 26. Juli 1941, Dz. RGG 1941, Nr. 70, 455–456, §§ 1, 2; Anordnung betreffend die Gewerbeschutzrechte und Urheberrechte der Bürger der Vereinigten Staaten von Amerika vom 3. Februar 1943, Dz. RGG 1943, Nr. 14, 97–98, §§ 1–4. Diese Anordnungen galten nicht für den Distrikt Galizien.

der Patentgerichtshof am deutschen Obergericht Warschau unter Berücksichtigung der Eigenarten jeder konkreten Angelegenheit[18].

Im November 1941 erging an die Behörden des Generalgouvernements eine Nachricht über die beabsichtigte Vereinheitlichung des „europäischen Patentrechts“. Sie betraf die Länder und Territorien, die vom Dritten Reich besetzt waren. Vor Ort war der Staatssekretär Bühler diesen Projekten zugeneigt, doch stand ihnen der Leiter der Hauptabteilung Justiz Wille skeptisch gegenüber. Am Anfang unterstützte Generalgouverneur Hans Frank den Standpunkt Willes. Dieser nahm an den Beratungen unter Mitwirkung von Reichszentralorganen (Justizministerium, Ministerium des Innern, Wirtschaftsministerium und Wehrmacht) teil, wo er sich für die Aufrechterhaltung des bisherigen Standes der Dinge aussprach. Eines seiner Argumente war die besondere staatsrechtliche Stellung des Generalgouvernements[19]. Eine entscheidende Änderung der Situation führte das entschlossene Auftreten der Reichsgruppe Industrie am 17. Dezember 1942 herbei. Die vorgebrachten wirtschaftlichen Gründe – u.a. die Verlagerung wichtiger Industriebetriebe in das Generalgouvernement – bewogen die Hauptabteilung Justiz, die Pläne zur Vereinheitlichung des Patentrechts zu akzeptieren. Als wesentliches Argument führte man die Angaben über die bisherige Tätigkeit des Patentamts in Warschau an. Dort hatte sich erwiesen, dass die Anmeldungen der Reichsdeutschen während der Besatzung nicht weniger als 80 Prozent aller neuen Einreichungen ausmachten. Die endgültige Entscheidung über die Vereinheitlichung des Patentrechts traf ein aus drei Personen zusammengesetztes Gremium, dem prominente Politiker des Dritten Reichs angehörten: Martin Bormann, Wilhelm Keitel und Hans Heinrich Lammers. Gewisse Kontroversen löste die Art und Weise der Einführung dieser Regelungen in das Gesetzgebungssystem des Generalgouvernements aus. Frank fasste den Beschluss, die Verordnung des Reichsministers der Justiz nicht im Verordnungsblatt des Generalgouvernements zu publizieren, sondern nur die durch die Hauptabteilung Justiz erarbeiteten Durchführungsbestimmungen zu veröffentlichen[20].

Als Effekt dieser Entscheidung waren seit dem 31. Juli 1943 die Kompetenzen des Patentamts Warschau stark eingeschränkt[21]. Die vom Reichsminister für Justiz herausgegebene Verordnung über Patent- und Gebrauchsmuster passte das Pa-

[18] Verordnung über die Nachprüfung von rechtskräftigen Entscheidungen des Patentamts Warschau vom 27. Mai 1942, Dz. RGG 1942, Nr. 46, 297–298, § 1–5.

[19] Diese Beratungen wurden im Januar und Juli 1942 abgehalten. AIPN, Tagebuch von Hans Frank (im Folgenden: Tagebuch), Vol. XIX (1), Bl. 50; Vol. XXVIII (1), Bl. 86–87. In der Juliberatung in Weimar wurden von den Vertretern der Slowakei Bemühungen unternommen, ein eigenes separates Patentamt zu errichten (bis dahin war das Prager Patentamt für die Slowakei zuständig). Eines der slowakischen Argumente war das Bestehen des Warschauer Patentamtes für das Generalgouvernement.

[20] AIPN, Tagebuch, Vol. XXVIII (1), Bl. 88–91.

[21] Die Verordnung über das Patent- und Gebrauchsmusterrecht im Generalgouvernement vom 30. Juni 1943, Reichsgesetzblatt 1943, Teil I, 380–382 (Die Verordnung trat am 31. Juli 1943 in Kraft).

tentrecht des Generalgouvernements fast vollkommen dem deutschen Recht an. Künftig waren Anmeldungen beim Reichspatentamt in Berlin (Gitschiner Straße 97–103) vorzunehmen und ausschließlich in deutscher Sprache abzufassen. Als Durchführungsakt, der im Verordnungsblatt des Generalgouvernements veröffentlicht wurde, diente die Anordnung des Leiters der Hauptabteilung Justiz vom 22. Juli 1943, die Kühnast in Vertretung von Wille unterzeichnete. Dieser Anordnung gemäß durften keine neuen Patent- und Gebrauchsmusteranmeldungen mehr an das Warschauer Patentamt gerichtet werden. Der Beschluss Franks über die Nichtveröffentlichung der Verordnung des Reichsjustizministers war vielleicht auf die Tatsache zurückzuführen, dass der Generalgouverneur die Einmischung anderer zentraler Organe des Reichs – außer Hitler – in die inneren Angelegenheiten des Generalgouvernements nicht gern sah. Der im Verordnungsblatt für das Generalgouvernement veröffentlichte Normativakt ging auf eine Anordnung des Leiters der Hauptabteilung Justiz zurück. Seit August 1943 oblagen dem Patentamt Warschau folgende Aufgaben: die Angelegenheiten der Warenzeichen und Gebrauchsmuster im bisherigen Umfang, die Kontrolle bereits in Berlin erteilter Patente, der Einzug von Jahresgebühren und deren Tilgung, die Patentlöschung und die Weiterbearbeitung von Patentanmeldungen, die vor Erlass der Verordnung eingegangen waren. Die Kompetenzen des Leiters beschränkten sich auf folgende Aufgaben: die Aufsicht über die Bearbeitung von übriggebliebenen Anmeldungen, die Aufsicht über das Personal des Patentamts, die Erteilung und Kontrolle von Kriegslizenzen – im Einklang mit den Anordnungen betreffend die feindlichen Staaten sowie die Vollstreckung der Entscheidungen des Patentgerichtshofs[22].

3. Konfiskation feindlichen Vermögens

Eine Verordnung des Generalgouverneurs vom 31. August 1940 sah die Möglichkeit vor, einen Kommissar für die Behandlung des feindlichen Vermögens einzusetzen. Diesem Kommissar fiel die Aufgabe zu, Unternehmen und Immobilien aus feindlichen Staaten zu verwalten. In diese Stellung wurde der Rechtsanwalt Wolfgramm eingesetzt und zu seinem Stellvertreter der bevollmächtigte Richter Thiesig ernannt. Als Wolfgramm im Februar 1943 zur Wehrmacht einberufen wurde, vertrat ihn Rechtsanwalt Eberhardt, der gleichfalls bevollmächtigter Rich-

[22] Anordnung über das Patent- und Gebrauchsmusterrecht im Generalgouvernement vom 22. Juli 1943, Dz. RGG 1943, Nr. 63, 416–418, Kap. I–III und der dazu beigelegte Anhang – 418. Die beim Patentamt Warschau nach dem 31. Juli 1943 eingereichten Patent- und Gebrauchsmusteranmeldungen sollten an der Schriftenempfangsstelle nur mit entsprechendem Gerichtsstempel versehen und am selben Tag mit sämtlichen Anlagen zurückgeschickt werden. Die Hauptabteilung Justiz entwarf einen Entscheidungsvordruck, der den zurückgeschickten Unterlagen samt Auskünften über den weiteren Verfahrensverlauf beigelegt wurde. Den zurückgesandten Anmeldungen, die Deutsche eingereicht hatten, wurde die Verordnung in deutscher Sprache und den sonstigen Anmeldungen die Entscheidung in polnischer Sprache beigefügt.

ter im Generalgouvernement war. Der Stellenplan sah fünf Mitarbeiter vor, von denen im Jahre 1942 lediglich drei besetzt waren. Beispielsweise blieb der Posten des Sachbearbeiters für juristische Angelegenheiten bis zum 1. März 1943 vakant[23].

Der Kommissar für die Behandlung feindlichen Vermögens musste seine Kompetenzen mit deutschen Obergerichten teilen. Sie erhielten das Recht, einen treuhändlerischen Verwalter für die im Generalgouvernement existierenden Unternehmen zu benennen, in denen das Kapital mehrheitlich aus sog. Feindesstaaten stammte. Die Verwalter dieser Unternehmen wurden unter die Aufsicht der deutschen Obergerichte gestellt, die ihre Vergütung festsetzten und über die Rückerstattung etwaiger Aufwendungen entschieden[24]. Ausführliche, die Kompetenzen des Kommissars für die Behandlung feindlichen Vermögens regelnde Bestimmungen hinsichtlich dieser Frage enthielt ein Durchführungsbeschluss vom 21. April 1941[25]. Er verlieh dem Kommissar für Vermögensangelegenheiten besonders umfangreiche Befugnisse.

Die Besatzungsmacht führte im Generalgouvernement ein duales System der Gerichtsbarkeit ein. Am 26. Oktober 1939 richtete eine Verordnung über den Aufbau der Rechtspflege im Generalgouvernement deutsche und polnische Gerichte ein, wobei erstere als Kontrollinstanz fungierten. Im Bereich der deutschen Gerichtsbarkeit existierten seit Besatzungsbeginn Sondergerichte. Als weitere deutsche Gerichte wurden sog. Obergerichte ins Leben gerufen. Im Vergleich zur mehrstufigen Struktur der ordentlichen Gerichte im Deutschen Reich handelte es sich um eine sehr vereinfachte Gerichtsbarkeit. Der Kompetenz der im Generalgouvernement als erste Instanz wirkenden deutschen Gerichte entsprachen die Amts- und Landgerichte im Deutschen Reich. Die zweite Instanz der Obergerichte im Generalgouvernement war hinsichtlich der Zuständigkeit mit den Land- und den Oberlandesgerichten vergleichbar[26].

Die deutschen Obergerichte durften einen Unternehmensverwalter nur auf Antrag des Kommissars für Vermögensverwaltung ernennen. Sie waren zur Prüfung berechtigt, ob die gestellten Anträge regelkonform waren, ob das betreffende Unternehmen seinen Sitz, seine Zweigniederlassung oder sein Vermögen im Inland hatte und ob die vom Kommissar vorgeschlagene Person für das Amt des Verwal-

[23] *Weh*, Recht des Generalgouvernements E 890. Die Verordnung über die Behandlung feindlichen Vermögens von 31. August 1940, § 28; Die Bekanntmachung über die Ernennung des Kommissars für die Behandlung feindlichen Vermögens im Generalgouvernement vom 28. Februar 1941, Dz. RGG 1941, Nr. 18, 90; AIPN, RGG-HAJ, Sign. V/16, Bl. 2; Sign. V/25, Bl. 83; AAN, RGG, Sign. 983, Bl. 1/1.

[24] *Weh*, Recht des Generalgouvernements E 890, § 21–25.

[25] Erster Durchführungsbeschluss vom 21. April 1941 zur Verordnung vom 31. August 1940 über die Behandlung feindlichen Vermögens (Verwaltung der unter feindlichem Einfluss stehenden Unternehmen), Dz. RGG 1941, Nr. 37, 240–246.

[26] *Andrzej Wrzyszcz*, Okupacyjne sądownictwo niemieckie w Generalnym Gubernatorstwie 1939–1945. Organizacja i funkcjonowanie (Die deutsche Besatzungsgerichtsbarkeit im Generalgouvernement 1939–1945. Organisation und Funktion) (Lublin 2008) 81–101.

ters geeignet war. Jedoch ging die Initiative wieder auf den Kommissar über, sogar wenn gerichtlich festgestellt wurde, dass sich der vorgesehene Kandidat nicht für die Treuhandverwaltung eignete. Der Kommissar entschied dann weitgehend nach Gutdünken über die Einsetzung einer oder mehrerer Personen in das Amt des Verwalters. Bei Mehrfachbenennungen legte er die Verteilung der Kompetenzen unter den Verwaltern fest. Er besaß das Recht, beim zuständigen deutschen Obergericht auf Abberufung des Verwalters zu klagen. Die Verwalter waren gehalten, über ihre laufende Tätigkeit Rechenschaft abzulegen. Wesentliche Entscheidungen durften sie nur mit Einwilligung des Kommissars treffen. Außerdem war das deutsche Obergericht durch die Entscheidungen des Kommissars hinsichtlich des Umfangs und der Form der Treuhandschaft gebunden, es hatte keine Möglichkeit, die Zweckmäßigkeit seiner Verwaltungsanordnung zu untersuchen. In manchen Situationen war das Gericht verpflichtet, die Meinung des Kommissars anzuhören, z.B. bei der Festsetzung der Verwaltervergütung, der Erstattungshöhe von den Verwaltern getätigter Ausgaben sowie der etwaigen Abberufung eines Verwalters[27].

Zu den alleinigen Kompetenzen der deutschen Obergerichte gehörte hingegen die Weiterleitung der Personalentscheidung an die für die weiteren Verwaltungsgänge zuständigen Organe. Wurde das Unternehmen in das Handels- oder Genossenschaftsregister eingetragen, war das zuständige Registergericht zu benachrichtigen. Nach Bestellung des Verwalters für die Liegenschaften des Unternehmens beaufsichtigte das deutsche Obergericht das für die Führung von Grund- und Hypothekenbüchern zuständige Gericht. Identische Pflichten hatten die deutschen Obergerichte bei der Abberufung von Verwaltern. Die Einsetzung eines Verwalters erfolgte durch einen Gerichtsbeschluss, der über das Unternehmen, die Person des Verwalters und den vom Kommissar festgelegten Rahmen seiner Befugnisse entschied. Die endgültige Ernennung vollzog ein deutsches Obergericht, an das bei Ende der Amtszeit auch das Besetzungsrecht zurückfiel; ferner verfügte das Gericht über die Verwaltung der Vermögensmasse. Im Regelfall war das Obergericht zuständig, in dessen Bezirk das Unternehmen seinen Sitz oder seine Niederlassung hatte. Falls diesbezüglich Unklarheiten bestanden, legte der Kommissar für die Behandlung feindlichen Vermögens die Zuständigkeit fest. Darüber hinaus konnte er bei einem Obergericht die Einsetzung eines Verwalters für rechtlich selbstständige Unternehmen beantragen, wenn sie aus wirtschaftlichen Gründen eine einheitliche Geschäftsleitung hatten, obwohl sich ihre Niederlassungen auf verschiedene Gerichtsbezirke aufteilten. Das vom Kommissar ausgewählte Obergericht führte die Akten für alle betroffenen Unternehmen, auch

[27] Erster Durchführungsbeschluss vom 21. April 1941, Punkte 7–10, 12, 22f., 26. Im Falle „dringender Gefahr" konnte der Kommissar selbst den Verwalter eines inländischen Unternehmens ernennen, das direkt oder indirekt unter Feindeseinfluss stand, um dessen Vermögen zu erhalten und zu sichern. Dann hatte er die Pflicht, innerhalb von zwei Wochen das deutsche Obergericht zu benachrichtigen und innerhalb zwei weiterer Wochen für die Bestätigung der Ernennung zu sorgen. Wurden diese Fristen nicht eingehalten, war der Beschluss über die Verwaltungsanordnung durch das deutsche Obergericht aufzuheben, vgl. Punkt 18.

wenn ein anderes Gericht bereits Handlungen in der Sache vorgenommen hatte. Für die Angelegenheiten, die die Verwaltung der unter entscheidendem Feindeseinfluss stehenden Unternehmen betrafen, legten die deutschen Obergerichte Register mit folgenden Feldern an: laufende Nummer, Tag des Eingangs der ersten Schrift, Bezeichnung des Unternehmens oder des Grundstücks, Verwalter, Bemerkungen und Jahr der Aktenablage[28].

Im Jahr 1942 befanden sich 98 Unternehmen mit dem Gesamtkapital von ca. 500 Millionen Złoty und der Gesamtbilanzsumme von ca. 1,35 Milliarden Złoty unter der Verwaltung des Kommissars für die Behandlung des Vermögens feindlicher Staaten. Darunter gab es zahlreiche Betriebe, die zu den größten im Generalgouvernement zählten. In diesen Angaben fehlte das amerikanische und sowjetische Vermögen. Die sonstigen Anteile feindlichen Vermögens wurden auf etwa 60 Millionen Zloty geschätzt. Außer den zu Unternehmen gehörenden Immobilien verwaltete der Kommissar ungefähr 225 weitere Liegenschaften. Für das Jahr 1942 wurden Anmeldungen von ca. 3 000 amerikanischen Liegenschaften erwartet[29].

32 Unternehmen, die dem Kommissar für die Behandlung des Vermögens feindlicher Staaten unterstanden, förderten oder raffinierten Erdöl und erzeugten rund 70 Prozent der Ölproduktion des Generalgouvernements. Außerdem verwaltete der Kommissar neun Versorgungsunternehmen, fünf Kraftwerke, drei Gaswerke, drei chemische Betriebe, vier Textilfabriken, ein Hüttenwerk sowie eine Zellulose- und Papierfabrik. Am 16. Juni 1942 schätzte Wolfgramm das im Generalgouvernement registrierte englische, französische und belgische Gesamtvermögen auf ungefähr 1,5 Milliarden Złoty[30]. Für eine ausführliche Aufarbeitung der Tätigkeit des Kommissars für die Behandlung feindlichen Vermögens steht ein umfangreicher Aktenbestand mit 327 Einheiten im Warschauer Archiv für Neue Akten zur Verfügung. Dort liegen unter anderem die Meldebogen der Unternehmen mit Angaben über Eigentümer, Größe und Art des Vermögens vor.

Die im vorliegenden Beitrag erörterten Beispiele der Einmischung des Justizressorts des Generalgouvernements in die Wirtschaft behandelten nur einen Bruchteil der Tätigkeit deutscher Besatzungsorgane, die für die wirtschaftliche Ausbeutungspolitik im Generalgouvernement verantwortlich zeichneten. Die Verwaltung des Justizressorts des Generalgouvernements war dem Reichsjustizministerium nicht direkt unterstellt. Es ist unbestreitbar, dass sie Aufgaben realisierte, die ihr die dem Generalgouverneur untergeordneten Zentralbehörden stellten. Man darf jedoch nicht vergessen, dass alle Handlungen dem Hauptinteresse des Dritten Reiches dienten, die polnischen natürlichen und menschlichen Ressourcen einer rücksichtslosen Ausbeutung zu unterwerfen.

[28] Aus Sparsamkeitsgründen sollten die Register mit Handschrift angefertigt werden. Ebenda, Punkte 7, 11, 14, 15, 17, 27.
[29] AIPN, RGG-HAJ, Sign. V/25, Bl. 83.
[30] AIPN, Tagebuch, Vol. XIX (1), Bl. 86–87.

Summary

One of the main objectives of German policy towards the General Government, according to Polish historians, was to exploit this territory economically as much as possible. An occupational administrative apparatus was created in which bodies administering the economy were particularly developed and had a particularly broad scope of competences. Under this system, the administration of justice had very limited opportunities to interfere in the economy. The head of the Justice Department in the Office of the General-Governor (known from 1 April 1941 onwards as the Central Justice Department in the Government of the General Government) supervised the judicial system. The most important examples of the administration of justice's impact on economic affairs include supervision of the Patent Office, the management of property owned by citizens of states hostile to the Third Reich and the participation in the creation of arbitration courts for disputes arising over the supplies in food economy.

Harald Wixforth

Die Banken in den abhängigen und besetzten Gebieten Europas 1938–1945: Instrumente der deutschen Hegemonie?

I. Einleitung

Expansion und Großraumwirtschaft waren zwei zentrale Pfeiler des NS-Ideologiegebäudes und zwei grundlegende Ziele des Regimes, die es ab 1938 rücksichtslos, mit militärischen Mitteln und oft mit brutaler Gewalt gegen die Zivilbevölkerung in den abhängigen, besetzten und annektierten Gebieten verwirklichen wollte. In der Hegemonie über Europa und in den Methoden, die dabei angewandt wurden, zeigte sich das wahre Gesicht des NS-Regimes: Es entpuppte sich als ein vielgliedriger Moloch zur Unterdrückung zahlreicher Völker Europas, als Apparat zur Ausbeutung von Bodenschätzen und menschlicher Arbeitskraft, als Maschinerie, die einen erbarmungslosen Vernichtungskrieg entfesselte, schließlich als Zusammenspiel verschiedener Terrorinstrumente, die einen beispiellosen Genozid durchführten[1]. Die Relevanz akademischer Debatten über den Kern des national-

[1] *Hans-Erich Volkmann*, Zur europäischen Dimension nationalsozialistischer Wirtschaftspolitik, in: *ders.*, Ökonomie und Expansion. Grundzüge der NS-Wirtschaftspolitik. Ausgewählte Schriften von Hans-Erich Volkmann, hrsg. vom Militärgeschichtlichen Forschungsamt durch *Bernhard Chiari* (München 2003) 23–26; *Hans Umbreit*, Deutsche Militärverwaltungen 1938/39. Die militärische Besatzung der Tschechoslowakei und Polens (Stuttgart 1977); *ders.*, Auf dem Weg zur Kontinentalherrschaft: Polen, in: Das Deutsche Reich und der Zweite Weltkrieg 5/1, Kriegsverwaltung, Wirtschaft und personelle Ressourcen (Stuttgart 1988); *ders.*, Die deutsche Herrschaft in den besetzten Gebieten 1942–1945, in: *Bernhard R. Kroener*, *Rolf-Dieter Müller*, *Hans Umbreit*, Organisation und Mobilisierung des deutschen Machtbereichs. Das Deutsche Reich und der Zweite Weltkrieg 5/2 (Stuttgart 1990); (im Folgenden *Umbreit*, Deutsche Herrschaft); *Richard Overy*, Multi-Nationals and the Nazi-State in Occupied Europe, in: *ders.*, War and Economy in the Third Reich (Oxford 1994) 315–33; *ders.*, German Business and the Nazi New Order, in: *Terry Gourvish* (Hrsg.), Business und Politics in Europe. Essays in Honour of Alice Teichova (Cambridge 2003) 171–186; *Gerhard Hirschfeld*, Fremdherrschaft und Kollaboration. Die Niederlande unter deutscher Besatzung, 1940–1945 (Stuttgart 1984) (im Folgenden *Hirschfeld*, Fremdherrschaft und Kollaboration); *Christian Gerlach*, Kalkulierte Morde. Die deutsche Wirtschafts- und Besatzungspolitik in Weißrussland 1941 bis 1944 (Hamburg 1999); *Frank Golczewski*, Die Ukraine im Zweiten Weltkrieg, in: *ders.* (Hrsg.), Geschichte der Ukraine (Göttingen 1993) 241–260; *Dieter Pohl*, Die Ermordung der Juden im Generalgouvernement, in: *Ulrich Herbert* (Hrsg.), Nationalsozialistische Vernichtungspolitik. Neue Forschungen und Kontroversen (Frankfurt 1998) 98–121. Siehe auch: *Christoph Buchheim*, Die besetzten Länder im Dienste der deutschen

sozialistischen Wirtschaftssystems oder über dessen angebliches Modernisierungspotenzial verliert sich, betrachtet man die Folgen der Expansion des NS-Regimes in Europa in der Zeit von 1938 bis 1945[2].

Was sich aus heutiger Sicht als eine Bilanz des Schreckens, der Verwüstung und des millionenfachen Leids darstellt, war keineswegs das Resultat eines in sich stimmigen und gezielt verlaufenden Prozesses. Die Veränderung der politischen Rahmenbedingungen, der Aufbau von neuen Herrschaftsstrukturen sowie die jeweilige Herrschaftspraxis waren häufig unkoordiniert, oft von unreflektierten tagespolitischen Ad-hoc-Entscheidungen abhängig, zudem eine Folge von sich gegenseitig überlagernden oder gar konterkarierenden Entscheidungsinstanzen[3]. Darüber hinaus waren sie das Ergebnis von Lernprozessen in den neu geschaffenen Organen und Instrumenten zur Herrschaftssicherung – Lernprozesse, die 1938 begannen und im Verlauf des Zweiten Weltkriegs die wechselnden Verhältnisse in den besetzten Ländern Europas einbezogen. Das Resultat war häufig ein institutionelles Chaos. Direktiven miteinander konkurrierender Reichsbehörden in Berlin standen oft den Plänen und Zielvorgaben lokaler Institutionen des Herrschaftsapparates entgegen[4]. Allerdings nahm im Verlauf des Zweiten Weltkriegs

Kriegswirtschaft während des Zweiten Weltkriegs. Ein Bericht der Forschungsstelle für Wehrwirtschaft, in: Vierteljahrshefte für Zeitgeschichte 34 (1986) 117–143, sowie als neuere Studie: *Adam Tooze*, Ökonomie der Zerstörung. Die Geschichte der Wirtschaft im Nationalsozialismus (München 2007) 495–532 (im Folgenden *Tooze*, Ökonomie der Zerstörung).

[2] *Werner Abelshauser*, Modernisierung oder institutionelle Revolution? Koordinaten einer Ortsbestimmung des „Dritten Reiches" in der deutschen Wirtschaftsgeschichte des 20. Jahrhunderts, in: *ders.*, *Jan-Otmar Hesse*, *Werner Plumpe* (Hrsg.), Wirtschaftsordnung, Staat und Unternehmen. Neue Forschungen zur Wirtschaftsgeschichte des Nationalsozialismus (Essen 2003) 17–41; *Christoph Buchheim*, *Jonas Scherner*, Anmerkungen zum Wirtschaftssystem des „Dritten Reiches", in: ebenda 81–98.

[3] Das polykratische NS-System wurde nirgendwo anders so sichtbar wie in der Wirtschaftsverwaltung der abhängigen oder besetzten Gebiete. Außer den Reichsministerien in Berlin versuchten hier spezielle Reichskommissariate mit ihren Wirtschaftsverwaltungen oder eigenständige Regierungen mit exekutiver Gewalt, Reichsbeauftragte, Beauftragte der Vierjahresplan-Behörde oder spezielle Gauwirtschaftsberater auf die Wirtschafts- und Besatzungspolitik Einfluss zu nehmen. Das Resultat war vielfach ein unkoordinierter Entscheidungsfindungsprozess, häufig aber erhebliche Reibungsverluste bei den Entscheidungsinstanzen. Siehe dazu einzelne Aufsätze in: *Johannes Bähr*, *Ralf Banken* (Hrsg.), Das Europa des „Dritten Reichs". Recht, Wirtschaft, Besatzung (Das Europa der Diktaturen 5, Frankfurt 2005). Zum Konzept des polykratischen Herrschaftssystems des Nationalsozialismus siehe *Hans Mommsen*, Hitlers Stellung im nationalsozialistischen Herrschaftssystem, in: *Gerhard Hirschfeld*, *Lothar Kettenacker* (Hrsg.), Der „Führerstaat". Mythos und Realität. Studien zur Struktur und Politik des „Dritten Reiches" (Stuttgart 1982) 143–72.

[4] Besonders deutlich wurde dies im Protektorat Böhmen und Mähren sowie im Generalgouvernement. Dazu: *Miroslav Karny*, *Jaroslava Milotova*, *Margita Karna*, Deutsche Besatzungspolitik im Protektorat Böhmen und Mähren in der Ära Heydrich, 1941–42. Eine Dokumentation (Berlin 1997); *Gerhard Eisenblätter*, Grundlinien der Politik des Reiches gegenüber dem Generalgouvernement 1939–1945 (Diss. Frankfurt a. M. 1969); *Dietmar Schenk*, Hans Frank – Hitlers Kronjurist und Generalgouverneur (Frankfurt 2006); *Bogdan Musial*, Deutsche Zivilverwaltung und Judenverfolgung im Generalgouvernement (Wiesbaden 1999). Siehe aber auch mit Blick auf die Slowakei: *Tatjana Tönsmeyer*, Das Dritte Reich und die Slowakei 1939–1945. Politischer Alltag

und mit der Radikalisierung der Herrschaftspraxis das Kompetenzgerangel ab. Entscheidungsabläufe wurden gebündelt und Entscheidungsstrukturen vereinfacht, bis mit dem Rückzug der deutschen Truppen und dem Zusammenbruch der Front andere Prioritäten für die Besatzungspolitik galten[5].

Die Darstellung der einzelnen Stufen und Schritte bei der Gestaltung der Besatzungspolitik ist bis heute ebenso ein Desiderat der Forschung wie eine exakte Positionsbestimmung der einzelnen Akteure mit ihren spezifischen Interessen. Nur so ist zu erklären, dass über lange Zeit hinweg den Banken der Vorwurf gemacht wurde, sie seien maßgeblich an der deutschen Besatzungsherrschaft beteiligt gewesen, ohne dass hierfür empirisch abgesicherte Befunde vorlagen. Auch die neuere Forschung zur Rolle der Banken während des Nationalsozialismus konzentrierte sich bisher eher auf die Entwicklung einzelner Institute aus den verschiedenen Segmenten der Kreditwirtschaft im „Altreich", während die Finanzsysteme in den abhängigen oder besetzten Gebieten nur in vergleichsweise wenigen Studien intensiv durchleuchtet wurden[6].

Angesichts dieser Forschungslage sind zusammenfassende Darstellungen zur Rolle der deutschen Banken in den abhängigen und besetzten Gebieten im Augenblick ebenso nur unter Vorbehalt möglich wie die Beantwortung der Frage nach möglichen Unterschieden in ihrer Geschäftstätigkeit bzw. Expansionsstrategie. Die Einordnung der Bankentätigkeit in größere theoretische Konzepte ist im

zwischen Kooperation und Eigensinn (Paderborn 2003); (im Folgenden: *Tönsmeyer,* Das Dritte Reich und die Slowakei).

[5] *Umbreit*, Deutsche Herrschaft 114–146; aber auch *Johannes Bähr*, *Ralf Banken*, Ausbeutung durch Recht? Einleitende Bemerkungen zum Einsatz des Wirtschaftsrechtes in der deutschen Besatzungspolitik 1939–1945, in: *dies.* (Hrsg.), Das Europa des „Dritten Reiches". Recht, Wirtschaft, Besatzung (Frankfurt 2005) 2–29; (im Folgenden: *Bähr* und *Banken*, Ausbeutung durch Recht).

[6] So etwa in *Harald Wixforth*, Die Expansion der Dresdner Bank in Europa (Die Dresdner Bank im „Dritten Reich" 3, München 2006); (im Folgenden: *Wixforth,* Expansion der Dresdner Bank); *ders.* Auftakt zur Ostexpansion. Die Dresdner Bank und die Umgestaltung des Bankwesens im Sudetenland 1938/39 (Dresden 2001); (im Folgenden: *Wixforth,* Auftakt zur Ostexpansion); *Ingo Loose,* Kredite für NS-Verbrechen. Die deutschen Kreditinstitute in Polen und die Ausraubung der polnischen und jüdischen Bevölkerung 1939–1945 (München 2007); (im Folgenden: *Loose*, Kredite für NS-Verbrechen). Die Expansion der Commerzbank in das Sudetenland und in das Protektorat wird überblicksartig behandelt in: *Jaroslav Kučera*, Der zögerliche Expansionist – Die Commerzbank in den böhmischen Ländern 1939–1945, in: Bankhistorisches Archiv 31 (1/2005) 33–55; (im Folgenden: *Kučera,* Zögerlicher Expansionist), sowie *ders.*, *Christoph Kreutzmüller*, Die Commerzbank und die Vernichtung der jüdischen Gewerbetätigkeit in den böhmischen Ländern und in den Niederlanden 1939–1945, in: *Ludolf Herbst*, *Thomas Weihe* (Hrsg.), Die Commerzbank und die Juden 1933–1945 (München 2004) 173–221; (im Folgenden: *Kučera* und *Kreutzmüller,* Commerzbank). Ausführlich zur Expansion der deutschen Banken in die besetzten Niederlande: *Christoph Kreutzmüller*, Händler und Handlungsgehilfen. Der Finanzplatz Amsterdam und die deutschen Großbanken (Stuttgart 2005); (im Folgenden: *Kreutzmüller,* Händler und Handlungsgehilfen). Speziell mit Blick auf die Dresdner Bank: *Friederike Sattler*, Der Handelstrust West in den Niederlanden, in: *Wixforth*, Expansion der Dresdner Bank 682–792; (im Folgenden: *Sattler*, Handelstrust West). Vgl. auch *Harold James*, Die Deutsche Bank im „Dritten Reich" (München 2003) 159–161, 161–164; (im Folgenden *James*, Deutsche Bank im „Dritten Reich").

Augenblick ebenfalls nur bedingt möglich, auch wenn einige Autoren dies in ihrer kritischen Auseinandersetzung mit den publizierten Forschungsergebnissen dezidiert verlangen[7]. Dies heißt jedoch nicht, dass die Forschung bei einer zu erwartenden Verbesserung der Faktengrundlage auf eine Diskussion mit bereits in der älteren Literatur aufgeworfenen Postulaten und Fragestellungen verzichten kann. Ebenso ist die Kreditwirtschaft im Wirtschaftssystem des Nationalsozialismus möglichst präzise unter Anwendung geeigneter Theoriekonzepte zu verorten[8].

Die nachfolgenden Ausführungen können dies noch nicht leisten. Hier geht es im wesentlichen um einen synthetisierenden Zugriff auf die Rolle der Banken in den abhängigen und besetzten Gebieten unter Auswertung der bisher zur Verfügung stehenden Literatur. Auch eine zweite Einschränkung ist zu treffen: Im Fokus stehen vor allem die abhängigen und besetzten Gebiete in Mittel- und Osteuropa auf der einen sowie die besetzten und kollaborationsbereiten Territorien in Westeuropa. Die besetzten Länder Nordeuropas, wie etwa das „Musterprotektorat Dänemark" oder das Reichskommissariat Norwegen, finden dagegen keine Berücksichtigung, zumal die Forschung die Veränderung der Bankensysteme dort während der deutschen Besatzung bisher nicht näher behandelt hat[9].

II. Die Herausbildung der Besatzungsherrschaft und die Banken

Für die Herausbildung der Herrschaftsstrukturen und die spätere Herrschaftspraxis war es von großer Bedeutung, welchen Rechtsstatus ein vom NS-Regime annektiertes, besetztes oder abhängiges Gebiet erhielt. In Regionen, die als neue Reichsgaue dem deutschen Herrschaftsgebiet inkorporiert wurden, bildeten die neuen Machthaber die Verwaltungsstrukturen denjenigen im Reichsgebiet nach[10].

[7] Siehe etwa *Karl-Heinz Roth*, Die Dresdner Bank im „Dritten Reich". Ein vergleichender Blick auf zwei Untersuchungsberichte aus den Jahren 1946 und 2006, in: Bulletin für Faschismus- und Weltkriegsforschung (1/2007) 41–57.

[8] Dies geschah weder in älteren Darstellungen zur wirtschaftlichen Entwicklung des Nationalsozialismus wie etwa *Avraham Barkai*, Das Wirtschaftssystem des Nationalsozialismus (Frankfurt a. M. [2]1988), noch in neueren Arbeiten wie etwa von *Tooze*, Ökonomie der Zerstörung.

[9] Zu Dänemark und Norwegen während der NS-Besatzung: *Per Hansen*, The Danish Economy during War and Occupation, in: *Richard Overy*, *Gerhard Otto*, *Johannes Howink ten Cate* (Hrsg.), Die „Neuordnung" Europas. NS-Wirtschaftspolitik in den besetzten Gebieten (Berlin 1997) 63–81; *Fritz Petrick*, Okkupationspolitik des deutschen Faschismus in Dänemark und Norwegen, 1940–1945 (Europa unter dem Hakenkreuz 7, Berlin, Heidelberg 1992); *Robert Bohn*, Deutsche Wirtschaftsinteressen und Wirtschaftslenkung im Reichskommissariat Norwegen, in: *Johannes Bähr*, *Ralf Banken* (Hrsg.), Das Europa des „Dritten Reichs". Recht, Wirtschaft, Besatzung (Frankfurt 2005) 105–122.

[10] *Richard Overy*, The Economy of the German „New Order", in: *ders.*, *Gerhard Otto*, *Johannes Howink ten Cate* (Hrsg.), Die „Neuordnung" Europas. NS-Wirtschaftspolitik in den besetzten Gebieten (Berlin 1997) 11–27; *Bähr* u. *Banken*, Ausbeutung durch Recht 4–7; *Diemut Majer*, Nationalsozialismus im Lichte der juristischen Zeitgeschichte. Ideologie – Staat – Besatzungsregimes in Europa, 1939–1945 (Baden-Baden 2002); aber auch einzelne Beiträge in: *Johannes Howink ten Cate*, *Gerhard Otto* (Hrsg.), Das organisierte Chaos. „Ämterdarwinismus" und „Gesinnungsethik". Determinanten nationalsozialistischer Besatzungsherrschaft (Berlin 1999).

Für die Unternehmen und Banken, die in diese Gebiete expandierten, existierten damit Organe des Herrschaftsapparates, die ihnen in ihrer Funktionsweise bereits aus dem „Altreich" bekannt waren. Dies lässt sich für die neue Verwaltungsstruktur in Österreich, dem Sudetenland, aber auch im Elsass konstatieren[11]. In weiteren besetzten Gebieten, die über ein größeres Maß an verwaltungsrechtlicher Autonomie verfügten, teilweise auch als quasi-selbständige völkerrechtliche Einheiten existierten, errichteten die neuen Machthaber andere Verwaltungs- und Herrschaftsstrukturen. Gebiete wie das Protektorat Böhmen und Mähren oder das Generalgouvernement besaßen eigene Regierungen, verfügten über eigene Notenbanken und eigenes Geld. Daher verwundert es nicht, dass hier auch spezifische Instrumente der Wirtschaftspolitik und der wirtschaftlichen Ausbeutung entstanden[12].

Mit wiederum anderen politischen Rahmenbedingungen sahen sich die expansionswilligen Unternehmen und Kreditinstitute aus dem „Altreich" in den Staaten Europas konfrontiert, die formal selbständig blieben, aber in einem Abhängigkeitsverhältnis zum NS-Regime standen. Dies galt vor allem für den „Vasallenstaat" des Regimes, die Slowakei, aber auch für Balkanländer wie Kroatien und Serbien. Die Regierungen dieser Staaten verstanden es, ein gewisses Maß an Handlungsautonomie gegenüber den Direktiven aus Berlin zu verteidigen. Zwar waren sie ein Teil des deutschen Hegemonialsystems in Europa, doch konnten sie in vielen Politikfeldern, wie etwa in der Finanz- und Wirtschaftspolitik, eigene Interessen artikulieren und durchsetzen[13]. Dieser Befund gilt auch für die besetzten

[11] Für das Sudetenland: *Volker Zimmermann*, Die Sudetendeutschen im NS-Staat. Politik und Stimmung der Bevölkerung im Reichsgau Sudetenland 1938–1945 (Essen 1999); *Ralf Gebel*, „Heim ins Reich!". Konrad Henlein und der Reichsgau Sudetenland 1938–1945 (München 2000); *Jörg Osterloh*, Nationalsozialistische Judenpolitik im Reichsgau Sudetenland. 1938–1945 (München 2006). Für Österreich: *Clemens Jabloner* u. a., Schlussbericht der Historikerkommission der Republik Österreich (Wien 2002) 62–73; *Gerhard Botz*, Die Eingliederung Österreichs in das Deutsche Reich. Planung und Verwirklichung des politisch administrativen „Anschlusses" (Linz 1972); *Hans Winkler*, Österreich – die völkerrechtlichen Aspekte, in: *Dieter Stiefel* (Hrsg.), Die politische Ökonomie des Holocaust. Zur wirtschaftlichen Logik von Verfolgung und „Wiedergutmachung" (München, Wien 2002) 261–266; für das Elsass: *Dieter Rebentisch*, Führerstaat und Verwaltung im Zweiten Weltkrieg. Verfassungsentwicklung und Verwaltungspolitik 1939–1945 (Frankfurt 1989).

[12] *Alice Teichova*, Instruments of Economic Control and Exploitation: The German Occupation of Bohemia and Moravia, in: *Richard Overy*, *Gerhard Otto*, *Johannes Howink ten Cate* (Hrsg.), Die „Neuordnung" Europas. NS-Wirtschaftspolitik im den besetzten Gebieten (Berlin 1997) 85–96; *dies.*, The Protectorate Bohemia and Moravia: the economic dimensions, in: *Mikuláš Teich* (Hrsg.), Bohemia in History (Cambridge 1989) 143–165.

[13] Für die Slowakei: *Tönsmeyer*, Das Dritte Reich und die Slowakei; *Jörg K. Hoensch*, Grundzüge und Phasen der deutschen Slowakei-Politik im Zweiten Weltkrieg, in: *Hans Lemberg* u. a. (Hrsg.), Studia Slovaca. Studien zur Geschichte der Slowaken und der Slowakei von Jörg K. Hoensch (München 2000) 249–279. Für Serbien und Kroatien: *Karl-Heinz Schlarp*, Wirtschaft und Besatzung in Serbien 1941–1944. Ein Beitrag zur nationalsozialistischen Wirtschaftspolitik in Südosteuropa (Wiesbaden, Stuttgart 1986); *ders.*, Ausbeutung der Kleinen. Serbien in der deutschen Kriegswirtschaft 1941–1944, in: *Johannes Bähr*, *Ralf Banken* (Hrsg.), Das Europa des „Dritten Reichs". Recht, Wirtschaft, Besatzung (Frankfurt 2005) 187–210; *Holm Sundhausen*, Wirtschaftsgeschichte Kroatiens im nationalsozialistischen Großraum. Das Scheitern einer Ausbeutungsstrategie (Stuttgart 1983).

Länder im Westen Europas. Die Niederlande und Belgien waren in den Augen der deutschen Politik sogar Kooperationspartner. Hier blieben traditionelle Verwaltungsstrukturen ebenso erhalten wie im besetzten Frankreich. Deutsche Behörden und deutsche Besatzungsinstitutionen wurden daher additiv zu den bestehenden Organen geschaffen[14].

Trotz der Unterschiede in der Besatzungspolitik lässt sich für alle annektierten, abhängigen und besetzten Gebiete in Europa eine Gemeinsamkeit feststellen: Die reichsdeutschen Banken konnten weder die politischen Rahmenbedingungen und die Herrschaftsstrukturen festlegen, noch die konkrete Herrschaftspraxis entscheidend beeinflussen. Dies blieb allein Sache der Politik, konkret der einzelnen Reichsministerien in Berlin bzw. der parallel dazu existierenden NS-Behörden und der örtlichen administrativen Organe in den jeweiligen Ländern. Dies heißt nicht, dass diese Institutionen nicht auf die Expertise der Banken in Form von Memoranden zur Wirtschaftslage und zur Wirtschaftspolitik zurückgriffen. Ergebnisse dieser Ausarbeitungen dürften in einigen Fällen auch in den Diskussionsprozess über die Gestaltung der Besatzungspolitik eingeflossen sein. Eine direkte Einflussnahme der Kreditinstitute und ihrer Vertreter auf diese Prozesse im Sinne einer Interessendurchsetzung lässt sich jedoch nicht nachweisen[15].

Dies galt ebenfalls für den Bereich, der die Expansion der Kreditinstitute in die abhängigen, besetzten und annektierten Gebiete Europas und ihre Geschäftstätigkeit dort unmittelbar betraf: die Finanz- und Währungspolitik. Weder waren die Kreditinstitute an der Einrichtung der dazu notwendigen Organe beteiligt, noch konnten sie später ihre Vertreter in die Gremien der dafür verantwortlichen Institutionen entsenden. Bei allen richtungsweisenden währungspolitischen Entscheidungen waren reichsdeutsche Banken daher nicht involviert. Die Modalitäten der Einführung der Reichsmark als neues Zahlungsmittel in Österreich, im Sudetenland oder im Reichskommissariat Ostland wurden im Reichsfinanz- und Reichswirtschaftsministerium sowie in den Entscheidungsgremien vor Ort beschlossen. Bei der Reorganisation oder der Errichtung von Notenbanken wurden reichsdeutsche Kreditinstitute und ihre Repräsentanten ebenfalls nicht hinzugezogen[16].

[14] *Hirschfeld*, Fremdherrschaft und Kollaboration; *Peter Romijn*, Reichskommissariat Niederlande oder Gau Westland?, in: *Johannes Bähr*, *Ralf Banken* (Hrsg.), Das Europa des „Dritten Reichs". Recht, Wirtschaft, Besatzung (Frankfurt 2005) 124–136; *Michel Margairaz*, La collaboration économique d'Etat et le rôle du droit dans la France occupée 1940–1944: une ambivalence radicale, in: ebenda 177–185.

[15] Vgl. etwa: *Wixforth*, Auftakt zur Ostexpansion 53–57; Rossiskij Gosudarstvennyj Voennyj Archiv v Moskve (RGVA Moskau), Fond 1458, Findbuch 15, Akte 74, Bl. 1–22, Streng vertraulicher Brief des Vorstands der Deutschen Bank nebst Ausarbeitung: „Die Bankenstruktur in Polen" an das Reichswirtschaftsministerium, z. Hd. Herrn Ministerialrat Dr. Joachim Riehle, vom 7. September 1939.

[16] Für Österreich: *Dieter Stiefel*, *Fritz Weber*, „Drei zu zwei", in: *Karl Bachinger*, *Dieter Stiefel* (Hrsg.), Auf Heller und Cent. Beiträge zur Finanz- und Währungsgeschichte (Wien 2001) 473–76; *Hans Kernbauer*, Vom Schilling zur Reichsmark. Ökonomische und politische Aspekte der Währungsumstellung 1938, in: *Harald Wixforth* (Hrsg.), Österreich nach dem „Anschluss". Die

Auch bei der Umgestaltung der jeweiligen Bankensysteme mussten sie die Entscheidungsgewalt der Politik akzeptieren. Zwar waren Vertreter der reichsdeutschen Institute am Meinungsbildungsprozess beteiligt, wobei sie ihre Wünsche und Vorstellungen artikulieren konnten, doch fällte die Politik die Entscheidungen über die künftige Struktur der Bankensysteme in den jeweiligen Ländern. Allerdings spielten sachbezogene, bankkaufmännische Argumente für die Entscheidungsfindung eine wesentlich größere Rolle als politisch-ideologische. Dies galt vor allem in den Gebieten, die als neue Reichsgaue in den deutschen Herrschaftsraum eingegliedert wurden[17]. Zudem gaben hier traditionelle Bindungen und Geschäftsbeziehungen der einzelnen reichsdeutschen Institute für die Umgestaltung des Bankwesens häufig den Ausschlag. So profitierte die Dresdner Bank bei der „Neuordnung" der Kreditwirtschaft im Sudetenland von ihren guten Kontakten zur Živnostenská banka, die als Branchenführer im tschechoslowakischen Bankwesen einen entscheidenden Einfluss bei der Böhmischen Escompte-Bank und Creditanstalt (Bebca) besaß, deren sudetenländische Filialen durch den Reichskommissar für das Kreditwesen der Dresdner Bank zugewiesen wurden[18]. In Danzig-Westpreußen und im Warthegau gab dagegen deren langjährige Beteiligung an der Posener Bank für Handel und Gewerbe, der späteren Ostbank, den Ausschlag für ihre wichtige Stellung in der umgestalteten Kreditwirtschaft dieser beiden Gebiete[19].

Die Rolle der Politik als maßgebliche Instanz bei der Entscheidungsfindung für die Umgestaltung des Bankwesens zeigte sich besonders deutlich in den Gebieten, deren Verwaltung und Herrschaftsstruktur nicht der des „Altreich" angepasst wurden. Auch hier konnten die Institute aus Berlin und Wien ihre Vorstellungen und Forderungen gegenüber den zuständigen Behörden artikulieren, auch hier

wirtschaftliche „Neuordnung" seit 1938 (Weimar 2012, im Druck). Für das Sudetenland: *Wixforth*, Auftakt zur Ostexpansion 53–56. Mit Blick auf die eingegliederten polnischen Gebiete: *Loose*, Kredite für NS-Verbrechen 51–57, 84–91. Für das Reichskommissariat Niederlande: *Kreutzmüller*, Händler und Handlungsgehilfen 155–164.

[17] Siehe dazu ausführlich *Wixforth*, Auftakt zur Ostexpansion; *ders.*, Der hartnäckige Expansionist – die Geschäftsausweitung der Allgemeinen Deutschen Credit-Anstalt in das Sudetenland 1938/39, in: Bankhistorisches Archiv 32 (1/2006) 25–53 (im Folgenden: *Wixforth*, Hartnäckiger Expansionist); *ders.*, Banken, Expansion und Kommunikation während des Nationalsozialismus, in: Bankhistorisches Archiv 30 (1-2/2004) 56–75 (im Folgenden: *Wixforth*, Banken, Expansion, Kommunikation). Vgl. auch *Kučera*, Zögerlicher Expansionist 35–40; *Dieter Ziegler*, Die Expansion nach Österreich, in: *Wixforth*, Expansion der Dresdner Bank 17–26; *Gerald D. Feldman*, Die CA und das „Dritte Reich" auf Expansionskurs, in: *ders.*, *Oliver Rathkolb*, *Theodor Venus*, *Ulrike Zimmerl*, Österreichische Banken und Sparkassen während des Nationalsozialismus und in der Nachkriegszeit 1, Creditanstalt-Bankverein (München 2006) 324–417; (im Folgenden: *Feldman*, CA und „Drittes Reich" auf Expansionskurs).

[18] *Wixforth*, Auftakt zur Ostexpansion 84–101. Zur Eigentümerstruktur der Bebca während der 1920er und 1930er Jahre: *ders.*, Die Böhmische Escompte-Bank nach dem Zerfall der Habsburger Monarchie – eine Bank zwischen Eigentümer- und nationalen Wirtschaftsinteressen, in: Zeitschrift für Unternehmensgeschichte 49 (2004) Heft 2, 227–238.

[19] *Wixforth*, Auftakt zur Ostexpansion 87–105; *ders.*, Expansion der Dresdner Bank 497–510; *Loose*, Kredite für NS-Verbrechen 86–91.

spielten langjährige Geschäftsbeziehungen und Beteiligungen eine Rolle. Das Votum der Politik bei der „Neuordnung" der Kreditwirtschaft war hier jedoch von ungleich größerer Bedeutung. Im Protektorat war es vor allem Görings Generalreferent in der Vierjahresplan-Behörde, Hans Kehrl, von dessen Plazet oder Verdikt es abhing, welche der Prager Banken welchem reichsdeutschen Institut zugeordnet wurde. Rüstungspolitische und wehrwirtschaftliche Überlegungen in der Vierjahresplan-Behörde bestimmten Kehrls Entscheidung, der eine leistungsstarke „deutsche Bank" im Protektorat als Gegengewicht zur Živnostenská banka schaffen wollte, um dadurch ein Instrument zur Kontrolle der großen böhmischen Rüstungskonzerne in die Hand zu bekommen[20]. Eine ähnliche Erfahrung machten die Banken im Generalgouvernement, wo eine spezielle Bankenaufsichtsstelle der Regierung unter Generalgouverneur Hans Frank darüber entschied, in welcher Form das Bankwesen umzugestalten sei. Irgendwelche Möglichkeiten bestimmender Einflussnahme auf den Entscheidungsfindungsprozess boten sich den Instituten aus Berlin und Wien auch hier nicht[21].

Einen Kontrast zu dieser Konstellation bildete jedoch die Expansion der reichsdeutschen Institute in den Westen Europas. Hier galt die Maxime, dem Eindruck entgegen zu wirken, man wolle die Wirtschaft dieser besetzten Gebiete „vergewaltigen". Daher legte das Reichswirtschaftsministerium als Bankenaufsichtsbehörde den Berliner Großbanken nahe, in den Niederlanden und in Belgien eine Kooperation mit einheimischen Instituten einzugehen. Sie sollten auf die Wirtschaft dieser Gebiete über Partnerbanken Einfluss nehmen, nicht durch die Errichtung eigener Affiliationen. Die Expansion auf dem Verhandlungs- und Verständigungswege mit niederländischen und belgischen Instituten bildete daher das Muster für die Geschäftsausweitung im Westen – ein markanter Unterschied zum gezielten Vorgehen auf Kosten der Kreditinstitute in den Ländern des Ostens[22].

Noch deutlicher als bei der Umgestaltung der Bankensysteme manifestierte sich die Gestaltungsmacht der Politik und die Prägekraft der politischen Rahmenbedingungen und Herrschaftsstrukturen auf zwei anderen Feldern, die für die Expansion des NS-Regimes in Europa von entscheidender Bedeutung waren, nämlich bei der Ausbeutung von Rohstoffen und der Nutzbarmachung der Produktion einheimischer Rüstungsunternehmen sowie der Beschlagnahmung und

[20] *Wixforth*, Expansion der Dresdner Bank 199–220; *Feldman*, CA und „Drittes Reich" auf Expansionskurs 331–335. Zur Rolle Kehrls: *Rolf-Dieter Müller*, Der Manager der Kriegswirtschaft. Hans Kehrl: Ein Unternehmer in der Politik des „Dritten Reiches" (Essen 1999); sowie neuerdings *Tooze*, Ökonomie der Zerstörung 163–165, 482–496.

[21] *Feldman*, CA und „Drittes Reich" auf Expansionskurs 415–422; *Wixforth*, Expansion der Dresdner Bank 537–549; *ders.*, Banken, Expansion, Kommunikation 60–62; *Loose*, Kredite für NS-Verbrechen 292–304. Die Ausführungen von Harold James zu diesem Punkt sind eher skizzenhaft. Vgl. *James*, Deutsche Bank im „Dritten Reich" 148–151.

[22] *Sattler*, Handelstrust West 682–687; *Johannes Bähr*, Der Wettlauf um Belgien und das Scheitern der anfänglichen Expansionspläne für das besetzte Westeuropa, in: *Wixforth*, Expansion der Dresdner Bank 665–681; *Kreutzmüller*, Händler und Handlungsgehilfen 177–189; *Kreutzmüller* u. *Kučera*, Commerzbank 176–183; *James*, Deutsche Bank im „Dritten Reich" 161–164.

„Verwertung" von jüdischem und ausländischem Vermögen. Mit Blick auf diese beiden Geschäftsfelder sahen sich die Banken in der Öffentlichkeit bis in die Gegenwart hinein immer wieder mit massiven Vorwürfen konfrontiert. Gerade hier kam es nachgerade zu einer Art von Mythenbildung über die Rolle der Banken in den besetzten Gebieten, die sich aber keineswegs mit der Realität der Herrschaftspraxis vereinbaren lässt[23]. Dabei müssten hier in erster Linie die Vermögensverkehrsstelle in Österreich, die Zentralstelle für jüdische Auswanderung bzw. das Zentralamt für die Regelung der Judenfrage in Böhmen und Mähren mit Sitz in Prag oder die Rolle der Haupttreuhandstelle Ost (HTO) mit ihren Dependancen im besetzten Polen erwähnt werden, die fast uneingeschränkt für den Entzug und die „Verwertung" jüdischer Vermögen verantwortlich waren. Die Banken leisteten dabei fraglos finanztechnische Hilfestellung, waren aber weder die Initiatoren für die Errichtung dieser staatlichen Institutionen, noch konnten sie deren Tätigkeit und Funktionsweise mitbestimmen[24].

Im Ergebnis bleibt demnach festzuhalten, dass die Kreditinstitute die von der Politik festgelegten Rahmenbedingungen für die Herrschaftspraxis nicht direkt beeinflussen konnten. Diese Rahmenbedingungen bildeten für die Banken ein Wirkungsumfeld, das für sie nicht veränderbar war. Existierten in den Berliner und Wiener Zentralen der Banken zunächst noch weitreichende Hoffnungen auf eine massive Ausweitung der Geschäftstätigkeit und einen Ausbau ihrer Handlungsautonomie, so erkannten die Geldhäuser bereits kurze Zeit nach ihrer Expansion in die abhängigen und besetzten Gebiete, dass sie die Gestaltungsmacht der Politik zu akzeptieren hatten. Ihr Wohlverhalten gegenüber den politischen

[23] Siehe dazu vor allem die beiden OMGUS Berichte über die Deutsche Bank und die Dresdner Bank, sowie die wiederholten Vorwürfe bei *Eberhard Czichon*, Die Bank und die Macht (Köln 1995) 169ff.; *ders.*, Deutsche Bank – Macht – Politik (Köln 2001) 122–175; *Michael Hepp*, Deutsche Bank, Dresdner Bank – Erlöse aus Holocaust, Enteignung und Zwangsarbeit 1933–1945, in: 1999. Zeitschrift für Sozialgeschichte des 20. und 21. Jahrhunderts 15 (2000) 64–116.

[24] Zur Vermögensverkehrstelle in Wien und ihrer Tätigkeit: *Hans Safrian*, Beschleunigung der Beraubung und Vertreibung. Zur Bedeutung des Wiener Modells für die antijüdische Politik des „Dritten Reiches" im Jahre 1938, in: *Constantin Goschler, Jürgen Lillteicher* (Hrsg.), „Arisierung" und Restitution. Die Rückerstattung jüdischen Eigentums in Deutschland und in Österreich nach 1945 und 1989 (Göttingen 2002) 69–81. Zur Zentralstelle für jüdische Auswanderung: *Jan Björn Potthast,* Antijüdische Maßnahmen im Protektorat Böhmen und Mähren und das „Jüdische Zentralmuseum" in Prag, in: *Irmtraud Wojak, Peter Hayes* (Hrsg.), „Arisierung" im Nationalsozialismus. Volksgemeinschaft, Raub und Gedächtnis, Jahrbuch 2000 des Fritz Bauer Instituts (Frankfurt 2002) 157–200. Zur HTO: *Bernhard Rosenkötter*, Treuhandpolitik. Die Haupttreuhandstelle Ost und der Raub polnischer Vermögen 1939 bis 1945 (Essen 2003); *ders.*, „Deutschmachung auf wirtschaftlichem Gebiet". Zur Tätigkeit der „Haupttreuhandstelle Ost" in den annektierten polnischen Gebieten 1939–1945, in: Bulletin für Faschismus- und Weltkriegsforschung 18 (2002) 3–27; *Jeanne Dingell*, Zur Tätigkeit der Haupttreuhandstelle Ost, Treuhandstelle Posen 1939 bis 1945 (Frankfurt 2003); *Hugo Ratzmann*, Wesen und Aufgabe der Treuhandstelle Posen, Vortrag, gehalten am 20. Januar 1940 anlässlich der ersten großen nationalsozialistischen Führertagung des Warthegaus in der Gauhauptstadt Posen (Posen 1940). Eine etwas andere Ansicht mit Blick auf die Rolle der Banken bei der Konfiskation jüdischer Vermögen in Polen findet sich bei *Loose*, Kredite für NS-Verbrechen 98–180.

Entscheidungsträgern war damit für ihre eigene Expansion entscheidend. Inwieweit sie in dem neuen Umfeld erfolgreich agieren konnten, hing deshalb vorrangig von ihrer Nähe zum Herrschaftsapparat und ihrer Akzeptanz der jeweiligen Herrschaftspraxis ab[25].

III. Unternehmensstrategien und Handlungsspielräume der Banken

Der Expansion der reichsdeutschen Institute in Europa lag als Hauptmotiv fraglos die Hoffnung auf eine deutliche Ausweitung des operativen Geschäfts zugrunde. Neue Kundenbeziehungen in den annektierten, besetzten und abhängigen Gebieten sowie ihre Mitwirkung an großen und spektakulären Geschäftstransaktionen bei der „Neuordnung der europäischen Wirtschaft" nach den Zielvorgaben der Besatzer sollten Umsätze und Gewinne steigen lassen. Im Ergebnis sollte damit ein Ausgleich für das langsame Wachstum des privaten Bankgewerbes im „Altreich" geschaffen werden[26]. Keine der reichsdeutschen Banken verfolgte mit ihrer Geschäftsausweitung von vorn herein ideologische Ziele. Zwar stellten sie sich in den Dienst der Besatzungsmacht, um ihren eigenen Geschäftserfolg zu sichern, doch waren sie keineswegs Instrumente, um die NS-Ideologie zu transportieren oder gar die politischen Ziele des Regimes in eigener Verantwortung zu realisieren. Dies ließen die politischen Rahmenbedingungen und die Herrschaftspraxis in den einzelnen Ländern auch gar nicht zu – trotz aller Unterschiede. Alle Banken hatten jedoch erkannt, dass eine wohl kalkulierte Interessenannäherung und ein wohl dosierter Interessensausgleich mit der Besatzungsmacht eine der wesentlichen Voraussetzungen für eine erfolgreiche Geschäftstätigkeit im besetzten Europa bildeten[27].

Eine zentrale Bedeutung für die Banken und ihr „standing" in den besetzten Gebieten besaßen die Rüstungsfinanzierung und ihre Bemühungen, der deutschen Rüstungswirtschaft Betriebe der Schwer- und Rüstungsindustrie aus den jeweiligen Territorien zu vermitteln. Ihr Prestige und ihre Protektion durch die Berliner Behörden hingen davon ab, inwieweit sie vor allem den Reichswerken Hermann Göring die geforderten Betriebe aus ausländischem Besitz verschaffen konnten.

[25] *James*, Deutsche Bank im „Dritten Reich" 221–223; *Klaus-Dietmar Henke*, Die Dresdner Bank 1933–1945 (Die Dresdner Bank im „Dritten Reich" 4, München 2006) 12–15; (im Folgenden: *Henke*, Dresdner Bank).

[26] Zur Situation der Deutschen Bank im „Altreich" bis 1938: *James*, Deutsche Bank im „Dritten Reich" 24–26, 39–41. Zur Dresdner Bank: *Johannes Bähr*, Die Dresdner Bank in der Wirtschaft des „Dritten Reiches" (Die Dresdner Bank im „Dritten Reich" 1, München 2006) 169–194. Zur Allgemeinen Deutschen Credit-Anstalt: *Wixforth*, Hartnäckiger Expansionist 28–34. Zu den Expansionsmotiven: *Wixforth*, Auftakt zur Ostexpansion 63–84; *Feldman*, CA und „Drittes Reich" auf Expansionskurs 331–336; *Kučera*, Zögerlicher Expansionist 31–37.

[27] *Feldman*, CA und „Drittes Reich" auf Expansionskurs 373–376; *Wixforth*, Auftakt zur Ostexpansion 84–105; *ders.*, Banken, Expansion, Kommunikation 63–69; *James*, Deutsche Bank im „Dritten Reich" 118–159.

Schaltete sich etwa Karl Rasche in diese Transaktionen ein, wie im Sudetenland oder im Protektorat, so ließ sich das von den Reichswerken gewünschte Ergebnis erzielen und das Ansehen der Dresdner Bank nicht nur bei den Berliner Rüstungsplanern deutlich steigern, sondern auch ihre Bedeutung als kompetente Finanzinstitution beim jeweiligen Herrschaftsapparat in den besetzten Gebieten[28]. War dies nicht der Fall, wie in Oberschlesien, so konnte die Dresdner Bank die Rolle als entscheidende Finanzadresse für die deutsche Rüstungswirtschaft nicht für sich reklamieren, sondern musste diese Funktion der Deutschen Bank mit ihrem agilen und ehrgeizigen Vorstandsmitglied Walter Pohle überlassen[29].

Zwar war die Vermittlungstätigkeit im Rahmen der „Arisierung" nicht gleichermaßen ertragreich, doch gehörte sie ebenfalls zu den entscheidenden Säulen der Geschäftstätigkeit in vielen abhängigen und besetzten Ländern. Das gilt sowohl für den Westen als auch für Österreich, für das Sudetenland und das Protektorat. Nicht die direkten „Arisierungsgewinne" in Form von Provisionen, sondern die indirekten in Form von neuen Geschäftsverbindungen waren das Motiv, sich massiv in die Vernichtung der wirtschaftlichen Existenz der Juden in Europa einzuschalten[30]. Dieses Kalkül ging vielfach auf: Zumindest die Deutsche Bank und die Dresdner Bank konnten hiervon profitieren, indem sie neue Kunden akquirierten und sich zudem als kompetente Vermittlungs- und Beratungsagenturen in diesem heiklen Geschäftsfeld profilierten[31]. Dies gelang jedoch nur dort, wo die „Arisie-

[28] *Wixforth*, Expansion der Dresdner Bank 267–285; *Richard Overy*, Göring, „The Iron Man" (London 1984) 124–128.

[29] *Harold James*, Die Deutsche Bank und die „Arisierung" (München 2001) 177–179; (im Folgenden *James*, Deutsche Bank und „Arisierung"); *ders.*, Deutsche Bank im „Dritten Reich" 149–152.

[30] *James*, Deutsche Bank und „Arisierung" 204–212; *Gerald D. Feldman*, Die CA, ihre jüdischen Kunden und die „Arisierung", in: *ders.*, *Oliver Rathkolb*, *Theodor Venus*, *Ulrike Zimmerl*, Österreichische Banken und Sparkassen während des Nationalsozialismus und in der Nachkriegszeit 1 (München 2006) 312–317; (im Folgenden: *Feldman*, CA und ihre jüdischen Kunden); *Dieter Ziegler*, Grundlinien der Geschäftspolitik der Länderbank Wien 1938–1945, in: *Wixforth*, Expansion der Dresdner Bank in Europa 44–52; *Jörg Osterloh*, Die „Arisierung" im Sudetenland, in: ebenda 175–189; (im Folgenden *Osterloh*, „Arisierung" im Sudetenland); *ders.*, *Harald Wixforth*, Die „Arisierung" im Protektorat Böhmen und Mähren, in: ebenda 239–252; (im Folgenden *Osterloh* u. *Wixforth*, „Arisierung" im Protektorat Böhmen und Mähren). Vgl. auch *Peter Eigner*, *Peter Melichar*, Enteignungen und Säuberungen – die österreichischen Banken im Nationalsozialismus, in: *Dieter Ziegler* (Hrsg.), Banken und „Arisierungen" in Mitteleuropa während des Nationalsozialismus, Geld und Kapital 5 (Stuttgart 2002) 45–110; *Drahomír Jančík*, Die „Arisierungsaktivitäten" der Böhmischen Escompte-Bank im Protektorat Böhmen und Mähren, 1939–1945, in: ebenda 145–170. Die Rolle der Kreditanstalt der Deutschen aus Reichenberg bei der „Arisierung" wird besonders betont in: *ders.*, *Eduard Kubů*, „Arizace" a arizatoři. Drobný a střední židovský majetek v úvěrech Kreditanstalt der Deutschen, 1939–1945 (Prag 2005).

[31] *James*, Deutsche Bank und „Arisierung" 206–211; *Osterloh*, „Arisierung" im Sudetenland 193–195; *ders.* u. *Wixforth*, „Arisierung" im Protektorat Böhmen und Mähren 349–351; *Feldman*, CA und ihre jüdischen Kunden 314–317. Zur Rolle der Commerzbank bei der „Arisierung" im Sudetenland, im Protektorat Böhmen und Mähren sowie in der Slowakei liegen bisher kaum genauere Erkenntnisse vor. Vgl. *Kučera*, Zögerlicher Expansionist 50–54; *ders.* u. *Kreutzmüller*, Commerzbank 312ff.

rung" ein gesellschaftlicher Prozess war, wie im Sudetenland oder im Protektorat, und keine von staatlichen Organen direkt reglementierte und kontrollierte Beraubung und „Verwertung" jüdischen Vermögens darstellte. In Polen etwa lief die gesamte „Arisierung" über die HTO und ihre Dependancen. Die Dresdner Bank und ihre polnischen Affiliationen versuchten zwar, die Restriktionen der HTO durch personelle Netzwerke zu unterlaufen, in der Regel blieben diese Versuche jedoch ohne Erfolg. Die Deutsche Bank war mit ihrer Netzwerksbildung in Oberschlesien erfolgreicher als ihre Konkurrentin, konnte jedoch die Vorgaben der HTO ebenfalls nicht umgehen[32].

Je mehr die Banken in die wirtschaftlich weniger leistungsstarken Länder in Mittel- und Osteuropa expandierten, wie etwa in den Warthegau, das Generalgouvernement oder die Reichskommissariate Ostland und Ukraine, um so mehr entfernte sich ihre Geschäftstätigkeit vom „normalen" Bankgeschäft und seinen Standards. Bankgeschäfte ließen sich hier nur in direkter Abhängigkeit vom Herrschafts- und Terrorapparat vollziehen. Bankenpolitik war hier unmittelbar mit der Besatzungspolitik verknüpft. Mehr noch, aufgrund der wirtschaftlichen Rückständigkeit und des Mangels an bedeutenden Industrieunternehmen sowie vermögenden Privatkunden dominierten in diesen Gebieten die Geschäfte mit dem Herrschaftsapparat selbst[33]. Vor allem die Geschäftsverbindungen zur SS traten dabei hervor. Dies galt für die Dresdner Bank mit ihren Tochtergesellschaften im besetzten Mittel- und Osteuropa, aber auch für die Deutsche Bank. Vielfach war das Verhalten der beiden Kreditinstitute hier nicht mehr rein bankkaufmännisch begründet, sondern kann angesichts der engen und kaum gewinnversprechenden politischen Rahmenbedingungen nur mit einer deutlichen Annäherung an den Herrschaftsapparat und seine Herrschaftspraxis erklärt werden[34].

Festzuhalten bleibt daher: Ohne die durch Einschüchterung, Erpressung und Krieg vollzogene Ausweitung des deutschen Herrschaftsgebiets in Europa hätten die Banken ihre geschäftliche Basis nicht so schnell und erfolgreich verbreitern können. Ihre Expansion basierte nicht auf ihrer eigenen ursprünglichen Marktposition und betrieblichen Stärke, sondern war eine politisch induzierte. Dies hatte man sowohl bei der Dresdner Bank als auch bei der Deutschen Bank durchaus erkannt. Daher suchte man die direkte Nähe zum Regime, seinen Funktionsträgern, seinen Behörden und Organen, um unmittelbar von der politischen Expan-

[32] *Wixforth*, Expansion der Dresdner Bank 483–492, 526–535; *Loose*, Kredite für NS-Verbrechen 146–158; *James*, Deutsche Bank und „Arisierung" 177–179.

[33] *Loose*, Kredite für NS-Verbrechen 288–351; *Feldman*, CA und „Drittes Reich" auf Expansionskurs 376–396, sowie die entsprechenden Kapitel in: *Wixforth*, Expansion der Dresdner Bank. Vgl. auch *Christoph Kreutzmüller*, *Ingo Loose*, Die Bank der Deutschen Arbeit 1933–1945 – eine nationalsozialistische „Superbank"?, in: Bankhistorisches Archiv 31 (1/2005) 17–24; (im Folgenden: *Kreutzmüller* u. *Loose*, Bank der Deutschen Arbeit).

[34] *Bähr*, Dresdner Bank in der Wirtschaft des „Dritten Reiches" 543–582; *Wixforth*, Expansion der Dresdner Bank 564–576, 579–617, 641–646. *Loose*, Kredite für NS-Verbrechen 351–357. Konkrete Angaben zur Zusammenarbeit der Deutschen Bank mit dem Herrschaftsapparat in Oberschlesien, im Warthegau sowie im Reichskommissariat Ostland liegen bisher allerdings ebenso wenig vor wie zur Commerzbank.

sion in Form eigener Geschäftsausweitung zu profitieren. Offenbar war die Dresdner Bank in dieser Hinsicht erfolgreicher als ihre reichsdeutschen Konkurrenten, so dass ihre Expansion in Europa ab 1938 eine größere Dynamik aufwies als etwa die der Deutschen Bank oder der Commerzbank[35]. Im Sudetenland, im Protektorat, ja sogar in der Slowakei, im Warthegau und im Reichskommissariat Ostland konnte die Dresdner Bank ihre Interessen geschickter und eindeutiger durchsetzen als die Deutsche Bank oder die teilweise zögernde Commerzbank. Dass dabei auch die Dresdner Bank politisch gewollte Rückschläge verkraften musste, wie etwa in Oberschlesien, kann diesen Befund nicht relativieren[36].

IV. Instrumentalisierung von Bankinteressen durch die Politik oder von Politikinteressen durch die Banken?

Die Gewichtsverteilung im Verhältnis zwischen Banken und Politik bildet seit längerem einen der umstrittensten Punkte in der Diskussion über die Rolle der Kreditwirtschaft in den besetzten Gebieten[37]. Die Antwort auf die Frage fällt auf Grundlage der bisherigen Forschungen eindeutig aus: Der Primat der Politik veranlasste, wie gesagt, die Banken dazu, sich in den Dienst des NS-Regimes mit seinen Institutionen zu stellen, um auf diese Weise die Basis für eine eigene Geschäftsausweitung zu schaffen. Als Schlüsselfaktor erwies sich dabei vielfach die Intensität der personellen Beziehungen zwischen Führungskräften der Banken auf der einen und Funktionsträgern des Herrschaftsapparats auf der anderen Seite. Dies lässt sich besonders gut am Beispiel der Dresdner Bank und ihrer Vorstandsmitglieder Karl Rasche und Emil Meyer dokumentieren[38].

Rasche unterhielt mit Hans Kehrl, Görings Generalbevollmächtigtem in der Vierjahresplan-Behörde, besonders intensive persönliche Kontakte, während Emil Meyer enge Beziehungen mit den Führungsspitzen der SS pflegte[39]. Damit

[35] *Wixforth*, Expansion der Dresdner Bank 890–891. Angaben zur Bedeutung der Geschäftsexpansion für die Steigerung des Konzerngewinns bei der Deutschen Bank und der Commerzbank von 1939 bis 1944 fehlen allerdings bisher.

[36] Siehe dazu die einzelnen Kapitel bei *Wixforth*, Expansion der Dresdner Bank; sowie *Feldman*, CA und „Drittes Reich“ auf Expansionskurs 468–564; *Loose*, Kredite für NS-Verbrechen 208–232.

[37] Siehe etwa die beiden OMGUS-Berichte sowie *Hepp*, Deutsche Bank, Dresdner Bank 74–95; *Christopher Simpson* (Hrsg.), War Crimes of the Deutsche Bank and the Dresdner Bank. Office for Military Government (US) Reports (New York 2001).

[38] *Wixforth*, Expansion der Dresdner Bank 893–899; *James*, Deutsche Bank im „Dritten Reich“ 85–96. Über die Netzwerkbildung bei der Commerzbank, etwa durch ihren langjährigen Aufsichtsratsvorsitzenden Friedrich Reinhart oder ihr Vorstandsmitglied Karl-Maria Hettlage, sind wir bisher nur unzureichend informiert. Allgemein zur Netzwerkbildung zwischen Banken und Politik während der NS-Diktatur: *Wixforth*, Banken und Lobbyismus 41–54.

[39] Dies war vor allem mit Funktionsträgern aus dem Wirtschafts- und Verwaltungshauptamt der SS unter Obergruppenführer Oswald Pohl der Fall. Siehe dazu: *Jan-Erik Schulte*, Zwangsarbeit und Vernichtung: Das Wirtschaftsimperium der SS (Paderborn 2001). Zur Intensität der Beziehungen zwischen Dresdner Bank und SS: *Bähr*, Dresdner Bank in der Wirtschaft des „Dritten Reiches“ 550–581.

war die Basis bereitet für eine intensive Mitwirkung der Dresdner Bank, als die Schlüsselbranchen der Wirtschaft in den annektierten, abhängigen und besetzten Gebieten nach den Vorgaben der Berliner Rüstungsplaner umgestaltet wurden. Rasche und seine Mitarbeiter konnten sich dabei als kompetente Verhandlungsführer und Berater für die Reichsbehörden exponieren[40]. In der umstandslosen Mitwirkung an der „Arisierung" auf der einen und der Vermittler- und Beratertätigkeit für die Reichsbehörden auf der anderen Seite sah die Dresdner Bank ein Erfolgsrezept, um die gewünschte Geschäftsausweitung zu erreichen und sich als führendes Institut in der Kreditwirtschaft zunächst Österreichs und des Sudetenlandes, später des Protektorats zu etablieren. Das Kalkül der Dresdner Bank und ihrer Tochtergesellschaften in Wien sowie in der böhmischen Hauptstadt schien lange Zeit aufzugehen. Durch die bei der Böhmischen Escompte-Bank (BEB) rigoros durchgeführte „Entjudung" und durch ihre Mitwirkung bei rüstungspolitisch wichtigen Aufgaben konnte die Dresdner Bank, wie erwähnt, ihre Reputation bei den Reichsbehörden verbessern. Sie profitierte von einer besonderen Wechselwirkung: Die Politik protegierte sie, damit sie sich als Ideengeber, Vermittler und Organisator bei heiklen Geschäften im Reichsinteresse engagierte, die Dresdner Bank suchte die Nähe zur Politik, um an lukrativen Transaktionen mit Reichsbehörden verdienen und damit ihre Konkurrenz ausstechen zu können[41].

Ab 1942 musste die Dresdner Bank jedoch sowohl im Sudetenland als auch im Protektorat die Erfahrung machen, dass sie an Grenzen stieß. Nachdem die Politik in Gestalt der Besatzungsmacht ihre Ziele bei der Umgestaltung und „Germanisierung" der Wirtschaft erreicht hatte, änderte sie gegenüber der Dresdner Bank ihr Verhalten. Im Sudetenland protegierte sie zunehmend die deutsch-nationale Kreditanstalt der Deutschen, im Protektorat verlangte sie – wie von anderen Geldhäusern auch – die Schließung von Filialen im Zuge der „Bankenrationalisierung". Zwar konnten die Dresdner Bank und ihre Prager Affiliation diesen „Angriff" der Politik abwehren und ihre Spitzenstellung in der Kreditwirtschaft des Sudetenlandes und des Protektorats verteidigen, doch wurde ihnen bewusst, dass ihr Erfolgsrezept aus der Expansionsphase nicht zu perpetuieren war. Meyer versuchte, dieser Entwicklung durch weitere Konzessionen gegenüber dem Regime und seinem Terrorapparat zu begegnen. Er setzte sich dafür ein, dass die Böhmische Escompte-Bank der SS Kredite zu günstigen Konditionen vermittelte. Selbst diese bedenklichen und für die BEB kaum rentablen Geschäfte halfen jedoch nicht, der Dresdner Bank und ihrer Prager Affiliation eine exklusive Mitwirkung an den vom Herrschaftsapparat weiterhin initiierten Geschäften zu garantieren[42].

[40] Siehe dazu die detaillierten Ausführungen in den jeweiligen Kapiteln bei *Wixforth*, Expansion der Dresdner Bank.

[41] Dies galt aber auch für das sogenannte „Altreich". Siehe *Bähr*, Dresdner Bank in der Wirtschaft des „Dritten Reichs" 169–217, 477–488.

[42] *Wixforth*, Expansion der Dresdner Bank 351–378.

Das in Böhmen zunächst erfolgreiche Verfahren ließ sich zudem weder in der Slowakei, noch in den dem Reich eingegliederten Teilen Polens oder im Generalgouvernement wiederholen. Der Regierung der Slowakei in Bratislava gelang es, die Expansion reichsdeutscher Institute in ihrem Sinne zu kanalisieren. Hier konnten weder die Dresdner Bank noch andere Institute auf die Rückendeckung des Herrschaftsapparates bauen. Zudem ließen sich keine personellen Netzwerke mit den neuen Machthabern in Bratislava aufbauen, obwohl diese zu einem großen Teil auf Unterstützung aus Berlin angewiesen waren. Wo sich Berlin aus außenpolitischen Erwägungen mit der Rolle einer Schutzmacht begnügte, mithin eine „nationale" Verwaltung die politischen Entscheidungen fällte, stieß der Expansionsdrang der deutschen Institute offenbar an Grenzen. Wo die Wirtschafts- und Rüstungsplaner aus Berlin ihre Interessen mit den nationalen Wirtschaftsinteressen austarieren mussten, ließ sich das in Österreich, dem Sudetenland oder dem Protektorat praktizierte „Modell" nicht wiederholen. Die Allianz zwischen Kehrl und Rasche war für die Expansion der Dresdner Bank in die Slowakei ohne größere Bedeutung ebenso wie Meyers Antichambrieren bei der SS und ihren Hauptämtern[43].

Angesichts sehr geringer Spielräume beim Aufbau unternehmerischer Aktivitäten im besetzten Polen oder gar in den Reichskommissariaten im „Osten" mussten die Kreditinstitute sich hier sogar voll und ganz in den Dienst des Besatzungsregimes stellen, und zwar sowohl bei der Finanzierung reichseigener Unternehmen speziell zur Ausbeutung dieser besetzten Gebiete, als auch bei der Verwertung jüdischer Vermögen. Dies war eine der Bedingungen für eine halbwegs rentable Geschäftstätigkeit[44]. Dieser Befund wird auch dadurch nicht in Frage gestellt, dass in Oberschlesien ein junger und ehrgeiziger Direktor der Deutschen Bank, Walter Pohle, versuchte, sein Institut massiv in die „Neuordnung" des Montanreviers im Sinne der Berliner Rüstungsplaner einzuschalten. Denn auch Pohles Vorpreschen wurde von der Politik abgestoppt. Er musste schließlich die vom Regime gefällten Entscheidungen in der „Neuordnungsfrage" ebenso akzeptieren wie die von ihm stark eingeschränkte Handlungsautonomie der oberschlesischen Filialleiter[45]. Die Kräfteverhältnisse in Oberschlesien verdeutlichen daher einmal mehr, wie sehr die Banken zu reinen Instrumenten des Herrschaftsapparates wurden, wie sehr sie aber auch bereit waren, die eigene Handlungsautonomie aufzugeben, um die einmal geschlossene Allianz mit den Herrschaftsträgern nicht zu gefährden[46]. Dieser Befund gilt, wenn auch unter anderen Voraussetzungen, ebenfalls für die Länder in Westeuropa. An eine Instru-

[43] Ebenda 395–430; *Feldman*, CA und „Drittes Reich" auf Expansionskurs 336–351; *Tönsmeyer*, „Drittes Reich" und die Slowakei 320–332.

[44] *Wixforth*, Expansion der Dresdner Bank 536–537, 577–579. Mit einer etwas anderen Akzentsetzung, *Loose*, Kredite für NS-Verbrechen 84–86.

[45] *Wixforth*, Expansion der Dresdner Bank 456–460; *James*, Deutsche Bank im „Dritten Reich" 143.

[46] *Wixforth*, Expansion der Dresdner Bank 893–898; *Loose*, Kredite für NS-Verbrechen 184–211; *Feldman*, CA und „Drittes Reich" auf Expansionskurs 336–351.

mentalisierung von politischen Instanzen zur Durchsetzung eigener Interessen konnten die Kreditinstitute auch hier nicht denken[47].

Daher bleibt nochmals festzuhalten, dass sich die Banken in den besetzten Gebieten zu Instrumenten der Besatzungspolitik machen ließen, um die Chancen auf eine Geschäftsausweitung durch das bewusste Anbiedern bei den Herrschenden zu steigern. Dabei nahmen sie in Kauf, einen Teil ihrer Handlungsautonomie abzutreten, damit die Basis für das eigene operative Geschäft nicht gefährdet würde. Zu betonen ist, dass dieser Prozess auf Seiten der Banken durchaus kalkuliert war und keineswegs auf unreflektierten Entscheidungen beruhte. Die Gestaltungsmacht der Politik und ihrer Instanzen konnten sie dagegen in keiner Weise beeinflussen[48].

V. Mitwisser und Mittäter? – Die Bankiers in den abhängigen und besetzten Gebieten

Mit der Expansion der reichsdeutschen Banken in die besetzten Gebiete schlug die Stunde der risikoorientierten sowie karriere- und machtbewussten Bankiers, die im Schatten der NS-Besatzungspolitik gezielt vermutete Chancen für ihr Institut, aber auch für ihr eigenes Fortkommen nutzen wollten. Althergebrachte Facetten des Bankierskodex, traditionelle soziale Interaktionsmuster und Umgangsformen schienen gerade in den abhängigen, besetzten und annektierten Gebieten Mittel- und Osteuropas nur wenig gefragt zu sein. Auch die im Reichsgebiet lange Zeit gültigen Methoden, sich als „Netzwerkspezialist" im Beziehungsgeflecht zwischen Wirtschaft und Politik zu positionieren[49], verloren in den besetzten Gebieten an Bedeutung. Das rief zum Teil Irritationen zwischen den Zentralen der Banken und ihren Affiliationen sowie Filialen hervor. Zudem entstanden Konflikte zwischen jüngeren und opportunistischen Bankdirektoren und ihren älteren Kollegen, die sich noch an traditionellen Verhaltensmustern orientierten und diese keineswegs vorschnell über Bord werfen wollten, zumal sie die Möglichkeiten

[47] *Bähr*, Wettlauf um Belgien 665–681; *ders.*, Die Aktivitäten der Dresdner Bank in Frankreich, in: *Wixforth*, Die Expansion der Dresdner Bank 868–870; *Sattler*, Handelstrust West 682–791; *Kreutzmüller*, Händler und Handlungsgehilfen 309–316; *James*, Deutsche Bank im „Dritten Reich" 159–160.

[48] *Wixforth*, Expansion der Dresdner Bank 895–898. Ähnlich argumentiert *James*, Deutsche Bank im „Dritten Reich" 222–223. Erneut mit einer leichten Akzentverschiebung *Loose*, Kredite für NS-Verbrechen 145–180, der den Banken eine größere Handlungsautonomie zubilligt.

[49] Außer den bereits erwähnten Karl Rasche und Emil Meyer von der Dresdner Bank waren dies zum Beispiel Oswald Rösler und Emil Georg von Stauß von der Deutschen Bank oder Otto Christian Fischer und Alfred Olscher von der Reichs-Kredit-Gesellschaft. Siehe dazu: *Christopher Kopper*, Bankiers unterm Hakenkreuz (München 2005) 135–149, 207–219; *Harald Wixforth*, Emil Georg von Stauß, in: *Hans Pohl* (Hrsg.), Deutsche Bankiers des 20. Jahrhunderts (Stuttgart 2007) 403–419.

einer langfristig erfolgreichen Geschäftsausweitung in den neuen deutschen Herrschaftsraum hinein skeptisch beurteilten[50].

Nicht zu bestreiten ist jedoch, dass junge und karrierebewusste Bankiers die Geschäftstätigkeit ihrer Institute in den besetzten Gebieten prägten, auch wenn sie bei einigen großen Transaktionen vom Plazet der jeweiligen Berliner Zentrale abhängig waren. Vor allem versuchten sie ihre Banken in das „Arisierungsgeschäft" einzuschalten und an der „Verwertung" ausländischer und jüdischer Vermögen partizipieren zu lassen. Sie drängten zudem auf hohe Quoten in Konsortien für die Rüstungsfinanzierung, sie waren für die Intensität der personellen Beziehungen zum Herrschaftsapparat vor Ort verantwortlich[51].

Zum Typus dieser oft auch skrupellosen Bankiers in den besetzten Gebieten Mittel- und Osteuropas sind Reinhold Freiherr von Lüdinghausen in seiner Funktion als Leiter der sudetenländischen Gebietsdirektion der Dresdner Bank bzw. als Vorstandsmitglied der BEB ebenso zu zählen wie Kurt Klose und Max Stein aus dem Vorstand der Ostbank sowie Adolf Glathe und Rudolf Kawohl aus der Direktion der Kommerzialbank. Letztere beiden Institute waren die Affiliationen der Dresdner Bank im Warthegau bzw. im Generalgouvernement. Walter Pohle aus dem Vorstand der Böhmischen Union-Bank, der Tochtergesellschaft der Deutschen Bank im Protektorat, gehört ebenso in diese Kategorie wie Richard Gdynia von der Filiale der Deutschen Bank in Kattowitz oder Walter Tron und sein Mitarbeiter Rudolf Stuby von der Krakauer Filiale der Creditanstalt. Sie alle erhielten durch die Expansion ihrer Institute verantwortungsvolle Posten, sie alle hatten kaum Bedenken, eng mit den Organen des Herrschaftsapparats zusammen zu arbeiten, sie alle hofften, dadurch die Grundlage für einen weiteren Karrieresprung bei ihren jeweiligen Instituten zu schaffen[52].

Dieser Befund gilt im Wesentlichen auch für die vielen jungen Bankangestellten, die in die neuen Affiliationen und Filialen entsandt wurden. Die meisten von ihnen waren davon überzeugt, dass die von ihren Instituten praktizierte Geschäftspolitik richtig sei. Sie waren Gefangene der NS-Propaganda, wonach die „germanisierten Ostgebiete" schon bald zu wirtschaftlich gut entwickelten und lebenswerten „Siedlungsräumen" mutieren würden. Einige dieser Mitarbeiter sahen sich bereits als Leiter von florierenden Niederlassungen und Depositenkassen

[50] *James*, Deutsche Bank im „Dritten Reich" 42-86, aber auch *Thomas Weihe*, Die Personalpolitik der Filialgroßbanken. 1919-1945. Interventionen, Anpassung, Ausweichstrategien (Stuttgart 2006) 209-228; *ders.*, Die Verdrängung jüdischer Mitarbeiter und der Wettbewerb um Kunden im Nationalsozialismus, in: *ders.*, *Ludolf Herbst* (Hrsg.), Die Commerzbank und die Juden 1933-1945 (München 2004) 40-45; *Ludolf Herbst*, Banker in einem prekären Geschäft, in: ebenda 74-82.

[51] *Feldman*, CA und „Drittes Reich" auf Expansionskurs 372-425; *Loose*, Kredite für NS-Verbrechen 84-211; sowie die einzelnen Kapitel in: *Wixforth*, Expansion der Dresdner Bank.

[52] Siehe dazu die jeweiligen Kapitel in ebenda, sowie *Feldman*, CA und „Drittes Reich" auf Expansionskurs 376-416; *James*, Deutsches Bank im „Dritten Reich" 122-148.

im „germanisierten Osten“[53]. Umso größer war die Enttäuschung, als sich die hochgesteckten Umsiedlungs- und „Germanisierungspläne“ nicht so schnell realisieren ließen, wie von Hitler und seinen Satrapen verkündet. Bei einem Teil der Mitarbeiter wuchs vor allem nach 1941 die Überzeugung, dass ein Karrieresprung infolge ihrer Tätigkeit etwa in den „eingegliederten Ostgebieten“ nicht eintreten würde. Im Gegenteil: Sie fühlten sich abgeschoben und verlangten, eine Stelle entweder im „Altreich“ oder in industriell weiter entwickelten besetzten Gebieten zu bekommen. Diese Forderungen wurden von der Leitung der jeweiligen Affiliation bzw. von den Berliner und Wiener Zentralen stets abgelehnt, da es während des Krieges immer schwieriger wurde, qualifiziertes Personal für eine Tätigkeit im „Osten“ zu bekommen[54].

Ein anderer Teil der Bankenbelegschaft reagierte auf diese Konstellation, indem er letzte Skrupel vor den Folgen der NS-Besatzungspolitik beiseite schob. So fragte zum Beispiel weder bei der Kommerzialbank noch bei der CA-Filiale in Krakau jemand danach, woher die Gelder auf Konten stammten, welche die SS bei beiden Instituten eingerichtet hatte. Niemand schien sich daran zu stören, dass der größte Teil dieser Guthaben seinen Ursprung in der Konfiskation und „Weiterverwertung“ von Bargeld und Devisenbeständen der Juden hatte, die im Rahmen der „Aktion Reinhardt“ zwischen Frühjahr 1942 und Herbst 1943 in die Vernichtungslager deportiert worden waren[55]. Auch wusste man in den oberschlesischen Filialen der Dresdner Bank und der Commerzbank sowie in der Leitung der Kommerzialbank über die einzelnen Maßnahmen beim Bau des Konzentrations- und Vernichtungslagers in Auschwitz und über die im I.G.-Farben Werk in Auschwitz-Monowitz herrschenden Arbeitsbedingungen Bescheid. Geschäftskontakte zur Lagerleitung in Auschwitz hielt man hier und bei der Creditanstalt in Krakau dennoch für „normal“[56]. Zumindest die Zentrale der Dresdner Bank in Berlin sowie ihre Tochtergesellschaft in Krakau befürworteten sogar eine Intensivierung dieser Beziehungen bzw. der Geschäftsverbindungen mit dem I.G. Far-

[53] So schrieb zum Beispiel ein Mitarbeiter der Ostbank-Filiale Kutno an den Aufsichtsratsvorsitzenden der Dresdner Bank Carl Goetz im Juni 1941:„Die Ostgebiete an sich werden sicherlich, wirtschaftlich gesehen, eine große Zukunft haben.“ Historisches Archiv der Dresdner Bank AG (HADrB), Bestand 137, Personalbüro, Akte 50339-2001.BE, Brief eines Mitarbeiters der Filiale Kutno an Carl Goetz vom 6. Juni 1941.

[54] Siehe zum Beispiel HADrB, Bestand 137, Personalbüro, Akte 50339-2001.BE, Briefe der Direktion der Ostbank an das Personalbüro der Dresdner Bank vom 11. Januar u. 25. März 1941.

[55] *Wixforth*, Expansion der Dresdner Bank 573–574; *Feldman*, CA und „Drittes Reich“ auf Expansionskurs 409–410; *Ingo Loose*, Die Beteiligung deutscher Kreditinstitute an der Vernichtung der ökonomischen Existenz der Juden in Polen, in: *Ludolf Herbst*, *Thomas Weihe* (Hrsg.), Die Commerzbank und die Juden 1933–1945 (München 2004) 268; *James*, Deutsche Bank und „Arisierung“ 194.

[56] *Feldman*, CA und „Drittes Reich“ auf Expansionskurs 395–397; *Ingo Loose*, Die Commerzbank und das Konzentrations- und Vernichtungslager Auschwitz-Birkenau, in: *Ludolf Herbst*, *Thomas Weihe* (Hrsg.), Die Commerzbank und die Juden 1933–1945 (München 2004) 283–304; *Wixforth*, Expansion der Dresdner Bank 615–616.

ben-Werk[57]. Bedenken gegen diese verwerflichen Geschäfte wurden nur selten geäußert, und wenn doch, dann nur, um auf deren Gefährlichkeit aufmerksam zu machen[58].

Durch ihre Akzeptanz dieser Form der Besatzungspolitik beteiligten sich die Banken in den besetzten Gebieten Mittel- und Osteuropas an der Bereitung des Nährbodens für die Verbrechen des NS-Regimes. Bankiers wurden dabei zu Mitwissern, in einigen Fällen wie bei der Einräumung von umfangreichen Krediten an die SS bzw. der Finanzierung von monströsen Rüstungsvorhaben im Generalgouvernement oder im Reichskommissariat Ukraine zu Mittätern. Die anfangs noch zu beobachtende Indifferenz gegenüber den verbrecherischen Folgen der Herrschaftspraxis mutierte, je länger der Krieg dauerte und je weniger sich die ursprünglichen wirtschafts- und volkstumspolitischen Ziele realisieren ließen, vielfach zu wachsender Zustimmung. Nennenswerte Opposition gegen die zunehmende Verstrickung der Banken ist kaum aktenkundig. Wenn Einwände gegen heikle und moralisch verwerfliche Geschäfte mit dem Regime und seinen Organen geäußert wurden, wie etwa von dem in der Dresdner Bank-Zentrale für Oberschlesien zuständigen Vorstandsmitglied Gustav Overbeck, dann meistens aufgrund von bankkaufmännischen Gesichtspunkten, weniger wegen moralischer Skrupel[59].

Diese „Verwilderung" der Standards in der Geschäftstätigkeit der Banken war jedoch ein Spezifikum vor allem der besetzten Gebiete in Mittel- und Osteuropa. In den abhängigen und annektierten Gebieten Westeuropas trat sie in weitaus geringerem Umfang hervor. Die besatzungspolitischen Direktiven und eine dadurch bedingte andere Schwerpunktsetzung im operativen Geschäft machte ein solches Maß an Regimenähe wie im „Osten" nicht erforderlich. Sie ließen den Bankdirektoren zudem die Fiktion, es handle sich in Holland, Belgien oder in Frankreich um eine vergleichsweise „normale" Geschäftstätigkeit ihrer Institute. Eine Mitwirkung der Banken an „Arisierungsgeschäften" und eine direkte Beteiligung an der Rüstungsfinanzierung war auch hier gegeben. Enge personelle Beziehungen zu Entscheidungsträgern des Regimes bildeten auch hier die Basis für eine erfolgreiche Geschäftstätigkeit. Jedoch war eine bis an die Mittäterschaft heranreichende Verstrickung in die Politik des Herrschaftsapparats in den neuen Affiliationen und Partnerinstituten der reichsdeutschen Banken in Amsterdam, Brüssel oder

[57] Archiwum Panstwowe w Wrocławiu, Bestand Dresdner Bank-Filiale Breslau, Akte 203, Aktennotiz Adolf Glathes vom 4. Februar 1941 über eine Besprechung am 31. Januar u. 1. Februar 1941 mit Prof. Dr. Meyer u. Dr. Anspach.

[58] So schrieb zum Beispiel ein namentlich nicht zu identifizierender Mitarbeiter der Dresdner Bank-Filiale Kattowitz an einen Bekannten: „Auschwitz ist wirklich nicht sehr schön. Wir müssen da verdammt aufpassen." Archiwum Panstwowe w Katowicach (APK), Bestand 320/0, Dresdner Bank-Filiale Kattowitz, Akte 122, Brief an einen Herrn Kurt Goy vom 10. Mai 1940. Vgl. auch den intensiven Schriftverkehr der Dresdner Bank-Filiale in Kattowitz mit der Berliner Zentrale in APK, Bestand 320/0, Akten 145, 145a u. 145b über die Geschäftstätigkeit der oberschlesischen Dresdner Bank-Filialen.

[59] *Wixforth*, Banken, Expansion, Kommunikation 69–75.

Paris viel weniger die Voraussetzung für ein rentables Geschäft als etwa in den besetzten Ostgebieten. Das war jedoch, wie erwähnt, nicht das Verdienst der von den reichsdeutschen Instituten in den „Westen“ entsandten Bankiers, die auch hier auf eine schnelle und glanzvolle Karriere hofften, sondern vor allem eine Folge der im Vergleich zum „Osten“ anders gelagerten Zielsetzung in der Besatzungspolitik[60].

VI. Das Problem der öffentlichen Wahrnehmung

Banken stehen seit jeher im Fokus der kritischen Öffentlichkeit. Die „Macht des Geldes“ hat immer zu Verdächtigungen und Spekulationen über einen Machtmissbrauch und eine allzu rigide Durchsetzung von Interessen geführt[61]. Dies bestätigte sich auch Ende der 1990er Jahre angesichts neuer Vorwürfe gegen die Finanzwirtschaft in den gegen sie erhobenen Sammelklagen. In der Tat gab es auf den ersten Blick genügend Beweise, um die Verdachtsmomente gegen die Banken zu erhärten, etwa deren intensive Mitwirkung an der Rüstungsfinanzierung, ihre Hilfestellung bei der finanziellen Ausplünderung der Juden und von Regimefeinden, ihre Mitwisserschaft bei Repressionen gegen die Zivilbevölkerung. Alte bankenfeindliche Stereotype besaßen anscheinend doch einen großen Wahrheitsgehalt[62].

Die öffentliche Diskussion übersah dabei jedoch zweierlei: Die gegen die Banken erhobenen Vorwürfe fußten auf fragilem empirischen Befund. Die eigentliche Gewichtsverteilung und die Funktionszuschreibungen der Akteure bei der Formulierung und Durchsetzung der Besatzungspolitik waren noch weitgehend unbekannt. Dennoch wurden die Banken zu einer allgemeinen, von der kritischen Öffentlichkeit gern genutzten Projektionsfläche für seit langem gehegte Vermutungen einer generellen Mittäterschaft der „Wirtschaft“ bei den Verbrechen des NS-Regimes[63]. In Fortführung der seit den 1970er und 1980er Jahren artikulierten Bankenkritik wurde die Kreditwirtschaft zum Sammelpunkt aller gegen die NS-Wirtschaft gerichteten Angriffe, ohne dass die Rolle anderer Akteure in der Wirtschaft der abhängigen und besetzten Gebiete, etwa der großen Rüstungskonzerne,

[60] *Sattler*, Handelstrust West 722–751; *Kreutzmüller*, Händler und Handlungsgehilfen 309–316; *James*, Deutsche Bank im „Dritten Reich“ 159–60; *Bähr*, Wettlauf um Belgien 665–680.

[61] Eine Zusammenfassung dieser Debatte in: *Volker Wellhöner*, *Harald Wixforth*, Finance and Industry, in: *Sheilagh Ogilvie*, *Richard Overy* (Hrsg.), Germany – A New Social and Economic History, Vol. 3 (London 2003) 151–192.

[62] Siehe exemplarisch *Hepp*, Deutsche Bank, Dresdner Bank 110–115. Eine Auseinandersetzung mit den Vorwürfen gegen die Banken und gegen die Historiker, die deren Rolle im Nationalsozialismus aufarbeiten, findet sich bei *Gerald D. Feldman*, Unternehmensgeschichte im „Dritten Reich“ und die Verantwortung der Historiker, in: *Norbert Frei*, *Dirk van Laak*, *Michael Stolleis* (Hrsg.), Geschichte vor Gericht. Historiker, Richter und die Suche nach Gerechtigkeit (München 2000) 103–128.

[63] *Harold James*, Die Rolle der Banken im Nationalsozialismus, in: *Lothar Gall*, *Manfred Pohl* (Hrsg.), Unternehmen im Nationalsozialismus (Frankfurt 1998) 34–37.

der Energie- und Versorgungsunternehmen, vor allem aber von staatlichen Unternehmen, ausreichend bekannt gewesen wäre[64]. Zudem konzentrierte sich die öffentliche Kritik auf die drei bestehenden deutschen Großbanken, während sie die wichtige Rolle der – teilweise nicht mehr existierenden – öffentlichen Institute als Instrumente der Besatzungspolitik ebenso übersah wie die der Sparkassen.

Was die Rolle der Banken anbelangt, so sind seit dem Ende der 1990er Jahre erhebliche Forschungsanstrengungen unternommen worden. Über die Funktionsweise und die Interessenlage des NS-Herrschaftsapparates in den annektierten, besetzten und abhängigen Gebieten wissen wir jedoch immer noch vergleichsweise wenig. Gleiches gilt für die industriellen Konzerne, die unmittelbar von der Expansion des NS-Regimes profitierten, nämlich die Unternehmen der Rüstungswirtschaft, vor allem der Vereinigten Stahlwerke und der Reichswerke Hermann Göring, aber auch für die chemische Industrie, da eine Studie über die Expansion der I.G. Farben unter Einschluss von in Polen und Russland befindlichen Quellen noch aussteht[65]. Eine generalisierende Funktionsbestimmung der Banken im Kontext der Besatzungspolitik ist daher noch immer schwierig und nur unter Vorbehalt zu treffen.

VII. Fazit

Die oben skizzierten Linien haben die komplexe Problematik im Verhältnis von Bankenwelt und Politik in den vom NS-Regime abhängigen, besetzten und annektierten Gebieten aufgezeigt. In vielen Fällen benutzten die Banken subtile und nach außen unspektakuläre Methoden, um die von ihnen und der Berliner Ministerialbürokratie angestrebten Ziele zu erreichen. Ihr Arsenal umfasste Expertisen, die im Gegensatz zu denen ihrer ausländischen Verhandlungspartner standen, Indiskretionen, die Weitergabe vertraulicher Informationen und Daten, Verzögerungen wichtiger Geldtransfers, aber auch Einschüchterung und Erpressung. Diese Instrumente setzten sie je nach Stand der Verhandlungen ein. Im Ergebnis wurde der Handlungsspielraum der anderen Seite derart eingeengt, dass ihr oft keine andere Wahl blieb, als in das von den „Berliner Stellen" verlangte Ergebnis einzuwilligen. Die Anwendung massiven Drucks wie etwa von Verhaftungen oder direkten Vermögenskonfiskationen gehörte zum Instrumentarium von Institutionen des Herrschaftsapparats, doch erwies sich das Arsenal der Banken vielfach als

[64] Hier wären vor allem die Tochtergesellschaften der Reichswerke Herman Göring, aber auch die im „Osten" tätigen Monopolgesellschaften wie etwa die Ostfaser GmbH zu nennen.

[65] Vgl. jedoch die vorzügliche Studie von *Kim Christian Priemel*, Flick. Der Aufstieg eines Industriekonzerns (Göttingen 2007), sowie *Werner Abelshauser*, Die Rüstungsschmiede der Nation? Der Krupp-Konzern im „Dritten Reich" und in der Nachkriegszeit 1933–1953, in: *Lothar Gall* (Hrsg.), Krupp im 20. Jahrhundert (Berlin 2002) 267–466; *Jost Dülffer*, Der Otto Wolff-Konzern 1929–1945, in: *Peter Danylow*, *Ulrich S. Soénius* (Hrsg.), Otto Wolff. Ein Unternehmer zwischen Wirtschaft und Politik (München 2005) 159–245; *Lutz Budraß*, Flugzeugindustrie und Luftrüstung in Deutschland 1918–1945 (Bonn 1998).

gleichermaßen wirkungsvoll. Beide Instrumentarien ergänzten einander, die Institutionen des Herrschaftsapparats und die Banken wurden gerade bei spektakulären Transaktionen – überspitzt formuliert – zu „partners in crime". In diesem Sinne waren die reichsdeutschen Institute sicherlich Instrumente bei der Durchsetzung der Besatzungspolitik im vom NS-Regime annektierten Europa.

In keinem der besetzten oder abhängigen Gebieten gelang es den Banken jedoch, direkt Einfluss auf die „Neuordnung" von Wirtschaft und Gesellschaft zu nehmen. Der Primat der Politik wurde auch in dem Feld nicht angetastet, das die ureigensten Interessen der Banken berührte, nämlich der „Neuordnung" der Kreditwirtschaft. Zwar konnten Berliner und Wiener Institute sowie einige reichsdeutsche Regionalbanken im Schatten der Expansion des NS-Regimes ihren eigenen Geschäftsbereich deutlich ausweiten und damit Wachstumsschranken im „Altreich" umgehen, doch geschah dies immer nach den Vorgaben der Politik.

Die neueren Forschungsergebnisse zeigen allerdings, wie schnell und wie weitgehend die Banken durch einen personalpolitischen Kotau vor dem Regime – Entjudung der in den besetzten Gebieten übernommenen Institute – sowie durch den Ausbau von Geschäftsfeldern wie der Rüstungsfinanzierung bereit waren, sich in den Dienst des Regimes zu stellen. Dies geschah weniger aus ideologischer Überzeugung, sondern eher aus wirtschaftlichem Pragmatismus heraus. Wer sein operatives Geschäft ausbauen wollte, musste enge Allianzen mit offiziellen Funktionsträgern eingehen. Nur dann ließen sich die Geschäfte akquirieren, die für die Banken lukrativ waren. Andere Geschäftsbereiche, wie etwa die „Arisierung", waren weniger einträglich, im Sinne einer Bildung von stabilen Verbindungen mit dem Herrschaftsapparat aber dennoch von großer Bedeutung. Dieses Verhaltensmuster galt im Wesentlichen für alle privaten Großbanken, aber auch für die von diesen als Konkurrenz immer mehr wahrgenommenen staatlichen Institute. Daher waren die Dresdner Bank und die Deutsche Bank, aber auch die Bank der Deutschen Arbeit bereit, eine fortschreitende Verwilderung der Sitten und Geschäftsstandards bei ihren Führungskräften zu akzeptieren. Trotz aller Einschränkungen ist zu konstatieren, dass das NS-Regime die angestrebte wirtschaftliche Hegemonie über Europa ohne Mitwirkung der Banken nicht so leicht hätte realisieren können. Die eigentlichen Entscheidungsträger bei der Ausbeutung der abhängigen und besetzten Gebiete saßen dennoch nicht in den Bankzentralen, sondern in den Berliner Ministerien und NS-Dienststellen sowie in den Verwaltungsinstitutionen vor Ort[66].

Summary

After spring 1938 German banks attempted to benefit from the Nazi regime's expansion within Europe. Starting off in Austria, then in Czechoslovakia, after the outbreak of World War II the banks tried to enlarge their operational basis in al-

[66] So auch *James*, Deutsche Bank im „Dritten Reich" 222–223; *Henke*, Dresdner Bank 11–25.

most all annexed and occupied European countries. Whereas most of them could not widen their business base in the *Altreich*, they were successful in establishing new branches, and acquiring new clients and new business in countries under German control. This resulted in a remarkable expansion of business, especially for banks such as the Dresdner Bank and the Deutsche Bank, whereas the Commerzbank was unable to realize all of its ambitions in the annexed and occupied territories. Banks became involved in the confiscation of assets, especially Jewish assets, in arrests and in deportations at the end of the Holocaust. Despite being aware of the occupying regime's brutal methods the banks had no qualms in strengthening their connections and alliances with representatives of the regime. As a result, both sides benefited. The banks were able to substantially expand their business, whereas the regime was able to embark on its dramatic confiscation of assets, the aryanization of Jewish enterprises, houses, paintings and other forms of assets - with the banks' assistance. In this sense, banks became the instruments of German hegemony in occupied Europe. However, they were unable to influence economic policy in the respective territories, nor even articulate and realize economic aims and targets on their own. Hence, they remained dependant on the regime's ambitions and aims – mere instruments, but nevertheless extremely helpful in realizing and establishing German hegemony in Europe.

IV. Die Rolle neutraler Länder im deutschen Einflussbereich

Harold James

Switzerland and Sweden in the Second World War

Over the past fifteen years, there has been an astonishing amount of interest in and research about the neutrals in the Second World War, and the degree of their involvement in the expropriation of Europe's Jewish population and thus directly or indirectly in the Holocaust. Oddly, since much of the discussion has been about economic and business relations, the results of this research have been taken up much more by general historians than by economic historians attempting to explain the rise and fall of Nazi power. General historians such as Mark Mazower or Tony Judt are fully aware of the issue, admittedly sometimes in a rather exaggerated manner. Mazower describes how: "Seventy-two trainloads from the teeth of Auschwitz victims were sent to Berlin… most of this went into German houses or Swiss bank vaults."[1] In fact, the amount of victim gold that went to the Swiss National Bank far from requiring seventy-two trains weighed just 120 kg, and much larger amounts were sold by German commercial banks in Turkey. Judt tells how "Most of the European neutrals were intimately engaged, albeit indirectly, in the Nazi war effort." He then describes how Germany's manganese supply came from Spain (in fact it came from the Soviet Union), and tungsten from Portuguese colonies before concluding that "Forty percent of Germany's wartime requirements in iron ore were met by Sweden (delivered to German ports in Swedish ships). And all this was paid in gold, much of it stolen from Germany's victims and channeled through Switzerland"[2]. In fact, Swedish iron ore amounted to 41.3 percent of German consumption in 1940, but for the whole period 1940–44 only 29.4 percent. It was paid for, less spectacularly but just as barbarously, by German coal supplies, largely extracted from German and Polish mines by foreign forced labor. Swiss purchases of gold amounted to 0.66 percent of Germany's military requirements during the war[3].

By contrast, more economically minded historians devote little attention to the issue. Niall Ferguson's massive *War of the World* has no reference to Switzerland in the Second World War except a brief reporting of the prices of German bonds

[1] *Mark Mazower*, Dark continent. Europe's twentieth century (New York 2000) 176.
[2] *Tony Judt*, Postwar. A history of Europe since 1945 (New York 2005) 83.
[3] German war expenditure from *Mark Harrison*, Resource Mobilization for World War II: The U.S.A., U.K., U.S.S.R., and Germany, 1938–1945, in: Economic History Review 41 (1988) 171–192.

traded on the Swiss market[4]. The neutrals occupy almost no place in by far the most comprehensive attempt to provide an overall history from an economic perspective of the Nazi empire, that of Adam Tooze, who in the course of a text of 676 pages spends just half a paragraph on Switzerland, where he cites Peter Hug's conclusion that "Switzerland's high-precision machine tools and 20 millimetre anti-aircraft guns were reserved for Germany"[5]. They play little part in the classical literature, in works such as those by Willi Boelcke, Alan Milward, or Richard Overy. Overy's *War and Economy* has no index entry for Switzerland, and deals with Sweden only by quoting Göring in 1937 on German dependence on Swedish iron ore. Milward gives the most nuanced conclusion on the issue: "Neutral trade survived because it was in the interests of both camps, and in surviving it thwarted effective economic warfare against Germany."[6] Is it possible to find a middle path between the somewhat exaggerated claims of the general historians, and the lack of attention given by economic historians?

* * *

The issue of the neutrals actually directly raises a question that should be central to our interpretation of Nazi economic mobilization for war: the extent to which autarky was a conscious plan for war that was systematically implemented after 1936 with Hermann Göring's Four Year Plan (FYP), or whether autarky was intended as a fall back position, should other options fail (so that the new plans for a steel industry based on German low grade reserves were intended as a kind of strategic reserve rather than a central element of the war economy). This was an issue that has been at the center of discussions since the publication of Dietmar Petzina's study of *Autarkiepolitik im Dritten Reich* in 1968[7]. In all the debates about mobilization for war, the lessons and legacy of the First World War play a crucial part, in that in that conflict too there were extensive attempts at economic blockade, that were in part successfully circumvented by both sides through the use of the neutrals. Since, however, the main advantage in blockades falls to the powers that control sea trade routes, the major gains from circumventing blockades are correspondingly reaped by the land powers: in other words by Germany and its allies.

Sweden and Switzerland are – by the simple accident of geography – the neutral countries that played by far the most important part in Nazi economic mobilization in the Second World War. They were small and relatively open economies

[4] *Niall Ferguson*, The war of the world: history's age of hatred (London 2006) 522.

[5] *Adam Tooze*, The wages of destruction: the making and breaking of the Nazi economy (London 2006) 383.

[6] *Willi A. Boelcke*, Die deutsche Wirtschaft 1930–1945 (Düsseldorf 1983); *Richard J. Overy*, War and Economy in the Third Reich (Oxford 1994); *Alan S. Milward*, War, Economy and Society 1939–1945 (Harmondsworth 1977).

[7] *Dietmar Petzina*, Autarkiepolitik im Dritten Reich. Der nationalsozialistische Vierjahresplan (Stuttgart 1968).

that were badly hit by the world depression. From the early 1930s, their trade with Germany was administratively regulated, with a settlement through clearing agreements which were usually renegotiated annually. In the course of the 1930s, and even more during the War both countries substantially reoriented their trade to Germany; and both were dependent on that trade for basic supplies of food and energy. Both ran a deficit in their bilateral trade with Germany. Both countries had a machine tools industry that supplied some vital parts (ball bearings) for the German war economy, for which Germany could not easily or costlessly provide domestic substitutes. Both countries were substantial producers of timber, which they supplied for the construction of huts for the German military and the SS (including in the Swiss case barracks at Auschwitz). Sweden exported substantial amounts of iron ore to Germany; and Switzerland provided financial services, and in particular bought gold (much of it looted) from the German Reichsbank. During, immediately after the War, and also after the historical research of the 1990s, the verdict of the Allies and of historical inquiry has been harsher on Switzerland than on Sweden, even though Swiss breaches of neutrality were less egregious than those of Sweden, which permitted the passage of German troops to the Finnish front.

The role of Switzerland and Sweden in the Second World War has analogies with the story of those countries (and also of the Netherlands) in the First World War, though in that case the different geography of the conflict meant that the neutrals were positioned more genuinely between the fronts. Gerald Feldman briefly described how in the former conflict, "tons of German steel reached France and Italy through Switzerland"[8]. Indeed some of the experiences of the previous conflict shaped behavior during the Second World War, and in particular helped sustain the (legally correct) standpoint that neutrality does not prevent trade, even in goods with a direct military use.

The trade was also subject to intense political pressures, which were applied most intensively by the side that was winning the war, i.e. the Axis until early 1943, and after this the Allies. For a substantial phase at the beginning of the Second World War, and in the Swiss case until the total occupation of France in 1942, a limited amount of trade in strategic goods was also possible with the western powers. Indeed the contribution of Swiss made instruments (in particular altimeters) was strategically vital for the British aircraft industry at the time of the Battle of Britain. This trade too was negotiated: the Swiss and the Swedish governments were able to argue that if they stopped trading with the Allies, they would risk retaliation and the destruction of those facilities that were important to the German war economy. Similarly, the trade with Germany was also intensely discussed with the Allies. British negotiations with Sweden in 1939 set a ceiling for Swedish iron ore exports to Germany of 10 m. tons (including exports to occupied Poland and Bohemia-Moravia), and this sum was duly specified in the December 1939 trade agreement between Germany and Sweden.

[8] *Gerald D. Feldman*, Army Industry and Labor 1914–1918 (Princeton, N.J. 1966) 157.

In the mid-1930s, the debate about Swedish ore and German dependence had been a central part of the discussions of the FYP. Hitler's FYP memorandum distinguished between a "endgültige Lösung" to the raw materials problem, and "vorübergehende Entlastung" which could only be found in the framework of the existing economy[9]. Göring in 1937 defended his plan on the basis of the assertion that "we are dependent on foreign countries for our iron ore supply: the Swedish example shows that, if there should occur a general strike for three months, it would have a disastrous effect on our iron industry"[10]. In fact, it seems plausible to argue that what the FYP aimed at doing was directed at an increase in capacity rather than output, in that in early 1939 11 percent of German capacity was unused, and German steel specialists were complaining about the need to store the expensively gained domestic ores[11]. This supports the notion of the extension of capacity as fundamentally directed at the creation of a strategic reserve in case of war. There was also a modest Swiss contribution, in that German weapons exports to Switzerland before September 1939 were paid through a compensation agreement by deliveries of Swiss iron ore. Neither of these transactions was militarily vital, but it was promoted by the Auswärtiges Amt as a good way of increasing sympathy for German among the Swiss military[12].

The critical contribution to increased capacity, which both Göring and Hitler were already talking about in 1937, was the extension of Germany to include Austria; the Czech territories provided vital extra iron ore resources (as well as partially solving the problem of manganese supply). Milward calculated that Swedish iron ore supplies accounted for 59 percent of the German iron used in the war against Poland, but only 25 percent in the war against France, and dismissed the argument of R. Karlbom that "If the mines of Lapland had ceased working, the blast furnaces of the Ruhr would have shut down too"[13]. After the outbreak of the world war, Swedish supplies were used, but Germany always had alternatives, and after the summer of 1941 German planners began to reckon with the possibility that the Swedish supply might be completely cut.

Swedish imports were a diminishingly important part of the war economy, and from 1943 they fell off radically.

The more limiting bottlenecks for the German war economy were in the metal ores required for the production of weapons grade and specialty steel, and this is

[9] Text in *Wilhelm Treue*, Hitlers Denkschrift zum Vierjahresplan, in: Vierteljahrshefte für Zeitgeschichte (1955) 206–210.

[10] Quoted in *Richard J. Overy*, War and Economy in the Third Reich (Oxford 1994) 98–9.

[11] *Jörg-Johannes Jäger*, Die wirtschaftliche Abhängigkeit des Dritten Reiches vom Ausland: Dargestellt am Beispiel der Stahlindustrie (Berlin 1969) 68–9.

[12] *Peter Hug*, Schweizer Rüstungsindustrie und Kriegsmaterialhandel zur Zeit des Nationalsozialismus: Unternehmensstrategien, Marktentwicklung, politische Überwachung (Veröffentlichung der Unabhängigen Expertenkommission Schweiz – Zweiter Weltkrieg 11, Zürich 2002) 504.

[13] *Alan S. Milward*, Could Sweden have stopped the Second World War, in: Scandinavian Economic History Review 15 (1967) 127–138.

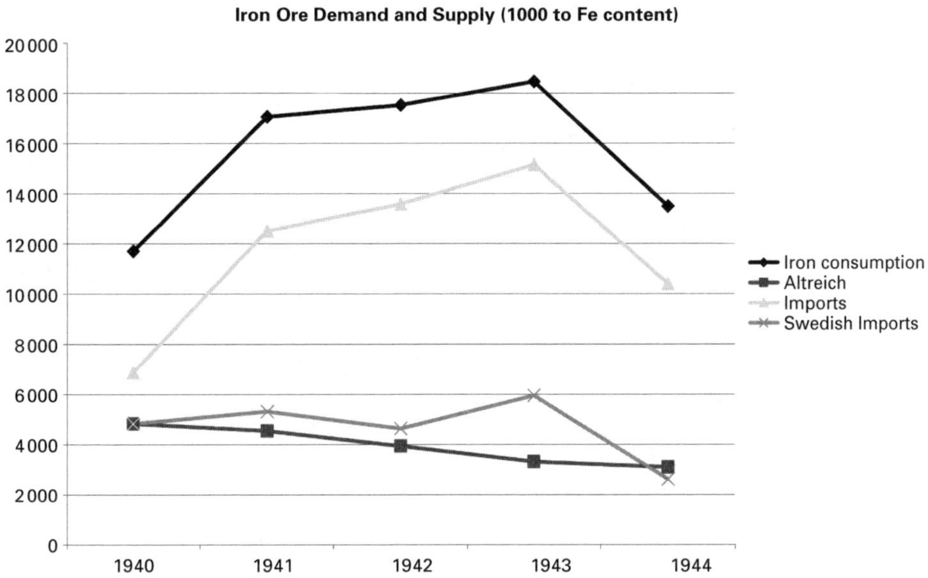

the area where the discussion of Germany's gold reserves as a potentially vital payment device focused. Already in 1937, the leading German economic policy journal, *Der deutsche Volkswirt*, carried an article stating that the need to import

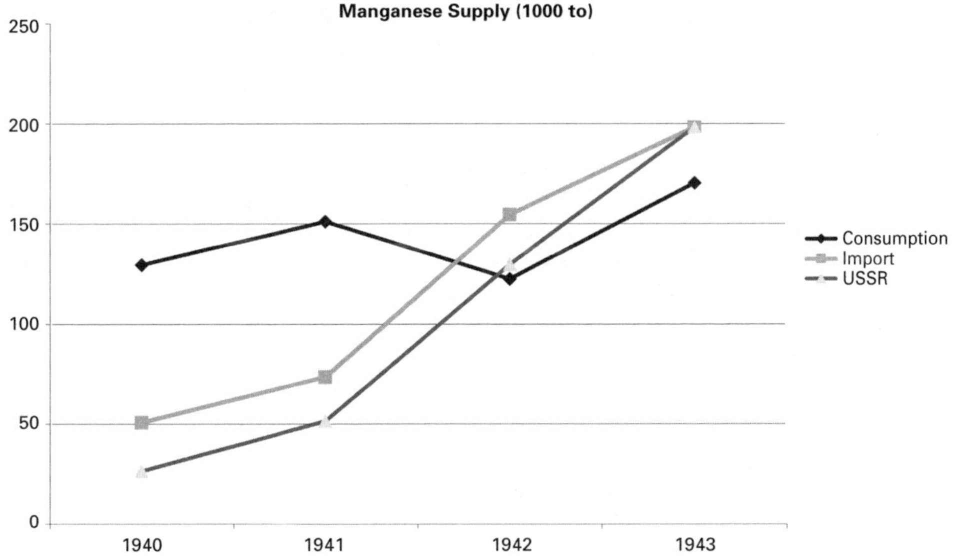

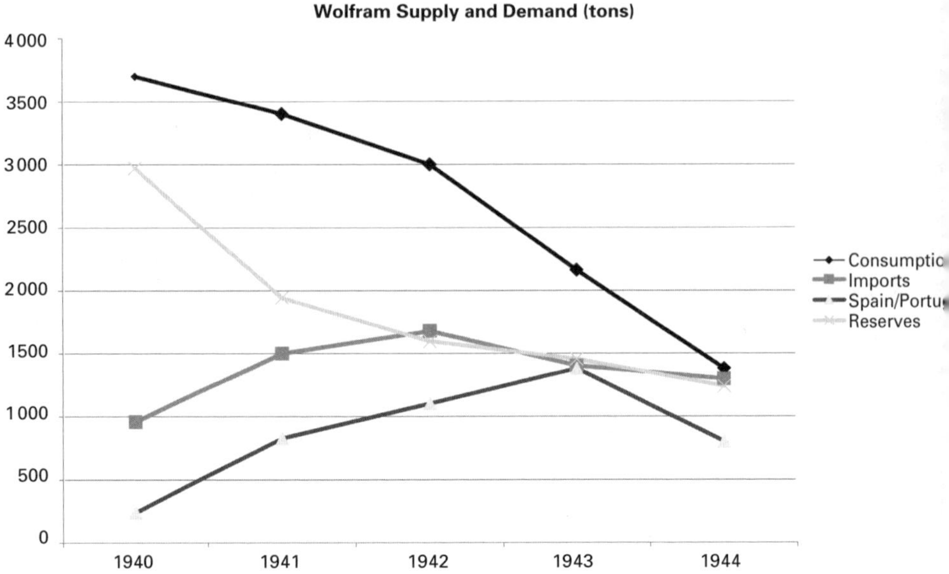

strategic raw materials meant that gold "will become the militarily most essential raw material"[14]. This was an issue that was debated at the highest level. In the summer of 1944 Economics Minister Walther Funk stated that "in all discussions on the use of gold for trade political or political purposes, the Führer has invariably consulted me personally"[15]. In late 1944, an official on the OKW produced a memorandum entitled „Volkwirtschaftliche Erkenntnisse nach fünf Kriegsjahren", in which he stated that it would be useful to reserve some of Germany's gold and currency reserves for that acquisition of speciality steel, but also complained that Germany had „immer die grössten Schwierigkeiten, Gold im Ausland unterzubringen"[16].

The shortage was not so much of manganese, which was mostly obtained from the USSR, by trade before June 1941 and by conquest after that:

The greatest difficulties were with wolfram (tungsten), which until 1940 had been imported mostly from China, and for which in the War Germany depended almost entirely on trade with Portugal and Spain, as well as with nickel.

Attempts to limit consumption clearly affected the quality of German weapons supplies, and in July 1943 there was even a temporary stop on the production of

[14] *F. Eyssen*, Wehrwirtschaftliche Grenzen der Selbstversorgung mit mineralischen Rohstoffen, in: Der deutsche Volkswirt 11 (1937) 1168–70.

[15] Funk to Körner, July 12, 1944, Sonderarchiv Moscow, 700-1-86.

[16] Quoted in *Jäger*, Wirtschaftliche Abhängigkeit 124–5.

hard core munition[17]. But even in the case of wolfram, there was unused capacity in occupied France (in Puy-les-Vignes).

* * *

During the First World War, both the Swiss and the Swedish governments while maintaining neutrality were more sympathetic to the Central Powers, although their stance was criticized (especially by the Swedish left and by the Suisse romande). Switzerland was also an important intermediary for trade. In the Second World War also, rationalizations of the trade policy sometimes sounded cynical, sometimes idealistic (and sometimes and very characteristically both at the same, as when the Swiss Foreign Minister (and President of the Confederation, Marcel Pilet-Golaz, declared: "We demonstrate by our very existence that the rapprochement of nations is not an idle phrase [...] Let us cultivate friendly relations with all. Without ever hurting anyone, let us be ready to serve anyone and by serving anyone, serve all of humanity." Or more bluntly: "We need to see the situation with realism and some egoism. The foreign policy of the Federal Council knows no sympathies and antipathies. It sees only Switzerland."[18] For Switzerland, the problem was that before September 1939, exports had been very heavily oriented to the western powers, for the simple reason that France and Britain had embarked on belated and necessarily quick rearmament in the face of the German threat, and they could not easily build mechanically sophisticated timers and instruments that required watch parts such as altimeters. After the outbreak of war, but especially after May 1940, this orientation of Swiss industry worried the Swiss government which feared that the Germans would regard it as a violation of neutrality. As a consequence, the government pressed businesses to do anything and everything they could to increased their exports to Germany. In fact, some Swiss firms, notably the Werkzeugmaschinenfabrik Oerlikon Bühle & Co. engaged in a successful campaign of bribery of German officials. The German officials also liked the idea of travel to a peaceful and relaxing lakeside holiday in order to discuss the details of armaments deliveries[19].

Oerlikon's major contribution was the supply of anti-aircraft guns, but it is improbable that this Swiss supply had any substantial military importance. First, Germany had a substantial capacity of its own. From 1939 to 1945 German industry produced 138,000 20 mm guns, while Oerlikon exported 6006 guns, as well as

[17] *Jäger*, Wirtschaftliche Abhängigkeit 281.

[18] Quoted in *Antoine Fleury*, La neutralité suisse à l'épreuve de la Deuxième Guerre mondiale, in: Guerres mondiales et conflits contemporains 49 (1999) 86, 88–89.

[19] See *Hug*, Schweizer Rüstungsindustrie, especially 616–17, quoting Bührle on the pressure of the Swiss government: „Bei dieser Gelegenheit betonte Herr Oberst Fritz die Notwendigkeit und Dringlichkeit der Lieferung unseres 20 mm Materials nach Deutschland, und ließ sich von mir kurz über einen möglichen Lieferungsumfang und das Liefertempo unterrichten. Selbstverständlich entsprachen diese Lieferungen durchaus den eigenen Interessen meiner Firma, nachdem sie von alliierter Seite mit einem Riesenauftragsvolumen kurzerhand im Stich gelassen worden war."

39,497 magazines and 11350 replacement barrels[20]. Secondly, these anti-aircraft guns were never very effective, as the munitions were too weak, and the explosive content was reduced from 8–10 gr. to 5–6 gr. by the addition of luminous material[21]. The addition of the luminous material indicates the character of the weapon: they were an important weapon of the psychological war for German public opinion, in that the political leadership believed that it was crucial to show that Germany was not defenseless against bombing attacks. AA fire (particularly illuminated) was a way of showing that the German military was active and doing something for the defense of German cities. Nevertheless, AA fire did destroy 8706 Allied planes by the end of 1942, with 5000 shots of light and 3500 rounds of ammunition required for each plane shot down; after 1942, the amounts required for a successful hit increased even further.

The changing course of trade policy fitted the trajectory of German power (until 1942/3) and then Allied power quite neatly. In July 1941, at the height of the German military success, and when it appeared as if the Soviet collapse was imminent, Switzerland agreed to a clearing credit (this amounts to the most significant of Swiss formal breaches of neutrality, in that the Hague Conventions on Land War permitted trade but not the extension of credit to belligerent states by

[20] *Hug*, Schweizer Rüstungsindustrie 584.
[21] *Hug*, Schweizer Rüstungsindustrie 587.

neutrals). The first signs of the changing balance came in the German-Swiss agreement of September 5 1942, in which German explicitly recognized the importance of continued Swiss arms deliveries to the Allies. By July 1943, the Swiss government took the decision to reduce military exports to Germany by between 40 and 80 percent. In December 1943, the Allies rewarded Switzerland with an increased allocation of foodstuff supplies. It was then the turn of the Allies to apply increasingly intense pressure, which culminated in the Laughlan Currie mission of February/March 1945, which aimed (less than successfully) at the freezing of German assets in Switzerland. The diplomatic discussions are reflected in the trade development, both for strategically vital goods, and for munitions (such as detonators).

* * *

The story of Swiss involvement in dealings with gold from Nazi Germany has been one of the most notorious features of Swiss policy, and the major details have been explored since 1985[22]. The gold policy of the Swiss National Bank (SNB) was conducted in some independence from government policy and from the negotiation of the clearing agreements. It should not necessarily be seen as

[22] *Werner Rings*, Raubgold aus Deutschland. Die „Golddrehscheibe" Schweiz im Zweiten Weltkrieg (Zürich 1985).

government policy, but rather as the action of one of the very few central banks that in the 1930s managed to maintain its autonomy and independence. Nevertheless, the SNB felt very strongly that it has a patriotic duty, and that this duty had been made clear by the experience of the First World War.

During the First World War, the SNB was worried about a loss of gold reserves, and tried to restrict the export of gold coins. In March 1915, a government decree forbade the sale of Latin Monetary Union (French, Belgian and Italian) coins at a premium to their face value, and in 1918 the prohibition on the export of coins was extended to all coins. It was also worried about the export of gold to Turkey and Germany in the form of sales of heavy jewelry. The SNB also bought a substantial quantity of gold from both France and Germany, with most of the purchases occurring in 1916. From 1914 to 1918, Switzerland imported large amounts of coins, CHF 168.9 m. from Germany and 63.8 m. from Austria-Hungary, as well as 31.4 m. from France and 7.6 m. from Italy[23]. The SNB's reserves rose from CHF 212 m. in 1914 to CHF 432 m. in 1918, and the metallic coverage of the Swiss note issue rose to around 80 percent, or double the legal minimum cover ratio.

The purchases raised political questions, as well as issues relating to monetary stability. In early 1916, the Swiss Foreign Minister Bundesrat Arthur Hoffmann warned the SNB against buying dollars in Germany, as "the intensification of the economic war against Germany is likely and the neutrals will be forced to reduce or give up their trade with the central powers"[24]. A report of the III Departement (Banking operations) of the SNB in late 1916 urged caution in regard to purchases of gold from the belligerents on more pragmatic grounds since "in the difficult times at the end of the War and the commencement of peace, a big stock of metal would immobilize Swiss resources." The report concluded: "We are in the position to say to both sides that we have taken as much monetary metal as we can, but that we could not do any more." The SNB's directorate consequently suggested to the government a ban on the import of gold and silver (as the Scandinavian countries had already implemented)[25]. Significant amounts of coins came to Switzerland from wartime Germany, often bearing obvious traces of violent transfer. In 1918, the Federal Postal Administration issued a notice that: "From henceforth the Federal Administration will refuse to buy five franc pieces of Belgian,

[23] Calculated from *Statistisches Jahrbuch der Schweiz*, various issues, Tabelle VIa.1.

[24] SNB archive, Direktorium Protokoll, 180, March 2, 1916, report of discussion with Hoffmann: „Es steht eine Verschärfung des wirtschaftlichen Kampfes mit Deutschland in Aussicht und die Neutralen sollen gezwungen werden, ihren Handel mit den Zentralmächten einzuschränken, wenn nicht aufzugeben."

[25] SNB archive, Direktorium Protokoll, 889, December 15, 1916: „dass für die schwierigen Zeiten des Kriegsendes und des Friedensanfangs ein grosser Metallvorrat für die Schweiz eine schwere Immobilisation bedeuten würde." – „Wir sind in der Lage, beide Mächtegruppen gegenüber zu erklären, wir hätten von ihnen an Geldmetall das genommen, was in unseren Kräften stand, mehr könnten wir nicht mehr."

Italian or French origin that are either blackened by fire and smoke or stained with blood.... The owners of such coins will have to clean them."[26]

The same sort of polemic as had been conducted by the proto-monetarist "Free Money" theorists in the First World War appeared in the Second World War, and as in the previous conflict the criticism clearly nettled the SNB's leadership. In July 1941, for instance, an anonymously produced newspaper for postal employees wrote about "the inflationary monetary policy of our National Bank", and the article and its authorship were discussed by the SNB governing board[27].

Consequently, when the SNB again engaged in purchases of gold, it tried to present them as being stabilizing or anti-inflationary in the sense that the purchases added to the metallic reserve. The argument had some additional weight in that a substantial part of the SNB's reserves were blocked in the U.S. But fundamentally, of course, the argument was a specious one: the gold purchases put more Swiss francs in circulation, and hence contributed to inflationary pressure. By this time, however, the SNB had become very sensitive to the charge of following an inflationary course, and it tried to use gold and the maintenance of a fixed exchange rate regime to defuse the criticism about inflation.

The gold transactions of the First World War never became controversial after the War, even though there may have been legal problems with some of the gold shipped by Germany, in particular Belgian five franc LMU coins. By contrast, the gold dealings of the SNB in the Second World War were controversial from the start.

During the Second World War, the German Reichsbank sold gold worth CHF 244 m. to Swiss commercial banks, and another CHF 1231.1 m. gold to the SNB. This amounts to almost four fifths of German gold sales abroad during the War[28]. The SNB also at the same time bought large amounts of gold from the Allies (CHF 668.6 m. from U.K. and 1528.7 m. U.S., as well as a comparatively small sum from Canada): this gold formed part of the stock blocked abroad. These transactions were used to buy Swiss products, but also to have Swiss francs for use in Europe, for intelligence and military purposes. At the height of the gold dealings, in 1942 and 1943, German sales of gold in Switzerland were mostly driv-

[26] Quoted in *Erich Weisskopf*, Das schweizerische Münzwesen von seinen Anfängen bis zur Gegenwart (Bern 1948) 150. „Die eidgenössische Staatskasse weise von nun an durch Feuer und Rauch geschwärzte oder durch Blut oder sonstwie arg beschmutzte Fünffrankenstücke belgischer, italienischer oder französischer Herkunft zurück [...] Die Inhaber dermassen verunstalteter Geldstücke seien zu veranlassen, die Münzen zu reinigen oder reinigen zu lassen."

[27] SNB archive, Direktorium Protokoll, 598, August 13, 1941: „Tatsächlich kann diese Teuerung nur durch die inflatorische Geldpolitik unserer Nationalbank A.G. erklärt werden."

[28] This section is based, where not otherwise stated, on *Unabhängige Expertenkommission Schweiz*, Zweiter Weltkrieg. Die Schweiz und die Goldtransaktionen im Zweiten Weltkrieg. Switzerland and Gold Transactions in the Second World War (Zürich 2002); as well as *Jacques-Michel Grossen*, Transactions germano-suisses sur l'or pendant la Second Guerre mondiale, in: Die Schweiz, der Nationalsozialismus und das Recht. Vol. 1: Öffentliches Recht. La Suisse, le national-socialisme et le droit. Volume 1: Droit public (Zürich 2001) 127–216; and *Vincent Crettol* and *Patrick Halbeisen*, Schweizerische Nationalbank (Zürich 1999).

en by the need to acquire raw materials from Spain and Portugal, and from South America. The Reichsbank bought in addition a substantial amount of Portuguese escudos from Swiss commercial banks. But the trade uses seem to have been of diminishing importance in the final stages of the war. Especially in the case of the Turkish sales, gold was less used to buy chromium ores, than to acquire intelligence services, and to allow highly placed Germans (such as Franz von Papen) to transfer funds out of Germany.

The gold purchases reflected a strong demand for Swiss francs on the part of the Allies, as well as the Axis powers. The monetary effects of gold purchases, both from the Allies and from Germany, was inflationary (in that it added to the notes in circulation), although part of the additional francs placed on the market were held abroad by foreign central banks, notably the Bank of Portugal, as reserves. However, at this time analysts (including those of the SNB) did not see inflation as primarily a problem of monetary aggregates. Other aspects of Swiss official dealings with Germany – especially the substantial clearing credits (amounting to CHF 1 billion by 1944) contributed also to inflationary pressures in Switzerland.

The inflationary consequences of gold purchases by the SNB, from both the Allies and the Axis powers, were in part counter-acted by a sterilizing operation (a new type of operation, which had not been either contemplated or practiced in the First World War), in which the Swiss Confederation bought gold from the central bank, and thus mopped up the additional money put into circulation by the SNB. In addition, the SNB undertook other measures aimed at preventing the inflationary expansion of the money supply. Above all, it tried to restrict the exchange of dollars for francs by concluding a convention with the commercial banks on September 24, 1941, which separated the exchange market at the gold parity rate ("commercial dollars") from a "financial dollar" rate in which the dollar would be traded freely at a deep discount. Quotas were applied to Swiss exports sold for commercial dollars; in addition the commercial rate was applied to payments for Swiss diplomatic services and for humanitarian purposes. In trying to stem the sales of dollars, the SNB took some hard-hearted measures. In particular, from April 1942 to November 1943 the SNB refused to buy the dollars that Jewish organizations in the U.S. wished to use for refugee assistance, and in November 1943 only agreed to make the purchases at the market price which was substantially below the "commercial" rate[29].

In order to stop losses of its domestically held gold reserves, the SNB in October 1941 attempted to centralize the gold market. At this point the SNB considered, but rejected, the imposition of exchange control. Instead, it asked the Reichsbank to deal with the SNB, and not with the commercial banks. After this, the commercial banks bought no more German gold in Switzerland, although they

[29] *Jacques Picard*, Die Schweiz und die Juden, 1933–1945. Schweizerischer Antisemitismus, jüdische Abwehr und internationale Migrations- und Flüchtlingspolitik (Zürich 1994) 384. *UEK*, Goldtransaktionen 226.

continued to engage in smaller scale transactions abroad. A further tightening of regulation on the Swiss gold market came in December 1942, when the Swiss government established maximum prices on gold coins and bars, and thus restricted the opportunities for banks to profit from the sharp rise in the gold price. In addition, SNB permission was henceforth required for the import or export of gold.

From an early stage, the SNB was well aware of the political dimension of the question. Already in October 1940, the SNB's directors were aware of U.S. newspaper complaints that Switzerland was helping the Axis powers, and discussed the question of Allied counter-measures with the government (Politisches Departement). At this time, the SNB argued that the U.S. had imposed no block on German or Italian accounts and as a result could hardly object to Swiss transactions with the Reichsbank. At the same time, the transactions appeared to offer some protection from German attack. In November 1940, SNB President Ernst Weber passed on to Bundesrat Wetter a letter of the Swedish chief economist of the Bank for International Settlements, Per Jacobsson, in which Jacobsson spoke of Reichsbank Vice-President Emil Puhl's view that the convertibility of the Swiss franc "constitutes a reason for leaving Switzerland free". At this stage, it appears that one of the motives underlying the SNB's strategy was a view that the Swiss financial market offered a means of dissuasion or deterrence to Germans thinking about a military operation against Switzerland: by providing financial services, Switzerland could buy freedom from attack.

The major problem of the SNB's transactions with wartime Germany lie in the doubtful character of the legal title of the Reichsbank to a large part of the gold. The quantity of gold sold substantially exceeded the prewar gold holdings of Germany. The Reichsbank's published figure for reserves on the eve of the war was only CHF 124 m., though informed observers realized that the figures were substantially higher. There was an additional CHF 358 m. hidden reserves (so-called "stille Reserven"), and the Reichsbank had acquired the gold of the Austrian and Czech national banks either just before or in the immediate aftermath of the invasion of those countries by Germany. A realistic estimate of the gold held by the Reichsbank (including the stock of Austrian and Czech origin) in September 1939 is around CHF 1125 m., in other words substantially lower than the sales to Switzerland.

During the War, Germany bought some gold (mostly from the Soviet Union), but this was not the major source of supply. Purely on arithmetical grounds, without any detailed investigation of the trajectory of particular amounts of precious metals, some part of the gold sold during the War could only have been acquired as a consequence of the expropriation of central bank holdings, especially from Belgium, the Netherlands, and Luxembourg. The Reichsbank also derived its wartime gold from the looting and expropriation of individuals: the FYP authorities, who supervised a draconian exchange and currency control, took gold worth CHF 311 m. Gold extracted from individual victims of the holocaust, in eastern Europe, and delivered to the Reichsbank as 76 separate deliveries directed by *SS-Hauptsturmbannführer* Bruno Melmer, totaled 2577 kg fine weight (worth CHF 12.5 m.); 119 kg fine of this amount was sold to the SNB in the form of bars.

At the same time, in the second half of 1940, as Jacobsson, Weber and Wetter were contemplating the political implications of gold transactions, the SNB received the first indications that gold was being taken in occupied countries from individuals as well as from the national banks. Evidence that German gold had been stolen was later presented in Swiss newspapers (in particular in an article in the *Neue Zürcher Zeitung* of August 1942)[30]. In the account presented by the SNB to the Bundesrat on May 16, 1946, however, it claimed that only in January 1943 had Allied warnings stated that gold sold by Germany to the neutrals might be stolen (this was in fact wrong, for there had been earlier, less official, warnings). The most explicit evidence of all, with details of the long saga of the story of the National Bank of Belgium's gold reserve, was presented by the Governor of the Banque de France, Yves de Boisanger, in the summer of 1943, in which he warned that stolen Belgian gold had been taken to Berlin and was being used in international transactions. De Boisanger had in fact been centrally involved in the transfer of the Belgian gold to Berlin: the gold had been entrusted to France at the outbreak of the war, had been shipped from Bordeaux to Dakar, and then taken across the Sahara back to France. The Governor of the Banque de France had refused to release it to the Germans without Belgian consent; he was dismissed by the Vichy government and the more complaisant de Boisanger appointed in his place.

The warnings of 1943 prompted a new round of discussion between the directors of the SNB and the political authorities, and especially in the supervisory body for the SNB, the Bank Committee (in meetings on July 22/23 and August 26/27, 1943). In the Bank Committee meetings, there was a strongly expressed difference of opinion between President Ernst Weber, who argued that the gold standard adherence required purchases of gold from other countries, and the President of the Bankrat and the Bankausschuss, Gottfried Bachmann, who had been Weber's predecessor from 1925 to 1939 as President of the SNB. Bachmann emphasized the political dimension of the question, and explained that during the First World War Sweden and the Netherlands had refused gold purchases on the technical grounds that they would lead to excessive credit creation.

Weber however took a very different stance. He explained to the Bank Committee that: "We cannot believe that in taking the Reichsbank's gold we are doing anything wrong. Instead, we are of the opinion that we may take up gold from Germany in the same quantities as previously in order to satisfy their demands for Swiss francs. An alternative approach could be equivalent to a confession that we had done something wrong."[31] In the course of the debate in the Bank Council, one director of the SNB stated that the bank had not been informed that Germans had stolen gold, and that international law permitted occupying authorities to requisition gold. Weber's approach was based on a fear of incurring a liability to restitute stolen property. By the summer of 1943, when the incontrovertible

[30] *Salomon Wolff*, Das Gold in der Kriegswirtschaft, in: Neue Zürcher Zeitung, 16 August 1942, 4.
[31] SNB archive, Bankausschuss meeting, June 23, 1943.

evidence of German theft (and the scale of the transactions) seemed clearly to indicate that the bank had already bought illegitimate gold, the major rationale of the SNB for continuing the problematical gold transactions appeared to be that breaking off the transactions, or even demanding a formal German assurance of the non-stolen character of the gold bought, would cast into doubt the "good faith" of the SNB, and lay the bank open to postwar claims from those who had lost gold, on the basis of the Swiss Civil Law (Articles 2,3, 714, and 934 of the Civil Code: the articles that provided the legal basis also of the postwar restitution law). The repeated assertion of the SNB's good faith in its dealings with the Nazi financiers thus proved to be a terrible trap: in order to maintain the argument that justified the legitimacy of the initial transactions, the SNB's management came to believe that it had to go on accepting German gold, which it continued to do, despite ever intensified Allied pressure, until the last days of April 1945.

One odd consequence of the awareness of the need to maintain the "good faith" argument was that the SNB did not discuss these dealings with the government, and government officials later denied that they had ever been properly informed about the SNB's contacts and its worries about the purchases[32]. Only on October 9, 1943, did the governing board of the SNB write to Bundesrat Wetter to say that "For years the Reichsbank has from time to time sold gold in the form of bars and coins to the National Bank.... The National Bank must assume that gold offered to it by a foreign central bank has been properly acquired"[33]. The chief negotiator of the Foreign Ministry, Robert Kohli, after the War came to the conclusion that the SNB "perhaps thought too much of its autonomy"[34].

The gold purchases of the Swedish Riksbank also fall into quite distinct phases which are marked by the general chronology of the global conflict. In 1940, the Riksbank acquired 2 tons from the German Reichsbank through the BIS's Stockholm deposit, which were used to pay off one of the outstanding foreign bond issues of the Weimar Republic, the Kreuger Bond Issue. From 1942 to 1944, the Riksbank acquired 19.3 tons of gold bars in Berlin, as well as a further ton in Bern and 1.5 tons of gold coins. The Riksbank exchanged most of its Berlin gold for gold in Bern, which was used mostly for Swedish purchases in third countries, notably Italy. Already from May 1941 the Riksbank was worried that in the postwar world, the US might not accept as legitimate wartime German deliveries of

[32] There were two occasions, in September 1942 and July 1943 when the SNB's records include statements that the government was informed about the bank's gold policy, see *UEK*, Goldtransaktionen 202.

[33] Reprinted in *Documents Diplomatiques Suisses* (Bern 1992) Vol. 15, 36, 40. „Seit Jahren zediert die Deutsche Reichsbank der Nationalbank von Zeit zu Zeit Gold in Barren und Münzen... Die Nationalbank darf und muss annehmen, dass das ihr von einer ausländischen Notenbank angebotene Gold rechtmässig erworben worden ist."

[34] Quoted in *Thomas Maissen*, Die Raubgoldproblematik 1933–1945, in: Zwischen Bundeshaus und Paradeplatz: Die Banken der Credit Suisse Group im Zweiten Weltkrieg, Studien und Materialien, ed. by *Joseph Jung* (Zürich 2001) 298, „[...] vielleicht etwas zu sehr auf ihre Autonomie bedacht war."

gold, and consequently urged that the Berlin bars be melted down or exchanged. After the first of the Allied warnings on neutral dealings with Germany (January 1943), the Riksbank asked Vice-President Emil Puhl of the Reichsbank not to sell to Sweden any gold bars originating in occupied countries, and on February 19, 1943, Puhl said that he was prepared to comply with the Swedish request. In the summer of 1943, while the SNB was reflecting on the appropriate policy, the Swedish and Swiss central bankers engaged in discussions with each other about this issue, and the Swiss came to the conclusion that Sweden would not buy any more German gold. But Sweden in 1944 took a further amount of gold, as stipulated in the Swedish-German trade agreement, but received exclusively 20 Mark coins, which it presumed had been minted in the 1920s. The Governor of the Riksbank, Ivar Rooth, made a cryptic note in his diary at the time of Emil Puhl's visit to Stockholm (20–22 June 1944): "The Scandinavian coins not from Jews or similar, which will not be accepted by the Allies."[35]

* * *

It is hard to work out a precise social scientific method to establish whether the neutrals' economic engagement with Nazi Germany meant – as was sometimes alleged in the 1990s, notably by the major US political figure who handled the controversy, Stuart Eizenstat – that the actions of the neutrals lengthened or prolonged the war[36]. The celebrated cases of Swedish ore or the 20 mm. Oerlikon antiaircraft cannons, had surprisingly little impact. The Swedish ore exports fell off after 1943, but even from 1941 Germany had planned alternative sources of supply. The anti-aircraft guns had mostly a psychological effect on the German population. Even the Swiss gold purchases were not central to Germany's capacity to fight in the last stages of the war. The Swiss gold purchases were a contribution to Germany's capacity to finance trade in some important raw materials, and in 1941 and 1942 Switzerland was a major intermediary for transactions with Portugal. In the later stages of the war, however, gold purchases (at a much lower level) were mostly used for purchasing services in Switzerland, including intelligence.

With some additional historical imagination – it is possible to work out a scenario in which a different stance from the neutrals might have made a difference. In each case, however, there would have to have been other elements changed in the calculation. For instance, if Sweden had applied a boycott in September 1939, it might have severely affected Germany's ability to rearm after the Polish campaign, in which Germany supplies were exhausted. But then there would have

[35] Quoted in *Peder Bjursten*, Schwedens Goldkäufe von der deutschen Reichsbank, in: Schweden, die Schweiz und der Zweite Weltkrieg: Beiträge zum interdisziplinären Symposium des Zentrums für Schweizerstudien an der Universität Örebro, 30.9.–2.10.1999, 132.

[36] Stuart E. Eizenstat, preface to "U.S. and Allied Efforts To Recover and Restore Gold and Over Assets Stolen or Hidden by Germany During World War II" May 1997 and June 1998. *Stuart E. Eizenstat* and *Elie Wiesel*, Imperfect Justice: Looted Assets, Slave Labor, and the Unfinished Business of World War II (New York 2001) 107.

needed to have been a French invasion of Germany, rather than a prolongation of the *drôle de guerre*. The Swiss gold purchases were an important part of the financing of the wolfram trade, but the purchases were illegal in Portugal in 1944, and it is plausible to think of other, probably more expensive ways, in which Germany could have acquired the material.

In the middle of conflict, in the Second World War as in the First, the belligerents remained connected with the world economy. Both sides in both conflicts had exaggerated expectations of how economic warfare might produce a more costless and less bloody outcome. When these expectations were disappointed, it was easy to blame the neutrals rather than the flawed premises of the strategy. Because it was after all also true that neutrality does not look like a morally very attractive approach to state policy. discussing the American position in the first years of the war, the British economist John Maynard Keynes said: "There is much to be said in favor of neutrality, but moral beauty, no."

Summary

This paper examines trade and financial relations between Germany and Sweden and Switzerland, the neutral countries that played by far the most important part in Nazi economic mobilization in the Second World War. They were small and relatively open economies that were badly hit by the world depression. In the middle of conflict, in the Second World War as in the First, the belligerents on both sides remained connected with the world economy. Both sides in both conflicts had exaggerated expectations of how economic warfare might produce a more costless and less bloody outcome. When these expectations were disappointed, it was easy to blame the neutrals rather than the flawed premises of the strategy. As a consequence, the role of the neutrals in the conflict came to be exaggerated – an exaggeration which greatly influenced the historiography of recent years, especially when produced by general rather than economic historians.

Jordi Catalan

Francoist Spain under Nazi Economic Hegemony, 1936–1945

1. The Spanish economy, 1914–36: structural change, industrial breakthrough and political instability

During the late decades of the Nineteenth century, the Spanish economy diverged from Western Europe. Maddison's per capita GDP data suggests that Spain's average income in relation to Western Europe fell steadily: from 82 per cent in 1913 to 65 per cent in 1870 and 61 per cent in 1913[1]. On the eve of World War One, its level of industrialization was very poor in comparative terms: only 14 per cent of the Spanish male workforce was employed in mining, manufacturing and construction, compared with a proportion of at least a third in early industrialized countries such as Britain, France or Germany. Spain also lagged significantly behind latecomers such as Italy (24 per cent), Hungary (19 per cent) or Norway (28 per cent). Analysing the first century of modern industrialization from a comparative perspective, it seems very difficult to deny the failure of the first industrial revolution in Spain[2].

The situation began to change in the early twentieth century. By 1930 the share of male labour in the Spanish industry had jumped to 25 per cent, a proportion close to those recorded in Italy (26 per cent), Hungary (26 per cent) and Norway (29 per cent) and notably higher than that in Portugal (19 per cent), the Republic of Ireland (17 per cent) and the Balkan countries (all below 17 per cent). The sharp increase in secondary activity indicates that the Spanish process of development experienced an industrial outburst between World War One and the 1930s[3].

[1] *A. Maddison*, Monitoring the World Economy, 1820–1992 (Paris 1995) 194–199, 228.

[2] *J. Nadal*, El fracaso de la revolución industrial en España, 1814–1913 (Barcelona 1975). *J. Nadal*, Industria sin industrialización, in: *G. Anes*, Historia económica de España. Siglos XIX y XX (Barcelona 1999) 185–222. *J. Nadal, J. M. Benaul, J. M. Valdaliso*, Las industrias de la Primera Revolución Industrial, in: *J. Nadal* (ed.), Atlas de la industrialización de España 1750–2000 (Barcelona 2003) 131–175.

[3] Carreras and Tafunell are right to consider the 1920s as the *silver* period of the Spanish contemporary economic growth. *Albert Carreras, Xavier Tafunell*, Historia económica de la España contemporánea (Barcelona 2003) 223–261. See also: *A. Carreras*, La producción industrial española, 1842–1981: construcción de un índice anual, in: Revista de Historia Económica 1 (1984) 127–157. *A. Carreras*, La industria: atraso y modernización, in: *J. Nadal, A. Carreras, C. Sudrià* (eds.),

Table 1. Rates of male industrial activity in Europe
% of working population

Circa	1910	1930	1950	1960
Austria	31.6	38.8	46.3	50.4
Belgium	49.5	51.8	51.6	52.5
Denmark	27.3	33.1	39.0	41.9
Finland	12.5	18.5	32.4	37.7
France	33.5	37.5	41.6	43.9
Germany	48.7	49.4	52.7	56.2
Greece		17.0	18.3	22.4
Ireland	19.6	16.7	25.9	26.6
Italy	23.6	25.4	31.0	39.8
Netherlands	37.4	41.8	43.0	48.0
Norway	27.8	29.3	39.7	40.8
Portugal	21.7	18.9	23.0	28.6
Spain	14.4	25.3	25.6	30.1
Sweden	30.2	37.1	46.3	52.7
Switzerland	46.2	48.4	51.0	56.3
United Kingdom	54.4	49.6	53.6	53.2

Source: *J. Catalan*, Economía e Industria: la ruptura de posguerra en perspectiva comparada, in: Revista de Historia Industrial 4 (1993) 112.

The most recent estimation of Spanish GDP confirms substantial growth acceleration at the beginning of the twentieth century[4]. Whereas the per capita rate of growth was probably around 0.7 per year between 1892 and 1913, it would have risen up to 1.8 per cent between 1913 and 1929. Moreover, Maddison's work also indicates some convergence with the rest of Europe after the end of the Great War onwards. His comparative data shows that Spanish per capita GDP increased from 61 per cent of the Western Europe average in 1913 to 67 per cent by 1929.

Three main causes account for the strengthening of Spain's industrialization process in the early twentieth century: the diffusion of the second industrial revolution's techniques; the beneficial effect of neutrality in World War One; and the widening of the domestic market, associated with the good performance of Mediterranean agrarian products (especially citrus) in the world market.

La economía española en el siglo XX. Una perspectiva histórica (Barcelona 1987). *A. Carreras*, What can we learn from long-term Spanish economic performance?, in: *P. Martín-Aceña*, *J. Simpson* (eds.), The Economic Development of Spain since 1870 (Aldershot 1995) 28–47.

[4] *L. Prados de la Escosura*, El progreso económico de España (1850–2000) (Madrid 2003) 145–165.

On the eve of World War One, high voltage and alternating power significantly reduced the costs of energy transportation and favoured the exploitation of the hydroelectric potential of mountains such as the Pyrenees[5]. The availability of cheap electricity allowed the partial substitution of coal in manufacturing and the railways. The electric furnace was introduced in metallurgy to produce steel, copper and aluminium. The electrochemistry was used to manufacture products such as calcium carbide and caustic soda[6]. The use of electro-plating for tin deposition stimulated canning and food processing industries[7]. The diffusion of the electric motor boosted the profitability of small scale concerns such as shoemaking, clothes making and arms manufacturing[8]. The electrification of railways increased the demand for rolling stock. Whereas the consumption of electricity had grown about 12 per cent per year during 1880–1913, it increased at a yearly rate of 15 per cent during 1913–1929.

The combustion engine sharply reduced transportation costs of raw materials and manufactured outputs in a country with a lower density railway system than

5 *C. Sudrià*, Un factor determinante: La energía, in: *J. Nadal, A. Carreras, C. Sudrià* (eds.), La economía española en el siglo XX. Una perspectiva histórica (Barcelona 1987) 318–327. *C. Sudrià*, Energy as a Limiting Factor to Growth, in: *P. Martín-Aceña, J. Simpson* (eds.), The Economic Development of Spain since 1870 (Aldershot 1995) 268–309. *C. Betrán*, Tamaño de mercado y crecimiento industrial en España durante el primer tercio del siglo XX, in: Revista de Historia Industrial 11 (1997) 119–148.

6 *D. Landes*, The Unbound Prometheus: Technological and Industrial Development in Western Europe from 1750 to the Present (Cambridge 1969). *A. Chandler*, Economies of Scale and Scope: The Dynamics of Industrial Capitalism (Cambridge Mass. 1990). *C. Freeman, F. Louça*, As Time Goes By. From the Industrial Revolutions to the Information Revolution (Oxford 2001). *J. Nadal, C. Sudria, A. Gómez Mendoza, E. San Román*, Las industrias de la Segunda Revolución Industrial, in: *J. Nadal* (ed.), Atlas de la industrialización de España 1750–2000 (Barcelona 2003) 177–201.

7 *X. Carmona*, Recursos, organización y tecnología en el crecimiento de la industria española de conservas de pescado, 1900–1936, in: *J. Nadal, J. Catalan* (eds.), La cara oculta de la industrialización española (Madrid 1994) 141–144. *X. Carmona, J. Nadal*, El empeño industrial de Galicia (Vigo 2005) 179–237.

8 *E. Lluch*, La via valenciana (València 1976). *V. Soler*, Guerra i expansió industrial al País Valencià (1914–1923) (València 1984). *J. Maluquer de Motes*, Cataluña y el País Vasco en la industria eléctrica española, 1901–1935, in: *González Portilla, J. Maluquer de Motes, B. De Riquer* (eds.), Industrialización y Nacionalismo. Análisis Comparativo (Barcelona 1985). *J. Maluquer de Motes*, The Industrial Revolution in Catalonia, in: *N. Sánchez Albornoz* (ed.), The Economic Modernization of Spain, 1830–1930 (New York 1987). *J. Catalan*, Capitales modestos y dinamismo industrial: orígenes del sistema de fábrica en los valles guipuzcoanos, 1841–1918, in: *J. Nadal, A. Carreras* (eds.), Pautas regionales de la industrialización española (Barcelona 1990) 125–155. *J. A. Miranda*, La industria del calzado en España (1860–1959) (Alicante 1998) 120–139. *C. Betrán*, Difusión y localización industrial en España durante el primer tercio del siglo XX, in: Revista de Historia Económica 3 (1999) 663–698. *J. M. Valdaliso*, La industrialización en el primer tercio del siglo XX y sus protagonistas, in: *J. L. De La Granja, S. De Pablo* (eds.), Historia del País Vasco y Navarra en el siglo XX (Madrid 2002) 171–196. *J. Nadal, J. M. Benaul*, Dos excepciones: los éxitos de Cataluña y el País Vasco, in: *J. Nadal* (ed.), Atlas de la industrialización de España 1750–2000 (Barcelona 2003) 203–229. *I. Goñi*, Evolución de la industria armera vasca (1876–1969): un enfoque a largo plazo, in: *P. Pascual, P. Fernández* (eds.), Del Metal al Motor (Bilbao 2007) 385–431.

most of western Europe[9]. Motorization required roads and created local demand for cement, steel, petrol refining, metallic components, glass and tires[10]. Although the activity of the domestic car industry was limited, the firms *Hispano-Suiza* and *Elizalde* manufactured luxury automobiles[11]. Both *Ford* and *General Motors* established subsidiaries in Barcelona during the interwar years, with plans for expanding their purchases of local components and for promoting exports. The number of registered automobiles (including trucks and motorbikes) grew by 20 per cent per year between 1913 and 1929. At this time, the spread of the combustion engine also made the start of aircraft production in Spain possible, with the launch of firms such as *Construcciones Aeronáuticas*[12].

During World War One, Spain suffered from a lack of basic inputs such as coal and oversupply of agrarian goods such as oranges, but exceptional foreign demand for products such as cotton textiles, wool cloth, footwear, steel and pistols expanded production and generated windfall profits in the industrial districts of Catalonia, the Basque Country and Valencia[13]. The difficulty of obtaining foreign supplies favoured import substitution in chemicals and pharmaceuticals[14]. Coal

[9] *A. Gómez Mendoza*, Ferrocarril, industria y mercado en la modernización de España (Madrid 1989). *A. Herranz*, ¿Fracasó el sistema ferroviario en España? Reflexiones en torno a la 'paradoja del ferrocarril español', in: Revista de Historia Industrial 23 (2003) 39–64.

[10] *J. Nadal, A. Carreras, P. Martín Aceña, F. Comín*, España: 200 Años de Tecnología (Barcelona 1988). *Nadal*, Segunda 180–191.

[11] *J. Nadal, X. Tafunell*, Sant Martí de Provençals, pulmó industrial de Barcelona (1847–1992) (Barcelona 1992) 172–185. *J. Catalan*, Fábrica y franquismo, 1939–1958. El modelo español de desarrollo en el marco de las economías del Sur de Europa (Barcelona 1993) 1035–1042. *E. San Román*, Ejército e industria: El nacimiento del INI (Barcelona 1999) 89–139. *J. Catalan*, La creación de la ventaja comparativa en la industria automovilística española, 1898–1996, in: Revista de Historia Industrial 18 (2000) 113–155. *A. Carreras, S. Estape-Triay*, The Spanish Motor Industry, 1930–1975, in: *M. J. Lynskey, S. Yonekura* (eds.), Entrepreneurship and Organization. The Role of the Entrepreneur in Organizational Innovation, Fuji Conference Series V (Oxford 2002) 123–150. *S. Estapé*, Ford in Spain: the first stage (1920–1959). A multinational confronts political constraints, in: *H. Bonin, Y. Lung, S. Tolliday* (eds.), Ford, 1903–2003: The European History, II, (Paris 2003) 439–450. *M. Lage*, Hispano-Suiza 1904–1972. Hombres, empresas, motores y aviones (Madrid 2003) 19–288. *J. Catalan*, Artur Elizalde i Rouvier (1871–1925), in: *F. Cabana*, Cien empresarios catalanes (Madrid 2006) 311–319.

[12] *A. Gómez Mendoza, S. López*, Los comienzos de la industria aeronáutica en España y la ley de Wolff (1916–1929), in: Revista de Historia Industrial 1 (1992) 155–177. *M. Lage*, Hispano. *J. Nadal*, El contencioso entre La Hispano Suiza, Fábrica de Automóviles S.A. y el Estado francés en torno a la contribución sobre beneficios extraordinarios de guerra (1917–1922), in: *F. Bourillon, P. Boutry, A. Entcevé, B. Touchelay* (eds.), Des économies et des hommes. Mélanges offerts à Albert Broder (Paris 2006) 331–342.

[13] *J. Fontana, J. Nadal*, Spain 1914–1970, in: *C. Cipolla* (ed.), The Fontana Economic History of Europe. Contemporary Economies, Part Two, Volume 6 (Glasgow 1976) 460–529. *Soler*, Guerra 25–110. *Catalan*, Capitales 135–155. *Miranda*, Industria 120–139. *J. A. Miranda*, La formación histórica de los distritos industriales de la Comunidad Valenciana, 1885–1935. El registro mercantil y la investigación de los sistemas productivos locales de España, in: *M. Martín, J. Garrués, S. Hernández* (eds.), El registro mercantil: una fuente para la historia económica (Granada 2003) 175–191. *Goñi*, Evolución 385–432.

[14] *Fontana*, Spain 460–473. *J. Nadal*, La debilidad de la industria química española durante el siglo XIX. Un problema de demanda, in: Moneda y Crédito 186 (1986) 33–70. *N. Puig*, Bayer,

shortages triggered demand for other sources of power and stimulated electrification. High freights led to an increase in shipyards' capacities[15].

Many war projects could not be satisfactorily undertaken during the conflict because of the difficulty of importing machinery and equipment from the contending nations[16]. The end of hostilities led to an oversupply in some of the more favoured activities. Nevertheless, in the twenties, the majority of war profits tended to be reinvested into manufacturing. The short-lived post-war crisis also encouraged structural change: for instance, the pistol producers of the Basque Country, facing decreases in demand after the war, reconverted their capacity to manufacture bicycles, sewing-machines, electric appliances, tool-machines and durable metallic consumption goods[17].

The acceleration of industrial growth between 1913 and 1929 also derived from the expansion of demand caused by progress in the domestic market, and especially in Mediterranean agrarian activity[18]. Oranges, wine, olive oil and cork accounted for 38 per cent of Spanish exports between 1925 and 1929, while traditional mining goods such as lead, iron-ore and pyrites amounted to only 9 per cent of exported value[19]. This agricultural produce was much more profitable than traditional cereals[20]. In addition, the distribution of export earnings was less polarized than in the minerals trade. Both these facts contributed to increase demand for consumer goods and industrial inputs such as fertilizers[21]. Between 1922 and 1932 the production of oranges, Spain's blockbuster export, increased from 389,000 tons to 603,590 tons, at a rate of growth of around 4.5 per cent per year[22].

The political situation did not significantly harm expansion before 1936, despite the period's high levels of instability. Spain went through three distinct political

CEPSA, REPSOL, Puig, Schering y la Seda. Constructores de la química española (Madrid 2003) 38–41. *Nadal*, Segunda 192–201.

15 *J. M. Valdaliso*, Los navieros vascos y la marina mercante española, 1860–1935. Una historia económica (Bilbao 1991) 271–334. *S. Houpt, J. M. Ortiz-Villajos* (eds.), Astilleros Españoles 1872–1998. La construcción naval en España (Madrid 1998) 95–196. *Valdaliso*, Industrialización 177–182.

16 *Carreras*, Producción 127–157. *Carreras*, Industria 291–295.

17 *Catalan*, Capitales 135–139. *Valdaliso*, Industrialización 177–182. *Goñi*, Evolución 385–432.

18 *D. Gallego*, Transformaciones técnicas de la agricultura española en el primer tercio del siglo XX, in: *R. Garrabou, C. Barciela, J. I. Jiménez Blanco* (eds.), Historia agraria de la España contemporánea. 3. El fin de la agricultura tradicional (1900–1960) (Barcelona 1986) 171–229. *J. Palafox*, Exports, Internal Demand, and Economic Growth in Valencia, in: *N. Sánchez Albornoz* (ed.), The Economic Modernization of Spain, 1830–1930 (New York 1987) 319–343. *Miranda*, Formación 185–191.

19 *L. Prados de la Escosura*, La evolución del comercio exterior, in: Papeles de Economía Española 20 (1984) 141.

20 *J. I. Jiménez Blanco*, Introducción, in: *R. Garrabou, C. Barciela, J. I. Jiménez Blanco* (eds.), Historia agraria de la España contemporánea. 3. El fin de la agricultura tradicional (Barcelona 1986) 91–129. *Palafox*, Exports. Grupo de Estudios de Historia Rural, Sector agrario (hasta 1935), in: *A. Carreras* (ed.), Estadísticas históricas de España. Siglos XIX y XX (Madrid 1989). *J. Simpson*, Spanish agriculture. The long Siesta, 1765–1965 (Cambridge 1995) 126–147, 203–220.

21 *Gallego*, Transformaciones 177–200.

22 *Simpson*, Spanish 141.

periods: constitutional monarchy (1914–23), monarchy with dictatorship (1923–31) and republic (1931–36). However, successive finance ministers all shared the view that the budget should be balanced and that inflation should be kept under control[23]. These objectives were always pursued in a flexible way. Prices doubled during World War One, but later declined. The twenties were not inflationary, even if the currency remained off the gold exchange standard.

The floating peseta appreciated within months of General Miguel Primo de Rivera's coup in September 1923. Up until 1929 Primo de Rivera's governments tried to reconcile two conflicting goals: heavy spending in infrastructure and strong currency. The increase in public investment in railways, roads and dams, contributed to the expansion of Spanish industry and structural change throughout the twenties[24]. Nevertheless, the mounting budget deficit and hot money outflows combined to bring the peseta crashing down throughout 1929, leading to the resignation of the Finance Minister, and, some months later, of Primo de Rivera himself. Finally, after the partial victory of the Republican parties in local elections, King Alfonso XIII left the country for Rome in April 1931.

The newborn Second Republic inherited recession. On the international front, the fall in world demand fuelled contraction: estimations of the Spanish exports at constant prices shows a fall of 24 per cent between 1930 and 1933[25]. On the domestic front, the crisis was aggravated by attempts by the monarchy's last government to balance the budget by dramatically scaling down the public works program[26]. These expenditure cuts contributed to reducing industrial production by 12 per cent between 1929 and 1932[27].

Nonetheless, the Great Depression of the thirties hit Spain less severely than the rest of the market economies[28]. In 1933, at the worst moment of the international crisis, Spanish GDP had fallen below the 1929 level by no more than 10 per cent[29] – a moderate decrease in comparison with both core and peripheral countries[30].

[23] *F. Comín*, *P. Martín Aceña*, La política monetaria y fiscal durante la dictadura y la segunda república, in: Papeles de Economía Española 20 (1984) 236–261. *F. Comín*, La economía española en el período de entreguerras, in: *J. Nadal*, *A. Carreras*, *C. Sudrià* (eds.), La economía española en el siglo XX. Una perspectiva histórica (Barcelona 1987) 133–138. *F. Comín*, Historia de la Hacienda Pública. España (1808–1995) (Barcelona 1996) 81–84.

[24] *J. Palafox*, Atraso económico y democracia. La Segunda República y la economía española, 1892–1936 (Barcelona 1991) 109–121.

[25] *A. Tena*, Sector exterior, in: *A. Carreras*, *X. Tafunell* (eds.), Estadísticas históricas de España. Siglos XIX–XX. II (Bilbao 2005) 604–605.

[26] *Palafox*, Atraso 174–179.

[27] *A. Carreras*, Industria, in: *A. Carreras*, *X. Tafunell* (eds.), Estadísticas históricas de España. Siglos XIX–XX. I (Bilbao 2005) 357–453.

[28] *Fontana*, Spain 120. *Carreras*, Historia 251–255. *Prados*, Progreso 159.

[29] *Prados*, Progreso 682–684. *A. Carreras*, *L. Prados de la Escosura*, *J. R. Rosés*, Renta y riqueza, in: *A. Carreras*, *X. Tafunell* (eds.), Estadísticas históricas de España. Siglos XIX–XX. III (Bilbao 2005) 1341–1342.

[30] *Maddison*, Monitoring 198, 228.

Chart 1. Spanish per capita GDP at market prices (1995, thousand pesetas)

Source: *A. Carreras, L. Prados de la Escosura, J. R. Rosés*, Renta y riqueza, in: *A. Carreras, X. Tafunell* (eds.), Estadísticas históricas de España. Siglos XIX-XX. III (Bilbao 2005) 1341–1342.

Three facts explain the Depression's mild impact in Spain. First, the economy was relatively closed[31]: in 1929 exports plus imports accounted for only 17 per cent of the Spanish GDP[32]. As a consequence, even though the reduction in foreign trade was substantial, its effect on total domestic activity was moderate in comparison to most western economies.

Second, during the early phase of the Depression, the peseta depreciated dramatically in relation to gold[33]. This resulted from persistent capital outflows, which began at the end of Primo de Rivera's administration and intensified during the early months of the Republic. As the peseta remained under a floating regime, capital outflows had an immediate effect on the exchange rate, which fell from 6 pesetas per dollar in 1928 to 12 pesetas per dollar in 1932[34]. This dramatic depreciation prevented a further decline of exports, made imports more expensive, and stimulated effective demand.

Third, macroeconomic policy fostered demand during 1931–32, further compensating international deflationary forces with domestic expansion[35]. After the budget surplus of 1930, the deficit reappeared and grew steadily during the early years of the Republic. On the monetary side, the discount rate was lowered in 1932.

[31] *G. Tortella, J. Palafox*, Banking and Industry in Spain, 1918–1936, in: Journal of European Economic History 2 (1984) 81–111.
[32] *Tena*, Sector 629.
[33] *Tortella*, Banking 94–111.
[34] *P. Martín Aceña, M. A. Pons*, Sistema monetario y financiero, in: *A. Carreras, X. Tafunell* (eds.), Estadísticas históricas de España. Siglos XIX-XX. II (Bilbao 2005) 705.
[35] *Tortella*, Banking 94–111.

Finally, increases in wages, favoured by left coalition governments, helped to prevent deflation in Spain.

Spanish per capita GDP expanded after the nadir of the Depression: in 1935 real output per inhabitant seems to have been 4 per cent above the 1933 level. Other indicators confirm that Spain was on the way of recovery before the outbreak of the Civil War: energy consumption had risen by 18 per cent in 1935 compared with 1933[36]; and the registration of automobiles nearly doubled between 1932 and 1935[37].

Nevertheless, the Spanish recovery was milder than in many European countries, especially those which left the gold block. Two key facts militated against a quick recovery. First, industries producing capital goods continued to face difficulties. The centre-left governments under the new Republic had switched the focus on public works away from railways, roads and dams to the construction of schools, a change that had a multiplying effect on public expenditure, which meant that the demand for steel, cement and transport equipment was now much lower[38]. In addition, discount rates were raised and the public deficit was reduced again in 1935 by a new conservative government, which discouraged the recovery of investment. The erosion of profits caused by the high political polarization appeared as an additional obstacle to the improvement of capital formation.

The second basic reason for the slow recovery was the poor performance of exports. In 1935 exports measured at constant prices seemed to have stagnated at the level of 1933, which was already significantly low. Imperial preferences and growing protectionism in key markets of Britain and France hit the export of oranges, wine and other Mediterranean products particularly hard[39]. Moreover, the appreciation of the peseta after 1932 meant that exports faced an additional barrier. From 1933 onwards, the Spanish crisis shared many features with the depression of countries that remained in the gold block.

2. Hegemony of Nazi Germany in Franco's zone during the Civil War, 1936–39

On 17 July 1936 the Spanish colonial troops in Morocco rebelled against the Republican government. The following day, rebel officers left the barracks on the Iberian Peninsula. General Francisco Franco flew from the Canary Islands to the town of Tetuan, situated in Northern Morocco, in order to lead the uprising in continental Africa and to organize the transportation of troops across the Straits of Gibraltar.

[36] *Sudrià*, Factor 357. *Sudrià*, Energy 306.
[37] *A. Gómez Mendoza, E. San Román*, Transportes y comunicaciones, in: *A. Carreras, X. Tafunell* (eds.), Estadísticas históricas de España. Siglos XIX–XX. II (Bilbao 2005) 555.
[38] *Fontana*, Spain 485. *Palafox*, Atraso 109–121.
[39] *Palafox*, Atraso 148–173. *Carreras*, Historia 254.

Due to the joint action of forces loyal to the Republic and armed workers, the rebellious army was defeated in the country's most important industrial capitals. Republican crewmen mutinied and took control of the Navy. Rebel officers realized that they would have to prepare for a long conflict. On 21 July Mussolini met representatives of General Mola and agreed to send military aid to the insurgents. Franco sent a petition to Adolf Hitler, asking for transport planes, fighters and additional war equipment. On 25 July in Bayreuth, Franco's emissaries obtained a positive answer from Hitler[40].

As the failed coup evolved into a long Civil War, requests to Nazi Germany and Facist Italy for aircraft and arms rose steadily. Both countries provided the rebel zone with increasing amounts of war equipment. They also sent elite troops (such as the Condor Legion) to fight the Republic. Since the Bank of Spain's foreign exchange reserves were in Republican hands, the rebel officers could not pay for most of the goods and services they received from totalitarian powers, with the exception of a few cash payments provided by the coup's financial supporters such as Juan March and, more importantly, the proceeds from some raw materials that they were able to export from areas they occupied in the early stages of the war. As a result, by the end of the war on 1 April 1939, *Francoist* Spain was heavily in debt to Italy and Germany.

Table 2. Franco's Civil War Debt to Italy and Germany, according to different sources

Source	Italy Million $	Germany Million $	Germany/Italy %
Juan March 1939	246	148	60
Acknowledged 1940/41	263	149	57
Lenders' claim 1940/41	437	212	49

Sources: *A. Dixon*, Señor Monopolio (Barcelona 1985) 150. Documents on German Foreign Policy 1918–1945, Series D (1937–1945), vol. XII: The War Years (Washington 1962) 194–195. *A. Viñas, J. Viñuela, F. Eguidazu, C. Fernández Pulgar, S. Florensa*, Política comercial exterior en España (1931–1975), Tomo I (Madrid 1979) 212–247. *R. García Pérez*, Franquismo y Tercer Reich (Madrid 1994) 125–144. *C. Leitz*, Economic relations between Nazi Germany and Franco's Spain 1936–1945 (Oxford 1996) 133.

The debt's scale is still a matter of controversy[41]. During the war the generals had not kept a complete record of all commodities shipped to pay for military

[40] *A. Viñas*, La Alemania nazi y el 18 de julio (Madrid 1977) 352. *H. Abendroth*, Mittelsmann zwischen Franco und Hitler. Johannes Bernhardt erinnert 1936 (Marktheidenfeld 1978) 55. *R. Whealey*, Hitler and Spain. The Nazi Role in the Spanish Civil War (Lexington 1989) 7–9. *C. Leitz*, Economic relations between Nazi Germany and Franco's Spain 1936–1945 (Oxford 1996) 18. *C. Leitz*, La intervención de la Alemania nazi en la Guerra Civil española y la fundación de HISMA/ROWAK, in: *P. Preston* (ed.), La República asediada, (Barcelona 2001) 105–153. *A. Viñas*, Franco, Hitler y el estallido de la guerra civil (Madrid 2001) 368–384. *P. Preston*, Franco 'Caudillo de España' (Barcelona 2004) 188–192.

[41] Some of the significant contributions to the debate can be found in the following works: *G. T. Harper*, German Economic Policy in Spain during the Spanish Civil War 1936–1939 (The Hague 1967). *J. Sardá*, El Banco de España (1931–1962) (Madrid 1970), reprinted in: *J. Sardá Dexeus*,

support. In addition, at the end of the conflict the Spanish government contested some of the claims presented to it by its foreign allies – Germany in particular. Nevertheless, all sources agree that the Italians had provided significantly more support to Franco than the Germans.

Table 2 offers a few estimations of *Francoist* Spain's war debt to the totalitarian powers. According to Juan March's contacts within the British Foreign Office, on 27 April 1939 the size of Spain's foreign debt to Italy and Germany may have been around 50 and 30 million pounds, that is, 246 million and 148 million dollars respectively[42]. In 1940, Italy claimed that the Spanish current debt amounted to 8,300 million lire (437 million dollars), but it proposed an agreement for the repayment of only 5,000 million lire (263 million dollar) over a period of 25 years[43]. This deal was approved by Madrid on 8 May. Negotiations with Germany, however, proved more difficult[44]. In fact, no preliminary agreement was reached with Germany until 2 February 1941[45], when Spanish representatives and Councillor Helmut Wohlthat (permanent secretary of the Four Year Plan Office) signed a protocol, in which the Iberian country acknowledged a debt of 372 million marks (149 million dollars). Nevertheless, Berlin held out for an additional 45 million marks as compensation for losses incurred by German citizens due to the Civil War and an extra 136 million marks to cover the cost of the Condor Legion. In total, debt to Germany could have reached 212 million dollars.

Comparing the different pairs of estimates can provide us with an indicator of the comparative cost of support to Franco from his allies. As can be seen, the Italian involvement was much more intense – almost twice that of the Germans (Table 2). However, Germany succeeded in imposing its economic hegemony on *Francoist* Spain, and Italy did not.

Escritos 1948–1980 (Madrid 1987) 293–317. *R. Whealey*, How Franco Financed his War, in: Journal of Contemporary History 12 (1977) 134. *F. Eguidazu*, Intervención monetaria y control de cambios en España 1900–1977 (Madrid 1978) 150–157; 174–175. *A. Viñas, J. Viñuela, F. Eguidazu, C. Fernández Pulgar, S. Florensa*, Política comercial exterior en España (1931–1975), Tomo I (Madrid 1979) 212–247. *A. Viñas*, Guerra, dinero y dictadura (Barcelona 1984) 176–201. *A. Dixon*, Señor Monopolio (Barcelona 1985) 146–150. *Whealey*, Hitler 135–142. *R. García Pérez*, Franquismo y Tercer Reich (Madrid 1994) 125–144. *J. Catalan*, La economía española y la Segunda Guerra Mundial (Barcelona 1995) 209–213. *Leitz*, Economic 133. *P. Martín Aceña*, El oro de Moscú y el oro de Berlín (Madrid 2001) 261–274. *E. Martínez Ruiz*, Las relaciones económicas internacionales: guerra, política y negocios, in: *P. Martín Aceña, E. Martínez Ruiz* (eds.), La economía de la guerra civil (Madrid 2006) 306–320. *E. Martínez Ruiz*, Guerra civil, comercio y capital extranjero (Madrid 2006) 74–83.

[42] *Dixon*, Monopolio 150. *Catalan*, Economía 210.

[43] Bonos del Estado Español en liras italianas (convenio 8 de mayo de 1940), in: *Instituto de Estudios Fiscales* (ed.), Datos básicos para la historia financiera de España, 1850–1975, vol. II 75.

[44] *Sardà*, Escritos 309. *Eguidazu*, Intervención 153. *Viñas*, Guerra 197. See also *Martínez Ruiz*, Relaciones 306–320.

[45] Documents on German Foreign Policy 1918–1945, Series D (1937–1945), vol XII: The War Years (Washington 1962) 194–195. *García Pérez*, Franquismo 227–237. *Catalan*, Economía 211. *Leitz*, Economic 133.

Chart 2. Destination of Spanish exports in percentage (arms excluded)

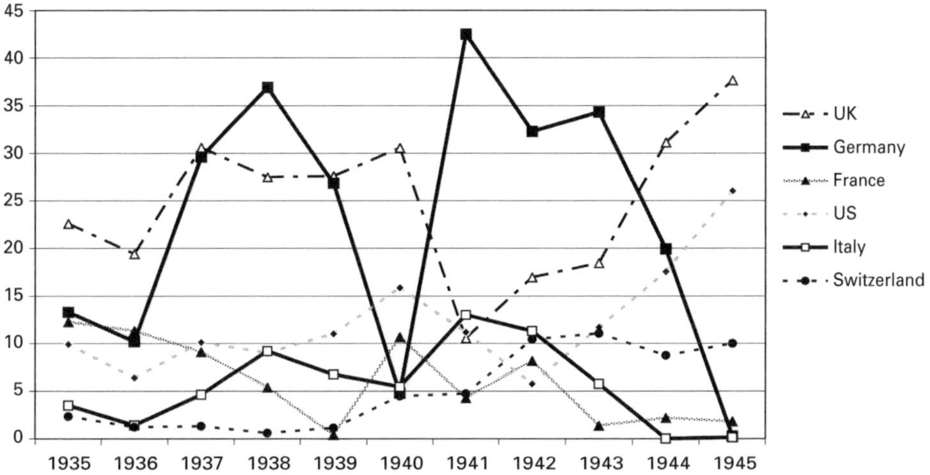

Sources: 1935 and 1939–45, Estadística de Comercio Exterior de España, Madrid, several issues; 1936–38, *E. Martínez Ruiz*, Guerra civil, comercio y capital extranjero (Madrid 2006) 19.

Spanish foreign trade statistics reveal substantial gaps for both war zones during the Civil War. Nevertheless, recent attempts to reconstruct foreign trade statistics tend to confirm that, over the course of the conflict, Germany took Britain's place as the main foreign market for Spain's exports[46]. As Chart 2 shows, Germany's share of total Spanish exports rose from 13 per cent in 1935 to a peak of 37 per cent in 1938. In contrast, though Italy surpassed France and became Spain's fourth foreign market, it never accounted for more than 10 per cent of Spanish exports. Italy performed better than Latin American countries and most of European countries as a market for Spanish goods during the Civil War, but remained substantially below Britain or the United States (except in 1938). At its highest point, the Italian share was only 9 per cent, that is, less than a quarter of the German peak figure.

The pattern of non-military imports during the Civil War also appears to confirm the Third Reich's hegemonic position in Spanish foreign economic relationships. Germany took the US's place as the main supplier of non-military imports during 1937 and 1938. Germany's share of Spanish imports increased from 14 per cent in 1935 to 26 per cent in 1938.

In 1939, Germany and the United States made up similar proportions, around 15 per cent. Both economies were surpassed by Argentina, which supplied about 30 per cent of Spanish imports in that year.

The benefits of Mussolini's support to Franco in Italian non-military sales to Spain again appear to be much more modest than those of the Reich. At its Civil

[46] *Martínez Ruiz*, Relaciones 273–327. *Martínez Ruiz*, Guerra 17–71.

Chart 3. Origin of the Spanish imports in percentage (arms excluded)

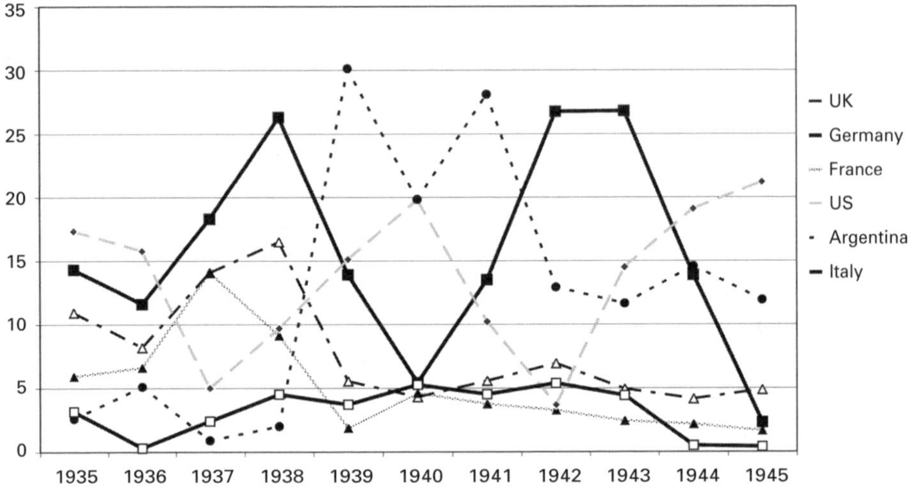

Source: 1935 and 1939–45, Estadística de Comercio Exterior de España, Madrid, several issues. 1936–38, *E. Martínez Ruiz*, Guerra civil, comercio y capital extranjero (Madrid 2006) 19.

War's zenith in 1938, the Italian share of non-military Spanish imports reached just 4 per cent, only slightly higher than the figure of 3 per cent recorded in 1935. In contrast, the share of the Spanish market captured by Germany was more than five times larger.

The key to German success was the role played by the two companies which were granted quasi-monopolistic rights on foreign trade with Spain – HISMA and ROWAK[47]. The *Compañía Hispano Marroquí de Transportes* (HISMA) was founded at Tetuan on 31 July 1936 by Johannes Bernhardt, member of the *Auslandsorganisation der NDSAP* who attended the crucial meeting with Hitler at Bayreuth. HISMA's main task was to organize the transportation of German arms and commercial goods to *Francoist* Spain.

On 2 October 1936, the *Rohstoff- und Wareneinkaufsgesellschaft* (ROWAK) was set up in Berlin. It seems that Herman Göring intended to use this new firm to centralize German imports of strategic raw materials from Spain and subordinate them to the priorities of the Second Four Year Plan[48]. Eberhard von Jagwitz, another member of the *Auslandsorganisation*, was appointed director of the new

[47] *Viñas*, Alemania 381–401. *Viñas*, Política 148–180. *Whealey*, Hitler 72–88. *García Pérez*, Franquismo 59–76. *Leitz*, Economic 8–52. *Leitz*, Intervención 118–153. *Martínez Ruiz*, Relaciones 296–320.

[48] *Wolfgang Schieder*, Spanischer Bürgerkrieg und Vierjahresplan. Zur Struktur nationalsozialistischer Außenpolitik, in: *Wolfgang Schieder*, *Christof Dipper* (eds.), Der Spanische Bürgerkrieg in der internationalen Politik (1936–1939) (München 1976) 162–190. *Whealey*, Hitler 79. *García Pérez*, Franquismo 67. *Leitz*, Economic 29.

firm. On 9 October 1936 the *Reichwirtschaftsministerium* forbade all private imports from Spain, except those undertaken by ROWAK.

By means of HISMA and ROWAK system, the Reich, and in particular the Office of the Four Year Plan, was able to take control of the foreign trade of the *Francoist* zone during the Civil War. As the rebel army lacked foreign exchange, the system organized to trade with the Reich proceeded as follows. Spanish importers applied to Franco's Junta for licenses. If accepted, they deposited the import value in pesetas in a HISMA account[49]. ROWAK then paid the German exporter in marks. For exports, the system worked the other way round.

Like a clearing system, the *modus operandi* HISMA-ROWAK was conceived to trade without using foreign exchange. ROWAK controlled most of German imports and had substantial means at its disposal because of the large imports of arms by the rebels. Thus, the firm could finance cheap, mass imports of raw materials to fulfil Göring's objectives. With this system in place, *Francoist* authorities lost the capacity to redirect foreign trade to areas with hard currencies. Even more importantly, as intermediaries, the two companies enjoyed a large monopolistic and monopsonistic market power, forcing the Spanish generals to pay more for imports and obtain less from exports. As a result, *Francoist* Spain sought to sign a clearing agreement with Germany, but Göring's men were reluctant[50]. Finally, the protocols signed with Germany in 1937 postponed the review of the commercial *status quo* and the agreement on the Spanish debt until the end of the war.

During the Civil War, HISMA used part of its remaining pesetas to buy mining rights in the peninsula, in order to ensure future deliveries of pyrites, iron ore and other minerals to the Four Year Plan Office[51]. The rebel generals rejected this expansionist policy and in June 1938 approved a new mining law which limited the maximum participation of foreigners in the capital of Spanish firms to 40 per cent. However, pressure from Ambassador Eberhard von Stohrer paved the way for exceptions[52]. At the time of the last great battle of the war, the battle of Ebro, the main exceptions were the German mining interests in HISMA and its subsidiary *Montaña*. By the end of the war, HISMA's concerns were worth 101 million pesetas.

In November 1938 the company *Sociedad Financiera Industrial S.A.* (SOFINDUS), originally created in Lisbon, was registered in Salamanca. This society was a holding under the control of Berhardt and ROWAK. Its subsidiaries were firms operating in traditional Spanish exporting activities such as wine, cork, and wool. The capital of the firms in which SOFINDUS held interest amounted to 122 million pesetas in 1939.

[49] *García Pérez*, Franquismo 64.

[50] *Whealey*, Hitler 81.

[51] *Whealey*, Hitler 83–84. *García Pérez*, Franquismo 71–82. *Leitz*, Economic 53–90.

[52] *G. T. Harper*, German Economic Policy in Spain during the Civil War (The Hague 1967) 99–101. *A. Gómez Mendoza*, El "Gibraltar económico": Franco y Riotinto, 1936–1954 (Madrid 1994) 144–148. *García Pérez*, Franquismo 71–76. *Leitz*, Economic 83–90.

3. Nazi Germany as a model for Franco's early economic policy

Since the beginning of the Civil War, the Spanish rebel officers' economic policy shared many points in common with the measures adopted both in Nazi Germany and Fascist Italy. Franco's Spain did not go so far as to enact policies of racial extermination and the mass use of slave labour; however, the regime did from the outset attempt to organize the economy in accordance with totalitarian principles[53]. Five fundamental points showing the crossover between the economic policy of Nazi Germany and Francoist Spain can be identified[54]:

1. Government setting of prices and central allocation of inputs.
2. Autarky, conceived as industrialization guided by military priorities.
3. A single party, repression of free unions, and centralized wage-setting.
4. Strict foreign exchange control and overvaluation of the currency
5. Alignment with the Axis in foreign policy.

[53] Some authors even consider that forced work by Republican prisoners after the Civil War constituted, in fact, a significant case of slave work. See for instance: O. *Dueñas*, Els esclaus de Franco (Badalona 2007).

[54] The most important studies of early *Francoism*'s economic policy are the following: *A. Montserrat*, *J. Ros*, Entorn del retard en el recobrament dels nivells macroeconòmics de pre-guerra a l'Espanya dels 1950, in: Recerques 2 (1972) 231–246. *J. Clavera*, *J. Esteban*, *M. A. Monés*, *A. Montserrat*, Capitalismo español: de la autarquía a la estabilización (1939–1959), Tomo I (1939–1950) (Madrid 1973) 17–70. *J. Clavera*, Industrialització i canvi de cojuntura a la Catalunya de la postguerra, in: Recerques 6 (1976) 205–221. *P. Schwartz*, *M. J. González*, Una historia del Instituto Nacional de Industria (Madrid 1978) 15–92. *M. J. González*, La Economía Política del Primer Franquismo (Madrid 1979) 36–133. *A. Ribas*, L'economia catalana sota el franquisme (1939–1953) (Barcelona 1978). *Viñas*, Política 141–452. *M. García Crespo*, *R. Velasco*, *A. Mendizábal*, La economía vasca durante el franquismo. Crecimiento y crisis de la economía vasca: 1936–1980 (Bilbao 1981) 45–129. *C. Barciela*, Las investigaciones sobre el mercado negro de productos agrarios en la posguerra: situación actual y perspectivas, in: Revista de Historia Económica 3 (1985) 513–520. *J. L. García Delgado*, Notas sobre el intervencionismo económico del primer franquismo, in: Revista de Historia Económica 1 (1985) 135–146. *C. Barciela*, Introducción, in: *R. Garrabou*, *C. Barciela*, *J. I. Jiménez Blanco* (eds.), Historia agraria de la España contemporánea. 3. El fin de la agricultura tradicional (1900–1960) (Barcelona 1986) 383–454. *F. Comín*, El Presupuesto del Estado tras la Guerra Civil: dos pasos atrás, in: Economistas 21 (1986) 24–32. *J. Fontana*, Reflexiones sobre la naturaleza y las consecuencias del franquismo, in: *J. Fontana* (ed.), España bajo el franquismo (Barcelona 1986) 8–38. *J. Catalan*, En el cincuenta aniversario de la II Guerra Mundial: un fracaso de la economía española, in: Revista de Economía 3 (1989) 87–92. *J. L. García Delgado* (ed.), El primer franquismo. España durante la segunda guerra mundial (Madrid 1989). *J. L. Casas* (ed.), La postguerra española y la Segunda Guerra Mundial (Córdoba 1990). *P. Martín Aceña*, *F. Comín*, INI. 50 años de industrialización (Madrid 1991) 63–304. *Gómez Mendoza*, Gibraltar. *García Pérez*, Franquismo. *Catalan*, Economía. *F. Comín*, Sector público y crecimiento económico en la dictadura de Franco, in: Ayer 21 (1996) 163–186. *San Román*, Ejército 143–302. *A. Gómez Mendoza* (ed.), De Mitos y Milagros. El Instituto Nacional de Autarquía (1941-1963) (Barcelona 2000). *C. Barciela*, *I. López*, *J. Melgarejo*, *J. A. Miranda*, La España de Franco (1939–1975) (Madrid 2001) 15–155. *J. Catalan*, Franquismo y autarquía, 1939–1959: enfoques de historia económica, in: Ayer 46 (2002) 263–283. *C. Barciela* (ed.), Autarquía y mercado negro. El fracaso económico del primer franquismo, 1939–1959 (Barcelona 2003). *P. Martín Aceña*, *E. Martínez Ruiz* (eds.), La economía de la guerra civil (Madrid 2006). *E. Fuentes*, *F. Comín* (eds.), Economía y economistas españoles en la guerra civil (Barcelona 2008).

Franco's *Junta de Defensa* prohibited price increases on October 13 1936. It also created provincial price boards, with the intention of keeping prices below the pre-uprising level. On March 10 1939, with Franco's victory, a new bill set up the *Comisaría General de Abastecimientos y Transportes* (CGAT), whose function was to set maximum prices for basic foodstuffs[55]. The CGAT would also be responsible for rationing, which would last until the early fifties. On 4 August 1939 an order by the Ministry of Industry and Trade opened the way for restoring prices of manufactured goods to July 1936 levels. The Ministry would take charge of determining maximum prices of both outputs and inputs of basic goods such as leather, footwear, cotton, wool, textiles, scrap, iron or steel[56]. The overlapping functions between the provincial juntas of prices, the CAGT and the Ministry of Industry led to the creation of the *Junta Superior de Precios* to oversee price-setting; this new board came into being on November 6 1941.

The centralized allocation of goods also began at an early stage of the war. On August 27 1936 the *Junta de Defensa* authorized the rebel generals to temporarily confiscate minerals and manufactured goods. This authorization was applied for the first time in the case of the Riotinto pyrites, one of the Mediterranean's most valuable mineral deposits[57]. Pyrites, a basic input in the production of sulphuric acid, were confiscated, mainly for shipment to Germany. At the same time, Bernhardt, Göring's main agent in Spain, succeeded in obtaining an embargo on pyrite exports to France[58]. Throughout the Civil War, the men of the Four Year Plan obtained all the pyrites, iron ore, olive oil, wines or colophons they might wish for from the rebel officers.

In March 1937 Franco approved the *Fuero del Trabajo*, a law which established that businessmen and workers should together join industrial associations, named *sindicatos verticales*. Among other duties, the bill required the associations to keep prices under control and to subordinate them to *national interest*. On June 8 1937, the decision was made to create *sindicatos verticales* in textiles, paper, soap, tin production and food-processing.

On July 16 1938 a new bill set up industrial committees (*comisiones reguladoras de la producción*), with the function of importing raw materials, controlling foreign trade, setting prices, and licensing new industrial investments. In August a new decree was passed to regulate investment licensing, under the guidance of the Ministry of Industry. On September 12 1939, a new law confirmed the regime's intention to retain centralized control on private industrial investment.

On January 26 1940, all remaining unions were ordered to dissolve and join the *sindicatos verticales*. On December 6 another bill transferred the functions of the

[55] The legal references in this section are based on *Vicesecretaría de Educación Popular*, Fundamentos del Nuevo Estado (Madrid 1958). *J. Catalan*, Guerra e industria en las dos Españas, 1936–1939, in: *Martín Aceña*, *E. Martínez Ruiz* (eds.), La economía de la guerra civil (Madrid 2006) 190–218.

[56] *Miranda*, Industria 221–228.

[57] *Gómez Mendoza*, Gibraltar 33–69.

[58] *Gómez Mendoza*, Gibraltar 43–44.

comisiones reguladoras to *sindicatos verticales.* Any member of the associations with executive responsibility had to belong to the single party created in April 1937, the *Falange Española y de las JONS.* Finally, on June 23 1941, the associations were classified into twenty-six vertical unions, ranging from grain (*Sindicato Nacional de Cereales*) to colonial products (*SN de Productos Coloniales*).

The regulation of the cotton textiles market provides an eloquent example of the situation in the manufacturing sector. On December 24 1937 the Committee of Cotton was set up to take charge of importing fibres, allocating raw material, and setting the prices of textile outputs. After a few changes in the name of the committee, these functions were transferred to the *Sindicato Nacional del Textil* on December 31, 1940. This association allocated a quota of raw material to each firm, classified according to specialty: spinning, weaving, knitwear and others. Rationing prices were fixed both for inputs and outputs.

In most industrial activities, conflicts of powers tended to arise between *sindicatos*, ministries and government agencies. Overlapping functions and interference became the norm. Iron products present another significant example: prices and allocation of scrap, iron and steel were centrally directed. Raw materials found their way to firms by means of a variety of channels: a central agency specifically created for iron and steel (DOEIS), the *Sindicato Nacional del Metal*, or through supplies to satisfy military orders.

The preference for autarky was partially the consequence of the lack of foreign exchange in the *Francoist* zone ever since the start of the Civil War. However, the idea was particularly attractive to rebel officers, as it linked import substitution to the launching of an industrialization program guided by military priorities. Juan Antonio Suanzes, Franco's first Minister of Industry in 1938 and the first president of the public holding *Instituto Nacional de Industria* from 1941 onwards, had begun to prepare the Autarky Plan as early as 1937[59]. In Franco's headquarters at Salamanca, Suanzes proposed a new organization of the economy based on protection for domestic production, *sindicatos verticales*, the nationalization of war industries, and the production of synthetic fuel[60]. The program included the purging of teaching and university staff all over the country and the introduction of a card, issued by the single party, the possession of which would be compulsory for obtaining a job.

On June 3 1938 Suanzes approved a decree increasing duties on cotton imports with the aim of subsidizing fibre production in southern Spain, thus continuing the measures taken by General Queipo de Llano in the early days of the rebellion in Seville. On October 20 1938 a new decree established incentives for the domestic production of liquid fuels and tried to promote the manufacture of synthetic petroleum. At the end of the year the Minister presented a list of products whose

[59] *A. Gómez Mendoza*, De Mitos y Milagros, in: *A. Gómez Mendoza* (ed.), De Mitos y Milagros. El Instituto Nacional de Autarquía (1941–1963) (Barcelona 2000) 17–34.

[60] *A. Ballestero*, Juan Antonio Suanzes 1891–1977. La política industrial de la posguerra (León 1993) 71–73. *Catalan*, Guerra 161–227.

imports should be dramatically curtailed: coal, cotton, nitrates, cars, ammonium sulphate, pharmaceuticals, anilines, and rubber.

During the last week of the Civil War, a list of priorities was established in a document sent to the Germans requesting aid for reconstruction[61]. Industries were ranked according the degree of urgency in promoting domestic production. The following activities headed the list: war material, railway equipment, shipbuilding, road transportation, domestic cotton, synthetic fuels and nitrogen. All these activities (except cotton production) would be of strategic importance in the case of war. All of them had also been supported by the German Four Year Plan, and even cotton imports had been the object of a restrictive policy by the Third Reich in order to reduce the pressure on the trade balance[62]. A document of March 22, 1939 summarized the two main objectives of the new State's industrial policy: to balance foreign trade by cutting imports, and to promote all industries necessary for running war over substantial period of time[63].

Support for these autarkic industries continued during World War Two and absorbed most of the resources that the Spanish government allocated to its industrial policy. In 1939 a new bill was passed establishing a package of benefits for those firms declared to be of *national interest*. The manufactured goods in question were synthetic fuels, artificial fibres, nitrogen, and automobiles. In addition, the public holding INI was created in 1941 to provide direct promotion for public investment in manufacturing production. During 1941–45 *Empresa Nacional Calvo Sotelo* accounted for 33 per cent of public capital invested in firms supported by INI[64]. This firm set out to produce synthetic fuel by refining bituminous coal and received technical assistance from *IG Farben*. The rest of INI's firms created before 1945 tended to operate in activities that were strictly related with war: shipping, shipyards, colonial telecommunications, aircraft, aluminum, plane engines or nitrogen. The main exception was *EN de Electricidad*, a power producing firm, created in 1944, the first year of substantial electricity shortages since the end of the Civil War.

On December 6 1936, socialist, communist and anarchist books were prohibited in *Francoist* Spain. In March 1937, the *Fuero del Trabajo* forbade any action against production and striking was made illegal. On April 19 1937 the single party, the *FE y de las JONS*, was established, and all other political organizations were banned. On February 13 1939, the Law of Political Responsibilities created

[61] *Viñas*, Política 294–299. *Catalan*, Economía 214–216.

[62] *Catalan*, Economía 62–64.

[63] *F. Franco Bahamonde*, Fundamentos y directrices de un Plan de saneamiento de nuestra economía, armónico con nuestra reconstrucción nacional, 9 Oct. 1939, in: *J. Tusell*, Historia 16, 115 (1985) 44. See also: *J. Tusell*, Franco, España y la II Guerra Mundial. Entre el Eje y la Neutralidad (Madrid 1995).

[64] *Catalan*, Economía 232–241. *E. San Román*, *C. Sudrià*, Autarquía e ingenierismo: la Empresa Nacional Calvo Sotelo y la producción de lubricantes sintéticos, in: *A. Carreras*, *P. Pascual*, *D. Reher*, *C. Sudrià* (eds.), Doctor Jordi Nadal. La industrialització i el desenvolupament econòmic d'Espanya, II (Universitat de Barcelona 1999) 1499–1530. *San Román*, Ejército 189–226.

wide-ranging powers regarding the imposition of penalties, the confiscation of property, and the removal from public offices of any person who belonged to organizations supporting the Popular Front, including unions. The setting of wages became the responsibility of the Ministry of Labour, which decided to re-establish the nominal wages of July 1936. Because of the substantial inflation caused by the war and the lack organized labour's reactive capacity, real wages fell dramatically. Recent estimates indicate that in 1943 the real wage in manufacturing had sunk to between 53 and 57 per cent of the pre-Civil War level[65].

In 1938 Franco himself decided to set the exchange value of the rebel's zone currency at 38 pesetas per pound, against some economists' proposals who suggested a much more depreciated rate[66]. During the Civil War, overvaluation could be considered as a strategy to erode confidence in the Republican peseta, which came under more pressure than the *Francoist* one in international capital markets. However, when the war came to an end, the peseta's exchange rate was not corrected to reflect the higher level of inflation than in its main trade partners.

Finally, at the end of the Civil War, Franco aligned himself with the Axis. On 27 March, 1939, Spain joined the Anti-Comintern Pact. On 8 May 1939, Franco left the League of Nations.

4. The short-term consequences of the Spanish Civil War

The Spanish Civil War had been a particularly labour-intensive conflict[67]. It only moderately depleted the country's physical capital: most industrial plants, buildings, land and equipment did not experience substantial damage, exceptions being the transportation system and the number of working animals. The scale of destruction of physical capital was lower than in Western Europe during the Second World War. Nevertheless, the loss of human life was proportionally greater in the Spanish Civil War.

About 34 per cent of locomotives and 40 per cent of wagons were destroyed during the Spanish conflict. Although these were substantial losses, compounded by the destructions of bridges, galleries and other railway infrastructure, World War Two would have much more dramatic consequences for the warring nations.

[65] The first figure refers to the purchasing power of the net wage of a skilled male industrial worker, living in provincial capitals. The second refers to an unskilled one. *M. Vilar*, Mercado de trabajo y crecimiento económico en España (1908–1963): Una nueva interpretación del Primer Franquismo (Tesis Doctoral, U. Barcelona 2004) 188–189. See also: *C. Molinero*, *P. Ysàs*, 'Patria, justicia y pan'. Nivell de vida i condicions de treball a Catalunya 1939–1951 (Barcelona 1985) 192–202. *Catalan*, Ruptura 133–137. *M. Vilar*, La ruptura postbélica a través del comportamiento de los salarios industriales: nueva evidencia cuantitativa (1908–1963), in: Revista de Historia Industrial 25 (2004) 81–126. *L. Gálvez*, Produciendo para la revolución y produciendo para la reacción. Trabajo y guerra civil, in: *P. Martín Aceña*, *E. Martínez* (eds.), La economía de la guerra civil (Madrid 2006) 461–489. *M. Vilar*, Los salarios del miedo (Santiago de Compostela 2009) 81–239.

[66] *Fontana*, Reflexiones 25–26. See also *Viñas*, Política 268–281.

[67] *Catalan*, Economía 41–59.

For instance, in Italy more than half of the rolling stock was destroyed, as were more than three quarters of the locomotives and no less than two thirds of the wagons in both France and Greece.

The destruction of harbours and the sinking of merchant ships created significant bottlenecks for the transportation of goods. Shipping capacity during the Spanish Civil War fell by 23 per cent in comparison with pre-war figures. Again, though substantial, this figure fall pales in comparison to the previous combatants in World War Two, which lost more than 70 per cent of their shipping capacity. The poor condition of the transportation system throughout Europe after World War Two intensified the scarcity of basic inputs.

Table 3. War damages in the Spanish Civil War and in the Second World War
% Fall during the war

	Spain	France	Italy	Greece
GDP per capita	33	49	42	65
Locomotives	34	76	50	82
Wagons	40	65	57	90
Shipping capacity	23	73	76	73
Electric generating capacity	1	3	5	3
Electricity production	16	27	26	56
Housing	5	8	5	21
Equines	26	25	32	39
Bovines	11	11	14	49
Population	2	1	1	7

Sources: GDP per capita, *Prados de la Escosura*, El progreso económico de España (1850–2000) (Madrid 2003) 682–684; and *A. Maddison*, Monitoring the World Economy, 1820–1992 (Paris 1995) 194–199; rest of variables, *J. Catalan*, La economía española y la Segunda Guerra Mundial (Barcelona 1995) 53–54.

In respect to war damages, the capital stock in livestock farming suffered substantially. In this case, the data available should be taken with particular caution given the lack of agrarian censuses. However, the official number of horses and cattle can be taken as a proxy. Equine stock decreased 26 per cent during the Spanish conflict. France experienced a similar reduction during World War Two whereas Italy and Greece lost nearly one third of their horses. As for cattle, Spain lost 11 per cent, the same percentage as France, slightly lower than Italy, and much lower than Greece. It should be taken into account that equines and bovines still performed an important role as working animals for agriculture in the four countries examined.

Industrial capital was much less affected, both in Spain and in Western Europe as a whole. For instance, only 1 per cent of Spain's electricity generating capacity was destroyed. France and Greece lost 3 per cent of their capacity in the Second World War and Italy 5 per cent. As can also be seen in Table 3, the fall in electricity production, which can be considered an indicator of the demand for power, was greater than the fall in generating capacity – potential supply. However, it was always lower in Spain than in the other countries considered.

Five per cent of housing was destroyed by war in Spain, around the same as in Italy during the Second World War, and lower than the French figure of 8 per cent. Greece, again, came off worst, with 21 per cent of its housing stock destroyed.

The most recent estimate of Spanish per capita GDP during the war shows a fall that corroborates these general trends[68]. In fact, the per capita product seems to have decreased by about 33 per cent between 1935 and 1939. This is a large reduction but significantly lower than those recorded in our reference countries during World War Two. According to Maddison, Italy may have experienced a fall of 42 per cent and France of 49 per cent. In Greece, the fall seems to have been even more catastrophic, reaching 65 per cent.

Two per cent of the population died during the Spanish Civil War. This figure is higher than the mortality rate in France and Italy during the Second World War, which remained at around 1 per cent. Things again were far worse in Greece, which lost around 7 per cent of its pre-war population.

In short, the stock of physical capital suffered more in France and Italy during the Second World War than it did in Spain during the Civil War. The reverse was true of the population (and the labour force). Nevertheless, although the Spanish conflict directly destroyed more labour, deaths due to war were compensated by the population's natural growth; in fact, in 1939 the number of inhabitants had risen in comparison with 1936.

Post-war political repression was particularly intense in Spain. More than 4 per cent of the pre-war population appear to have been victims of forced exile, purges, or execution. In fact, the effect of this repression on the labour force's accumulation of knowledge and technical skills was even more damaging than that of direct mortality during the Civil War[69].

The losses of labour, human capital and physical capital were not large enough to prevent economic recovery after the Civil War. Only damages to the transportation system (including roads, bridges and automobiles) represented a substantial

[68] *Prados de la Escosura*, Progreso 682–684. *Carreras*, Renta 1341–1342. See Chart 1 in the main text.

[69] The particular intensity of post-Civil War repression has been stressed by many scholars. See, among others: *F. Moreno*, La represión en la España campesina, in: *J. L. García Delgado* (ed.), El primer franquismo. España durante la segunda guerra mundial (Madrid 1989) 189–207. *Catalan*, Economía. *C. Mir*, *F. Corretgè*, *J. Farré*, *J. Sagués*, Repressió econòmica i franquisme: L'actuació del Tribunal de Responsabilitats Polítiques a la província de Lleida (Barcelona 1997). *F. Morente*, La Escuela y el Estado Nuevo. La depuración del magisterio Nacional (1936–1943) (Valladolid 1997). *S. Juliá* (ed.), Víctimas de la guerra civil (Madrid 1999). *F. Vilanova*, Repressió política i coacció econòmica (Barcelona 1999). *P. García Colmenares*, Represión obrera y conflictividad laboral. Los mineros de Castilla y León (1940–1962), in: *C. Mir*, *J. Catalan*, *D. Ginard* (eds.), Enfrontaments Civils: Postguerres i Reconstruccions. Segon Congrés Recerques. Vol. II (Lleida 2002) 797–816. *J. Claret*, El atroz desmoche. La destrucción de la Universidad española por el franquismo, 1936–1945 (Barcelona 2006). The demographic effects of the Civil War have recently been reevaluated in: *J. A. Ortega*, *J. Silvestre*, Las consecuencias demográficas, in: *P. Martín Aceña*, *E. Martínez Ruiz* (eds.), La economía de la guerra civil (Madrid 2006) 53–105.

obstacle to expansion. However, most of damages in harbours, railways and roads could be easily repaired and Spain had the industrial capacity to build new rolling equipment, ships, and trucks. As most of the industrial capacity had been saved, the main impediment turned out to be the lack of raw materials, and the substantial reduction in import levels[70]. The Bank of Spain's reserves had been severely depleted in order to finance the Republican war effort[71]. In addition, the new regime was attracted by the dream of autarky and subordinated its import needs to its political alliances and priorities[72].

5. Nazi economic hegemony in Spain during World War Two, 1939–45

On June 12 1940, with the fall of Paris imminent, Spain formally abandoned neutrality and became a *non-belligerent nation*. Two days after, the Spanish army occupied the international town of Tangier. German subs were being furnished in Spanish ports and, when Italy joined the war in June, its bombers received permission to land in Spain.

By mid 1940 Franco was ready to join the war[73]. Two obstacles finally prevented direct Spanish participation in the conflict. On the one hand, Madrid required a guarantee from Hitler that it would receive French Morocco, Oran and other African territories. From the Nazi point of view this claim might jeopardize the relationships with the Vichy government and lead to a French offensive in northern Africa. Moreover, Mussolini was planning the annexation of Oran and the creation of an Italian corridor up to the Atlantic Ocean. Hitler preferred to avoid conflict with Pétain and Fascist Italy.

On the other hand, the Reich was not ready to supply Spain with the amount of grain, cotton, coal, fuel, scrap and other basic inputs which Franco requested. Germany doubted Spain's capacity to contribute directly to the military effort after three years of Civil War, and in any case was in short supply of most of the raw materials that Spain needed for successful reconstruction. As a result, at the

[70] *Catalan*, Economía 56–59. *Juliá*, Víctimas 29–36. *C. E. Núñez*, El capital humano en el primer franquismo, in: *C. Barciela* (ed.), Autarquía y mercado negro (Barcelona 2003) 40–53. *Ortega*, Consecuencias 78–84.

[71] *Sardà*, Escritos 309. *Eguidazu*, Intervención 153. *Viñas*, Guerra 197. *Martín Aceña*, Oro 23–161.

[72] *Clavera*, Capitalismo 75–98. *Viñas*, Política 290–319. *Catalan*, Fábrica 206–241. *San Román*, Ejército 143–226. *Gómez Mendoz*, Mitos 17–34. *F. Comín*, El triunfo de la política sobre la economía en el INI de Suanzes, in: Revista de Economía Aplicada 26 (2001) 117–211.

[73] *J. Tusell*, Franco no fue neutral, in: Historia 16, 141 (1988) 12–24, *A. Marquina*, La política exterior española durante la Segunda Guerra mundial, in: *J. L. Casas* (ed.), La posguerra española y la Segunda Guerra Mundial (Córdoba 1990) 45–57. *J. Tusell*, España y la Segunda Guerra Mundial, in: *J. L. Casas* (ed.), La posguerra española y la Segunda Guerra Mundial (Córdoba 1990) 35–43. *García Pérez*, Franquismo 169–307. *J. Tusell*, Franco, España y la Segunda Guerra Mundial. Entre el Eje y la neutralidad (Madrid 1995) 15. *G. Nerín*, *A. Bosch*, El imperio que nunca existió (Barcelona 2001) 109–140. *Preston*, Franco 380–441.

Hendaye meeting of 23 October 1940, when Franco expressed his enthusiasm to follow Italy into the war, Hitler preferred to postpone the issue. By contrast, in mid-1941, when Hitler urged Franco to enter the war, the Spanish dictator had already begun to doubt that the Axis powers would eventually win; Franco limited his contribution to the despatch of the Blue Division to fight against the Soviets.

During the World War, Germany became *Francoist* Spain's main trade partner once again[74]. A commercial agreement signed in December 1939 conferred the Iberian country a status comparable to those nations which had established clearing agreements with the Reich.

The peak was reached during the triennium 1941–43, when Germany accounted for an average of 36 per cent of Spanish exports (Chart 2). Britain, traditionally Spain's leading customer, retained an average share of 15 per cent. The Italian share during the triennium reached 10 per cent. Considering 1939–45 as a whole, the Reich directly absorbed 23 per cent of Spanish exports, and Britain 25 per cent, but it should be remembered that hardly any trade with Germany took place in 1945 and that commercial relations were severely handicapped both in 1940 and 1944 because of war operations.

Germany imported traditional foodstuffs such as oranges, wine, olive oil, and vegetal raw materials such as resins and raw cork from Spain. Iberia also provided the Reich with traditional minerals such as pyrites, iron ore, lead or mercury[75]. Moreover, Germany also purchased manufactured products such as wool blankets, leather, manufactured cork, preserved fish and pistols[76]. Chart 4 shows the evolution of the Spanish exports of automatic pistols from the Basque Country[77]. More than a half of the 358,000 automatic pistols exported by the Basque firms went to Germany, directly contributing to the Reich war effort.

Nazi imports of wolfram were particularly significant[78]. This mineral could be used for the production of ammunition capable of penetrating steel armour, and Portugal and Spain were its main suppliers in Europe. Though concerted attempts were made to regulate the marketing of wolfram in both countries, widespread smuggling occurred. In 1943, wolfram overtook oranges as Spain's main official export[79]. Moreover, if smuggling is taken into account, wolfram appears to have been far and away Spain's biggest export in the critical years of World War Two.

[74] *J. Catalan*, Sector exterior y crecimiento industrial. España y Europa, 1939–1959, in: Revista de Historia Industrial 8 (1995) 105–111. *E. Martínez Ruiz*, El sector exterior durante la autarquía. Una reconstrucción de las balanzas de pagos de España (1940–1958) (Edición revisada, Madrid 2003) 73–85.

[75] *Viñas*, Política 170–180. *Gómez Mendoza*, Gibraltar 71–98. *García Pérez*, Franquismo 93–316. *Catalan*, Economía 182–188. *Martínez Ruiz*, Sector 73–85.

[76] *Catalan*, Economía 179–182.

[77] *Catalan*, Economía 179–182. *Goñi*, Evolución 423–427.

[78] *Viñas*, Política 448–452. *García Pérez*, Franquismo 438–492. *Catalan*, Economía 182–188. *Leitz*, Economic 170–199. *M. X. Rodríguez*, *A. Losada*, Producción española de volframio y 'guerra económica' 1936–1945, in: *Josep Fontana*, Història i Projecte Social (Barcelona 2004) 1556–1572. *Carmona*, Empeño 250–261.

[79] *Viñas*, Política 449–450. *Catalan*, Economía 182–189.

Chart 4. Spanish exports of automatic pistols and wolfram

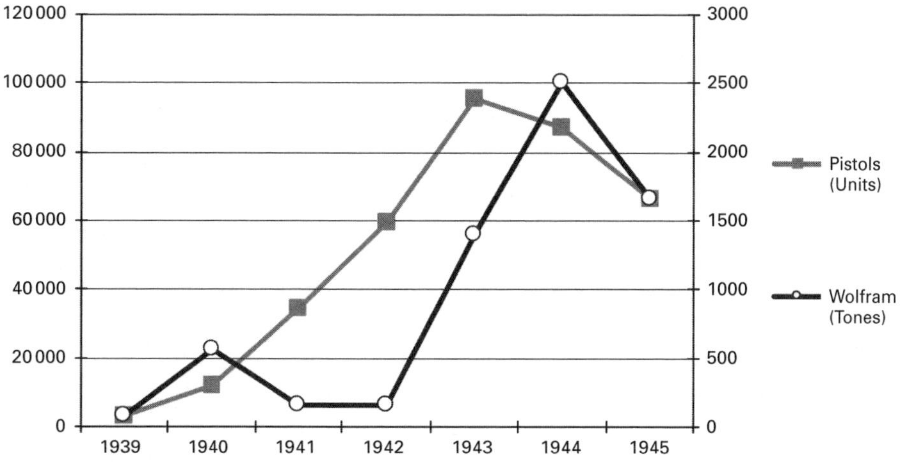

Source: *J. Catalan*, La economía española y la Segunda Guerra Mundial (Barcelona 1995) 179–188.

Other strategic minerals required by war were fluorspar and mica[80]. The former was an input for the production of opaque glass, steel alloys, and aluminum. Mica was used as insulating material in the construction of submarines. However, after wolfram, the most important minerals exported to Germany around 1943 continued to be mercury, pyrites, and iron-ore.

As noted above, during the Civil War, Göring's men in Spain had begun to create a network of German properties under the control of the Four Year Plan Office, which was set up to contribute to the Reich war effort through the export of strategic raw materials. This policy continued during the World War, but new acquisitions proceeded rather slowly, given that the earlier trade surplus of the Reich had turned into a deficit.

The commercial agreement signed between Spain and Germany in December 1939 had ended with the monopsonistic rights of HISMA, making the company much less profitable. As a result, most of its subsidiaries were transferred to the holding SOFINDUS, which would centralize firms that traded strategic goods, such as raw materials, during World War Two. Its capital continued under the control of ROWAK.

Table 4 shows that during the World War, most of SOFINDUS's subsidiaries remained focused on mining and transportation. After 1942, hardly any new firms were added to the list because of Germany's huge trade deficit with Spain. SOFINDUS's non-profitable subsidiaries were sold off or liquidated.

80 *Leitz*, Economic 209–212.

Table 4. SOFINDUS subsidiaries, 1939–42

Agro	Agricultural studies	Seville
Aralar	Iron ore	Tolosa
Bauer	Transport agency	Hendaye
Corchos zum Hingste	Production and export of manufactured cork	Seville
Exportadora de Pieles	Export of skins and hides	Salamanca
Fluoruros	Fluorspate mining	Madrid
General de Lanas	Export of wool	Salamanca
Hermann Gärtner	Export of resins and turpentine	San Sebastian-Madrid
Importaciones de Minerales	Fluorspate mining	Madrid
Iroma	Transport	Irun
Laboremus	Transport	Paris
Lesser	Transport agency	Lisbon
Mauretania	Iron ore minig	Tetuan
Minas de Irún y Lesaca	Iron ore minig	Bilbao
Minera Marroquí	Iron ore mining	Tetuan
Minerales de España	Ore trade and shipping	Tetuan
Montaña	Mining	Bilbao
Montañas del Sur	Lead mining	Seville
Montes de Galicia	Wolfram mining	Vigo
Naviera Bachi	Shipping	Bilbao
Naviera Ibérica	Shipping	Madrid-Castellon
Nertóbriga	Iron ore mining	Fregenal
Nova	Manufacturing and infrastructure	Bilbao
Productos Agrícolas	Export of agrarian products	Valladolid-Valencia
Santa Tecla	Wolfram mining	Vigo
Scholtz Hermanos	Wine production and export	Malaga
Sierra de Gredos	Ambligonite minino	Salamanca
Somar	Transport	Salamanca
Transcomar	Shipping	Bilbao
Transportes Marion	Transport	Salamanca

Sources: *A. Viñas, J. Viñuela, F. Eguidazu, C. Fernández Pulgar, S. Florensa*, Política comercial exterior en España (1931–1975), I (Madrid 1979) 344–345. *R. García Pérez*, Franquismo y Tercer Reich (Madrid 1994) 114–125. *C. Leitz*, Economic relations between Nazi Germany and Franco's Spain 1936–1945 (Oxford 1996) 104.

The purchase of Spanish raw materials by Nazi Germany also fostered the Spanish trade surplus in an indirect way. Germany's urgent need for wolfram and other strategic goods led the Allies to make preventive purchases in Spain, opening up another economic front in the war effort, and reinforcing the trend towards a trade surplus in the middle stages of World War Two. As a result, the peseta appreciated against the dollar on the black market up to 1943.

Germany's economic hegemony in Spain during the Second World War led to the dramatic paradox of the Spanish balance of payments shown in Chart 5. As a developing economy, Spain's trade balance with the rest of the world was traditionally negative. After the Civil War its capacity for export was weakened and reconstruction required additional amounts of raw materials, energy and equipment; one would therefore have expected the trade deficit to increase. However,

Chart 5. The Spanish foreign accounts' surplus and the change of the peseta against the dollar, 1931–45

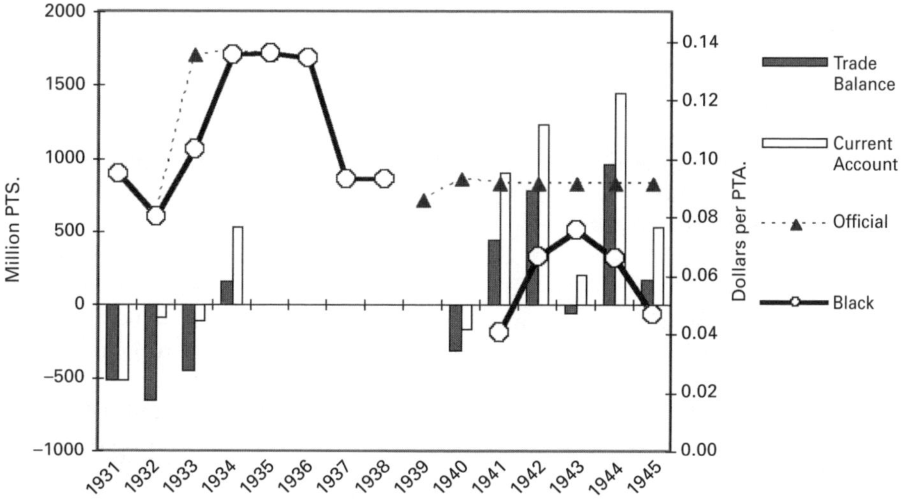

Sources: Trade balance and current account, *A. Tena*, Sector exterior, in: *A. Carreras*, *X. Tafunell* (eds.), Estadísticas históricas de España. Siglos XIX-XX. II (Bilbao 2005) 636–637; official exchange rate and black market exchange rate, *P. Martín Aceña*, *M. A. Pons*, Sistema monetario y financiero, in: *Carrreras*, Estadísticas 705.

the country experienced a trade (and current account) surplus with the rest of the world, thanks above all to Nazi Germany[81].

Spain sought to reduce its surplus with Germany by increasing its imports from the Reich. As Chart 3 indicates, in 1942 and 1943 the Reich became the main supplier of foreign goods to Spain, while Argentina took first place as supplier of imports during 1939–41 and the US during 1944–45. Spain mainly imported food and cotton from Argentina, whereas the US supplied basic inputs such as oil, cotton, scrap and nitrate fertilizers.

In 1940 the Spanish Ministry of Industry had estimated the basic amount of German aid necessary for reconstruction as 650,000 tons of grain, 625,000 tons of nitrate fertilizers, 400,000 tons of petrol, 200,000 tons of coal, 200,000 tons of kerosene, 100,000 tons of fuel-oil and 100,000 tons of cotton[82]. Although Spain asked Germany for these commodities, the amounts remained far above the Reich's actual possibilities and total exports to Spain were in fact much lower. In fact, the contribution of American goods to Spain's reconstruction may have been slightly more significant. According to official trade statistics, which exclude armament

[81] Viñas gave data on the Spanish commercial surplus in trade with Germany between 1940 and 1943. Spain closed with a surplus every year: 10 million gold pesetas in 1940, 109 million in 1941, 48 million in 1942 and 55 million in 1943. The data excluded State trade in 1943. *Viñas*, Política 404–405.

[82] *García Pérez*, Franquismo 173.

imports, the US provided about 14.8 per cent of Spanish imports during 1939–45, a share very similar to the German one (14.7 per cent), while Argentina accounted for 18.5 per cent[83].

As Spain accumulated claims against the Reich, Germany pressed for the reimbursement of Civil War debt[84]. Madrid continued to regard the German calculations, which included the pensions of the Condor Legion and compensation for the losses of German citizens during the Civil War, as excessive. Nevertheless, Spain used a substantial part of its surplus to cancel corresponding amounts of the debt with the Reich.

By signing the Secret Protocol on February 28 1941, Spain had recognized a direct war debt to Germany of 371.8 million marks. In addition, Germany continued claiming for 111 million marks to cover the costs of the Condor Legion (including interest) and 45 million marks as compensation to German citizens for losses during the Civil War.

For its part, Spain could claim the expenditure of the Blue Division fighting in the Soviet Union, estimated at about 80 million marks. Spain also filed for the losses of its citizens in Germany during the World War and the blocked savings of Spanish workers in the *Reich*. Since 1941, Spain had sent around 10,000 workers to Germany to contribute to the Nazi war effort[85].

Madrid also included a 1922 issue of bonds by the Austrian government, with an estimated market value of 3.1 million marks. Moreover, in December 1942, by means of a new Trade Agreement, Spain lent Germany 70 million marks from the surplus in the clearing account. In April 1943, IEME delivered 30 million marks in pesetas to SOFINDUS, in support of the continuation of German imports of wolfram. The German embassy in Madrid also was granted extra aid, worth 3.2 million marks. Finally, in autumn 1943, Madrid decided to pay back 100 million marks in cash to cancel the corresponding part of its war debt.

In March 1944 German and Spanish negotiators agreed that the Civil War debt would be completely settled with an additional payment of 100 million marks. Spain undertook to repay this remaining amount before the end of that year. Nevertheless, in May the new Spanish Foreign Affairs minister, the monarchic general Francisco Gómez Jordana (who had replaced Franco's pro-Axis brother-in-law, Ramón Serrano Suñer) refused the agreement.

Before mid-1944 Franco's Spain had not only helped Nazi Germany by sending raw materials, food, men and arms and by reimbursing the lion's share of the Civil War debt, but, by purchasing war equipment from the Reich, they had also enabled Germany to continue importing strategic goods from Iberia. According to data from the *Ausfuhrgemeinschaft für Kriegsrat*, Spain imported 258 million

[83] *INE*, Estadística de Comercio Exterior de España, various issues. See Chart 3 in this article.
[84] The most complete account of the negotiations is made in *García Pérez*, Franquismo 125–144, 227–237, 463–473 and 502–528.
[85] *García Pérez*, Franquismo 352.

Chart 6. War armament exported by Ausfuhrgemeinschaft für Kriegsrat (million marks)

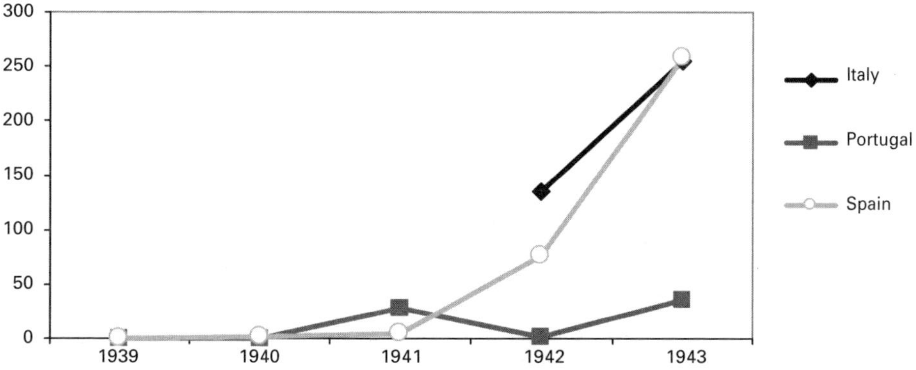

Source: *O. Dankelmann*, Franco zwischen Hitler und den Westmächten (Berlin [East] 1970) 224, cited by *C. Leitz*, Economic relations between Nazi Germany and Franco's Spain 1936–1945 (Oxford 1996) 161.

marks in war armaments in 1943[86]. This figure was not only around 69 per cent of the Civil War debt accepted in 1941, but also represented as much war equipment as that imported by one of the combatant nations, Italy, and more than five times as much as that imported by a genuine neutral, Portugal. This huge military expenditure was of no use to the country's economic recovery; its opportunity cost was extremely high in an economy with very few rations and acute bottlenecks in the supply of raw materials and energy[87].

German technical assistance and investment in Spain had a more positive effect, in that it helped to promote industrial activities with powerful spin-offs. German intervention in mechanical engineering in the Iberian Peninsula increased remarkably during World War. *AEG* took over the Catalan firm *La Electra Industrial* and built a new factory in Terrassa, where engines, transformers and generators were manufactured[88]. The other German giant of electrical-engineering, *Siemens*, expanded its factory in Cornellà. *Telefunken* created a subsidiary in Madrid to

[86] *O. Dankelmann*, Franco zwischen Hitler und den Westmächten (Berlin [East] 1970) cited by *Leitz*, Economic 161. Data on Spain and Italy is also quoted by *Viñas*, Política 411. Germany tried to sell war equipment at extremely high prices. Madrid estimated that the real cost of the arms purchased in the framework of the *Bär* 1943 program was 216 million marks; Berlin requested 625 million marks for them. *García Pérez*, Franquismo 393–403. The first of these figures is very near the figure for Spanish imports in Chart 6.

[87] The high opportunity cost of Spain's high military expenditure during early *Francoism* has been stressed in the following works: *Carreras*, Industria 286–295. *Comín*, Presupuesto 24–32. *J. Catalan*, Industrialización difusa y desarrollo económico: el retroceso de 1939–58, in: *J. Nadal*, *J. Catalan* (eds.), La cara oculta de la industrialización española (Madrid 1994) 377–381. *F. Comín*, La hacienda pública en el franquismo autárquico, 1940–1959, in: *C. Barciela* (ed.), Autarquía y mercado negro. El fracaso económico del primer franquismo, 1939–1959 (Barcelona 2003) 253–255.

[88] *Catalan*, Fábrica 1294–1298.

Chart 7. Number of patents registered in Spain

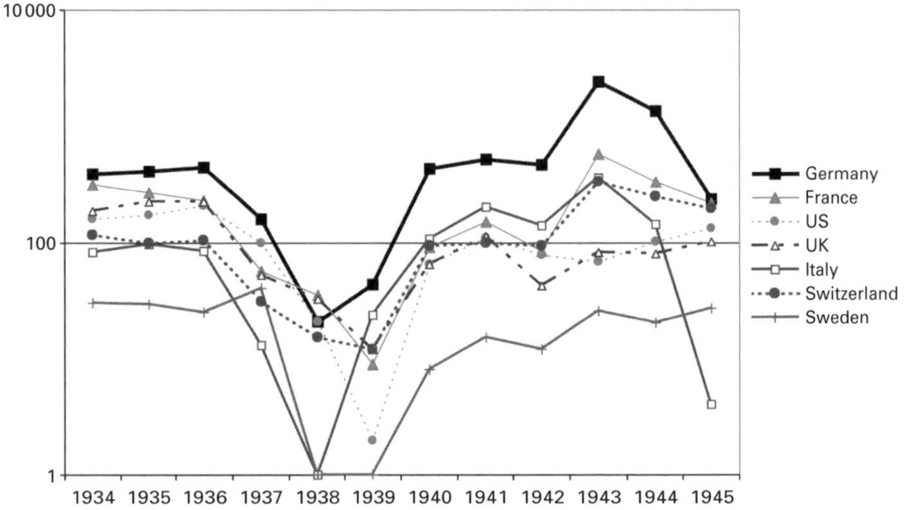

Source: *J. P. Sáiz*, Investigación y desarrollo: patentes, in: *A. Carreras*, *X. Tafunell* (eds.), Estadísticas Históricas de España. Siglos XIX y XX. Volumen II (Bilbao 2005) 857.

produce radios. *Forjas de Alcalá*, under German control, produced steel and railway equipment.

Chemistry and pharmaceutics also benefited from the German presence in Spain. *Unicolor (Unión Química Lluch* until 1939) and *Fabricación Nacional de Colorantes y Explosivos*, both contoled by *IG Farben*, promoted the production of anilines in Barcelona[89]. The Catalan plant was modernized and the manufacture of new intermediate products was undertaken. Another Spanish subsidiary of *IG Farben, Química Comercial y Farmacéutica,* undertook the production of sulphamides and aspirin in Barcelona. *Schering AG* bought *Instituto Llorente* from Madrid and constructed a plant to produce insulin and other pharmaceutical products in the Spanish capital.

Patent registration by foreigners in Spain can be considered as an additional evidence of Nazi Germany's hegemony in the early years of Franco's regime (Chart 7). Before the Civil War Germany had already been the leader among foreign countries in patent registration in Spain, recording 407 in 1935, but during World War Two its technological dominance became greater still both in absolute and relative terms[90]. In 1943, German citizens registered 2,413 patents, that is, almost six times the 1935 level. France and the UK, Germany's closest rivals in

[89] *Puig*, Bayer 75–76.

[90] *J. P. Sáiz*, Investigación y desarrollo: patentes, in: *A. Carreras*, *X. Tafunell* (eds.), Estadísticas Históricas de España. Siglos XIX y XX. Volumen II (Bilbao 2005) 835–849.

pre-war Spain, registered 575 and 85 patents respectively in 1942; France had little more than doubled its share, and the UK's had fallen to a third of its pre-Civil War level. German patenting in Spain declined as the World War proceeded, but the peak in patenting reached in 1943 was not surpassed again by another country until 1967 by the US, which would become the new leader in technological transfer to Spain during the Golden Age.

Traditionally, the French were the most important foreign business community in Spain. During the Second World War, the Germans took the lead. Table 5 shows the number of new identity cards granted to foreigners working in Spain. It can be seen that in 1943 alone, 2,091 Germans obtained identity cards compared with only 1,531 French professionals. Interestingly, Italians and the Swiss followed in third and fourth positions (see also the improvement of both countries in Chart 7's patents).

Table 5. Identity cards given to foreign professionals working in Spain, 1943

Classified according nationality		Classified according residence	
Germany	2091	Barcelona	2687
France	1531	Madrid	1638
Italy	1095	Guipuzcoa	480
Switzerland	582	Vizcaya	288
United Kingdom	581	Tenerife	279
Argentina	528	Sevilla	251
Cuba	230	Valencia	250
Belgium	121	Las Palmas	235
Turkey	83	Navarra	177
Other	969	Other	1526
Total	7811	Total	7811

Note: Portuguese nationals did not require identity cards

Source: *J. Catalan*, Sector exterior y crecimiento industrial. España y Europa, 1939–1959, in: Revista de Historia Industrial 8 (1995).

Most of these foreigners lived in the province of Barcelona, that is, the centre of Spanish industry at the time (Table 5). The next most popular place of residence was Madrid, another important manufacturing centre[91]. The provinces of Guipuzcoa and Vizcaya, the Basque Country's two most industrialized districts, ranked third and fourth[92]. So the lion's share of the migrant flow during World War Two worked in manufacturing. German migrants, like the French and the Swiss, tended to be relatively well qualified and contributed to the country's

[91] *J. L. García Delgado*, La economía de Madrid en el marco de la industrialización española, in: *J. Nadal, A. Carreras* (eds.), Pautas regionales de la industrialización española (siglos XIX y XX) (Barcelona 1990) 219–256. *J. L. García Delgado, M. Carrera*, Madrid, capital económica, in: *L. Germán, E. Llopis, J. Maluquer de Motes* (eds.), Historia económica regional de España, Siglos XIX y XX (Barcelona 2001) 209–237.

[92] *J. Catalan*, La madurez de una economía industrial, in: *J. L. De la Granja, S. De Pablo* (eds.), Historia del País Vasco y Navarra (Madrid 2002) 197–223. *Goñi*, Evolución 385–432.

technological transfer. As in the case of patents, they performed a positive role by encouraging innovation and promoting the structural transformation of Spanish industry.

Although technological transfer and the development of engineering and chemicals contributed to supporting industrial growth in the long-term, the economic policies inspired by Nazi Germany were of little help to the process of reconstruction immediately after the Civil War. Price control and centralized allocation of goods tended to intensify the bottlenecks caused by the scarcity of raw materials and energy and the lack of foreign exchange. Official prices were set very far from the equilibrium point, leading to the emergence of huge black markets[93]. For instance, in 1943 in Bilbao, the black market price of bread was eight times its rationed price[94]. Textile goods were sold at five times their official price. Soap cost four times more. Similar premiums could be observed in the black markets for raw materials, which were particularly active in cotton, wool, leather, scrap, iron or steel[95].

The rationing of raw materials had a particularly damaging effect on economic recovery[96]. Centrally allocated inputs tended to arrive late, and the actual quantities received by firms were often much less than government agencies and *sindicatos verticales* had planned. Quality tended to deteriorate. Firms which worked for the army, INI, and other institutions set up by the new regime received preferential treatment. Conflict of competences became the norm; hoarding was encouraged. Business success became more the result of good connections, which could provide access to the black market, than the consequence of innovations in the productive process. Altogether, the huge black market slowed the recovery of production and consumption levels even further.

Olive oil provides an interesting illustration. It was both an everyday consumer good and a raw material used in industries such as food-processing or chemicals[97]. Spain was the world's largest olive oil producer.

[93] *J. Clavera*, Industrialització 207–221. *Barciela*, Investigaciones. *Barciela*, Introducción 393–398. *Barciela*, España 147–154.

[94] *Catalan*, Industrialización 369–396.

[95] *J. Calvet*, La indústria textil llanera a Espanya, 1939–1959 (Sabadell 1992) 67–148. *Catalan*, Fábrica. *Catalan*, Ruptura 127. *J. A. Miranda*, La industria del calzado española en la posguerra, in: Revista de Historia Económica 2 (1994) 317–339. *Miranda*, Industria 237–254. *Barciela*, España 147–154. *J. A. Miranda*, El fracaso de la industrialización autárquica, in: *Barciela* (ed.), Autarquía y mercado negro. El fracaso económico del primer franquismo, 1939–1959 (Barcelona 2003) 95–121.

[96] *Catalan*, Industrialización 381–387.

[97] The main works on the economic history of olive oil and its extended black market during the postwar years are: *J. M. Naredo*, La incidencia del estraperlo en las grandes fincas del Sur, in: Agricultura y Sociedad 19 (1981) 81–128. *Barciela*, Introducción 388–393. *J. Zambrana*, La industria de los aceites y grasas vegetales en España: un desarrollo limitado, 1850–1950, in: Revista de Historia Industrial 4 (1993) 57–89. *R. Ramon*, La exportación española de aceite de oliva antes de la Guerra Civil: empresas, mercados y estrategias comerciales, in: Revista de Historia Industrial 17 (2000) 97–151. *L. Garrido*, Olivar y cultura del aceite en la historia de Jaén (Jaén 2005) 222–240.

Chart 8. The black market price of dive oil

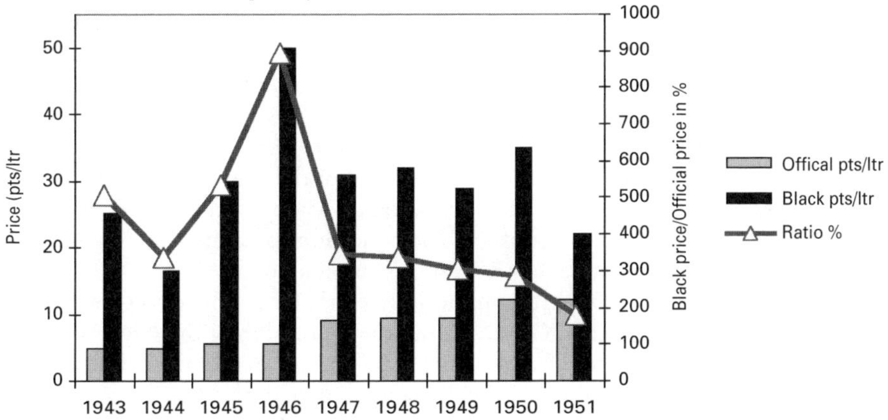

Source: *J. Catalan*, Industrialización difusa y desarrollo económico: el retroceso de 1939–58, in: *J. Nadal*, *J. Catalan* (eds.), La cara oculta de la industrialización española (Madrid 1994) 383

Olive trees had not been excessively damaged by the Civil War and they did not consume large amounts of fertilizer. As the trees constituted a relatively worthwhile capital stock, the incentive to cut them down and shift to another product was low. Nevertheless, rationing led to the emergence of an extended black market for olive oil. The fall in supply should have not been particularly intense, but Chart 8 shows the large price gap between official and free ones: a 500 per cent ratio in 1943 and 1945. The highest gap was reached in 1946, when black market olive oil cost around nine times more. In 1947 and 1951, when more realistic official prices were set, the black market price fell sharply.

Bottlenecks in the supply of energy also became very intense as a result of pricing policies and rationing[98]. Although the apparent consumption of coal increased in Spain compared with pre-Civil War years because the country had its own mines and supply, many firms found themselves short of power. Again, the pricing policy was partially responsible for the poor performance. Prices of low quality ores such as lignites were free: output expanded at a rate of 19 per cent per year. In high quality ores (anthracites and soft coal) the price was officially set and rationing was introduced: output increased only at an annual rate of 3 per cent[99].

Spain totally depended on the foreign supply of crude oil and its by-products. The Republic had imported oil from the Soviet Union, but Franco's regime relied mostly on purchases from the United States. The Allies used the supply of oil as a

[98] *Ribas*, Economia 212. *C. Sudrià*, Segunda Parte: 1936 a 1961, in: *S. Coll*, *C. Sudrià*, El carbón en España, 1770–1961. Una historia económica (Paracuellos del Jarama 1987). *Sudrià*, Factor 327–340. *Sudrià*, Energy 280–289.

[99] *Catalan*, Economía 256.

strategic weapon to prevent the direct entry of Spain into the Second World War[100]. In 1940 and 1941, when Spain's neighbour Portugal was still receiving a relatively regular supply of oil, Spanish imports sank to less than 50 per cent of pre-war levels because of preventive cuts in supply from the US[101]. Later on, the supply to Spain continued to fall, as in the other neutral countries in Europe. But in 1945, when Portuguese imports had risen again to 94 per cent of the pre-war level, Spanish supply of oil remained at 58 per cent of the 1935 level, and far lower than in 1940. As a result, the road transportation system experienced dramatic bottlenecks during most of the conflict. The conditions of supply, far worse than in Portugal, were the consequences of Franco's foreign policy[102].

The electricity supply suffered significantly from the distorting effects of official policy to keep its price frozen. Given the high inflation during the Civil War and World War Two, the real price of electricity fell by around 40 per cent between 1935 and 1945. This sharp reduction in real price combined with the scarcity of fuel, led to a huge increase in the demand for power. Nevertheless, electricity's generating capacity increased very slowly, given that electricity producing firms experienced dramatic profit-squeezing (black marketing of power being impossible). Falling profitability slowed investment. As a result, there were dramatic power cuts between 1944 and 1955. In the worst years of shortages, 1945 and 1949, electricity restrictions amounted to between one quarter and one third of demand[103].

The intensification of scarcity created by the economic policies of Franco's governments from the Civil War onwards meant that the Spanish economy did not fully recover until 1954[104]. Moreover, consumption remained far below the pre-Civil War levels until the late nineteen fifties.

100 *Viñas*, Guerra 251–261.

101 *Catalan*, Economía 252–264.

102 *J. Catalan*, Autarquía y desarrollo de la industria de fábrica durante la Segunda Guerra Mundial. Un enfoque comparativo, in: *J. L. García Delgado* (ed.), El primer franquismo. España durante la segunda guerra mundial (Madrid 1989) 35–88. *Catalan*, Economía 252–264.

103 *Ribas*, Economia 212. *Sudrià*, Factor 333. *Catalan*, Economía 254–264. *Sudrià*, Energy 283–286.

104 *Montserrat*, Entorn 231–246. *Carreras*, Producción 144–145. *Fontana*, Reflexiones 36–38. *Carreras*, Industria 283–295. *J. L. García Delgado*, La industrialización y el desarrollo económico de España durante el franquismo, in: *J. Nadal*, *A. Carreras*, *C. Sudrià* (eds.), La economía española en el siglo XIX. Una perspectiva histórica (Barcelona 1987) 164–189. *J. Catalan*, Los años cuarenta en la periferia de Europa: la economía española en perspectiva comparada, in: *J. L. Casas* (ed.), La posguerra española y la segunda guerra mundial (Córdoba 1990) 59–96. *A. Carreras*, La producción industrial en el muy largo plazo: una comparación entre España e Italia de 1861 a 1980, in: *L. Prados*, *V. Zamagni* (eds.), El desarrollo económico en la Europa del Sur: España e Italia en perspectiva histórica (Madrid 1994) 173–208. *E. Morellà*, El producto industrial de posguerra: una revisión, in: Revista de Historia Económica 1 (1992) 125–143. *J. Catalan*, Spain, 1939–96, in: *M. S. Schulze* (ed.), Western Europe Economic and Social Change Since 1945 (London 1999) 353–371. *Barciela*, España 155–238. *Catalan*, Reconstrucción 145–168. *Miranda*, Fracaso 112–121. *Carreras*, Historia 263–329. *Prados*, Progreso 146–165. *A. Escudero*, *E. Fernández de Pinedo*, La industria española (siglos XIX-XX). Un balance historiográfico, in: *C. Barciela*, *G. Chastagneret*, *A. Escudero*, La historia económica en España y Francia (siglos XIX y XX) (Universidad de Alicante 2006) 155–201.

Table 6. Production And Consumption During The Second Reconstruction Of Western Europe

	Maximum Pre-War PCGDP	Minimum War PCGDP in%	Year of recovery	Duration of reconstruction	Daily Calories consumed 1934-38	Daily Calories consumed 1954-56	1954-56/ 1934-38 %
Austria	3723	47	1950	5	2940	2900	99
Belgium	5030	76	1949	4	2820	2970	105
Denmark	5544	79	1946	1	3450	3360	97
Finland	3486	90	1946	1	3000	3160	105
France	4666	51	1949	4	2830	2890	102
Germany F.R.	5126	49#	1953	8	3040	2990	98
Greece	2727	35#	1956	7#	2551	2720	107
Ireland	3116	101#	1947 or earlier	2 or less	3400	3540	104
Italy	3244	58	1950	5	2510	2550	102
Netherlands	5551	47	1949	4	2840	2940	104
Norway	3945	84	1946	1	3210	3160	98
Portugal	1707	95	1947	2	2280	2450	107
Spain	2947	67	1954	15#	2760	2520	91
Sweden	4725	103	1945	0	3120	2980	96
Switzerland	6302	99	1945	0	3140	3130	100
Turkey	1359	64	1951	6	2490	2780	112
United Kingdom	5983	100	1945	0	3110	3260	105

Sources: Per Capita Gross Domestic Product (PCGDP), *A. Maddison*, Monitoring the World Economy, 1820-1992 (Paris 1995) 194-199; Portugal, *E. Mata*, *N. Valério*, História Económica de Portugal. Uma perspectiva global (Lisboa 1994) 253-254. Calories consumed, *U.N.*, Economic Survey of Europe 1953 (Geneva); *U.N.*, Statistical Yearbook 1961 (New York).

As Table 1 shows, Spain was the only country in Western Europe where the share of the male working population in industry did not increase significantly between 1930 and 1950. Spanish reconstruction turned out to be the least successful in western Europe. Table 6 indicates that the per capita GDP reached in 1935 was not surpassed until 1954, that is, fifteen years after the end of the Civil War. In contrast, most other western European countries took no more than five years to complete their reconstruction.

The average diet consumed by the Spanish population before the Civil War was around 2,760 calories per day. In energy terms, this diet was very similar those of the Italians or the Greeks and only a little behind the French. In contrast, by the mid-fifties, these three countries had recovered their pre-war calorie intake levels, but Spain consumed only 2,520 calories per person – nearly 10 per cent below the pre-Civil War level.

Economic policy was not the only cause behind the unsuccessful Spanish reconstruction. The lack of raw materials and energy were also due to the reduced level of imports[105]. Lower imports were caused not only by the priorities imposed by the autarkic policy but also by world scarcity, the lack of foreign exchange, and the slow recovery of Spanish exports. The overvaluation of the peseta did not help the expansion of exports in the competitive markets of Mediterranean products[106]. In addition, the European Recovery Program excluded Spain, making the effects of the bottlenecks in the supply of basic inputs more acute.

Some analyses of the consequences of the Marshall Plan tend to undervalue the direct contribution of US aid to the recovery of Europe, arguing that bottlenecks were overstressed by European governments and suggesting that the main contribution of the ERP was the new system of incentives for cooperation[107]. These analyses usually disregard the Spanish case. Although the positive effects of the incentives for cooperation within Europe cannot be denied, the poor Spanish performance indicates, nevertheless, that the Marshall Plan directly favoured the rapid recovery of the continent after 1947[108]. Foreign aid helped to alleviate real bottlenecks and to improve the performance of output and exports, given that the main problem of reconstruction was the under-utilization of capacity. It also helped the long term growth of productivity by modernizing capital equipment.

Two final cases underline the negative consequences that the imitation of the economic policies of totalitarian Europe had for Spain's long-term development. The setting of wages by the Ministry of Labour, the prohibition of strikes, and acute inflation combined to produce dramatic and long-lasting falls in the Spanish real wage. A recent estimate establishes a decrease in the industrial wage of between 41 and 46 per cent in 1945 in relation to 1936[109]. In contrast to Portugal, Sweden or Switzerland, the erosion of real wages during World War Two was not transitory but permanent[110]. The reverse side of the coin was that unemployment

[105] *Catalan*, Fábrica 377–428.

[106] *Eguidazu*, Intervención 189–271. *Viñas*, Política 268–280. *Catalan*, Industrialización 394. *J. Aixalá*, La peseta y los precios. Un análisis de largo plazo (1868–1985) (Zaragoza 1999) 148–157. *J. M. Serrano*, Veinte años de soledad. La autarquía de la peseta, 1939–1959, in: *J. L. García Delgado*, *J. M. Serrano* (eds.), Del real al euro. Una historia de la peseta (Barcelona 2000) 107–124. *J. Catalan*, La divisa de Franco, in: *Josep Fontana*, Història i projecte social, 2 (Barcelona 2004) 1573–1589. *Carreras*, Historia 295–300.

[107] *A. S. Milward*, The Reconstruction of Western Europe 1945–1951 (Cambridge 1987). *J. Bradford De Long*, *B. Eichengreen*, The Marshall Plan: History's Most Successful Structural Adjustment Program, in: *R. Dornbusch*, *W. Nölling*, *R. Layard* (eds.), Postwar Economic Reconstruction and Lessons for the East Today (Cambridge Mass. 1993) 189–230. *B. Eichengreen*, Mainsprings of economic recovery in post-war Europe, in: *B. Eichengreen* (ed.), Europe's Post-War Recovery (Cambridge 1995) 3–35. *B. Eichengreen*, Institutions and economic growth: Europe after World War II, in: *N. Crafts*, *G. Toniolo* (eds.), Economic Growth in Europe Since 1945 (Cambridge 1996) 38–72. *B. Eichengreen*, The European Economy since 1945 (Princeton 2007) 64–70.

[108] *J. Catalan*, La reconstrucción franquista y la experiencia de la Europa occidental, 1934–1959, in: *Barciela* (ed.), Autarquía y mercado negro. El fracaso económico del primer franquismo, 1939–1959 (Barcelona 2003) 136–138.

[109] The figures refer to skilled and unskilled workers respectiverly: *Vilar*, Mercado 188–189. See also *Molinero*, *Ysàs*, Patria 192–202. *Catalan*, Ruptura 133–136. *Vilar*, Ruptura 81–126.

[110] *Catalan*, Autarquía 78–88. *Catalan*, Economía 264–270.

fell from 507,903 in 1940 to only 163,759 in 1945, because of the sharp reduction in the labour force's price[111]. Nevertheless, the combination of an increase in employment with a low level of capacity utilization led to a marked fall in labour productivity. With plenty of cheap labour and a scarcity of imported machinery, highly labour-intensive techniques prevailed. The degrees of mechanization remained low: for instance, automatic looms were adopted much more slowly in the Spanish textile industry than in the rest of Western Europe[112].

Finally, the promotion of autarkic industries by the INI had a huge opportunity cost in a country facing hunger and shortages of all kinds[113]. About a third of the capital invested by INI during the nineteen forties was consumed by a single firm, *Empresa Nacional Calvo Sotelo*, whose main object was to obtain synthetic fuel by means of refining bituminous coal in Puertollano. Despite the technical assistance from *IG Farben*, it was never profitable, and indeed consumed a great deal of public money which could have been spent on other projects (for example, hydroelectricity plants) with more capacity to accelerate the country's recovery. Moreover, when the synthetic fuel project was abandoned, the cost of restructuring Puertollano into a conventional oil refinery proved significant.

Other early projects of the INI were not as inefficient as *EN Calvo Sotelo* and consumed less funding, but they did not help the recovery of the Spanish production either. Examples were the construction of the telephone and telegraph networks in Spanish Morocco (*EN Torres Quevedo*), the production of aluminium (ENDASA), the manufacturing of artificial fibres (FEFASA) and the construction of radios (*Marconi Española*). These four firms together consumed 19 per cent of funds spent by the public holding during World War Two.

The creation of *Empresa Nacional Elcano*, responsible for shipping and shipyards, could have been more justified, but tended to substitute private capital in sectors which were traditionally competitive[114]. *EN Elcano* accounted for 27 per cent of the capital disbursed by INI. In short, around 80 per cent of capital invested by the public holding created in 1941 was spent on autarky projects, which had high opportunity costs and did not make a significant contribution to reconstruction.

[111] *Catalan*, Ruptura 133-136. *Catalan*, Spain 353-357.

[112] *J. Catalan*, La ruptura de posguerra y la industrialización, 1939-1975, in: *J. Nadal* (ed.), Atlas de la industrialización de España 1750-2000 (Barcelona 2003) 340.

[113] *Montserrat*, Entorn 231-246. *Schwartz*, Historia 15-92. *Martín Aceña*, INI 105-304. *Catalan*, Economía 232-241. *San Román*, Ejército 189-226. *Catalan*, Spain 353-357. *San Román*, Autarquía 1499-1530. *Gómez Mendoza*, Mitos 17-34. *San Román*, La gestación castrense del INI, in: *A. Gómez Mendoza* (ed.), De Mitos y Milagros. El Instituto Nacional de Autarquía (1941-1963) (Barcelona 2000) 53-66. *Comín*, Triunfo 117-211.

[114] *J. M. Valdaliso*, Programas navales y desarrollo económico: la Empresa Nacional "Elcano" de la Marina Mercante y el sueño industrializador de J. A. Suanzes (1942-1963), in: Revista de Historia Industrial 12 (1997) 147-177. *J. M. Valdaliso*, La E. N. Elcano y el 'coco' de las navieras privadas, in: *A. Gómez Mendoza* (ed.), De Mitos y Milagros. El Instituto Nacional de Autarquía (1941-1963) (Barcelona 2000) 137-158.

Conclusion

The Spanish army's uprising against the Second Republic in July 1936 ushered in two periods of Nazi German economic hegemony in Spain. The earlier episode took place during the Civil War of 1936–39, when the influence of the Third Reich was restricted to the rebel zone controlled by General Franco. The second period, coinciding with World War Two, resulted in a marked dependence of the whole Spanish economy during the reconstruction process due to the preferential links established with Nazi Germany.

During World War Two, the Reich could not supply most of the key inputs required for the successful reconstruction of Spain. The lack of key imports prevented recovery both in agriculture and industry in Spain. Nonetheless, Franco's regime supported the German military effort by means of a growing surplus in the trade balance between the two countries. The surplus resulted, above all, from wolfram and other exports of strategic minerals, but also from sales of foodstuffs, blankets and, even, pistols.

The claims accumulated by Spain against the Reich were partially devoted to repaying the Civil War debt and to acquiring significant quantities of military equipment. This policy had a high opportunity cost for a country in extremely short supply of raw materials and energy. The foreign policy of supporting the Axis also had highly negative consequences for reconstruction, as it led to strategic cuts of supplies from the Allies and exclusion from the Marshall Aid program.

Other economic decisions, partially inspired by Nazi Germany, also hampered Spanish recovery. Administrative prices and the central allocation of raw materials led to the emergence of generalized black markets and intensified bottlenecks. The freezing of electricity prices caused dramatic restrictions in the supply of power. The centralized setting of wages, combined with the inability to curb inflation, caused a permanent reduction of the relative price of labour, which had a perverse long-term effect on productivity.

The effect of German technology transfer and investment during World War Two, particularly in mechanical engineering, organic chemicals, and pharmaceutical products, was generally positive. German patenting in Spain rocketed and German technicians and entrepreneurs established themselves in the main industrial towns of Iberia. However, German knowledge was often devoted to projects such as the synthesis of fuels, which represented a significant waste of scarce resources. In the end, Spain experienced the most painful and slowest reconstruction process in Western Europe.

Summary

Spain experienced two periods of German economic hegemony. The earlier episode took place in General Franco's rebel zone during the Civil War. The second period coincided with World War Two. In both periods Nazi Germany dominated the bulk of Spanish exports and imports. The Civil War period resulted in a heavy debt burden to the Third Reich. Other indicators also reveal German domination: From 1939 to 1945 German patenting in Spain rocketed and Germans became an outstanding business community. The Third Reich succeeded in forcing Spain to repay the Civil War's debt mainly through strategic exports. Nevertheless, Germany was not willing to provide the raw materials which Spain urgently needed for full recovery after the Civil War. The lack of raw materials (energy included) together with the imitation of autarkic policies condemned Spain to an extremely slow pattern of economic recovery after the Civil War.

Kurzbiografien der Autoren

Andersen, Steen, since 2009 Associate professor at Copenhagen Business School, Centre for Business History. MA 1999 in History and political science (University of Copenhagen). PhD in November 2005 in Business History (Copenhagen Business School): "Building for the Axis and the Allies. Danish Multinational Construction Companies in Crisis and in War, 1919–1947" (forthcoming, Cambridge University Press). Main research interests: 20th century business history, Danish foreign policy, business and moral in the 1930s and 1940s. Publications: Escaping "Safehaven". The Case of Christiani & Nielsen's Blacklisting in 1944 (forthcoming, Business History); (with *Martin J. Iversen*) Co-operative liberalism: Denmark from 1857 to 2007, in: Creating Nordic Capitalism, ed. by *Susanna Fellman* et al. (Basingstoke 2008) 265–334.

Balcar, Jaromír, Privatdozent, Dr. phil., Universität Bremen, Neuere und Neueste Geschichte. Tätigkeit in München am Institut für Zeitgeschichte, an der Ludwig-Maximilians-Universität und am Collegium Carolinum, seit 2008 wissenschaftlicher Mitarbeiter in Bremen. Hauptarbeitsgebiete: deutsche und ostmitteleuropäische Zeitgeschichte. Publikationen zum Thema des Tagungsbandes: Bernhard Adolf (1908–1977). NS-Rüstungspolitik im Protektorat Böhmen und Mähren zwischen Ökonomie und „Germanisierung", in: Gesichter der Zeitgeschichte. Deutsche Lebensläufe im 20. Jahrhundert, hrsg. v. *Theresia Bauer* u. a. (München 2009) 69–84; Unternehmen und ihre Belegschaften in gelenkten Wirtschaften. Die böhmisch-mährische Industrie unter der NS-Besatzungsherrschaft und in der Volksdemokratie 1938/39–1953 (Habilitationsschrift Bremen 2010).

Boldorf, Marcel, Privatdozent, Dr. phil., Studium der Neueren Geschichte, Wirtschafts- und Sozialgeschichte und der Komparatistik an der Universität des Saarlandes, 1996 Promotion mit einer Arbeit zur Sozialfürsorge in der SBZ/DDR (1945–1953) an der Universität Mannheim, 2003 Habilitation zum Übergang europäischer Leinenregionen ins industrielle Zeitalter (1750–1850). Seit 2007 Bearbeiter des DFG-Projekts „Politische Säuberung unter den wirtschaftlichen Führungskräften der SBZ/DDR (1945–1958)" an der Ruhr-Universität Bochum, 2007–2010 Lehrstuhlvertretungen in Saarbrücken, Darmstadt, München, Berlin und Frankfurt (Oder). Forschungsinteressen: Institutionenökonomik und wirtschaftliche Entwicklung, Industrielle Revolution, europäische Sozialpolitik. Publikationen zum Thema des Tagungsbandes: Grenzen des nationalsozialistischen Zugriffs auf Frankreichs Kolonialimporte (1940–1942), in: Vierteljahrschrift für

Sozial- und Wirtschaftsgeschichte 97 (2010) 143–159. Als Hrsg.: Jahrbuch für Wirtschaftsgeschichte 2010/2, Europäische Wirtschaftseliten nach 1945 (Berlin 2010).

Catalan Vidal, Jordi, Professor of Economic History and Economic Institutions, Economics Faculty, Universitat de Barcelona, Catalonia. University degrees: BA Universitat de Barcelona; MPhil Cambridge University; PhD Universitat de Barcelona. Main research interests: Industrial policies and long-term development; automobile industry; competitive advantage of industrial districts and clusters; economics under authoritarian regimes. Publications on the topic of the workshop: La economía española y la Segunda Guerra Mundial (Barcelona 1995). Spain, 1939–96, in: *M. S. Schulze* (ed.): Western Europe, Economic and Social Change since 1945 (London 1999) 324–342. Fabricar para la guerra, padecer por el frente. La coyuntura industrial del conflicto armado español, in: *E. Fuentes Quintana* (ed.), Economía y economistas españoles en la guerra civil (Barcelona 2008) 557–599.

James, Harold, is Professor of History and International Affairs in the Princeton University. He was educated at Cambridge University (PhD in 1982) and was a Fellow of Peterhouse for eight years before coming to Princeton University in 1986. His books include a study of the interwar depression in Germany, *The German Slump* (1986); an analysis of the changing character of national identity in Germany, *A German Identity 1770–1990* (1989). He was also coauthor of a history of Deutsche Bank (1995) and he wrote *The Deutsche Bank and the Nazi Economic War Against the Jews* (2001). More recently he has written *The Creation and Destruction of Value: The Globalization Cycle* (2009); *Krupp. Deutsche Legende und globales Unternehmertum* (2011)

Joly, Hervé, Directeur de recherche am Laboratoire de recherches historiques Rhône-Alpes (LARHRA) der Universität Lyon, arbeitet über die akademische, soziale und berufliche Rekrutierung der deutschen Wirtschaftselite (vgl. Großunternehmer in Deutschland. Soziologie einer industriellen Elite 1933–1989, Leipzig 1998) und der französischen Eliten im 20. Jahrhundert (vgl. die bislang unveröffentlichte Habilitationsschrift von 2008). 2002–2009: Leiter der CNRS-Forschungsgruppe „Französische Unternehmen unter deutscher Besatzung“, Spezialist für die wirtschaftliche Kollaboration der Unternehmer unter dem Vichy-Regime mit speziellem Fokus auf die Chemieindustrie.

Kučera, Jaroslav, Dr. phil, Professor an der Karlsuniversität in Prag (seit 2005), Institut für Internationale Studien der Sozialwissenschaftlichen Fakultät. Frühere Tätigkeiten: Tschechoslowakische/Tschechische Akademie der Wissenschaften, 1991–1994 Mitarbeiter am Institut für Zeitgeschichte in München. 2009/10 Lehrstuhlvertretung an der Ruhr-Universität Bochum. Hauptarbeitsgebiete: tschechische und ostmitteleuropäische Zeitgeschichte. Publikationen zum Thema des Tagungsbandes: Der zögerliche Expansionist. Die Commerzbank in den böhmischen Ländern 1938–1945, in: Bankhistorisches Archiv 31 (2005) 33–56; „Der Hai wird nie wieder so stark sein“. Tschechoslowakische Deutschlandpolitik 1945–1948 (Dresden 2001).

Kudryashov, Sergei, Dr., ist seit 2005 wissenschaftlicher Mitarbeiter am Deutschen Historischen Institut Moskau, seit 1992 bzw. 1993 Redakteur der Zeitschriften Rodina und Istochnik, seit 2003 Chefredakteur der Zeitschrift des Präsidentenarchivs. Forschungsschwerpunkte: Geschichte des Zweiten Weltkrieges, Nachkriegsgeschichte und Historiographie der Sowjetunion. Publikationen: Labour in the Occupied Territory of the Soviet Union, 1941–1944, in: Die „Neuordnung Europas“. NS-Wirtschaftspolitik in den besetzten Gebieten, hrsg. v. *Richard J. Overy*, *Gerhard Otto*, *Johannes Houwink ten Cate* (Berlin 1997) 161–167; Erinnerung und Erforschung des Krieges: Sowjetische und russische Erfahrung, in: Der Zweite Weltkrieg in Europa. Erfahrung und Erinnerung, hrsg. v. *Jörg Echternkamp*, *Stefan Martens* (Paderborn u. a. 2007) 113–141.

Oosterlinck, Kim, PhD (2003) in Management Sciences at the Université libre de Bruxelles. 2001 MA in history and archaeology. Since 2005 Associate professor at the Université libre, Solvay Business School. 2004/05 Visiting scholar at Rudgers University (New Jersey). Main research interests: Financial and economic history, finance, management of arts and culture. Publications: French Stock Exchange and Regulation during World War II, in: Financial History Review 17 (2010) 211–237; (with *Filippo Occhino* and *Eugene White*) How Much Can a Victor Force the Vanquished to Pay? France under the Nazi Boot, in: Journal of Economic History 68 (2008) 1–45.

Scherner, Jonas, seit 2010 Associate Professor in Modern European Economic History an der NTNU Trondheim, Norwegen. Sein Studium der Volkswirtschaftslehre und Geschichte in Parma und Mannheim schloss er 1994 mit dem Diplom ab. Es folgten in Mannheim die Promotion zum Dr. rer. pol. (1998) und die Habilitation in Wirtschafts- und Sozialgeschichte (2006). Die laufenden Forschungen umfassen die Wirtschaftsgeschichte des Dritten Reichs und des besetzten Europa. Publikationen aus dem Umfeld des Tagungsbandes: Nazi Germany’s Preparation for War. Evidence from Revised Industrial Investment Series, in: European Review of Economic History 14 (2010) 433–468. Die Logik der Industriepolitik im Dritten Reich. Die Investitionen in die Autarkie- und Rüstungsindustrie und ihre staatliche Förderung (Stuttgart 2008).

Wixforth, Harald, Dr. phil., Studium Geschichte, Slawistik und Volkswirtschaftslehre, Promotion 1991, Forschungsschwerpunkte Finanz- und Bankengeschichte, Wirtschaftsgeschichte Mittel- und Osteuropas, Mitglied der Historiker-Kommission zur Geschichte der Dresdner Bank im Nationalsozialismus, Mitarbeiter in Forschungsprojekten an der Fakultät für Geschichtswissenschaft an der Ruhr-Universität Bochum, derzeit Mitglied der Historikerkommission „Thyssen im 20. Jahrhundert“ sowie Lehrbeauftragter an der Universität Bremen. Wichtigste Veröffentlichungen: Die Expansion der Dresdner Bank in Europa (Die Dresdner Bank im Dritten Reich, Bd. 3), München 2006; Der Flick-Konzern im Dritten Reich (zus. mit Johannes Bähr, Axel Drecoll, Bernard Gotto und Kim Christian Priemel), München 2008.

WRZYSZCZ, ANDRZEJ, Dr., Professor für Staats- und Rechtsgeschichte an der Maria Sklodowska-Curie Universität in Lublin; Studium des Rechts- und der Geschichtswissenschaft (Abschlüsse 1986 bzw. 1989), Forschungsschwerpunkte: Verwaltungsstrukturen auf polnischem Boden im 19. und 20. Jahrhundert, Verfassung und Recht im Generalgouvernement 1939–1945. Wichtige Publikationen: Okupacyjne sądownictwo niemieckie w Generalnym Gubernatorstwie 1939–1945. Organizacja i funkcjonowanie [Die deutsche Okkupationsgerichtsbarkeit im Generalgouvernement 1939–1945. Organisation und Funktion] (Lublin 2008); Die deutsche „Wirtschafts“-Rechtssetzung im Generalgouvernement 1939–1945, in: Das Europa des „Dritten Reichs“. Recht, Wirtschaft, Besatzung, hrsg. v. *Johannes Bähr* und *Ralf Banken* (Frankfurt a. M. 2005) 59–79.